Wagner
Ende der Wahrheitssuche

Ende der Wahrheitssuche

Justiz zwischen Macht und Ohnmacht

von

Joachim Wagner

www.beck.de

ISBN 978 3 406 70714 8

© 2017 Verlag C. H. Beck oHG
Wilhelmstraße 9, 80801 München

Druck: Beltz Bad Langensalza GmbH
Neustädter Str. 1–4, 99947 Bad Langensalza

Satz: Fotosatz H. Buck
Zweikirchener Str. 7, 84036 Kumhausen

Umschlaggestaltung: Ralph Zimmermann – Bureau Parapluie

Bildnachweis: Dirk Freder – istockphoto.com (modifiziert)

Gedruckt auf säurefreiem, alterungsbeständigem Papier
(hergestellt aus chlorfrei gebleichtem Zellstoff)

Inhaltsverzeichnis

Einleitung	1
Wutrichter: Trauermärsche und Trillerpfeifen	8
Aufstand der Basis	8
Protest der Präsidenten	14
Gestört bis zerstört: das Vertrauensverhältnis zwischen Politik und Justiz	15
Spitzenreiter und Schlusslichter: Justiz im Ländervergleich	20
Berliner Tabelle	20
Sachsen Tabelle	23
Berufswunsch Richter: Jobber und Friedensstifter	26
Die Verweiblichung der Justiz: Paradies für Frauen	30
Kompetent und unpolitisch: die junge Richtergeneration	39
Das ungeklärte Selbstverständnis der Richter	45
Die Unabhängigkeit des Richters: Schutzschild und Alibi	47
Rechtsprechung: von der Unabhängigkeit zur Unantastbarkeit	47
Du sollst Deinen Besitzstand wahren: das Dogma der Unversetzbarkeit	50
Erledigungszahlen und Beförderungschancen: Gefahren für die innere Unabhängigkeit	52
Gesetzlicher Richter: die „Selbstfesselung der Justiz"	52
Klagen gegen den Frust: der Kampf um die Beförderung	55
Dienst nach Vorschrift: „Richter mit freizeitorientierter Schonhaltung"	55
Geringleister: Nassauer des Systems	56
Unvereinbar: Beförderungsehrgeiz und Beförderungschancen	57
Konkurrentenklagen: „hausgemachte Schwierigkeiten"	60
Dienstaufsicht: zäh und zahnlos	64
„Volles Gehalt, halbe Arbeit, das geht nicht": Ende der Solidarität	66

Der mutige Kampf einer OLG Präsidentin gegen einen hartnäckigen Geringleister 67

Steine statt Brot: Mindestlohn für Richter und Staatsanwälte 71
Bundesverfassungsgericht bestimmt „verfassungsrechtliches Minimum" bei der Besoldung 71
Urlaub in der Jugendherberge und Jammern auf hohem Niveau 73

Zivilgerichtsbarkeit 77
Prozessschwund: Angst vor Bedeutungsverlust 77
Das neue Leitbild: Rechtsfrieden schaffen 83
Das Arbeitsverständnis von Beamten: Was Richter unter harter Arbeit verstehen 86
Folgen der Belastung: Qualitäts-, Wahrheits- und Gerechtigkeitsverluste .. 95
Wirkungslos: das Gesetz gegen überlange Gerichtsverfahren 101
Keine Missstände und Fehlentwicklungen: Mangel an Selbstkritik 106

Strafgerichtsbarkeit 109
Wahrheit + Gerechtigkeit = Rechtsfrieden? 109
Ungerechte Arbeitsverteilung: das Glück der Amtsrichter und das Pech der Staatsanwälte und Landrichter 112
Qualitätsverluste I: steigende Dauer von Ermittlungs- und Strafverfahren .. 117
Qualitätsverluste II: eingeschränkte Ermittlungen und schlampige Anklagen 122
Qualitätsverluste III: unvorbereitete Hauptverhandlungen und lückenhafte Beweisaufnahmen... 126
Qualitätsverluste IV: Entlassungen von Untersuchungsgefangenen wegen überlanger Haft 132
Wahrheits- und Gerechtigkeitsverluste I: Einstellungen und Strafrabatte wegen überlanger Verfahrensdauer... 134
Wahrheits- und Gerechtigkeitsverluste II: Einstellungen nach dem Opportunitätsprinzip 137
Wahrheits- und Gerechtigkeitsverluste III: Verständigungen 152

Verwaltungsgerichtsbarkeit 160
Gründlichkeit vor Schnelligkeit: Elitedenken mit akademischem Ethos 160
Schlechtes Gewissen trotz Fortschritt: die überlange Dauer von Verwaltungsgerichtsverfahren.. 164
Akten statt Fakten: das Schattendasein von Beweisaufnahmen 166

Verwaltungsgerichtliche Urteile: lang, akademisch, unverständlich 169

Sozialgerichtsbarkeit 175
„Schornsteine müssen rauchen": „inoffizielle Erledigungsvorgaben" 176
Korpsgeist: Bundessozialgericht duldet überlange Verfahren 179
Überlebensversicherung und Konfliktlösung: Vergleiche und Rücknahmen 183
„Ich liebe Amtsermittlung": „Erledigungsdruck verschlechtert Qualität der Rechtsprechung" 184

Arbeitsgerichtsbarkeit 186
Zurzeit normal: Belastung der Arbeitsgerichte ist konjunkturabhängig 187
Durchschnittlich drei Monate: Arbeitsgerichte arbeiten zügig 188
Auf dem Basar: seriöse und unseriöse Vergleiche 189
„Akzeptanz gleich Null": das gestörte Verhältnis zwischen Wirtschaft und Arbeitsgerichten 193

Finanzgerichtsbarkeit 195
„Widerstandskultur": Qualität ist wichtiger als Erledigungen 196
Nachsicht mit Schneckengerichten: Bundesfinanzhof billigt zwei Jahre Untätigkeit 198
Grauzonen: Verständigungen und Vergleiche 202
Niedrige Erfolgsquoten: im Zweifel pro Finanzverwaltung 203

Fazit und Ausblick 206
Die Mär von der Überlastung: die ungerechte Verteilung der Arbeit 206
Belastungsfolgen I: Qualitätsverluste 209
Belastungsfolgen II: Wahrheits- und Gerechtigkeitsverluste 216
Eine fatale Mischung: Eliteanspruch und Beamtenmentalität 219
Neue Rechtsprechungskultur: der Siegeszug der einvernehmlichen Konfliktlösung 221
Präsidenten als Vorbilder: Führen statt Verwalten 224
Verhängnisvoll: Richter in eigener Sache 234
Gerichte: Inseln in der Gesellschaft 237
Justiz: ein Verfassungsorgan am Rande der Gesellschaft 240

Anmerkungen 247

Literaturverzeichnis 265

Einleitung

Wer die Kammergerichtspräsidentin Monika Nöhre in Berlin besucht, dem wird schnell klar, welche Macht Gerichte und hohe Richter einst symbolisierten, wie etwa vor rund 100 Jahren in Preußen.[1] Nöhres Arbeitszimmer, rund 60 qm groß, gehörte einmal zur Wohnung des höchsten preußischen Richters. Der sprach im Gericht nicht nur Recht, sondern lebte dort auch wie ein Spitzenbeamter am Königshof – in 15 Zimmern auf 520 qm. Kunstwerke erinnern noch heute an die preußische Justizgeschichte: ein Porträt von Wilhelm Heinroth, einem ihrer Vorgänger, gemalt von Max Liebermann und eine Büste des preußischen Justizreformers und Kammergerichtspräsidenten Samuel von Cocceji, angefertigt im Auftrag Friedrichs des Großen.

Wer die Präsidentin des Verwaltungsgerichts Berlin Erna Xalter aufsucht, der fragt sich vor dem Eingang des Gerichts, ob er möglicherweise eine falsche Hausnummer notiert hat. Er steht vor einem Gebäude mit dem Charme einer Versicherungsfiliale. Aber der Besucher hat sich nicht geirrt. In einem schäbigen und trostlosen Bürokomplex entscheiden Verwaltungsrichter über Asylanträge und Bebauungspläne. Am Ende des Gesprächs lässt es sich die Präsidentin nicht nehmen, den Gast zum Ausgang zu begleiten. Kurz davor macht sie Halt und zeigt verschämt auf eine Wand: bröckelnde Farbe, Flecken und schwarze Striche. Für den dringend gebotenen Neuanstrich fehlt das Geld. Ihr Pressesprecher Stephan Groscurth spricht aus, was die Präsidentin wohl nicht sagen möchte: Die Unterbringung eines Gerichts in einem solchen „Bürogebäude" ist „unangemessen", ein „Missstand". Und er fährt fort: „Repräsentative Gebäude wie das Kammergericht oder das Oberverwaltungsgericht Berlin stammen aus einer Zeit, als die Justiz noch geschätzt wurde."[2]

Mangelnde Wertschätzung – das ist der Schlüssel- und Dachbegriff, mit dem sich Ärger und Unmut vieler Richter und Staatsanwälte zusammenfassen lässt, und der sich in den letzten Jahren aufgestaut und entladen hat.[3] In den Jahren 2013 bis 2015 sind über tausend Richter in Nordrhein-Westfalen, Bremen, Mecklenburg-Vorpommern und Brandenburg auf die Straße gegangen und haben gegen Stellenabbau und niedrige Besoldung protestiert – zum Teil in Robe.[4] In Mecklenburg-Vorpommern hat der regionale Richterverein ein Volksbegehren gegen die Gerichtsstrukturreform organisiert, die die Schließung von fünf Amtsgerichten und die Umwandlung von sechs weiteren Amtsgerichten in Zweigstellen vorsah. Bundesweit haben tausend bis zweitausend Richter und Staatsanwälte Widerspruch gegen ihr Einkommen mit der Begründung eingelegt, dass es nicht amtsangemessen und damit verfassungswidrig sei.[5]

Die Einstellung hinter diesen Protesten erhellt der Roland Rechtsreport 2014. Dieser erste Sonderbericht zur Gemütslage der Dritten Gewalt offenbart eine tief sitzende Unzufriedenheit. Nach der Umfrage der Allensbacher Meinungsforscher spüren acht von zehn Richtern eine hohe Arbeitsbelastung; neun von zehn Richtern und Staatsanwälten halten es für notwendig, zusätzliche Richter und Staatsanwälte einzustellen, um die Qualität der Rechtsprechung zu sichern; 85 Prozent der Richter bewerten ihre persönliche Ausstattung als schlecht; nur jeder zehnte Richter fühlt sich gut bezahlt.[6] Dieser Frustpegel in den Köpfen unserer Robenträger ist beunruhigend und teilweise alarmierend. Christoph Frank, Vorsitzender des Deutschen Richterbundes, spricht sogar von einer „aufkeimenden Staatsverdrossenheit".

Diese negative Selbsteinschätzung der Justizdiener scheint in einem merkwürdigen Kontrast zu dem eher positiven Bild zu stehen, das Bürger und internationale Institutionen von der deutschen Justiz haben. Es verdunkelt sich allerdings, wenn man sich die Zahlen ohne Lobbyistenbrille des Deutschen Richterbundes und der linksliberalen Neuen Richtervereinigung anschaut. Dann fällt die Bilanz eher gemischt als rosig aus.

Alle Meinungsforschungsinstitute stellen eine hohe Glaubwürdigkeit bzw. ein hohes Vertrauen in die Justiz fest. Die Werte pendeln zwischen 82 Prozent (infratest dimap), 77 Prozent (Forsa), 77 Prozent (Gesellschaft für Konsumforschung) und 71 Prozent (Allensbach). Bei Vergleichen von Berufsgruppen liegen Richter in den Kategorien Vertrauen bzw. Glaubwürdigkeit bei allen Instituten auf Plätzen zwischen fünf und sieben. Ein besonders hohes Ansehen genießt das Bundesverfassungsgericht. Bei der Frage nach dem Vertrauen der Bürger in zwölf Einrichtungen des öffentlichen Lebens belegt das Gericht seit Jahren den Spitzenplatz.

Die Allensbach-Umfrage im November 2014 brachte allerdings eine böse Überraschung für die Judikative. Bei der Frage nach dem Vertrauen war sie im Vergleich zum Vorjahr um acht Prozentpunkte abgestürzt, von 71 Prozent auf 63 Prozent.[7] Über die Ursachen dieses massiven Vertrauensverlustes kann man nur spekulieren. Aber es gibt eine plausibel erscheinende Erklärung:

Ausgehend von der allgemein akzeptierten These, dass das Ansehen der Justiz in erster Linie von der Strafjustiz bestimmt wird, erscheint der Vertrauensverlust auch dort zu wurzeln. 2014 war ein schwarzes Jahr für die Strafgerichtsbarkeit: der holprige Start des Prozesses gegen die braune Terrorgruppe NSU; der Freispruch von Ex-Bundespräsident Wulff nach exzessiven Ermittlungen; die Verurteilung von Bayern-Präsident Uli Hoeneß im Schnellverfahren wegen Steuerhinterziehung zu milden dreieinhalb Jahren Gefängnis bei einem Steuerschaden von 27,2 Millionen Euro; die Einstellung des Verfahrens gegen den Formel 1-Boss Bernie Ecclestone gegen Zahlung von 100 Millionen Dollar – in den Augen vieler ein Freikauf und das Ende der Justizaffäre Gustl Mollath. Selbst der bayerische Justizminister

Winfried Bausback räumt ein, dass das „Vertrauen in das Rechtssystem" durch die Fälle Mollath und NSU in der „öffentlichen Meinung Schaden genommen hat".[8]

Nach einer Forsa-Umfrage im Auftrag des Beamtenbundes hat sich der Ansehensverlust der Richter im Jahr 2016 fortgesetzt. Gegenüber 2015 haben die Justizdiener vier Prozentpunkte verloren. Bei nur noch 75 Prozent der Bürger genießen sie hohes Ansehen. Damit belegen die Justizjuristen nur noch Platz sechs auf der Ansehenstabelle – hinter Feuerwehrleuten, Ärzten, Kranken- und Altenpfleger, Erziehern im Kindergarten und Polizisten.[9]

Bei internationalen Vergleichen schneidet die deutsche Justiz gemischt ab. Zum Beispiel beim EU-Justizbarometer 2015.[10] Bei den Indikatoren Effizienz, Qualität und Unabhängigkeit erobert sie nur wenige Spitzenplätze unter 28 Ländern. Meist schafft sie es nur ins graue Mittelfeld.

Gut punktet das deutsche Justizsystem bei der empfundenen Unabhängigkeit (Platz 7), beim Online-Zugang zu Gerichtsurteilen (Platz 1), beim Verhältnis der Justiz zu den Medien (Platz 4), bei Anreizen zu Alternativen zur Justiz wie Güteverhandlungen, Mediation und Schiedsgerichtsverfahren (Platz 4). Allen Unkenrufen zum Trotz gibt Deutschland relativ viel Geld für die Justiz pro Einwohner aus: nach Luxemburg am zweitmeisten. Bei der Richterdichte liegt sie wiederum nur im Mittelfeld (Platz 11).

Angesichts des finanziellen Aufwandes fällt die Effizienzbilanz der deutschen Gerichte mager aus. Bei der Erledigungsquote, Dauer und Zahl anhängiger Verfahren landen Zivil- und Verwaltungsgerichte nur im Mittelfeld (auf Plätzen zwischen 8 und 17). Nachholbedarf sieht die EU auch beim elektronischen Fallmanagement im Gericht und im elektronischen Rechtsverkehr. Mängel entdeckt sie bei der gerichtsinternen Qualitätssicherung: Es fehlen verbindliche Standards und besondere Verantwortliche, die sie überwachen.

Einen Spitzenplatz nimmt die deutsche Justiz dagegen bei weltweiten Vergleichen ein. Beim Rule of Law Index des World Justice Projects 2014 belegt die deutsche Justiz Rang neun unter 99 Ländern. Besonders fallen die positiven Bewertungen beim Schutz der Menschenrechte (Platz 8) und Korruption (Platz 12) auf. Die Korruptionsfreiheit ist ein Qualitätsmerkmal unserer Justiz, das auch hierzulande immer wieder betont wird. „Die deutsche Justiz ist völlig korruptionsfrei", lobt der Hamburger Strafverteidiger und Präsident der Rechtsanwaltskammer Otmar Kury: „Ein unglaublicher Wert."

Kein Thema hat Richter und Staatsanwälte in den letzten Jahren so verdrossen wie die ihrer Ansicht nach unzureichende Besoldung. Im Mai 2015 hat das Bundesverfassungsgericht in einem Grundsatzurteil entschieden, dass das Grundgehalt in Sachsen-Anhalt zwischen 2008 und 2010 verfassungswidrig war. Bestand hatten dagegen ein Richtergehalt in Nordrhein-Westfalen im Jahr 2003 und die Bezüge eines Leitenden Oberstaatsanwalts in Rheinland-Pfalz ab Januar 2012.[11] Der Vorsitzende des Deutschen Richterbundes Frank feierte den Karlsruher Spruch als „guten Tag für den Rechtsstaat": Eine Besoldung von Richtern und Staatsanwälten „nach Kassenlage darf es nicht mehr geben".[12] Die Schwachstelle des Urteils: Die Karlsruher Richter hatten teilweise über lange zurückliegende Besoldungsjahre entschieden – ohne unmittelbare Aussagekraft für die Einkommen im Jahre 2015. Der Deutsche Richterbund kündigte daher an, „sehr genau darauf zu achten, ob die Karlsruher Kriterien von den Bundesländern in Zukunft tatsächlich eingehalten werden".[13]

Auf Platz zwei der Frustskala der Justizjuristen steht ihre starke Belastung bzw. angebliche Überlastung. Kaum einer hat bisher gefragt, was sie darunter verstehen. Wenn sie statt der vorgeschriebenen 40 bis 42 Stunden 45 Stunden in der Woche arbeiten? Oder 50 Stunden? Hin und wieder oder regelmäßig am Wochenende Urteile schreiben? Mit Hilfe der Indikatoren Arbeitszeit, Arbeitsverständnis, Arbeitsstil, Personalausstattung, Personalberechnungssystem, Eingangszahlen, Komplexität der Verfahren und Zusatzaufgaben soll ein möglichst realistisches Bild der Arbeitsbelastung gezeichnet werden.

Neues Ungemach droht der Justiz durch die Schuldenbremse, die die Bundesländer zwingt, bis 2020 ausgeglichene Haushalte vorzulegen. Wie das zum Beispiel in der hessischen Justiz gelingen soll, weiß der Frankfurter OLG Präsident Roman Poseck nicht. Nach seiner Analyse bewegt sich die ordentliche Justiz schon heute „im Grenzbereich": „Die Situation ist angespannt, für weiteres Sparen haben wir keine Luft mehr." Mit ähnlichen Worten beschreiben seine Präsidentenkollegen die Lage in anderen Bundesländern.[14] Durch die Flüchtlingskrise hat sich allerdings der Druck der Schuldenbremse auf die Justizhaushalte wesentlich verringert.

Unstrittig ist, dass sich die Belastung in erster Linie negativ auf die Verfahrensdauer auswirkt. Kaum erörtert wird indes, welche Folgen sie für die rechtliche Qualität von Verfahrensabläufen und Entscheidungen hat. Dieser Frage haben sich Justiz und Politik bislang nicht ernsthaft gestellt. Die Berufsorganisationen beschränken sich auf pauschale Feststellungen. Für den Vorsitzenden des Richterbundes Frank ist klar, dass die „Zeitvorgaben" des Personalberechnungssystems Pebb§y „zwangsläufig zu Qualitätseinbußen führen müssen": „Wer vorformulierte Standardtexte für seine Entscheidungen nutzt, erfüllt die Norm, individuelle Texte gehen zulasten der eigenen Arbeitszeit." Ins selbe Horn stößt die Neue Richtervereinigung: „In Deutschland besteht an den Gerichten eine Personalmangelsituation, die zumindest teilweise mit Qualitätseinbußen verbunden ist."[15]. Genauer und konkreter werden die Berufsorganisationen nicht. Das hat eine Reihe von Ursachen. Erstens: Qualität in der Rechtsprechung ist schwer zu messen. Zweitens: Richter und Staatsanwälte sind weiter überzeugt, dass sie in der Regel gute Arbeit abliefern. Drittens: Den Berufslobbyisten fällt es schwer, Qualitätseinbußen zuzugeben, weil sie dadurch das von ihnen entworfene Hochglanzbild der Dritten Gewalt verdunkeln würden. Deshalb sprechen sie gern nur von „Gefahren" oder „Bedrohungen für die „hohe Qualität der Rechtsprechung". Und viertens:

Eine Qualitätsdiskussion hat die Justiz bisher nicht geführt – mit Ausnahme der Verwaltungsgerichtsbarkeit. Für die Mehrheit der Richter und Staatsanwälte ist das kein Manko, weil die Qualitätskontrolle durch die nächste Instanz garantiert ist. „Justiz kontrolliert sich permanent selbst", meint Kammergerichtspräsidentin Nöhre. Dass dort vielfach nur eine formalisierte oder summarische Prüfung stattfindet, stört nicht. Notwendig ist daher zu fragen, ob, und wenn ja, wo bereits Qualitätsverluste durch die Belastung eingetreten sind.

Richter und Staatsanwälte schwören in ihrem Amtseid, der „Wahrheit und Gerechtigkeit zu dienen". Auch wenn es den Robenträgern im Gerichtsalltag in erster Linie um die rechtlich richtige Entscheidung geht, bleibt die Frage nach der Verwirklichung ihrer Grundwerte der entscheidende Maßstab für die Akzeptanz der Dritten Gewalt – intern wie in der Rechtsgemeinschaft.

Bundesverfassungsgericht und Bundesgerichtshof greifen bei der Auslegung von Gesetzen immer wieder auf diese Grundwerte zurück, fordern bei Deals im Strafverfahren eine „gerechte Bestrafung" oder verteidigen die Unabhängigkeit von Richtern mit dem Hinweis, dass deren „Suche nach Recht und Gerechtigkeit" keinen Schaden nehmen darf.

Diese Orientierung an den Grundwerten Wahrheit und Gerechtigkeit gilt in noch stärkerem Maße für die Erwartungen von Politikern, Medien und Parteien an die Justiz. „Wir erwarteten Gerechtigkeit und bekamen den Rechtsstaat", fasst die DDR-Bürgerrechtlerin Bärbel Bohley ihre erste Enttäuschung mit der West-Justiz zusammen. Mit der Überschrift „Ende der Wahrheitssuche" kommentierte die Süddeutsche Zeitung die Einstellung des Strafverfahrens gegen den Formel 1-Boss Bernie Ecclestone. Übereinstimmend berichten die Rechtsanwältinnen Barbara Merz (Cottbus) und Susanne Perker (Hamburg), dass ihre Mandanten „hohe Erwartungen an Wahrheit und Gerechtigkeit" mit der Justiz verbinden.

Nach Meinung der Fachöffentlichkeit und der Medien erfüllt die Justiz im Normalfall ihre Aufgaben. In den Augen von Wolfgang Ewer, Vorsitzender des Deutschen Anwaltvereins, ist „unsere Justiz" ein „im Großen und Ganzen gut und effektiv funktionierendes Rechtsschutzgewährungssystem" mit Ausnahme „einzelner Funktionsschwächen".[16] Die SPIEGEL-Gerichtsreporterin Gisela Friedrichsen findet, wiederum von einzelnen Fehlleistungen und Irrtümern abgesehen, dass die „Judikative" „im Großen und Ganzen hervorragende Arbeit ... leistet".[17]

Trotz dieses Lobes ist bei Justitias Dienern nicht alles Gold. Das offenbart ein zweiter Blick auf den Sonderbericht des Roland Rechtsreports. Der hohe Vertrauensbonus der Justiz stammt in der Mehrzahl von Bürgern, die noch nie etwas mit der Justiz zu tun hatten: 71 Prozent.[18] Ihr Urteil beruht also nicht auf eigenen Erfahrungen, sondern auf Medienkonsum und Gesprächen mit Verwandten, Freunden und Kollegen. Bei Personen mit Prozesserfahrung vertrauen noch 65 Prozent der Judikative. Immer noch kein schlechter Wert. Aber: Je konkreter die Fragen werden, desto negativer fallen die Antworten aus.[19] Für 81 Prozent der Personen mit Gerichtserfahrung dauern „viele Verfahren" „zu lange"; 71 Prozent meinen, dass die Rechtsprechung „sehr uneinheitlich" sei; 64 Prozent haben das Gefühl, dass „wer sich einen guten Anwalt leisten kann, bessere Chancen auf ein günstiges Urteil" hat; magere 24 Prozent glauben, dass Gerichte „gründlich und gewissenhaft" arbeiten und nur 23 Prozent denken, dass man sich „darauf verlassen kann", dass bei deutschen Gerichten „alles mit rechten Dingen zugeht".

Die skizzierten Problemzonen legen es nahe, im Berufsalltag von Richtern und Staatsanwälten Fakten und Meinungen zu folgende Fragen zu sammeln:

- Ist die Besoldung von Richtern und Staatsanwälten amtsangemessen und geeignet, die Qualität der Rechtsprechung zu sichern?
- Wie stark ist die Belastung der Justiz wirklich?
- Welche Folgen hat die Belastung der Justiz für die Qualität der Rechtsprechung?
- Wie wirkt sich die Belastung der Justiz auf die Suche nach Wahrheit und Gerechtigkeit aus?
- Hat die Belastung der Justiz die Rechtsprechungskultur verändert?
- Welche Folgen hat der Protest der Richter und Staatsanwälte gegen Besoldung und Belastung für das Verhältnis zwischen Justiz und Politik?

Aus Kapazitätsgründen können die zum Teil katastrophalen Zustände im nicht-richterlichen Bereich nur gestreift werden: Serviceeinheiten, Rechtspfleger und Gerichtsvollzieher. Hier hat der Sparzwang die tiefsten Spuren hinterlassen: auf Kostenfestsetzungsbeschlüsse und damit auf ihr Honorar müssen Anwälte manchmal ein Jahr warten; die Übersendung von Protokollen oder Akten dauert bis zu vier Wochen. Thematisiert wird der Stellenabbau im nicht-richterlichen Bereich nur dort, wo er sich auf die Justizjuristen ausgewirkt hat, wo Richter und Staatsanwälte Aufgaben von Protokollführern und Wachmeistern übernehmen müssen.

In allen Berufsgruppen unterscheiden sich Selbstbild und Fremdbild: bei Journalisten, Anwälten, Ärzten oder Bankern. Dabei fällt die Selbstwahrnehmung in der Regel positiver aus als die Fremdwahrnehmung. Nach Beobachtungen des Präsidenten des Bundesfinanzhofes Rudolf Mellinghoff fällt bei Richtern und Staatsanwälten die „Eigenwahrnehmung und Fremdwahrnehmung häufig auseinander. Wer sich als Größte und Beste empfindet und sich nicht entsprechend behandelt fühlt, der klagt halt".

Um die Wahrnehmung der Berufswirklichkeit von Richtern und Staatsanwälten von innen wie außen zu erkunden und miteinander zu vergleichen, hat der Verfasser umfangreiche Gespräche an Hand standardisierter Fragebögen mit 157 Richtern, 33 Staatsanwälten und 90 Rechtsanwälten als Vertretern der Rechtsgemeinschaft geführt. Die Interviews sind schwerpunktmäßig in den Stadtstaaten

Berlin und Hamburg, dem neuen Bundesland Mecklenburg-Vorpommern, dem größten Bundesland Nordrhein-Westfalen und der justiziellen „Sonderzone" Bayern entstanden. Trotz breiter empirischer Basis erhebt dieses Buches keinen wissenschaftlichen Anspruch.

Wutrichter: Trauermärsche und Trillerpfeifen

Im Terminkalender des NRW-Justizministers Thomas Kutschaty stand am 11. Juli 2013, 8.45 – 9.30: Wuppertal, Rechtskunde im Städtischen Gymnasium Vohwinkel. Bevor der Minister die Schüler unterrichten konnte, musste er selbst eine „Nachhilfestunde" in Rechtskunde über sich ergehen lassen. Richter und Staatsanwälte aus Wuppertal hatten vor dem Gymnasium eine Schulbank und eine Minitafel aufgebaut. Thema der improvisierten Rechtskunde für den Justizminister war die von der Landesregierung im März angekündigte „doppelte Nullrunde" für Beamte ab der Besoldungsstufe A 13 und für alle Richter und Staatsanwälte. Das Gesetz zur Beamtenbesoldung sah vor, den Tarifabschluss im öffentlichen Dienst in Höhe von 5,6 Prozent nur auf die unteren Besoldungsgruppen zu übertragen und die mittleren nur leicht zu erhöhen. Die Gehälter von höheren Beamten sowie Richtern und Staatsanwälten sollten für zwei Jahre – 2014 und 2015 – nicht steigen. Mit bebender Stimme warfen die Justizdiener „ihrem Minister" an diesem Morgen „vorsätzlichen Verfassungsbruch" vor. Der, von der Schärfe der Attacken überrascht, verteidigte sich nur matt und linkisch: „Ich bin von der rechtlichen Bewertung enttäuscht."[20]

Aufstand der Basis

Die doppelte Nullrunde in Nordrhein-Westfalen war Auslöser der größten Richterdemonstration in der bundesdeutschen Geschichte mit 1.200 Teilnehmern in Düsseldorf – viele Richter in Robe. Die Stimmung im Mai 2013 war aufgeladen und aggressiv. Richter, beruflich zu Zurückhaltung und Mäßigung verpflichtet, führten sich auf wie Studenten zu APO-Zeiten. Sie beschimpften Ministerpräsidentin Kraft mit dem Ausdruck „Lügen-Hanni", trugen Plakate mit Sprüchen wie „Kraftvoll gelogen", und „Alimentation nach Kassenlage". Reiner Lindemann, seinerzeit Vorsitzender des NRW-Richterbundes über die Seelenlage seiner Kollegen: Noch nie haben wir uns „so getäuscht" und „enttäuscht gefühlt", „noch nie war bei Richtern und Staatsanwälten der Zorn so groß".[21]

Die Wut der Richter an Rhein und Ruhr speiste sich aus zwei Quellen: der besonderen Instinktlosigkeit und Unaufrichtigkeit der NRW-Landesregierung gegenüber der Dritten Gewalt und einer in allen Bundesländern ähnlich praktizierten Sparpolitik gegenüber der Justiz. Bundesweit fühlten sich Richter und Staatsanwälte wie Sparschweine der Nation.

Als der Vorsitzende des NRW-Richterbundes Lindemann Ministerpräsidentin Kraft auf der Demonstration offen „Wortbruch" vorwarf, war das für die Richterschaft starker Tobak. Trotzdem kein Aufschrei – weil der Vorwurf stimmte. Im Wahlkampf hatte Hannelore Kraft dem Deutschen Beamtenbund noch versichert, dass die „Landesregierung keine weiteren Einschnitte bei der Beamtenschaft plant". Jedes politische Gespür muss die rot-grüne Koalition verlassen haben, als sie beschloss, die Gehälter bei höheren Beamten, Richtern und Staatsanwälten zwei Jahre lang einzufrieren, ein Sonderopfer, das bis auf den rot-grünen Senat in Bremen keine andere Landesregierung ihren Robenträgern zugemutet hat. Andere Bundesländer wie Hessen oder Rheinland-Pfalz waren wenigstens so geschickt, dass sie die Besoldung um ein Prozent erhöht oder die Tarifabschlüsse zeitversetzt auf Richter und Staatsanwälte übertragen haben.

Die Radikalisierungsfaktoren „Wortbruch" und „Sonderopfer" haben eine seit Jahren schwelende Unzufriedenheit in der Richterschaft in Nordrhein-Westfalen vertieft. Frustfaktoren sind die Überlastung – nach dem Personalberechnungssystem Pebb§y bis zu 120 Prozent – und die Verlängerung der Wochenarbeitszeit auf 41 Stunden. Nach Berechnungen des NRW-Richterbundes fehlten Ende 2014 360 Richter und 817 Staatsanwälte in der ordentlichen Gerichtsbarkeit und 112 Richter in den Fachgerichtsbarkeiten. Und das vor dem Hintergrund, dass die Justizjuristen bereits erhebliche finanzielle Einbußen wie Kürzung des Weihnachtsgeldes, Wegfall des Urlaubsgeldes, Streichungen bei der Beihilfe und höhere Eigenbeteiligung hinzunehmen hatten. Als besonders schmerzlich haben sie Reallohnverluste ab 1992 empfunden.

Die Ankündigung der doppelten Nullrunde löste eine breite Protestwelle aus: in Mülheim vor dem Wahlkreisbüro von Hannelore Kraft, in Siegen, Düsseldorf und Köln. In Wuppertal haben Richter und Staatsanwälte die Justiz bei einem symbolischen Trauerzug mit Kranz und Plakaten „über die Wupper getragen" – überwiegend in Robe. Ute Laukamp, Vorsitzende Richterin am Landgericht, hätte „sich bei ihrer Ernennung nie träumen lassen, einmal in Robe auf die Straße zu gehen. Selbst besonnene Kollegen, den Tränen nah, waren entsetzt", dass die Landesregierung ein nach ihrer Auffassung verfassungswidriges Gesetz erlassen hatte. Sie konnte nicht begreifen, dass bei einer öffentlichen Anhörung im Landtag 20 von 21 Sachverständigen das Vorgehen der Landesregierung als verfassungswidrig gebrandmarkt hatten – und diese trotzdem nicht reagierte. In diesen Protestmonaten haben 8.000 Richter und Staatsanwälte in NRW Widerspruch gegen ihre Besoldungsbescheide eingelegt.

Da Richter und Staatsanwälte nicht streiken dürfen und die vielen Demonstrationen und offenen Briefe nicht ausreichen, um ihrem Groll Luft zu machen, ersannen sie ein ganzes Arsenal von Maßnahmen, um der Landesregierung zu zeigen, dass ihre Loyalität gegenüber dem Staat schwindet. Sie kündigten an, freiwillige und ehrenamtliche Nebentätigkeiten einzustellen. Der NRW-Richterbund rief dazu auf, „bis auf Weiteres nicht mehr Klausuraufsichten zum ersten und zweiten Staatsexamen durchzuführen".

Die Düsseldorfer Landesregierung hat ein ganz anderes Bild von der Welt der Justiz. Die doppelte Nullrunde verteidigte sie mit der hohen Verschuldung des Landes und der Schuldenbremse. Ohne ihren Spareffekt in Höhe von 710 Millionen Euro hätten nach ihren Berechnungen 14.300 Stellen abgebaut werden müssen. Das Justizministerium verwies zudem auf das relativ hohe Gehaltsniveau von Richtern und Staatsanwälten. Das monatliche Bruttogehalt bewege sich – je nach Familienstand und Dienstjahren – zwischen 3.682 und 6.000 Euro. Im Ländervergleich nehme NRW mit einem Einstiegsgehalt von durchschnittlich 3.841,76 Euro einen guten fünften Rang ein.

Keinen Anlass zur Sorge, geschweige denn zur Dramatisierung bietet nach Ansicht des Düsseldorfer Justizministeriums auch die Belastung der Judikative. Sie sei zwar „erheblich", habe sich aber „in den vergangenen Jahren verbessert". Die Personallücke sei kontinuierlich geschrumpft. Nach dem Personalberechnungssystem Pebb§y fehlten zwischen Bielefeld und Aachen nur 213 Stellen – ein geringer Fehlbestand bei insgesamt 5.783 Planstellen. Justizminister Kutschaty hat deshalb wenig Verständnis für den Richterfrust: „In der Justiz" hat sich nach seiner Auffassung in den letzten Jahren dasselbe abgespielt „wie in allen Bereichen der Gesellschaft", nämlich eine „Arbeitsverdichtung".[22]

Am 1. Juli 2014 erklärte der nordrhein-westfälische Verfassungsgerichtshof die doppelte Nullrunde für Beamte im höheren Dienst, Richter und Staatsanwälte für „evident verfassungswidrig".[23] Das Alimentationsprinzip sei verletzt, weil der Gesetzgeber keine überzeugende Begründung für die „Ungleichbehandlung" der Besoldungsstufen angegeben habe. Eine Genugtuung für die Richter und eine schallende Ohrfeige für die rot-grüne Landesregierung. Die Landesregierung kündigte an, den Tarifabschluss im öffentlichen Dienst für die Jahre 2015 bis 2017 eins zu eins zu übernehmen, allerdings in allen Jahren zusammen um elf Monate zeitversetzt, um einen kleinen Sparbetrag zu retten. „Eine ernsthafte Wertschätzung sieht anders aus", kommentiert der Vorsitzende des NRW-Richterbundes Christian Friehoff missmutig die gerichtlich erzwungenen Gehaltserhöhungen. Sie taugen seiner Auffassung nach nicht, das kaputte Verhältnis zwischen Justiz und Politik im Lande zu heilen: „Eine gewisse Normalität ist zurückgekehrt, aber tiefe Gräben sind geblieben."

Die nachträgliche Gehaltserhöhung hat deshalb auch die Richterschaft kaum besänftigt. Ihre Mitwirkung bei der Klausuraufsicht haben Richter und Staatsanwälte in weiten Teilen NRWs weiterhin eingestellt. Einige Richter leiten keine Referendararbeitsgemeinschaften mehr und nehmen an Mediationsprojekten nicht mehr teil. Einige Richter sind nicht mehr bereit, bei Geldauflagen den Staat zu bedenken.

Auch in Bremen war es die doppelte Nullrunde für die Jahre 2013/2014, die bei Richtern und Staatsanwälten das Fass zum Überlaufen brachte. In der Hansestadt traf sie die Justizdiener besonders hart, weil sie in dem hoch verschuldeten Bundesland bereits mies bezahlt wurden. Auf der Besoldungstabelle der Länder belegt Bremen seit Jahren mit Berlin und Brandenburg meist einen der letzten drei Plätze.

In Presseerklärungen und Offenen Briefen, mit Unterschriftenaktionen und Demonstrationen attackierten Richter und Staatsanwälte die Doppel-Null „als Schlag ins Gesicht" und „Motivationskiller", der die Funktionsfähigkeit der Bremer Justiz aufs Spiel setze. Sie sei „unanständig, weil sie das fehlende Streikrecht und damit die Ohnmacht der Betroffenen bewusst ausnutzt". Wie in NRW schlugen fünf Richterorganisationen in einem Offenen Brief vor, alle Prüfungstätigkeiten wie die Aufsicht bei Klausuren, deren Korrektur und die Teilnahme an Prüfungen im Ersten und Zweiten Staatsexamen bis auf weiteres auszusetzen. Mitte Juni 2013 protestierten über 80 Richter und Staatsanwälte zusammen mit Polizisten und Lehrern auf dem Marktplatz gegen die verfassungswidrige Besoldung ‚nach Kassenlage' mit Trillerpfeifen, Transparenten und Plakaten, die Hälfte in Roben. Ein neues, ungewohntes Bild der Justiz – mit Dienstkleidung auf dem Marktplatz statt im Gerichtssaal, laut und aggressiv statt zurückhaltend und mäßigend. „Als Berufsgruppe", gibt der Vorsitzende des Bremer Richterbundes Andreas Helberg zu, „liegt uns das eigentlich völlig fern".

An der Weser haben Richter und Staatsanwälte ihre Drohung, freiwillige Nebentätigkeiten einzustellen, in einigen Bereichen radikaler umgesetzt als ihre Kollegen an Rhein und Ruhr. Die Mehrheit der Richter hat nach OLG Präsidentin Karen Buse ihre Tätigkeit bei Klausuraufsicht, Klausurkorrektur und mündlichen Prüfungen zeitweise eingestellt. Die Klausuraufsicht, die in Bremen – anders als in NRW – nur von Personen mit der Befähigung zum Richteramt ausgeübt werden soll, hat die Richterschaft flächendeckend boykottiert. Die Folge: Um den Prüfungsbetrieb aufrechtzuerhalten, mussten alle Gerichtspräsidenten, ja sogar der Staatsrat der Justizbehörde, bei der Klausuraufsicht in Einzelfällen einspringen.

Nachdem der nordrheinwestfälische Verfassungsgerichtshof die doppelte Nullrunde für Richter und Staatsanwälte für verfassungswidrig erklärt hatte, hat auch die Bremer Bürgerschaft im November 2014 reagiert und die Tarifabschlüsse des öffentlichen Dienstes für 2013/2014 übernommen, allerdings mit acht Monaten Zeitverzögerung. Die Landgerichtspräsidentin Karin Goldman sah darin ebenfalls keine zureichende Kompensation, weil die „Gehälter der Richter und Staatsanwälte in Bremen" in den vergangenen 30 Jahren „um über 30 Prozent hinter der allgemeinen Einkommensentwicklung in Deutschland zurückgeblieben" sind.

Auch in Schleswig-Holstein haben Richter und Staatsanwälte gegen ein „Sonderopfer" bei der Besoldung aufbegehrt, weil die Koalition aus SPD, Grünen und SSW ihre Gehälter bis 2018 nur um 1,3 Prozent und zeitversetzt erhöht hatte. Diese Ankündigung einer „realen Gehaltseinbuße" empfanden die Justizdiener als „Schlag ins Gesicht". Mit Briefen an Minister und Fraktionsvorsitzende und einer Online Petition mit 8.000 Unterschriften machten sie ihrem Ärger Luft. Im April 2013 demonstrierten 2.000 Lehrer, Polizeibeamte sowie Richter und Staatsanwälte vor dem Landeshaus – zum Teil in Robe, weil das mehr „Aufsehen erregt als Windjacken und Pudelmützen". Als „Gehaltsdiebe der Küstengang" beschimpfte ein Plakat die Landesregierung. Die Rede von Ministerpräsident Torsten Albig ging in Buh- und Pfuirufen unter. Im Juni 2013 knickte die Landesregierung ein. Sie übernahm den Tarifabschluss im öffentlichen Dienst eins zu eins, allerdings einige Monate verzögert.

In anderen Bundesländern wie etwa Rheinland-Pfalz und Mecklenburg-Vorpommern richtet sich die Wut der Richterschaft gegen geplante Schließungen von Gerichten.

In Rheinland-Pfalz sollte es das OLG Koblenz treffen – zugunsten des halb so großen und entlegenen OLG Zweibrücken. Diese schon auf den ersten Blick schwer nachvollziehbare Entscheidung der Landesregierung stieß in der Justiz auf heftige Gegenwehr. Richter und Staatsanwälte dekorierten die Empfangshalle des Oberlandesgerichts mit Wandzeitungen, die den ehemaligen Bremer OLG Präsidenten Wolfgang Arenhövel an die „Hochzeit der APO" erinnerten. Justizjuristen gingen auf die Straße mit Slogans wie „Finger weg vom OLG" und „Für Argumente – gegen Willkür". Bürger und Juristen sammelten 66.000 Unterschriften.[24] Ministerpräsident Kurt Beck (SPD) war von der Vehemenz der Gegenwehr in der Richterschaft so überrascht, dass er sich dazu verstieg, sie mit einer „Revolte in Lateinamerika" zu vergleichen.

Offizieller Grund für die Schließung des Oberlandesgerichts war die Schuldenbremse. Tatsächlich ging es nach Meinung aller Kundigen um einen politischen Rachefeldzug Becks, weil er den von ihm für den Posten des OLG Präsidenten favorisierten SPD-nahen Kandidaten nach vierjährigem Rechtsstreit nicht durchsetzen konnte. Nachdem eine Expertenkommission festgestellt hatte, dass die Fusion des OLG Koblenz mit dem OLG Zweibrücken kaum Spareffekte bringen würde, strich die Landesregierung die Segel. Auch ein Erfolg des hartnäckigen Widerstandes der Richterschaft.

In Mecklenburg-Vorpommern gelang es dem Richterbund und dem Verein „Pro Justiz" – einer Initiative der Rechtsanwaltskammer – Rechts- und Landesgeschichte zu schreiben: Sie initiierten das erste erfolgreiche Volksbegehren gegen eine Justizstrukturreform und zwangen dadurch die Landesregierung, den ersten Volksentscheid in der Geschichte Mecklenburg-Vorpommerns durchzuführen.

Das Herzstück der Gerichtsstrukturreform war der Plan, die Hälfte der 21 Amtsgerichte aufzulösen oder in Zweigstellen umzuwandeln. Dafür führte die Landesregierung eine Reihe starker demoskopischer und rechtspolitischer Argumente ins Feld: ein Bevölkerungsrückgang zwischen 1990 und 2011 von gut 14 Prozent und ein erwarteter weiterer Rückgang bis 2030 von noch einmal gut 14 Prozent. Das Bundesland habe die größte Gerichtsdichte aller Bundesländer. Durch die Aufgabe aller Amtsgerichte mit weniger als zehn Richtern könne Effektivität und Qualität amtsgerichtlicher Rechtsprechung gesteigert werden. Außerdem sei die Zahl der Verfahren in fast allen Gerichtszweigen zurückgegangen.

Der regionale Richterbund bekämpfte die Gerichtsreform mit Presseerklärungen, Gutachten, Demonstrationen und Trauerzügen, vor allem aber mit einer Unterschriftensammlung für ein Volksbegehren. Im November 2014 hatten die Initiatoren gut 142.000 Unterschriften gesammelt, weit mehr als die erforderlichen 120.000. Dieses Bürgervotum beeindruckte die Landesregierung wenig. Im Juni 2015 lehnte sie den Gesetzentwurf eines Volksbegehrens gegen die Gerichtsreform ab.

Seit dem Beschluss der SPD/CDU-Koalition im Oktober 2013, die Hälfte der Amtsgerichte zu schließen oder in Zweigstellen umzuwandeln, war der Gesprächsfaden zwischen Politik und Justiz im Ostseeland gerissen. Das Klima vereiste. Scharf geißelte Axel Peters, Vorsitzender des Richterbundes, die Reform als „undemokratisch" und „bürgerfern", weil sie allein das Ziel habe, „klamme Haushalte auf Kosten der Rechtsuchenden zu entlasten". Für ihn war nach dem „Kahlschlag in der Justiz" das „klassische Amtsgericht tot". Diese Polemik konnte der Richterbund mit einem Bündel gewichtiger Argumente unterfüttern: keine nachvollziehbare Analyse des wirklichen Reformbedarfs, keine Prüfung von Alternativen zu Standortschließungen und negative Auswirkungen auf den Zugang zur Justiz, weil Bürger in den betroffenen Regionen künftig 50 Kilometer und mehr zum nächsten Amtsgericht fahren müssen.

Im Gegenzug wehrte sich das Justizministerium gegen die Richterkampagne mit Verboten, in Gerichten Plakate aufzuhängen und Unterschriftenlisten auszulegen. Und es verhängte für Amtsgerichte einen Maulkorb bei Presse- und Interviewanfragen zur Gerichtsstrukturreform.

Am 5. September 2015 scheiterte der Volksentscheid gegen die Gerichtsstrukturreform. Zwar erhielten die Gegner gut 83 Prozent der Stimmen. Da sich bei dem Volksentscheid aber nur knapp 24 Prozent der Wahlberechtigten beteiligt hatten, wurde das Quorum von einem Drittel der Wahlberechtigten deutlich verfehlt.

Die wahren Triebfedern hinter diesem Machtkampf kamen im öffentlichen Disput kaum zum Vorschein. Ministerpräsident Erwin Sellering, ehemaliger Verwaltungsrichter und Justizminister im Lande, soll keine gute Meinung von Richtern haben, unter anderem wegen ihrer mangelnden Flexibilität bei Versetzungen. So hatte er als Justizminister Amtsrichter mit geringer Arbeitslast aufgefordert, an die stark belasteten Sozialgerichte zu wechseln. Vergeblich. Vom Grundsatz der Unversetzbarkeit gut geschützt, meldeten sich keine Freiwilligen. Für Ministerpräsident Sellering ging es daher bei der Justizreform auch darum, wie er in einer Bürgerfragestunde erläuterte, einen „flexiblen Einsatz und eine gleichmäßigere Auslastung der Richter" zu erreichen. Die Gerichtsstrukturreform verfolgte daher von Anfang an auch das Ziel, die mangelnde Wechselbereitschaft von Richtern an andere Gerichte zu kompensieren. Einen Teil des ausgedünnten Amtsgerichtsnetzes haben also die Richter selbst zu verantworten.

Eine dritte Quelle des Unmuts in der Judikative war die Schuldenbremse. Einige Landesregierungen haben deshalb Stellen abgebaut. In Rheinland-Pfalz wandte sich der Richterbund gegen den Wegfall von 20 Richterstellen bei Amts-und Landgerichten. In Brandenburg gingen im Mai 2015 rund 250 Richter und Staatsanwälte in Potsdam auf die Straße, um gegen die Pläne der rot-roten Koalition bis 2018 insgesamt 90 Stellen abzubauen.

Nach Selbstverständnis und Persönlichkeitsstruktur protestieren Richter und Staatsanwälte als Repräsentanten der Dritten Gewalt eigentlich nicht in der Öffentlichkeit – schon gar nicht in Robe. Dass sie es trotzdem tun und in einigen Ländern eine **eigene Protestkultur in der Tradition der APO** entwickelt haben, markiert eine historische Zäsur in der Beziehung zwischen Richterschaft und Politik.

Protest der Präsidenten

Es war eine kleine Revolution, die die Gerichtspräsidentinnen und -präsidenten aller Bremer Gerichte sowie die Generalstaatsanwältin im August 2011 gemeinsam anzettelten: Sie baten einen Redakteur des Weserkuriers zu einem Gespräch, um ihren Dienstherrn via Zeitung zu kritisieren und unter Druck zu setzen. Stein des Anstoßes war ein Sparbeschluss der rot-grünen Koalition, nach dem bei der Justiz rund 80 Stellen gestrichen werden sollten – und das angesichts der Tatsache, dass in den Jahren zuvor bereits 25 Prozent der Stellen dem Rotstrich zum Opfer gefallen waren. Einen Tag nach dem klandestinen Gespräch mit dem Journalisten konnte der damalige Justizsenator Martin Günthner im Weserkurier lesen, was „seine" Präsidenten von der Sparpolitik des Senats hielten.[25] „Hinter jedem Fall stehen Opfer und Existenzen. Die Menschen haben einen Anspruch darauf, dass man sich zeitnah mit ihren Verfahren befasst", klagte OLG Präsident Wolfgang Arenhövel angesichts der bereits langen Verfahrensdauer vor den Zivilgerichten. Sein „Rechtsgefühl" sei verletzt, wenn Straftäter wegen langer Verfahrensdauer mildere Strafen bekämen. Peter Heine, Chef des Landessozialgerichts Bremen/Niedersachsen, berichtete, dass bei einem Streit mit einer Krankenkasse um die Bewilligung eines Spezialrollstuhls für ein schwerbehindertes Kind schon mal vier Jahre ins Land gehen können.

Das Vorgehen der Gerichtsspitzen war ein Novum – und das in mehrfacher Hinsicht. Zum ersten Mal hatten alle solidarisch an einem Strang gezogen. Und alle hatten mit der Tradition des Wohlverhaltens gebrochen. Präsidenten sind in der Regel angepasst, berechenbar und politisch auf der Linie der Landesregierung. Die meisten sind auch gewählt worden, weil von ihnen erwartet wird, dass sie keinen Ärger machen. Deshalb bekamen die Präsidenten an der Weser auch mächtig

Ärger bei ihrem Dienstherrn. Aber die Mobilisierung der Öffentlichkeit gegen die Sparpläne wirkte: Der Senat verzichtete auf die Streichung der 80 Stellen.

Die Mehrzahl der Präsidenten hat sich in den letzten Jahren rollengemäß verhalten und nicht gegen Dienstherrn aufgemuckt. Einige wenige Spitzenrichter und -staatsanwälte haben sich jedoch von den Protestwellen der Basis erfassen lassen und ihren Widerstand unterstützt – nicht auf der Straße, sondern in Briefen an Justizminister bzw. Justizsenatoren. Die blieben teilweise vertraulich, fanden aber in der Mehrzahl, nicht unwillkommen, ihren Weg in die Öffentlichkeit. Viele Gerichtspräsidenten und Generalstaatsanwälte haben nämlich die Erfahrung gemacht, dass die auf dem normalen Dienst vorgetragenen Klagen häufig wirkungslos verpuffen. Ein OLG Präsident: „Sehenden Auges schaut die Politik zu, solange es gut geht."

Um das zu verändern, schlugen im Dezember 2014 ein halbes Dutzend Gerichtspräsidenten und zwei Generalstaatsanwälte in Baden-Württemberg Alarm. Anlass für den gemeinsamen Brief an Ministerpräsident Winfried Kretschmann waren gleichfalls Sparvorgaben der rot-grünen Koalition mit einem Volumen von 39 Millionen Euro. Dieser Betrag, so die Justizspitzen, sei geeignet, „das Funktionieren einer geordneten Rechtspflege zu untergraben". Die Belastung der Strafjustiz sei schon heute so stark, dass das Landgericht Tübingen hochkarätige Mitglieder eines südamerikanischen Drogenkartells aus der Untersuchungshaft entlassen musste, weil das Verfahren wegen eines fehlenden Ergänzungsrichters nicht rechtzeitig abgeschlossen werden konnte. Eine Blamage. Durch die schon heute langen Verfahrensdauern würde der Druck auf Richter und Staatsanwälte weiter wachsen, sich auf „Verfahrensabsprachen" mit „Strafrabatten" einzulassen – wo sich die „Frage der Gerechtigkeit in besonderer Weise" stelle.

Auch dieser Brief entwickelte politisches Gewicht, zumal sein Anliegen vom Justizminister, dem Richterbund und der Anwaltschaft unterstützt wurde. Am Ende verzichtete die Landesregierung vorübergehend auf den geplanten Stellenabbau, stundete den vom Justizressort zu erbringenden Sparbetrag bis zur Notariatsreform 2018, deren Einsparungen in Höhe von gut 23 Millionen dem Justizressort gut geschrieben wurden.

Gestört bis zerstört: das Vertrauensverhältnis zwischen Politik und Justiz

Die im Roland Rechtsreport 2014 freigelegte Unzufriedenheit bei Richtern und Staatsanwälten ist in den Bundesländern sehr unterschiedlich ausgeprägt. In Bayern scheint das Verhältnis zwischen Politik und Justiz intakt, in Rheinland-Pfalz hat sich die Lage nach dem Streit über die verhinderte Schließung des OLG Koblenz nach Meinung des dortigen Richterbundvorsitzenden Thomas Edinger „wieder entspannt". Für den Darmstädter Landgerichtspräsidenten Günter Huther gibt es in Hessen „keine Gefechtslage" zwischen Politik und Justiz, sondern ein „mildes Klima". In Nordrhein-Westfalen, Bremen, Berlin und Mecklenburg-Vorpommern ist das Verhältnis zwischen Politik und Justiz nach Meinung von Richtern jedoch „gestört", „angespannt" oder „zerstört". In Hamburg erscheint die Wetterlage bedeckt. Nach Beobachtungen von Landgerichtspräsidentin Sibylle Umlauf wächst auch an der Elbe die Zahl der Richter und Staatsanwälte, die „wegen der hohen Belastung keine Klausuraufsicht und keine Referendarausbildung mehr machen wollen".

Wie kommt es, dass der Aufstand der Richterbasis und die Proteste einiger Präsidenten in einigen Bundesländern in den letzten fünf Jahren eine neue Qualität gewonnen haben? Das Bild der Justiz, das in der Politik dominiert, unterscheidet sich fundamental von dem, das Richter und Staatsanwälte von ihrer Arbeit und ihrer Rolle haben.

Eine kleine Begebenheit, die Helmut Leithäuser, Vorsitzender einer Zivilkammer am Landgericht Wuppertal, als persönlicher Referent von Justizminister Rolf Krumsiek erlebt hat, erhellt die unterschiedlichen Denkweisen in Politik und Justiz. Er hatte damals den Auftrag, eine Sitzung des Rechtsausschusses zu beobachten. Auslöser war der sog. Mäusefall. Eine Partei in einem Zivilprozess hatte sich über ein zu langes Verfahren beim Petitionsausschuss beschwert. Als ein Justizbeamter die Akte zur Überprüfung aus einem Regal zog, fiel eine tote Maus vom Aktendeckel. Das war der Anlass für Abgeordnete im Rechtsausschuss den Justizminister zu fragen, warum Zivilrechtsverfahren so lange dauern. In diesem Zusammenhang verlangten einige Volksvertreter, dass jeder Richter eine Stellungnahme abgeben soll, wenn ein Verfahren länger als ein halbes Jahr dauert. Krumsiek belehrte sie, dass eine solche Berichtspflicht gegen die Unabhängigkeit verstoßen würde. Bei den Abgeordneten keimte ein gewisses Unverständnis dafür auf, dass man Richter und Staatsanwälte nicht anweisen könne. Die Stimmung im Rechtausschuss damals: Die Unabhängigkeit gehört abgeschafft.

Diese Reaktion ist typisch für die Einstellung zahlreicher Politiker gegenüber der Justiz: ein Gefühl der Ohnmacht. Sie können die Dritte Gewalt im Unterschied zu anderen Politikbereichen weder steuern noch kontrollieren. Thomas Fischer, Vorsitzender Richter beim Bundesgerichtshof, hat einmal im bayerischen Staatsministerium der Justiz gearbeitet und weiß daher, wie man dort tickt: „Das Gruselige am nachgeordneten Bereich Justiz ist aus Sicht des Ministeriums seine Unübersichtlichkeit." Er wird zudem, so Fischer, von „ein paar schrecklichen Erzengeln mit flammenden Schwertern verteidigt, die da heißen ‚Unabhängigkeit', ‚Unversetzbarkeit' und ‚Deutscher Richterbund'".[26]

Viele Politiker glauben ferner nicht daran, dass die Judikative tatsächlich überlastet ist. Als Hamburger Präsidentinnen ein dramatisches Bild von der Lage an den ordentlichen Gerichten vor der Hamburger Bürgerschaft zeichneten, haben sie nach Meinung von Beobachtern nicht durchgängig überzeugt. „Wer seit Jahrzehnten behauptet, dass die Zitrone ausgequetscht ist, bekommt Probleme, wenn der Laden trotzdem weiterläuft", beschreibt der Hamburger Richterbundvorsitzende Marc Tully die mäßige Überzeugungskraft der Belastungsklagen. Der Hamburger Justizsenator Till Steffen stellt klar: „Es reicht nicht immer zu sagen, alles wird schlimmer und fühlt sich viel an." Überdies sind Politiker mehrheitlich, wie der Celler OLG Präsident Götz von Olenhusen immer wieder vermittelt bekommt, der Auffassung, dass die Justiz „sich besser organisieren könnte und die Arbeit mit einer besseren Verteilung zu schaffen wäre".

Die Privilegien der freien Arbeitszeiteinteilung und der freien Wahl des Arbeitsplatzes mit Ausnahme der Sitzungs- und Beratungstage sowie das Fehlen jeder Arbeitszeitkontrolle erweisen sich als schwere Hypothek für die Glaubwürdigkeit von Überlastungsklagen. „Arbeit gleich Präsenz" ist in unserer Gesellschaft der zentrale Maßstab für die Bewertung von viel oder wenig Arbeit. Das gilt auch für die Justiz. Für Wolfgang Kalz, ehemals Vorsitzender Richter am OVG Lüneburg, war „Präsenz ein Indikator für Fleiß": „Wer sagte, ich arbeite zuhause, dem hat man nicht so richtig geglaubt." Wenn ein leitender Mitarbeiter der Hamburger Justizbehörde beobachtet, dass Richter am Verwaltungs- oder Finanzgericht gegen 16 Uhr das Haus verlassen, hegt er Zweifel, ob sie zuhause wirklich weiter ihr juristisches Hirn zermartern. Durch die häufige Abwesenheit vieler Richter am Arbeitsplatz und ihrer Nichterreichbarkeit bleibt das Urteil bzw. Vorurteil des faulen oder nicht so fleißigen Richters virulent – trotz unstreitig gestiegener Arbeitslast durch verdichtete Arbeit.

Der gravierendste Dissens zwischen Politik und Judikative besteht nach wie vor über die Besoldung. Was für viele Minister und Abgeordnete Jammern auf hohem Niveau ist, ist für die Mehrheit der Richter und Staatsanwälte nicht amtsangemessen. Für sie ist die Höhe der Gehälter ein Indikator für die Wertigkeit richterlicher Arbeit. „Die Justiz leidet unter mangelnder politischer Wertschätzung", moniert der Präsident des Düsseldorfer Sozialgerichts Peter Brückner: „Vielen Entscheidern ist die Wertigkeit einer funktionierenden Justiz nicht bewusst". Stephan Sommer, Vorsitzender einer Hamburger Wirtschaftsstrafkammer: „In unserer Gesellschaft hängt der Status vom Einkommen ab. Mit unseren Gehältern wird man mitleidig angesehen."

Dieser Unmut hat drei Wurzeln. Erstens: Verheiratete Richter mit zwei Kindern können als Alleinverdiener in teuren Städten wie Hamburg die Mieten in der Innenstadt nicht mehr bezahlen. Zweitens: Die Gehälter sind angesichts der gestiegenen Arbeitslast nicht mehr verhältnismäßig. Und drittens: Für Juristen mit den besten Examensnoten ist die Schere zwischen den Einkommen von Richtern und Staatsanwälten und Juristen in der Anwaltschaft und Wirtschaft mit den gleichen Zensuren zu weit aufgegangen.

Richtern und Staatsanwälten ist ferner aufgefallen, dass sie bei den Besoldungsrunden im Öffentlichen Dienst in den letzten Jahren in einigen Bundesländern benachteiligt worden sind. Während Lehrer, Polizisten und Kita-Angestellte von Sparrunden verschont blieben, musste die Judikative in Nordrhein-Westfalen, Bremen, Hamburg, Brandenburg und Hessen bluten. In diesen Ländern wurden die Tarifabschlüsse im öffentlichen Dienst nicht eins zu eins übernommen. Stattdessen gab es Nullrunden und geringere oder zeitlich versetzte Erhöhungen. Das findet die betroffene Richterschaft zutiefst ungerecht. Die Parteien wiederum, vor allem SPD und Grüne, finden es sozial gerecht, wenn sie angesichts überschuldeter Haushalte und der Schuldenbremse bei Gehaltserhöhungen untere, mittlere und höhere Besoldungsgruppen unterschiedlich behandeln. Das entspricht ihrem politischen Selbstverständnis und ihren machtpolitischen Interessen. Besonders prekär scheint die Stellung der Justiz in einigen rot-grün regierten Ländern zu sein. Sie betreiben nach dem richtigen Eindruck des Wuppertaler Richters Karsten Bremer „Klientelpolitik": Besonders negativ sind dabei in NRW und Bremen grüne Politiker aufgefallen.

Ein bezeichnender Vorfall: In Nordrhein-Westfalen hatte sich eine Amtsrichterin bei Landtagsabgeordneten in einer Mail über die doppelte Nullrunde beschwert. Zwei Antworten von grünen Volksvertretern brachten einen Richterbundfunktionär so in Rage, dass er zu einem „shitstorm" gegen ihre Verfasser aufrief.

Ein Opfer war die sozialpolitische Sprecherin der Grünen und ehemalige Krankenschwester Manuela Grochowiak-Schmieding. In ihrer Antwortmail hatte sie den Mindestlohn einer Pflegerin von sieben Euro pro Stunde – hochgerechnet auf den Monat rund 1.100 Euro – mit dem Gehalt einer jungen Richterin verglichen. Sie schloss mit dem Satz: „Briefe wie Ihren erhalte ich nun schon seit Wochen, und ich möchte nicht verhehlen, dass ich mich mittlerweile für Leute wie sie fremdschäme." Das zweite Opfer war ihr Fraktionskollege Rolf Beu. Er empfand es wie ein „Großteil der nicht-akademischen Bevölkerung als höchst bedenklich, wenn die von ihnen sogenannte eigene Staatsgewalt sich am Ende auf dem Rechtsweg selbst die angemessene Besoldung feststellt". Vor allem die Formulierungen „fremdschämen" und „sogenannte eigene Staatsgewalt" erzürnten Richter und Staatsanwälte. Sie keilten zurück. Der Wuppertaler Richter Karsten Bremer attestierte der grünen Sozialpolitikerin „RTL2-Niveau" und forderte den Abgeordneten Rolf Beu auf, zu der Frage Stellung zu nehmen, ob die „erste Staatsgewalt die dritte noch anerkennt". Im Übrigen sei die in den Nullrunden zum Ausdruck gekommene Haltung eine „Beleidigung der Richter" und keinesfalls „sozial ausgewogen". Nach einer Flut von Richter-Protestmails entschuldigten sich beide Abgeordnete für ihre „Wortwahl".

Auch an der Weser haben sich grüne Politiker und Richterschaft öffentlich in die Haare gekriegt. Im Visier stand hier vor allem die Finanzsenatorin Karoline Linnert. Die „Doppel-Null" hatte sie in der Bürgerschaft damit verteidigt, dass man kein Geld „verballern" wolle, und dass sie keineswegs nachvollziehen könne, warum diese Sparmaßnahme Ausdruck fehlender Wertschätzung sei. Das Argument gehöre in den „Bereich der Kindergärten, aber nicht in eine Gesellschaft von Erwachsenen".[27] Deutlicher kann man eine Missachtung der Judikative kaum zum Ausdruck bringen. Nach massiver Kritik aus der Justiz „bedauerte" auch die Finanzsenatorin ihre „Wortwahl."

Die Politiker haben umgekehrt wenig Verständnis für die verbreitete Arroganz und den Eliteanspruch der Richterschaft. Während einer aufgeheizten Diskussion mit dem damaligen Bremer Bürgermeister und Ex-Verwaltungsrichter Jens Börnsen (SPD) quittierten Richter und Staatsanwälte sein Werben für ein Sonderopfer mit Hohnlachen. Auf den Hinweis, dass auch viele Anwälte, wie zum Beispiel seine Söhne, hart arbeiten und auch nicht viel mehr verdienen, entgegnete ein Staatsanwalt dem Sinn nach: „Die haben keine Prädikatsexamina. Die Besten sind hier versammelt."

Das dahinter stehende Selbstbild: Wir gehören zu den besten zehn Prozent der Juristen, haben als Dritte Gewalt einen besonderen Verfassungsauftrag und werden trotzdem durch die Doppel-Null schlechter behandelt als andere Staatsdiener. Dieses Selbstverständnis war an diesem Abend vor allem unter jüngeren Justizdienern verbreitet.

Mit dem Anspruch „wir sind die Elite, wir haben die besten Noten" konnte Bürgermeister Börnsen nach dem Eindruck der OLG Präsidentin Karen Buse nicht umgehen. Er schien „überrascht und völlig konsterniert". Im Gegenzug warf er den Richtern „elitäres Anspruchsdenken" vor. Dieser Konter hat nach Andreas Helberg, Vorsitzender des Bremischen Richterbundes, wiederum viele Kolleginnen und Kollegen „irritiert und schockiert".

Solche offenen Bekenntnisse zum eigenen Stellenwert waren für viele ältere Richter und Präsidenten „neue Töne" (Helberg). Die OLG Präsidentin Buse war ebenso verwundert wie der Präsident des Verwaltungsgerichts Peter Sperlich. Bei der Ursachenanalyse kamen sie zum selben Ergebnis: ein „extremer Generationswechsel" und eine „neue Richtergeneration".[28] Die mittlere und ältere Richtergeneration hätte es „nicht gewagt, den Bürgermeister öffentlich so zu kritisieren", mutmaßt Verwaltungsgerichtspräsident Sperlich.

Fazit: Richter und Staatsanwälte sind für viele, vor allem grüne und sozialdemokratische Politiker, nach wie vor privilegierte Akademiker, die im Vergleich zu Pflegerinnen oder Justizangestellten keinen Grund zur Klage haben. Die meisten Politiker sind sich nicht sicher, ob die Justizdiener wirklich hart arbeiten. Deren Arbeitswelt entzieht sich ihnen – mangels Wissen, Transparenz, Einfluss und Kontrolle. Wenn es um ihre Privilegien und Interessen geht, nutzen sie ihre Rechtsprechungsmacht zum eigenen Vorteil.

Spitzenreiter und Schlusslichter: Justiz im Ländervergleich

Die sognannte „Berliner Tabelle" für die ordentliche Gerichtsbarkeit und die sogenannte „Sachsen Tabelle" für die Fachgerichtsbarkeiten sind die am besten gehüteten Geheimnisse der bundesdeutschen Justiz. Sie sind vertraulich und werden so streng gehütet wie geheim-gestempelte Papiere des Verfassungsschutzes. Nicht einmal der Deutsche Richterbund kennt sie vollständig.

Wer die Tabellen studiert, erkennt schnell die Gründe für den rigiden Vertrauensschutz. Für einschlägige Parameter – Eingänge, Erledigungen, Bestände, Art der Erledigungen und Dauer der Verfahren – stellt sie eine Art Bundesligatabelle für die Judikative auf mit Spitzenreitern, Mittelfeld und Schlusslichtern. Sie ermöglicht, **Qualität und Effektivität** von Richtern und Staatsanwälten in den Bundesländern zu vergleichen. So verlockend es für leistungsstarke Länder war, gute Rangplätze zu veröffentlichen, so peinlich war es für die leistungsschwachen, wenn ihre schlechten Zahlen und Rangplätze bekannt werden. Deshalb hat die solidarische Mauer des Schweigens bisher gehalten.

Für die Justizverwaltungen der Länder und die Gerichtspräsidenten sind die Tabellen die wichtigsten Orientierungshilfen für die Haushalts- und Personalpolitik. Sie zeigen, wo Qualität und Effektivität gut, ausreichend oder mangelhaft sind, in welchen Gerichtszweigen die Verantwortlichen nichts tun oder wo sie nachbessern müssen.

Im folgenden Kapitel sollen die wesentlichen Ergebnisse der Länderübersichten 2014 für die ordentliche Gerichtsbarkeit und die Fachgerichtsbarkeiten zum ersten Mal öffentlich vorgestellt werden.

Berliner Tabelle

In Bayern und Baden-Württemberg arbeiten die Amtsgerichte in Zivilsachen am schnellsten. Obwohl die Richter in beiden Bundesländern überdurchschnittlich viele Eingänge pro Richter zu bewältigen haben, erledigen sie die Verfahren in der kürzesten Zeit – alle Verfahren in durchschnittlich vier Monaten, Verfahren mit Urteil in rund sechs Monaten. Da es den Richtern im Süden gelingt, dass sich Eingänge und Erledigungen in etwa die Waage halten, haben sie auch die niedrigsten Bestände. Ein wesentlicher Faktor für die kurzen Verfahrenslaufzeiten sind in beiden Ländern hohe Vergleichsquoten. Dort schaffen es die Amtsrichter, rund

Spitzenreiter und Schlusslichter: Justiz im Ländervergleich

ein Fünftel aller Verfahren im Konsens der Parteien zu beenden – fünf Prozent mehr als die durchschnittliche Vergleichsquote in allen Ländern.

Ähnlich erfolgreich bei Verständigungen sind nur zwei der drei schlechtesten Länder: Saarland und, mit Abstrichen, Bremen. Bei ihnen sind Vergleiche eine Art Notwehr gegen die sich jeden Tag füllende Aktenböcke. An der Weser ist die Kombination aus hoher Vergleichsquote und der bundesweit niedrigsten Urteilsquote die Überlebensgarantie im täglichen Kampf gegen die höchste Arbeitslast in der Republik. Trotzdem dauern Zivilverfahren mit Urteilen in der Hansestadt gut zehn Monate – wie in Thüringen. Das sind die beiden Schlusslichter der Tabelle..

Verblüffend und erschreckend zugleich sind die Qualitäts- und Effektivitätsunterschiede der Amtsgerichte bei zwei Schlüsselindikatoren: Verfahrenslaufzeiten und Erledigungsquote. In Bremen und Thüringen dauern die mit einem Urteil abgeschlossenen Zivilverfahren bei Amtsgerichten im Schnitt vier Monate länger als in Bayern und Baden-Württemberg, im Saarland (Platz 14) immerhin noch drei Monate. In den Südländern erledigt ein Zivilrichter im Schnitt 16 Prozent mehr Akten pro Jahr mehr als in Thüringen und 11 Prozent mehr als in Sachsen. Aufschlussreich ist, dass die Zivilrichter dort am effektivsten arbeiten, wo die Eingänge und/oder die Bestände am höchsten sind. In Nordrhein-Westfalen, Hamburg und Bremen haben die Zivilrichter die höchsten Eingänge pro Richter und die höchsten Erledigungsquoten der Republik. Diese Zahlen bestätigen ein in allen Justizverwaltungen beobachtetes Phänomen: Je größer der Druck durch eingehende Verfahren wird, desto mehr schaffen die Richter weg – natürlich nur bis zu einer Schmerzgrenze. Ein hoher Justizbeamter: „Wenn viel anliegt, arbeitet man viel, wenn weniger anliegt, dann wird auch weniger gearbeitet. Man nimmt sich mehr Zeit für die Fälle, für Kaffeepausen und für Fortbildung."

Enorme Divergenzen gibt es bei den Eingängen, die die Zivilrichter jährlich zu bewältigen haben. Der Bundesdurchschnitt liegt bei 575 Verfahren. Die meisten Akten haben die Richter an der Weser zu bewältigen (634 Verfahren), die wenigsten in Thüringen (492 Verfahren). Das ist immerhin eine Differenz von 142 Verfahren.

Der wichtigste Qualitätsindikator ist das Verhältnis von Eingangszahl zur Verfahrensdauer. Hier fällt auf, dass Zivilrichter in allen ostdeutschen Bundesländern erheblich unter dem Durchschnitt liegende Eingänge zu bearbeiten haben, trotzdem aber mit Ausnahme von Mecklenburg-Vorpommern bei Verfahren, die mit einem Urteil enden, ein bis drei Monate länger brauchen als der Durchschnitt aller Länder. Die Erklärung eines Justizexperten: „Es gibt bis heute ein Qualitätsgefälle in der Justiz zwischen alten und neuen Bundesländern – und zwar über die gesamte Bandbreite." Das ist ein Erbe der Wiedervereinigung. Sie wirkt noch nach, weil der Generationswechsel in der Justiz in den meisten neuen Bundesländern noch bevorsteht. Beim Aufbau der Justiz zwischen Rostock und Erfurt haben die Justizministerien ehemalige DDR-Richter und West-Juristen mit den Noten befriedigend und ausreichend eingestellt, Juristen, die im Westen keine Chance hatten. Nach Schätzungen sind 90 Prozent der Wenderichter noch im Amt. Das rächt sich bis heute. Ein schlechter Jurist kann einen Fall zwar auch richtig lösen, braucht dafür aber meist mehr Zeit als ein guter Jurist. Diese Erfahrung haben alle Justizverwaltungen gesammelt.

Eine weitere Ursache für die geringere Qualität der Ost-Justiz ist die Überalterung in den meisten Gerichtszweigen. Am Amtsgericht Schwerin sind mit Ausnahme von drei Richtern alle Robenträger zwischen Mitte fünfzig und dem Pensionsalter. Am Verwaltungsgericht Schwerin gibt es nur zwei Richter unter 50 Jahren. Die Landesregierung von Mecklenburg-Vorpommern spricht von einem Altersdurchschnitt von „von über 50 Jahren". Auch in Thüringen liegt der Altersdurchschnitt in der Justiz mittlerweile bei über 50 Jahren. Diese Überalterung wirkt sich nach Ansicht des Thüringer OLG Präsidenten Stefan Kaufmann negativ auf Qualität und Effektivität der Rechtsprechung aus: erhöhter Krankenstand, insbesondere burnout-Ausfälle sowie nachlassende Leistungsfähigkeit und -bereitschaft.

Die Berliner Tabelle verrät allerdings auch in den alten Bundesländern erhebliche Qualitätsunterschiede bei den Amtsgerichten in Zivilsachen. Zum Beispiel zwischen den reichen Ländern Bayern, Baden-Württemberg und Hamburg und den ärmeren Ländern Bremen und Saarland und – überraschend – dem wohlhabenden Hessen. Letztere fallen bei den Indikatoren Verfahrensdauer, Bestände unerledigter Verfahren und Erledigungsquoten negativ auf. Überzeugend erklären können die Experten diese Leistungsunterschiede nicht. Ausschlaggebend wird ein Bündel von Faktoren sein: Besoldung, Ansehen der Justiz und Arbeitsethos in den jeweiligen Bundesländern. Ein Justizexperte: „Das Arbeitsethos vererbt sich in Bayern." Das scheint ein zutreffender Befund. Die Hintergrundgespräche in den verschiedenen Bundesländern legen nahe, dass in Teilen der bayerischen Justiz mehr und härter gearbeitet wird als in anderen Bundesländern. So verhandeln zum Beispiel die Strafgerichte an mehr Tagen in der Woche und länger als anderswo.[29]

Die Qualitäts- und Effektivitätsbilanzen bei den Landgerichten in Zivilsachen erster Instanz unterscheiden sich nur in Nuancen von denen der Amtsgerichte. Bei den meisten Indikatoren – Verfahrensdauer, Erledigungsquote, Vergleichsquote – belegen Bayern und Baden-Württemberg Spitzenplätze. Insbesondere bei der Erledigungsquote stechen die bayerischen Richter hervor: Sie bewältigen 15 Prozent mehr Verfahren als der Durchschnitt. Positiv fallen bei der Erledigungsquote außerdem Hamburg, Bremen und Nordrhein-Westfalen auf, negativ alle neuen Bundesländer. Bei der Verfahrensdauer sind Bremen und Mecklenburg-Vorpommern Schlusslichter. An der Weser dauern Verfahren mit Urteil bei den Landgerichten im Schnitt fast 22 Monate, an der Ostsee 19 Monate. Das sind acht bzw. fünf Monate mehr als in Bayern.

Ein „Süd-Nord-Gefälle" in der Zivilgerichtsbarkeit, wie sie die Berliner Tabelle offenbart, stellt auch der bundesweit tätige Fachanwalt für Baurecht Markus Vogelheim fest. „Hohe Qualität" im Bau- und Architektenrecht erlebt er in München und Stuttgart: „Die Richter sind gut vorbereitet. Bei kleineren Landgerichten ohne Spezialzuständigkeiten kann man nur würfeln." Auch der Fachanwalt für Bankrecht André Ehlers lobt die bayerische Justiz wegen ihrer Schnelligkeit – nach einer Woche hat er das Protokoll einer Hauptverhandlung –, während die Justiz anderswo „deutlich schlechter organisiert" sei und Geschäftsstellen drei bis vier Wochen für das Weiterleiten von Schriftsätzen brauchen. Bei einigen Düsseldorfer Richtern hegt er den Verdacht, dass sie seine Schriftsätze vor der Hauptverhandlung nicht gelesen haben.

In der Strafjustiz fallen Qualitäts- und Effektivitätsvergleiche unter den Ländern weniger eindeutig aus als in der Ziviljustiz. Ein Qualitätsgefälle zwischen alten und neuen Bundesländern bei den Indikatoren Erledigungsquote, Bestände und Verfahrensdauer ergibt die Berliner Tabelle nicht. Am schnellsten arbeiten Amtsgerichte im Süden: In Bayern brauchen sie durchschnittlich 2,8 Monate, in Baden-Württemberg drei Monate. Am längsten dauern die Verfahren in Brandenburg, Bremen, Hessen und dem Saarland: zwischen 4,7 und 5,2 Monate.

Spitzenplätze bei den Verfahrenslaufzeiten mit Urteil belegen bei den Landgerichten erster Instanz Bayern, Saarland und Thüringen. Auf den unteren Tabellenplätzen stehen Brandenburg, Schleswig-Holstein und Bremen.

Bei den Strafgerichten ist es noch schwieriger als bei der Ziviljustiz, die Qualitäts- und Effektivitätsunterschiede zwischen den Ländern plausibel zu erklären. Eine Rolle spielt sicher, dass Strafverfahren in Großstädten komplexer und härter umkämpft sind als in Flächenländern. Nimmt man die durchschnittliche Zahl von Hauptverhandlungstagen pro Prozess bei den Landgerichten als Indiz für diese These, liegen hier die Stadtstaaten Hamburg mit 7,3 Tagen, Bremen mit 5,4 Tagen und Berlin mit 5,1 Tagen weit vorn.

Sachsen Tabelle

Am effektivsten arbeiteten 2014 die Verwaltungsrichter in Berlin, Baden-Württemberg und Schleswig-Holstein. Sie erledigten zwischen 13 und 6 Prozent mehr als der Durchschnitt. Desaströs sind die Bilanzen der Verwaltungsrichter in Brandenburg, Thüringen und Nordrhein-Westfalen. Dort schaffen die Justizdiener zwischen 17 und 7 Prozent weniger Akten als der Durchschnitt. Deshalb verwundert nicht, dass die Richter im Westen sieben Prozent mehr Verfahren bewältigen als im Osten. Kein Ruhmesblatt ist auch die Tatsache, dass die Richter 2014 nur in fünf Ländern Bestände unerledigter Verfahren abgebaut haben, sie hingegen in elf Bundesländern gewachsen sind.[30]

Krasse Differenzen fallen bei den Verfahrenslaufzeiten auf. Während die Verfahren im Bundesdurchschnitt zehn Monate dauern, erstrecken sie sich in Sachsen im Schnitt über 16 Monate, in Mecklenburg-Vorpommern über 18 Monate.

Bei mit Urteilen beendeten Verfahren überschreiten die Verwaltungsgerichte die Grenzen des rechtsstaatlich Erträglichen. Im Bundesdurchschnitt dauern sie etwas über 13 Monate. In Mecklenburg-Vorpommern ziehen sie sich im Schnitt über nahezu zwei Jahre (23,6 Monate) hin, in Sachsen über knapp 22 Monate. Im Vergleich dazu schaffen die Verwaltungsrichter in Rheinland-Pfalz ihre Fälle im ICE-Tempo, alle in gut fünf Monaten, mit Urteil in gut sechs Monaten. In Bayern, dem zweitschnellsten Land, währen die entsprechenden Verfahren gut sieben bzw. gut neun Monate.

Die Kritik der Anwälte entzündet sich nicht an der Verwaltungsgerichtsbarkeit in einzelnen Bundesländern, sondern an einzelnen Kammern oder Gerichten. „Die Unterschiede in der Verwaltungsgerichtsbarkeit sind himmelschreiend, sehr gut und mangelhaft finden sich unter einem Dach", klagt eine Berliner Anwältin. Ihr Kollege Hans-Peter Vierhaus hat beim VG Magdeburg ein „katastrophales Niveau" erlebt: „Da sitzen Richter wie eine Sphinx, abgeschottet, während in Berlin Rechtspositionen offen ausgetauscht werden."

Bei den Sozialgerichten haben Richter in Ländern mit schwacher Wirtschaftsleistung oder vielen Hartz IV-Empfängern die höchste Arbeitslast zu stemmen. In Bremen müssen sie 434 Verfahren im Jahr bewältigen, in Nordrhein-Westfalen 409 und in Berlin 398. Das ist zwischen 11 und 18 Prozent mehr als im Bundesdurchschnitt. Nur 270 Fälle müssen die Richter in Thüringen erledigen, 48 Prozent weniger als in Bremen. Auch bei den Sozialrichtern bestätigt sich die Erfahrung, dass starker Erledigungsdruck effektives Arbeiten fördert. In den drei Ländern mit den höchsten Eingängen schließen die Richter acht bis zwölf Prozent mehr Fälle ab als im bundesweiten Durchschnitt. Erhebliche Qualitäts- und Effektivitätsschwächen gibt es in Brandenburg, Mecklenburg-Vorpommern und Sachsen-Anhalt. Obwohl die Sozialrichter hier durchschnittlich weniger Akten zu bearbeiten haben, brauchen sie dafür im Durchschnitt mehr Zeit.

Die Achillesferse der Sozialgerichte ist die Dauer der Verfahren. Im Durchschnitt ziehen sich die Verfahren in der ersten Instanz gut 14 Monate hin. Am schnellsten arbeiten die Sozialrichter in Rheinland-Pfalz und in Sachsen (gut 12 Monate), am langsamsten in Schleswig-Holstein (knapp 19 Monate) und Mecklenburg-Vorpommern (knapp 20 Monate). Müssen Sozialrichter Urteile schreiben, werden die Verfahrenslaufzeiten für die Kläger unzumutbar lang. Im Schnitt dauern sie knapp zwei Jahre, bei den Schlusslichtern Sachsen-Anhalt gut 30 Monate und Bremen gut 32 Monate. In den neuen Bundesländern währen die Prozesse im Schnitt zwei Monate länger als in den alten. Die Sozialgerichtsbarkeit ist der langsamste Gerichtszweig.

Das ist auch der Hauptkritikpunkt der Anwaltschaft. Eine Hamburger Anwältin kann sich richtig erhitzen, wenn sie auf die Sozialgerichte in den neuen Bundesländern zu sprechen kommt: „Je weiter man nach Osten geht, desto schlimmer wird es bei der Akten- und Verhandlungsführung und der Dauer der Verfahren."

Beim Sozialgericht Magdeburg hat sie einmal zwei Jahre auf die Erstattung einer Prozesskostenhilfe gewartet. Unzumutbar findet der Hamburger Rechtsanwalt Friedemann Schleicher, dass sich ein Prozess über die Übernahme von Kosten einer Magenverkleinerung bei einem Übergewichtigen beim Sozialgericht Rostock drei Jahre lang hingezogen hat.

Bei den Finanzgerichten stoßen wir auf eine ähnliche Erledigungsstruktur wie bei den Verwaltungs- und Sozialgerichten: Hohe Eingänge und hohe Bestände korrelieren in der Regel mit hohen Erledigungsquoten – etwa in Berlin-Brandenburg, Mecklenburg-Vorpommern und Thüringen. Die Spreizung bei den Erledigungsquoten ist erheblich. In Thüringen bearbeiten die Finanzrichter 27 Prozent, in Berlin-Brandenburg 19 Prozent mehr als der Durchschnitt. Hoher Erledigungsdruck zwingt die Richter vermutlich zu dieser Mehrleistung. In beiden Ländern haben die Robenträger gegen die höchsten Eingänge und die höchsten Bestände zu kämpfen. Ohne solchen Druck arbeiten die Finanzrichter in Hessen und Schleswig-Holstein anscheinend entspannter. Sie bearbeiten 20 Prozent bzw. 15 Prozent weniger als der Durchschnitt.

Katastrophal sind bei den Finanzgerichten die Verfahrenslaufzeiten. Alle Verfahren währen im Durchschnitt knapp 16 Monate. Enden sie mit Urteil oder Gerichtsbescheid verlängert sich die durchschnittliche Dauer auf fast zwei Jahre. Am schnellsten arbeiten die Finanzrichter überraschenderweise in Bremen. Wegen der übermäßigen Dauer herrschen bei finanzgerichtlichen Verfahren mit Urteil oder Gerichtsbescheid in drei Bundesländern rechtsstaatlich unhaltbare Zustände. In Sachsen-Anhalt währen die Prozesse im Schnitt 39 Monate, in Berlin-Brandenburg gut 31 Monate und in Hessen fast 28 Monate.

Fazit: Bei den ordentlichen Gerichten und den Verwaltungs-, Sozial- und Finanzgerichten sind die Qualitäts- und Effektivitätsgefälle in den Ländern so groß, dass man nicht mehr von einer einheitlichen Rechtsprechung sprechen kann. Weil die Folgen der Wiedervereinigung in der Judikative immer noch nachwirken, gibt es erhebliche Qualitätsdifferenzen in der Dritten Gewalt zwischen neuen und alten Ländern. In der Verwaltungs-, Sozialgerichts- und Finanzgerichtsbarkeit gibt es Länder, in denen der verfassungsrechtliche Anspruch auf Abschluss von Verfahren in angemessener Zeit entweder gefährdet oder verletzt wird, sofern sie mit einem Urteil enden.

Berufswunsch Richter: Jobber und Friedenstifter

„Das Richteramt sollte als Berufung verstanden werden", fordert der Hamburger Finanzgerichtspräsident Christoph Schoenfeld. Diesem hohen Anspruch wird nur eine Minderheit von Justizjuristen gerecht. Die meisten lassen sich von einem Bündel von teils sehr banalen Motiven leiten.[31]

Viele Jurastudenten beginnen mit dem Studium ohne oder mit nur vagen Vorstellungen von ihrer beruflichen Zukunft. Bei etwa einem Drittel der Richter und Staatsanwälte wurden die Weichen für die Justiz während der Referendarzeit gestellt – weil die Station bei Gericht oder Staatsanwaltschaft interessant war oder aus Ausbildern Vorbilder wurden. Der Direktor des Hamburger Amtsgerichts Wandsbek Niels Focken: „Ich hatte hervorragende Ausbilder, die Freude am Beruf hatten. Das hat mich angesteckt. Mich hat fasziniert, zu moderieren und zu schlichten." Bei anderen fällt die Entscheidung für den Beruf eines Richters oder Staatsanwalts später, vermehrt nach Zwischenstationen in anderen Berufen, manchmal erst Ende Dreißig.

Bei nur knapp 30 Prozent der Richter spielten **idealistische** Motive eine Rolle. Bei den anderen waren es **pragmatische Gründe.**

17 Prozent fallen in die Kategorie **Idealisten mit einem Gerechtigkeitsgen.** Bei Norbert Vossler, Vorsitzender einer Berliner Zivilkammer, gab eine persönliche Erfahrung den Anstoß. Er war als Kriegsdienstverweigerer „mit einer Begründung abgelehnt worden, die ihm als Person nicht gerecht wurde". Da hatte sich jemand „zum Richter über mein Gewissen aufgeschwungen, der nach dem Alter hätte KZ-Aufseher gewesen sein können". Das verstieß gegen sein „Gerechtigkeitsempfinden". Er wollte es „besser machen" und herausfinden, wie das „System Justiz funktioniert". Die Nürnberger Arbeitsrichterin Silja Steindl hat sich schon „als Schülerin aufgeregt, wenn etwas ungerecht war". Der Berliner Strafrichter Sönke Volkens versteht sich als „Tatsachenarchäologe": „Ich liebe die Wahrheit. Und ich bin für Gerechtigkeit, was immer das ist."

Zu den idealistisch geprägten Richtern gehören sicher auch die **Persönlichkeiten mit einem Schlichtergen.** Zwölf Prozent der Richter haben den Beruf gewählt, um Frieden zu stiften. Jürgen Kipp, ehemaliger Präsident des OVG Berlin-Brandenburg: „Ich wollte immer Richter werden. Bei jedem Konflikt gehe ich in die Mitte. Mein Vater sagte mir häufiger: Du wirst bestimmt einmal Richter". Er schätzte meine „Fähigkeiten als Streitschlichter." Der Nürnberger Amtsrichter Armin Riedel versteht sich als „Typ Vermittler" in einer „Schiedsrichterfunktion". Für den Berliner Sozialrichter Eckardt Baum gehört es zu seinem „Wesen, zu schlichten und Frieden zu stiften".

Das verblüffendste Ergebnis der Umfrage war, dass etwa zwei Drittel der Robenträger sich aus sehr banalen Gründen für die Dritte Gewalt entschieden hatten. Die größte Gruppe bilden **frustrierte Rechtsanwälte**. 32 Prozent der Befragten sagten, dass sie vor dem Wechsel auf die Richterbank als Anwalt gearbeitet haben und desillusioniert waren. Quellen des Missvergnügens im Anwaltsberuf waren: Abhängigkeit von Mandanten, Interessenvertretung gegen die eigene rechtliche Überzeugung, zu viel Arbeit und zu harte Konkurrenz, kein Talent fürs Akquirieren und kaufmännisches Denken sowie Ärger beim Eintreiben von Honoraren. Zwei Stimmen: Für den Nürnberger Sozialrichter Mark Seeger gab es „zu viele Rechtsanwälte": „Die lukrativen Mandate haben die großen Kanzleien weggenommen." Gestört hat ihn ferner die „Abhängigkeit von Mandanten". Der Berliner Strafrichter Kay Dieckmann kam nach fünf Jahren als Anwalt zu der Erkenntnis, dass er „auf der falschen Seite der Barrikade gestanden hatte": „Ich hatte Probleme, parteiisch zu sein und Dinge gegen die eigene Meinung zu vertreten."

Die nächstgrößere Gruppe sind die **Zufallsrichter**. Bei 31 Prozent der Justizdiener kam der Anstoß für den Richterberuf von außen. In der Mehrzahl waren sie wegen der guten Noten von der Justizverwaltung gefragt worden. Und sie nahmen, was ihnen auf dem Silbertablett angeboten wurde. Neun Prozent der Zufallsrichter hatten vorher in der Verwaltung gearbeitet, bevor sie angesprochen wurden, oder hatten sich bei Verwaltung und Justiz zeitgleich beworben. Sie sind Richter geworden, weil die Justizverwaltung schneller zuschlug als die Administration. Diesen Personenkreis mit Affinität zu Verwaltung und Justiz verbindet eine gewisse Staatsnähe. Bei ihm entscheidet der Schicksalswürfel, ob sie eine Robe überstreifen oder nicht. Bei einer dritten Gruppe von Zufallsrichtern kam der Anstoß aus dem privaten Umfeld: eine Empfehlung der Mutter oder das nachahmenswerte Vorbild einer Ehefrau, die schon Richterin war.

Wie kommt es, dass so viele Richterinnen und Richter durch einen Anstoß von außen diesen Beruf wählen? Nach der Umfrage gibt es vier Attraktivitätsfaktoren, die allein oder kombiniert Spitzenjuristen anziehen: Unabhängigkeit, Freiheit, Sicherheit und Familienfreundlichkeit.

Für 25 Prozent der Befragten war die **Unabhängigkeit** ein Schlüsselmotiv für den Richterberuf: frei von jeder Interessenvertretung, keinen Weisungen unterworfen und keiner Hierarchie. 27 Prozent schätzten die Freiheit eines Richters, frei in der Sache zu entscheiden und frei die Arbeitszeit zu bestimmen. Für die Schweriner Sozialrichterin Corinna Otto ist wichtig, dass sie „nicht in einer Hierarchie eingebunden ist und selbst entscheiden kann, was sie aufgrund des Gesetzes für richtig hält". Dieser Vorteil hat vor allem Juristen aus Wirtschaft oder Verwaltung in die Judikative gelockt. Nach den Antworten zu urteilen, haben viele Richter einen stark individualistischen Charakter.

Das Hochgefühl unabhängiger **Freiheitsapostel** potenziert sich bei gut einem Fünftel durch Unkündbarkeit und wirtschaftliche Sicherheit. Für 21 Prozent der

Befragten war die Sicherheit ein gewichtiger Faktor für die Berufswahl. In den Augen von Nina Pütter, Sozialrichterin in Düsseldorf, kann niemand die „Kombination von Gehalt, Freiheit und Sicherheit bezahlen". Für den Berliner Arbeitsrichter Martin Dreßler bringt der Richterberuf „alle Vorteile eines Beamten ohne seine Nachteile". Und die Hamburger Kammervorsitzende Nicole Geffers freut sich über ihre „Freiheit als Selbständige mit finanzieller Sicherheit". Das ist das Selbstverständnis von **unabhängigen Beamten.**

Ein Magnet für Frauen, zunehmend aber auch für Männer, ist die weitgehend freie Wahl der Arbeitszeit und des Arbeitsortes in Kombination mit einer Palette von Teilzeitmodellen und großzügigen Rückkehrmöglichkeiten. Für 26 Prozent der Befragten war die **Vereinbarkeit von Beruf und Familie** ein gewichtiges Argument für die Berufswahl. An der Einschulung ihrer Tochter oder an Kindergeburtstagen kann die Sozialrichterin Nina Pütter ohne Einschränkungen teilnehmen. Die Schweriner Amtsrichterin Annette Linhart und Mutter von zwei Kindern arbeitet von 8 bis 15 Uhr und nimmt den Rest der Arbeit mit nach Hause. Auch Ute Laukamp fängt früh an und geht zwischen 14 und 14.30 Uhr, um dann für ihre zwei schulpflichtigen Kinder zu sorgen. Selbst Vollzeitrichterinnen schaffen es, gut organisiert und diszipliniert, ihre Mutterpflichten zu erfüllen.

Auch bei Männern ist die Familienfreundlichkeit inzwischen ein starkes Motiv. Für den Nürnberger Amtsrichter Riedel ist der „Beruf das eine, Familie das andere mit einem hohen Stellenwert". Philipp Leydecker ist nach fünf Jahren in einer Anwaltskanzlei zum Hamburger Arbeitsgericht gewechselt „wegen berechenbarer Arbeitszeiten und um mehr Zeit für die Familie zu haben".

Das Motivmuster für die Berufswahl Staatsanwalt ähnelt dem der Richter. Bei 27 Prozent der Befragten führte der Zufall Regie, und bei 22 Prozent gaben negative Erfahrungen als Rechtsanwalt den Ausschlag. Dass es überproportional viel Frauen zur Staatsanwaltschaft zieht, beruht darauf, dass es Männer aufgrund von Anwaltserfahrungen eher zu den Zivilgerichten zieht, und ihrer Annahme, dass die Arbeit bei der Staatsanwaltschaft familienfreundlicher ist als bei Gericht. Sitzungsvertretungen sind flexibler zu organisieren und daher leichter zu vermeiden als bei einer Kammer. Für etliche Strafverfolger ist die Staatsanwaltschaft aber auch nur eine Durchgangsstation, weil sie eigentlich Richter werden wollen, dort aber keine Stelle frei war. Insbesondere in Hessen gibt es nach Beobachtung des Darmstädter Landrichters Jens Aßling einen „Drang von Staatsanwälten, Richter zu werden".

Die Mehrheit der Ermittler bereut die Entscheidung für die Staatsanwaltschaft jedoch nicht. Gemeinsam mit der Polizei Straftaten beim Menschenhandel aufzuklären, findet die Berliner Staatsanwältin Leonie von Braun „spannend", ihr Kollege Michael von Hagen fühlt sich in seinem Beruf hin und wieder wie im „Krimi". Viele Staatsanwälte wie der Berliner Oberstaatsanwalt Sjors Kamstra sind überzeugt, dass sie mehr „Gestaltungsspielraum als Richter haben". „Die Staatsanwaltschaft formt das Verfahren", findet auch der Rostocker Staatsanwalt Holger Schütt: „Ein Richter muss mit dem arbeiten, was er vorgelegt bekommt." Für knapp 30 Prozent der Staatsanwälte ist das Jagen von Terroristen und Trickbetrügern nicht nur ein „Job, um Geld zu verdienen" (der Wuppertaler Oberstaatsanwalt Wolf-Tilman Baumert), sondern auch eine Möglichkeit, etwas für die Gesellschaft zu tun. Die Hamburger Staatsanwältin Stefanie Diettrich beflügelt der Gedanke, auf der „richtigen Seite zu stehen", den Berliner Staatsanwalt Michael von Hagen die Idee, etwas „für die Opfer zu tun, vor allem für die von Gewaltdelikten wie Mord, Totschlag und gefährliche Körperverletzung".

Das Motivbündel für die Berufswahl Richter oder Staatsanwalt gibt bedeutsame Fingerzeige für die grassierende Unzufriedenheit und die aufgebrochenen Konflikte in der Judikative. Über zwei Drittel der Justizjuristen sind bei der Berufswahl vorwiegend extrensisch motiviert. Sie wählen einen Arbeitsplatz mit einzigartigen Privilegien aus lebenspraktischen Motiven, die aber nichts mit seinem idealistischen Kern zu tun haben. Der Beruf des Richters dient in erster Linie dem „Broterwerb", wie der Berliner Jugendrichter Stephan Kuperion zugibt, was für ihn aber nicht heißt, dass er ihn „ohne Leidenschaft und Engagement ausübt". Die Beobachtung der Berliner Anwältin Beate Harms-Ziegler, dass „einige Richter nur ihren Job machen", erstaunt daher nicht.

Zusammenfassung: Ohne Idealismus als Triebfeder leiden die pragmatisch orientierten Justizjuristen mehr unter der Verdichtung ihrer Arbeitswelt als die Richter aus Überzeugung. Die Besoldung entspricht nach ihrer Meinung nicht mehr den guten Noten und der Belastung. Und der Erledigungsdruck und Arbeitszeiten lassen sich immer schwerer mit familienfreundlichem Beamtendenken vereinbaren. Hier wurzeln Missmut und Verärgerung: Richter und Staatsanwälte haben einen Teil der Privilegien verloren, die sie vor zehn oder zwanzig Jahren veranlasst haben, den Beruf zu ergreifen.

Die Verweiblichung der Justiz: Paradies für Frauen

Das Kinderzimmer im Verwaltungsgericht Berlin ist perfekt ausgestattet: Spielzeug, Stofftiere, Bobby Cars, Sitzkissen, rosarotes Himmelbett, Wickeltisch und ein Flaschenwärmer für Babynahrung. Auf den rund 35 qm kann der Nachwuchs toben, Kissen werfen und Kinderlieder hören. An einer Wand befinden sich ein Glasfenster und eine Tür, hinter denen sich ein kleiner Arbeitsraum anschließt. Hier sollen Richterinnen und Richter Akten lesen und zugleich ein Auge auf ihre Kinder werfen. Soweit die Theorie. In der Praxis funktioniert der Versuch nicht, Arbeits- und Familienleben im Gericht zu verschmelzen. Denn ein Urteil diktieren und gleichzeitig auf Sprösslinge aufpassen, geht nach Meinung vieler Robenträger nicht. Das Kinderzimmer wird daher nur wenig genutzt: an Ferien- und Brückentagen, wenn die Kita geschlossen ist, bei Kita-Streiks oder die Betreuung plötzlich krank wird. Den Rest des Jahres begrüßt den Besucher trostlose Leere.

Ein Kinderzimmer in unmittelbarer Nähe eines Gerichtssaals symbolisiert den Wandel in der Richterschaft von einem traditionellen Männerberuf zu einem Frauenberuf. Zwar behauptet das männliche Geschlecht in allen Gerichtszweigen noch die Mehrheit. Aber schon bei den Richtern auf Probe, den Berufsanfängern, hat sich die Geschlechterrelation umgekehrt. Ende 2012 waren bereits 55 Prozent aller neu eingestellten Richter weiblich. Die Spirale des Geschlechteraustausches dreht sich immer schneller. Im OLG Bezirk Hamm waren 2014 zwei Drittel aller neuen Richter und 65 Staatsanwälte Frauen. In Berlin, Bayern und Hamburg betrug die Frauenquote 2014 bei neu ernannten Richtern 60 Prozent und mehr. Noch ausgeprägter ist der Trend zum Frauenberuf bei der Staatsanwaltschaft. In Berlin und Hamburg war der Anteil des weiblichen Geschlechts beim Nachwuchs 2014 auf 75 Prozent gestiegen.

Was über Jahre als Fortschritt beim Kampf um die Gleichberechtigung gefeiert wurde, ist dabei sich ins Gegenteil zu verkehren: in eine **Verweiblichung der Justiz**. Böse Zungen sprechen bereits von einer „Vergrundschulung der Justiz" oder, wie der ehemalige Bremer OLG Präsident Wolfgang Arenhövel absichtlich „politisch inkorrekt" formuliert: von einem „gehobenen Volksschulbetrieb".

Noch ist das ein Schreckgespenst, aber es ist auf dem Sprung in die Realität. Trotzdem findet eine öffentliche Debatte über diesen sich beschleunigenden Trend in der Dritten Gewalt bisher nicht satt. Frauenförderung, insbesondere bei der Besetzung von Führungspositionen, steht weiter oben auf der Agenda. Die Präsidentin des Verwaltungsgerichts Berlin Erna Xalter sieht in der „Feminisierung keine Gefahr". Mögliche negative Auswirkungen auf die Organisation der Justiz, auf die Verteilung der Arbeitslasten, die Effektivität und die Qualität der Rechtsprechung sind weitgehend tabu. Aber es mehren sich Stimmen, die vor einer weiteren Feminisierung der Judikative warnen. Der Hammer OLG Präsident Johannes Keders beklagte öffentlich, dass sich die Zahl männlicher Bewerber im Sinkflug befinde.[32] Für den Vorsitzenden des NRW-Richterbundes Christian Friehoff entsteht durch die Attraktivität der Justiz für Frauen zwar kein „Frauen-, aber ein Organisationsproblem". Selbst die Frauenbeauftrage beim OLG Frankfurt Ruth Römer verweist auf „Nachteile", wenn der Marsch der Frauen in die Justiz ungebremst anhält oder sich sogar verstärkt: „Klassische Frauenberufe führen dazu, dass das Ansehen des Berufes und damit auch die Besoldung sinkt – wie bei Grundschullehrerinnen."

Es besteht ein Konsens darüber, dass das zahlenmäßige Verhältnis von Richtern und Richterinnen in der Justiz ausgewogen sein sollte – ein Spiegelbild der Gesellschaft. Von diesem Mix sind schon heute einige Bereiche weit entfernt, zum Beispiel die Familiengerichte und einige Strafkammern. Eine Schweriner Familienrichterin hat erlebt, dass bei Verhandlungen vor dem Familiengericht manchmal alle Verfahrensbeteiligten Frauen waren, während die „Väter allein saßen". Auch in der Strafjustiz ist es schon vorgekommen, dass eine Vergewaltigungsklage vor drei Richterinnen verhandelt wurde. In einigen Gerichten haben männliche Neuankömmlinge bereits den Status von Exoten. Fängt ein Mann beim Landgericht Wuppertal an, verbreitet sich diese Nachricht nach Ute Laukamp wie ein „Lauffeuer": „Es ist das Thema in der Kantine." Die Eroberung der Justiz durch Frauen hat mehrere Ursachen: Frauen haben bessere Examensnoten; Männer halten die Besoldung in der Justiz für unangemessen; das Einkommen hat für Männer eine höhere Bedeutung als für Frauen; Frauen setzen andere Schwerpunkte im Leben als Männer; Beruf und Familie sind in der Justiz besser zu vereinbaren als in der Wirtschaft oder in einer Anwaltskanzlei.

Die Justiz hat sich zu einem Paradies für Frauen entwickelt. Beim Verwaltungsgericht Berlin können Richterinnen und Richter einen Teil der Elternzeit in den sechs Wochen der Sommerferien nehmen, um gemeinsam mit der Familie zu verreisen oder um leichter Zeiten zu überbrücken, in denen Kitas geschlossen sind. Beim Berliner Arbeitsgericht wurde eine Richterin im siebten Schwangerschaftsmonat eingestellt, um sich dann nach sechs Wochen wieder in den Mutterschutz zu verabschieden. Sie war von der Großzügigkeit ihres neuen Arbeitgebers überrascht: „Ein Neuankömmling, der gleich wieder weggeht." In der Justiz hat sich eine „Kultur der Rücksichtnahme" entwickelt, wie es die Hamburger Landgerichtspräsidentin Sibylle Umlauf nennt. Von ihr profitieren vor allem Frauen. Am Verwaltungsgericht Berlin und am Landgericht Rostock terminieren die Kammern in der Regel so, dass die Frauen ihre Kinder von der Kita abholen können. Auch die Augsburger Verwaltungsrichterin Katrin Oppelt meint, dass auf ihre Situation als Mutter „Super-Rücksicht" genommen wird: „Wenn ein Kind krank ist, darf ich heim. Das finde ich toll."

Alle sind sich einig, dass der Zustrom von Frauen die Justiz bereichert hat. Sie gelten als besser organisiert, effizienter und haben das Diskussionsklima in

Kammern und Senaten verbessert. Deshalb setzen die Justizverwaltungen beim Wettbewerb um die Besten auch weiter auf die Karte „Familienfreundlichkeit", zum Beispiel mit der Gründung von Justizkindergärten. Fraglich ist allerdings, ob der eingeschlagene Weg langfristig auch der richtige ist. Denn der anschwellende Strom von Frauen in den Richterberuf wird nicht mehr von allen Seiten beifällig begleitet. Es mehren sich kritische Stimmen, männliche wie weibliche.

In vielen Gerichten wirkt sich das freudige Ereignis Schwangerschaft kaum auf die Arbeitsabläufe aus. Häufen sie sich jedoch an einem Gericht, kann der durch Mutterschaft bedingte Ausfall von Richterinnen von mindestens vierzehn Wochen ihre Kolleginnen und Kollegen erheblich belasten. Denn Schwangerschaften werden in den meisten Ländern verwaltungstechnisch wie Krankheiten behandelt. Das heißt: Für werdende und junge Mütter gibt es keinen Ersatz. Ihre Arbeit muss von den anderen miterledigt werden. Im Landgerichtsbezirk Wuppertal befanden sich einmal 17 Richterinnen zur selben Zeit im Mutterschutz, beim Landgericht Darmstadt fünf Frauen. Da hat das hessische Justizministerium ausgeholfen und einige Richter aus der Task-Force nach Darmstadt geschickt. Deren eigentliche Aufgabe ist, für Langzeiterkrankte einzuspringen. Bei der Staatsanwaltschaft Darmstadt hat der gleichzeitige Ausfall von sieben Schwangeren nach dem Leitenden Oberstaatsanwalt Albrecht Schreiber zu „extremen Belastungen" geführt. Bei der Hamburger Staatsanwaltschaft ist aufgefallen, dass sich Ermittlerinnen häufiger bei tatsächlichen wie angeblichen Risikoschwangerschaften frühzeitig mit ärztlichen Attesten von Sitzungsvertretungen befreien lassen. Der Hamburger Amtsgerichtspräsident Hans-Dietrich Rzadtki hat errechnet, dass 20 Schwangerschaften in einem Jahr bei 250 Richtern auf fünf vakante Stellen hinauslaufen.

Um diese Mehrbelastungen abzufedern, können in Baden-Württemberg seit dem 1. Januar 2015 Stellen bei Schwangerschaft, Mutterschutz und Elternzeit für ein halbes Jahr doppelt besetzt werden, in der Regel mit Proberichtern.

Für Matthias Grewe, Richterbundvorsitzender in Baden-Württemberg, hört sich das „theoretisch gut an, ist aber praktisch schwer durchzusetzen": „Wer ist bereit, zum Beispiel am Amtsgericht Ravensburg zwei Vätermonate zu vertreten?"In Bayern entscheidet der Einzelfall, ob Vakanzen, die durch Mutterschutz oder kürzere Elternzeiten entstehen, nachbesetzt werden.

Höchst populär ist inzwischen, dass nicht nur Frauen nach Ablauf des Mutterschutzes, sondern auch Männer Elternzeit in Anspruch nehmen. Die Motive sind vielfältig: Unterstützung des Ehepartners, zweitweise Übernahme der Erziehungsverantwortung, Kinderbetreuung während der Ferien und Verlängerung eines Urlaubs. Auch hier muss die Justiz in den meisten Bundesländern kürzere Vakanzen ohne Ersatz auffangen: in Bremen für zwei bis drei Monate, in Hamburg bis zu sechs Monaten und in Berlin sogar bis zu einem Jahr. Auch hier wird die Arbeit der Abwesenden unter Kollegen verteilt. Das kann in Einzelfällen böses Blut verursachen. Zum Beispiel in Hamburg, als ein Landrichter zweimal fünf

Monate Elternzeit nahm und seine Kollegen seine Arbeit mit erledigen mussten. Hätte er zehn Monate am Stück genommen, hätte seine Abteilung Ersatz für ihn bekommen.

Wenn Richterinnen aus dem Mutterschutz an ihren Arbeitsplatz zurückkehren, fangen sie in der Regel auf einer Teilzeitstelle wieder an. Die Modellpalette ist breit. In Baden-Württemberg können Richterinnen ihr Deputat neuerdings auf 25 Prozent, in Berlin auf 30 Prozent absenken, in anderen Ländern wie Bayern liegt die Grenze bei 50 Prozent. In der Folge können sie beliebig aufstocken. Beliebt ist vor allem das 80 Prozent-Modell, das ihnen einen freien Tag in der Woche beschert, meist der Freitag.

Eine Befragung an 24 Gerichten und sechs Staatsanwaltschaften nach Teilzeitzahlen und -quoten hat eine verblüffende und eine erwartete Botschaft erbracht.[33]

Teilzeit ist nur in den alten und nicht in den neuen Bundesländern verbreitet. Warum? In der DDR gehörte es zum Selbstverständnis von Ehepaaren, dass beide arbeiten. Diese Einstellung hat bis heute überlebt. Und das in der DDR geschaffene Angebot für eine Vollversorgung von Kindern in Tageskrippen gibt es weiterhin.

Nicht überrascht hingegen, dass das Teilzeitangebot im Westen zu über 90 Prozent von Richterinnen aufgegriffen wird. An keinem Gericht lag der Anteil der männlichen Teilzeitrichter über zehn Prozent. In der Justiz dominiert also weiter das klassische Verhältnis der Geschlechter: der Mann als Ernährer und die Frau in der Doppelrolle als Mutter und Zweitverdienerin.

Setzt man die Zahl der Teilzeitstellen in Beziehung zur Gesamtheit aller Stellen an einem Gericht, so kommt man bei den Amtsgerichten in Berlin, Hamburg, Wuppertal und Nürnberg auf einen Anteil von 25 Prozent Teilzeitkräften, bei den vier Landgerichten in denselben Städten auf 16 Prozent. Diese Anteile scheinen nicht dramatisch. Verändert man den Blickwinkel und bezieht die Zahl der Teilzeitstellen auf die Zahl der Richterinnen, ändern sich die Relationen erheblich. An den vier Amtsgerichten betrug die durchschnittliche Teilzeitquote bei Frauen 45 Prozent, bei den Landgerichten immerhin noch 36 Prozent. Etwas darunter, nämlich bei 34 Prozent, lag der durchschnittliche Teilzeitanteil bei den Staatsanwältinnen.

Bei den Fachgerichtsbarkeiten sind die Arbeitsgerichte in Berlin, Hamburg, Nürnberg und Wuppertal Teilzeit-Rekordhalter. Bei ihnen haben im Schnitt 57 Prozent der Richterinnen Teilzeit gewählt. Zurückzuführen ist die hohe Quote vor allem auf die Arbeitsgerichte in Nürnberg und Hamburg, wo über zwei Drittel (71 bzw. 69 Prozent) aller Arbeitsrichterinnen Teilzeit arbeiteten.

Bei den Verwaltungs- und Sozialgerichten sind die Teilzeitquoten von Richterinnen mit 38 Prozent bzw. 37,5 Prozent in etwa gleich hoch. In Hamburg arbeitet bereits die Hälfte aller Sozialrichterinnen Teilzeit.

In allen Gerichten gilt: Je höher die Frauenquote, desto höher der Teilzeitanteil. Die wahre Bedeutung des Zahlenwerks erschließt sich aber erst, wenn man die Auswirkungen von Teilzeit und Schwangerschaft, Mutterschutz und Elternzeit auf Organisation und Effektivität der Judikative, auf die Dauer der Verfahren und die Qualität der Rechtsprechung in den Blick nimmt. Die sind nämlich höchst umstritten.

Da ist auf der einen Seite die Frauenfraktion mit Unterstützung einiger engagierter Männer. Die Hamburger Verwaltungsgerichtspräsidentin Sabine Haase hat mit Teilzeitrichterinnen „beste Erfahrungen gesammelt": „Sie sind flexibel einsetzbar, gut organisiert und es gelingt ihnen, ihre dienstlichen Aufgaben und ihre privaten Belange sehr gut unter einen Hut zu bringen." Diese Einschätzung teilt der Vorsitzende Richter am Berliner Verwaltungsgericht Stephan Groscurth: „Teilzeitkräfte arbeiten effektiver. Zweimal fünfzig ist mehr als hundert." Diese Charakterisierungen treffen sicher auf eine Gruppe von Teilzeit-Richterinnen zu: kompetent, verantwortungsbewusst, ehrgeizig, ein Talentpool für Vorsitzende Richterinnen und Gerichtspräsidentinnen.

Es gibt aber auch eine zweite Gruppe von Teilzeitrichterinnen mit einem anderen Berufsverständnis. Für sie bietet dieses Arbeitszeitmodell in erster Linie die Möglichkeit, Beruf und Familie zu vereinbaren. Sie üben in der Justiz einen **Zweitberuf** aus – neben Mutter und Ehefrau und dem Hauptverdiener Mann. Bei diesen Kolleginnen nimmt nach Beobachtungen der Hamburger Amtsrichterin Birte Meyerhoff die „Familie so viel Raum ein, dass sie dem Dienstherrn nicht uneingeschränkt zur Verfügung stehen". Selbst Richterbundfunktionäre scheuen sich nicht mehr, diesen Wandel im Selbstverständnis einer Gruppe von Richterinnen offen anzusprechen. Matthias Grewe, Vorsitzender in Baden-Württemberg, sieht bei ihnen einen Trend „vom Versorgungsberuf zum Zuverdienstberuf". Für diese Hausfrauen-Richterinnen ist typisch, dass sie keine Karriere machen wollen, dass sie genau darauf achten, nicht mehr zu arbeiten als ihr Pensum verlangt, und dass sie innerhalb der Justiz eine Arbeitsnische suchen, in der sie möglichst viel Freiraum für die Familie haben.

Die Nürnberger Familienrichterin Annelie Grave etwa hat sich „Jahre nicht um Beförderungen gekümmert, weil die Familie an erster Stelle stand. Jetzt ist der Zug abgefahren." Die Hamburger Amtsrichterin Dana Forch strebt nicht die „klassische Karriere" in der Justiz an. Für sie ist die „Familie und die Vereinbarkeit von Beruf und Familie wichtiger als die Karriere".

Große Strafkammern sind für Zweitberufs-Richterinnen verbotenes Land, weil dort die Verhandlungen unberechenbar lange dauern können. Beim Landgericht Wiesbaden ist einmal eine Schwurgerichtsverhandlung abgebrochen worden, weil eine Beisitzerin ihr Kind aus der Kita abholen musste. Als in Bremen eine Teilzeitrichterin nach der Elternzeit einer Strafkammer zugewiesen wurde, weil nur da eine Stelle frei war, hat sie ihre Elternzeit verlängert. Bei Zweitberufs-Richterinnen sind deshalb Amtsgerichte sehr beliebt. „Frauen wechseln gern von einer Kammer beim Landgericht zum Amtsgericht, weil das Arbeiten dort freier und familienfreundlicher ist", hat Susanne Terborg, Vorsitzende einer Bankenkammer beim Hamburger Landgericht, beobachtet.

Seit einigen Jahren fallen Halbtagsrichterinnen auch Anwälten auf. Ein Hamburger Anwalt traf im Amtsgericht Winsen/Luhe auf eine sehr „besondere Amtsrichterin": „Sie hatte ihre Akten im Einkaufskorb verstaut." Seine Hamburger Kollegin Cornelia Ganten-Lange findet Richterinnen, die ihren Job als Zweitberuf verstehen, „zunehmend als problematisch": „Für sie ist Familienleben wichtig. Beruf ist ein Teil davon. Sie lassen sich nicht auffressen." Den Auswirkungen im Gerichtsalltag begegnet die Hamburger Anwältin häufig: „Verhandlungen werden bis ein Uhr terminiert, Beweisaufnahmen unter Umständen um 13 Uhr abgebrochen, weil Kinder aus der Kita zu holen sind. Ab ein Uhr sind die Halbtagsrichterinnen nicht mehr erreichbar."

Man kann über die Dollpunkte von Teilzeit wie beispielsweise das Ausmaß von Organisationsschwierigkeiten streiten. Neben den zahllosen positiven Auswirkungen, die der Marsch der Frauen in die Dritte Gewalt ohne Zweifel ausgelöst hat, gibt es einige negative Konsequenzen der Teilzeitkultur, die nicht zu bestreiten sind. Zu ihnen gehören: Teilzeit ist teuer; je höher die Teilzeitquote, desto höher der organisatorische Aufwand; eingeschränkte Verwendbarkeit von Teilzeitkräften in der Strafjustiz; Effektivitätsverluste durch fehlende Verhandlungs-, Beratungs- und Kommunikationsmöglichkeiten am Nachmittag; eingeschränkte Erreichbarkeit für Rechtsuchende; Verteilung der Arbeit während Schwangerschaft, Mutterschutz und Elternzeit zulasten von Kollegen ohne Kompensation und eine hohe Fluktuation bei Richtern, die Prozesse verlängert.

„Teilzeit ist teuer." Diesen Satz kann der Hamburger Generalstaatsanwalt Lutz von Selle leicht belegen. IT-Ausstattung und Diensthandys sind doppelt anzuschaffen. Die Staatsanwaltschaften in Berlin und Hamburg haben begonnen, Dienstzimmer doppelt zu belegen. Das ist ein Verlust an Arbeitsqualität, aber kein Beinbruch. Wächst der Anteil der Teilzeitkräfte aber weiter – wovon derzeit auszugehen ist –, werden Gerichte und Staatsanwaltschaften in nicht allzu ferner Zukunft zusätzliche Räume anmieten müssen. Denn viele Zimmer sind so klein, dass sie keine Doppelbelegung zulassen.

Einleuchtend ist auch eine zweite Feststellung des obersten Hamburger Strafverfolgers: „Je höher die Teilzeitquote, desto höher der organisatorische Aufwand." Das Aufstellen von Dienstplänen ist für ihn zu einem „Gewürge" geworden. Der Präsident eines hessischen Landgerichts klagt über „großen Koordinierungsaufwand und hochkomplexe Abstimmungsprozesse". Personalreferenten sitzen häufig wie vor einem Puzzle, um 50-, 70-, 80- oder 90-Prozentstellen aus dem Stellenplan zu schneiden. Halbe Stellen sind häufig schwer nachzubesetzen, weil sich fast nur Frauen für sie interessieren. Und dann sind da noch die Rückkehrerinnen zu integrieren, die nach zwei, fünf oder zehn Jahren Kindererziehung einen Anspruch auf eine volle Stelle haben.

Analysiert man den vielstimmigen Chor, so scheinen kleinere Fachgerichte die Vielfalt der Teilzeitmodelle am besten zu bewältigen. Am lautesten stöhnen, und das mit guten Gründen, die Staatsanwaltschaften, die Amtsgerichte in den Großstädten und die Landgerichte. Das Fazit des Celler OLG Präsidenten Götz von Olenhusen: „Die Landgerichte sind die Gekniffenen." Probleme haben auch alle Kollegialgerichte, an denen nachmittags weder verhandelt und noch beraten werden kann.

Besonders prekär ist die Lage bei der Staatsanwaltschaft – vor allem bei der Sitzungseinteilung. „Der Pool der Staatsanwälte, die zwei Sitzungstage in der Woche absolvieren können, ist klein", weiß der Hamburger Generalstaatsanwalt Lutz von Selle. „Wenn eine Kammer mittwochs und freitags verhandeln will, was normal ist, entstehen bei der Suche nach Sitzungsvertretern häufig Engpässe", hat Henry Winter, Leiter der Abteilung Wirtschafts-, Steuer- und Korruptionskriminalität in Hamburg, schmerzhaft erfahren. Eine Teilzeitfrau hat am Freitag ihren freien Tag, eine andere ist nur vormittags da, eine dritte kann nur bis 16 Uhr, weil sie dann ihre Tochter aus der Kita abholen muss. Die Folge: Sitzungsvertretungen müssen Vollzeitverfolger übernehmen. Das sind in der Regel Männer. Dienstbesprechungen sind nachmittags nur schwer zu organisieren, wenn die Halbtagsanklägerinnen vormittags in einer Sitzung waren. Etliche Richter monieren, dass sie nachmittags telefonisch nicht mehr zu erreichen sind.

Eine gravierende Schwäche des Teilzeitbooms ist die eingeschränkte Erreichbarkeit der Justiz für Rechtsuchende. Teilzeitrichterinnen arbeiten entweder bis Mittag oder bis zum frühen Nachmittag oder erscheinen an zwei oder drei Tagen gar nicht im Gericht, weil sie ihre Akten zu Hause bearbeiten. Welche Dimension diese Schwachstelle bereits heute hat, lässt sich an den Hamburger Gerichten demonstrieren, die in der Befragung die durchweg höchsten Teilzeitquoten hatten. Bei den Hamburger Amtsgerichten arbeitet bereits 36 Prozent aller Richter Teilzeit, beim Landgericht sind es immerhin noch 20 Prozent. Hohe Teilzeitquoten gibt es auch bei den Fachgerichtsbarkeiten der Hansestadt: zwischen 17 und 42 Prozent. Kein Wunder, dass die Hamburger Anwältin Cornelia Ganten-Lange wie ihre Kollegin Susanne Perker kritisieren, dass „Frauen mit Halbtagsstellen schwer erreichbar sind".

Schwangerschaft, Elternzeit, Teilzeit und Beurlaubung führen nach Ansicht des Amtsgerichtsdirektors Fürth Walter Groß „im Ergebnis zu einer größeren Fluktuation". Jeder Abgang hinterlässt eine Vakanz und verursacht Richterwechsel, der wiederum die Dauer der Verfahren verlängert. Als Berufungsrichter kann der Wuppertaler Landrichter Karsten Bremer in den Akten manchmal sehen, wie viele Kollegen „sich in ihnen abgearbeitet haben, in extremen Fällen fünf bis sechs".

Auch die Anwaltschaft spürt die Folgen häufiger Schwangerschaften. Der Hamburger Rechtsanwältin Ganten-Lange ist aufgefallen, dass Richterinnen wegen der Schwangerschaften „häufiger wechseln als früher". Eine Erfahrung, die ihr Hamburger Kollege Jost Kienzle bestätigen kann. Er hat in einem Verfahren erlebt, dass drei mit ihm befasste Richterinnen hintereinander schwanger wurden, was den vierten Richter, einen Mann, zu der „Versicherung veranlasste, dass er nicht schwanger werden würde".

Wahrscheinlich gibt es keinen Beruf, wo das Familienleben so stark in das Berufsleben hineinwirkt, ja zum Teil es sogar bestimmt, wie in der Justiz: Urteile diktieren bis zum Kita- oder Schulschluss, Unterbrechen des Aktenstudiums für Kindergeburtstage und Verhandlungen zu Hause vorbereiten, wenn das Kind krank ist. „Die Familie", so der Hamburger Strafrichter Friedrich Völtzer, „wird in das Berufsleben integriert, und zwar bei Frauen wie Männern. Die terminliche Unabhängigkeit erlaubt es, die Arbeit um die Sitzungstage herumzubauen".

Zusammenfassung: In der Justiz verschmelzen die Vorteile der allgemeinen Gleichstellungs- und Familienpolitik mit den besonderen Privilegien des Richterberufes zu einem Arbeitsparadies. Drei Jahrzehnte hat die Dritte Gewalt von Frauenförderung und gesellschaftlichem Wandel profitiert. Jetzt ist dieser Prozess von zwei Seiten bedroht. Der Richterberuf läuft einmal Gefahr, durch weitere Feminisierung Ansehen in der Gesellschaft und Attraktivität für Männer zu verlieren. Und der Justiz drohen weitere Effektivitäts- und Qualitätseinbußen zulasten der Rechtsgemeinschaft.

Die Schlüsselfrage für die Zukunft: Von welchem Geschlechtermix an besteht die Gefahr, dass der Richterberuf zu einem Frauenberuf wird, dass die Justiz dahin kommt, wo die Grundschulen heute stehen? Ein leichtes oder auch deutliches Übergewicht von Frauen schadet sicher nicht. Die Hamburger Kammervorsitzende Nicole Geffers sieht die kritische Grenze bei 70 Prozent Frauen. Hier eine rote Linie zu ziehen, scheint plausibel. Von ihr sind wir in den meisten Gerichtsbarkeiten noch weit entfernt. Es gibt aber Gerichte, in denen sich der Frauenanteil ihr gefährlich nähert, ja sogar überschreitet. An einigen Berliner Amtsgerichten pendelt der Frauenanteil mittlerweile zwischen 63 und 79 Prozent. An den Sozialgerichten in Hamburg und Nürnberg kommen die Richterinnen auf eine Quote von 66 Prozent, am Hamburger Arbeitsgericht auf stattliche 69 Prozent. Diese Anteile sind Menetekel, die Politik und Justizverwaltungen schon heute alarmieren sollten. Denn gesellschaftliche Prozesse wie die Eroberung der Justiz durch Frauen verhalten sich wie Tanker. Sie nehmen langsam Fahrt auf und haben lange Bremswege. In Jahre übersetzt: Wenn die Eroberung der Justiz durch Frauen dreißig Jahre gedauert hat, braucht man mindestens eine Dekade, um die Feminisierungsspirale vor der 70-Prozent-Grenze zu bremsen.

Die durch Schwangerschaft, Mutterschutz, Elternzeit und Teilzeit ausgelösten Effektivitäts- und Qualitätsverluste in der Justiz sind gesellschaftliche Kosten einer weithin akzeptierten Gleichstellungs- und Familienpolitik. Das Problem ist nur: In den meisten Bundesländern will sie niemand bezahlen. Die durch die Feminisierung ausgelösten Belastungen im Gerichtsalltag spielen in den Pebb§y-Bedarfsberechnungen keine Rolle. Für Abwesenheit bei Schwangerschaften, Mutterschutz und kürzeren Elternzeiten gibt es keinen personellen Ausgleich. Für die künftige Leistungsfähigkeit der Judikative ist es deshalb wichtig, dass der Staat die gesellschaftlichen Kosten einer feminisierten Justiz übernimmt. Dazu scheint Baden-Württemberg in kleinem Umfang bereit. Ein Teil der 2015 bewilligten 27 neuen Richterstellen soll Abwesenheiten von Richterinnen und Richtern in der Elternzeit kompensieren. In Nordrhein-Westfalen fordert der Richterbund 100 neue Stellen, um Vakanzen durch Elternzeiten auszugleichen, vor allem bei den Amtsgerichten. Hier entwickelt sich ein neues Konfliktfeld.

Kompetent und unpolitisch: die junge Richtergeneration

Marc Tully, Vorsitzender des Hamburger Richterbundes und Mitglied des Richterwahlausschusses, staunt hin und wieder über die Lebensläufe von „High Potentials", die sich bei der Justiz der Elbmetropole bewerben: beide Staatsexamina gut oder sehr gut, Harvard LLM usw.: „Viele talentierte Leute, die alle Karriere machen wollen." Der Höhepunkt: „In einem Jahrgang wollten mindestens vier Bewerber OLG Präsident werden." Ähnlichen Mir-gehört-die-Welt-Typen ist der ehemalige Präsident des OVG Berlin-Brandenburg Jürgen Kipp verschiedentlich begegnet: „Die mit den sehr guten Noten haben oft Rosinen im Kopf. Im Himmel ist Jahrmarkt. Wann werde ich Präsident?" **Karriereehrgeiz** ist eines der markanten Merkmale einer jungen Richtergeneration, die in den letzten zehn Jahren in die Justiz gegangen ist und sie in Teilbereichen verändert hat. Dieser „extreme Generationswechsel" hat nach Ansicht der Bremer OLG Präsidentin Karen Buse zu einem „Kulturwandel" geführt.

Erkennbar geworden ist ihr Profil nur an Gerichten in den Bundesländern, in denen ein Generationswechsel ganz oder teilweise stattgefunden hat. Bei Gerichten in Hessen, Berlin, Hamburg, Bremen und teilweise in Bayern und Nordrhein-Westfalen ist in den letzten Jahren eine größere Zahl von älteren Robenträgern durch jüngere ersetzt worden. An der Weser sind in den letzten zehn Jahren mehr als zwei Drittel der Richter in der ordentlichen Justiz ausgetauscht worden. Beim Bremer Landgericht beträgt das Durchschnittsalter 48 Jahre, beim Amtsgericht knapp 44 Jahre. Am Hamburger Verwaltungsgericht ist die Hälfte der Richter zwischen 30 und 40 Jahre alt. In der Elbmetropole pendelt das Durchschnittsalter bei den Gerichten inzwischen um Mitte vierzig. Im Berliner Sozialgericht ist das Durchschnittsalter bereits auf 41 Jahre gesunken. Die jungen Richter haben ihre Vorgänger aus der 68er-Generation ersetzt und haben angefangen, die sogenannte Sandwich-Generation abzulösen, die in den achtziger Jahren aus der Umwelt-, Friedens- und Frauenbewegung in die Judikative gekommen ist.

Meinungsumfragen zeigen, dass die neue Richtergeneration ein Spiegelbild unserer Gesellschaft ist. Die Werte der Jugend haben sich verändert und mit ihnen die des richterlichen Nachwuchses. Im Wertegerüst der jungen Richtergeneration kreuzen sich die Werte der „Generation Y" und der „Generation Ich".

Charakteristika der Generation Y – so genannt, weil sie der Generation X folgt – sind anspruchsvolle Arbeit, gute Gehälter, schnelle Aufstiegschancen, vor allem aber eine work-live-balance, die ein ausgewogenes Nebeneinander von Beruf und Familie erlaubt. Die Arbeit spielt nach wie vor eine zentrale Rolle. Für immaterielle

Werte wie Kinder, Freunde, Sport und andere Hobbies muss aber immer Raum bleiben. Dabei werden die Akzente unterschiedlich gesetzt, mal stehen die immateriellen, mal die materiellen Werte im Vordergrund. Ein typischer Vertreter der ersten Gruppe ist der Hamburger Arbeitsrichter und Ex-Wirtschaftsanwalt Henning Goetze: „Ich will gerne Arbeitsrichter bleiben. Ich fahre Fahrrad und brauche kein dickes Auto. Mit einundeinhalb Richtergehältern kommen meine Frau, die auch Richterin ist, und ich gut aus. Ich strebe nicht nach materiellen Gütern. Das habe ich ausprobiert, hat mir aber nicht gefallen."

Sein Kollege Philipp Leydecker, ebenfalls ehemaliger Anwalt, findet dagegen, dass seine Besoldung als Arbeitsrichter „nicht angemessen" ist, „weder von der Qualifikation noch von der Konkurrenz zur Großkanzlei her". Er gehört eher zur Generation Ich. Nach einer Studie des Meinungsforschungsinstituts TNS Infratest waren für Studenten im Jahr 2013 berufliches Vorankommen sowie materielle Werte „sehr wichtig".[34] 86 Prozent bejahten diese Frage, 1995 waren es nur 71 Prozent. Auch die Allensbacher Meinungsforscher kommen zu dem Ergebnis, dass „sozialer Aufstieg und materieller Wohlstand" der jungen Generation „überdurchschnittlich wichtig" sind.[35] Diese Erwartungshaltung erklärt auch, warum der Protest der jungen Richter gegen die doppelten Nullrunden in NRW und insbesondere in Bremen so heftig war. Nährboden für diese materielle Ausrichtung ist nach der TNS Infratest-Studie eine „stark ichbezogene Studentengeneration".[36]

Die junge Richtergeneration ist heterogen, zugleich aber durch einen gemeinsamen Wertekanon verbunden. Sie ist **weiblich** geprägt, aber auf sehr unterschiedliche Weise. Wie dargestellt, dominieren zwei Typen von Richterinnen: die kompetente, leistungsstarke und aufstiegsorientierte Vollzeitrichterin und die familienorientierte Teilzeitrichterin ohne Beförderungsambition. Eine zweite, das Profil der Jungrichter prägende Gruppe sind ehemalige Anwälte, insbesondere Aussteiger aus Großkanzleien. Sie haben ausgezeichnete Examina, sind hoch dekoriert mit Master- und Doktortiteln, gewöhnt hart zu arbeiten und angetrieben von hochfliegenden Karriereplänen. Wie bei der Generation Y haben für beide Gruppen Freizeit und Familie einen hohen Stellenwert, die dem Beruf nicht geopfert werden dürfen. Wolfgang Kalz, vor kurzem ausgeschiedener Senatsvorsitzender beim OVG Lüneburg: „Die Einstellung gegenüber Arbeit und Freizeit hat sich verändert. Freizeit steht mehr im Mittelpunkt. Schwimmen und Laufen um 17 Uhr. Verhandlungsende wegen häuslicher Pflichten." „Lebensqualität" ist für die Jungrichter nach dem Augsburger Verwaltungsgerichtspräsidenten Ivo Moll „wichtiger als Geld". Die „Vereinbarkeit von Beruf und Familie" ist ein Eckpfeiler im Wertegerüst des richterlichen Nachwuchses.

Die junge Richtergeneration ist **juristisch sehr gut**, vor allem an attraktiven Standorten wie Hamburg, Berlin oder Bremen. Darin stimmen Richter und Rechtsanwälte überein. „Tolle Examen, hoch qualifiziert, in der Welt herumgekommen", preist der Hamburger Amtsgerichtspräsident Hans-Dietrich Rzadtki die Altersgruppe. Für den Hamburger Rechtsanwalt Walter Junker hat sich die

„juristische Qualität" der Rechtsprechung durch die jungen Richter verbessert, für seinen Kollegen Ulrich Husack die „dogmatische Qualität".

Das „Selbstverständnis der jungen Richtergeneration" ist für Elisabeth Kreth, Finanzrichterin und Präsidiumsmitglied des Deutschen Richterbundes, von der „Ökonomisierung der Gesellschaft" stark beeinflusst: „Wirtschaftlicher Druck und die auch an Erledigungszahlen gemessene Bewährung junger Richterinnen und Richter haben Auswirkungen auf die Arbeitsweise." Das Ergebnis: Der richterliche Nachwuchs gilt als **pragmatisch und leistungsstark**. Friedrich-Joachim Mehmel, Präsident des OVG Hamburg, preist deren „hohe Leistungsorientierung": „Es gibt Leute, die 50-60 Stunden arbeiten." Diese Urteile unterschreiben auch viele Anwälte, zumindest für einen Teil der Jungrichter. Der Hamburger Anwalt Karsten Koch ist „beeindruckt" von deren „Arbeitseinsatz und Engagement", und findet sie auch „menschlich angenehm". Sein Cottbuser Kollege Jens-Torsten Lehmann findet sie „jung, dynamisch, frischer".

Größere Offenheit in der Kommunikation ist ein weiteres hervorstechendes Merkmal der jungen Richterschaft. Der Hamburger Rechtsanwalt Klaus Landry erlebt neuerdings häufiger eine „gelöste Verhandlungsatmosphäre" mit einem „offenen Diskurs", während die Richter früher nur „zugehört haben". Der Berliner Anwalt Hans-Peter Vierhaus schätzt bei den Jungrichtern neben einer „höheren Bereitschaft zum Rechtsgespräch" ein „anderes Telefonverhalten". Während ältere Richter alles schriftlich erledigt haben, greifen Jungrichter auch mal zum Telefonhörer, um Termine zu vereinbaren, aber auch, um rechtliche Fragen zu erörtern. Das haben ältere Richter aus Angst vor Befangenheitsanträgen in der Regel vermieden. Beim richterlichen Nachwuchs nimmt nach Beobachtungen des Nürnberger Sozialrichters Mark Seeger außerdem die „Neigung zu, frühzeitig Erörterungstermine anzuberaumen, um die Sach- und Rechtslage zu erörtern, im Gegensatz zu den älteren Richtern, die die klassische Verhandlung bevorzugen". Diesen neuen Trend schätzen vor allem Anwälte, weil sie von Erörterungsterminen wertvolle Hinweise für den Fortgang der Verfahren erwarten.

Negativ fällt beim richterlichen Nachwuchs auf, dass sie in den Augen der älteren Richter „**unpolitisch**" (Heiko Raabe, Ex-Amtsgerichtspräsident Hamburg) oder nur „**mäßig politisch interessiert**" (Präsident Verwaltungsgericht Bremen Peter Sperlich) sind. Auch hier spiegelt sich bei den jungen Richtern ein in der Gesellschaft verbreiteter Trend wider. Nach allen Umfragen sind die Studenten heute „unpolitischer" als frühere Jahrgänge. Kaum jemand ist noch Mitglied einer Partei oder Hochschulgruppe.[37] Die Folge: „Eine geringe Bereitschaft, über die Akte hinauszuschauen", wie Heiko Raabe feststellt. Sein Kollege Wolfgang Arenhövel bemängelt, dass unter jungen Richtern „gesellschaftliche Prozesse weniger diskutiert werden, und sie sich nicht wehren, es sei denn, es geht um eigene Belange, um Besoldung oder Belastung". Dieser Punkt stimmt auch seine Nachfolgerin Karen Buse nachdenklich: „Die eigene Person ist in den Vordergrund gerückt.

Das Große und Ganze wie bei den Friedensdemonstrationen in Mutlangen spielt keine Rolle mehr."

Die am häufigsten genannten Eigenschaften der neuen Richtergeneration sind „angepasst" und „stromlinienförmig" – und zwar von älteren Kollegen wie von Anwälten. Einmal, weil sie „erfolgsorientiert" (Rechtsanwalt Peter Wulf) arbeiten, zum anderen, weil sie „nach oben schielen" (Jugendrichter Johann Krieten). Typisch für diese glatt geschliffene Altersgruppe ist ein „**Mangel an Persönlichkeit**" (Krug, Sozialrichter in Nürnberg). Der Hamburger Jugendrichter Völtzer vermisst unter den Amtsrichtern „Charakterköpfe, Querdenker, skurrile Persönlichkeiten".

In dieses Gruppenportrait passt auch ein Eindruck, der vor allem bei Anwälten entstanden ist: Etliche junge Robenträger üben ihr hohes Amt als **Job ohne Herzblut** aus. Das kommt zum Ausdruck in geringem Verständnis und weniger Empathie für Parteien, in der „schematischen Erledigung von Fällen" (Rechtsanwältin Perker), der „positivistischen Anwendung von Gesetzen" (Rechtsanwalt Husack) oder der „Subsumtionsklempnerei"(Rechtsanwalt Jürgen Schmidt). Ein weiterer Faktor ist der Druck der Alltagsroutine, der dem Idealismus die Luft zum Atmen nimmt. „Die älteren Richter hatten den Anspruch, die Wahrheit herauszufinden, um ein gerechtes Urteil zu fällen", so der Hamburger Strafverteidiger Andreas Beuth: „Die jungen machen ihren Job." Für den IG-Metall Anwalt Jochen Homburg sind die jungen Arbeitsrichter und Arbeitsrichterinnen „unpolitische Rechtstechniker, die öfter kein Herzblut mehr zeigen".

In den Sozial- und Arbeitsgerichten hat die junge Richtergeneration tiefere Spuren hinterlassen als in den ordentlichen Gerichten. Die Ursachen liegen in der Vergangenheit der beiden Fachgerichtsbarkeiten.

Die Arbeitsgerichtsbarkeit war mit Ausnahme von Bayern und Baden-Württemberg über Jahrzehnte eine Bastion linker Richter. Für etliche 68er-Juristen waren Arbeitsgerichte eine Station „auf dem Marsch durch die Institutionen" (Rudi Dutschke). Die Folge: Vor allem in Hamburg, Berlin, Bremen, Frankfurt und in Nordrhein-Westfalen gab es bis vor zehn Jahren ‚verdächtige Arbeitsgerichte', bei denen man das Gefühl hatte, dass die Verfahren im Zweifel zulasten der Arbeitgeber ausgehen. Auch in die Sozialgerichtsbarkeit hat es viele 68er-Richter gezogen, die dort als politische Richter ihr Verständnis von sozialer Gerechtigkeit verwirklichen wollten, soweit die Gesetze es zulassen.

Während Anwälte die junge Richtergeneration in Zivil- und Strafgerichten nur zur Kenntnis nehmen und, je nach Erfahrung, positive oder negative Eindrücke mitnehmen, polarisiert sie die Anwaltschaft in der Arbeitsgerichtsbarkeit. Ihre Herangehensweise – politisch neutrales Vorverständnis und saubere Rechtstechnik – verdrießt die Arbeitnehmeranwälte und freut die Arbeitgeberanwälte.

Der Trend, dass ‚linke' Arbeitsgerichte im Zweifel für Arbeitnehmer entscheiden, ist durch das veränderte Selbstverständnis des richterlichen Nachwuchses abgeschwächt. Der Düsseldorfer Arbeitsrechtsexperte Heinz Josef Willemsen: „Dank der jungen Richtergeneration geht es vor den Arbeitsgerichten wieder juristischer zu, weg von der Interessenjurisprudenz zurück zu echter Jurisprudenz." Aus einer etwas anderen Perspektive der Hamburger Anwalt Rolf Stahmer: „Heute kann man kaum noch erkennen, welche politische Haltung Richter haben. Es zählt mehr die Fachkompetenz." Allerdings finden auch Arbeitgeberanwälte ein Haar in der Suppe. Nach ihrer Ansicht fehlt bei jungen Arbeitsrichtern häufig das Gefühl dafür, was hinter dem Fall steht. Weil sie streng juristisch argumentieren, fällt es ihnen schwer, den Konflikt zu befrieden.

Das monieren auch Anwälte, die in erster Linie Arbeitnehmer und Gewerkschaften vertreten. Anwalt Homburg wirft der „Richterschaft" vor, dass sie die „Probleme in der Arbeitswelt nicht richtig erkennt und bewertet. Sie sehen oft nicht, dass die rechtliche Auseinandersetzung eine Fortsetzung aus dem politischen Bereich ist." Der Hamburger Arbeitnehmeranwalt Manfred Wulff kritisiert, dass die jungen Richter „keinen Blick für betriebliche Wirklichkeit haben. Richter beim Landesarbeitsgericht schlagen manchmal die Hände über dem Kopf zusammen, wenn die Richter in der ersten Instanz den Sachverhalt nicht richtig erfasst haben." Mit Argwohn beobachten Arbeitnehmeranwälte, dass die Justizverwaltungen einiger Bundesländer neue Arbeitsrichter bevorzugt aus Großkanzleien, Anwaltsboutiquen und Zivilgerichten rekrutieren – in der Erwartung, dass sie arbeitgeberfreundlicher sind.

Die junge Generation von Arbeitsrichtern bekennt sich offen zum neuen Selbstverständnis. Der Hamburger Arbeitsrichter Henning Goetze: „Wir wollen einen guten Job machen, sind weder politisch noch dogmatisch vorgeprägt. Von den jungen Kollegen haben 95 Prozent diese Haltung." Das kann seine Kollegin Oda Harms nur bestätigen: „Wir haben eine indifferente Haltung gegenüber Arbeitgebern und Arbeitnehmern. Politik spielt keine Rolle mehr." Und sie fährt fort: „Früher waren die Richter in der Gewerkschaft, heute machen sie Sport und kümmern sich um Familie und Kinder."

Eine Mehrzahl von Anwälten ist überzeugt, dass Qualität und Akzeptanz der Arbeitsgerichtsbarkeit von der jungen Richtergeneration profitiert haben. Für den Dow Chemical-Anwalt Christian Vetter und der Stuttgarter Arbeitsrechtler Jobst Hubertus Bauer unterscheiden sich die jungen Richter in „Stil und Ergebnissen" bemerkbar, für Bauer insbesondere bei Kündigungsschutzprozessen. Nach Vetters Beobachtungen gehen die jüngeren Richter „ausgewogener mit Sachverhalten um" als die 68er-Richtergeneration. Die Feststellung von Heinz Josef Willemsen, dass sich die „rechtliche Qualität der unteren Instanz" aufgrund der „gut ausgebildeten" jüngerer Richter „insgesamt verbessert hat", wird von den meisten Anwälten unterschrieben.

Auch die Rechtsprechungskultur der Sozialgerichtsbarkeit hat die neue Richtergeneration nachhaltig verändert. Sie ist als einziger Gerichtszweig wegen der

Langzeitlawine der Hartz IV-Verfahren in nennenswertem Umfang personell aufgerüstet worden. Beim Sozialgericht Berlin sind die Richter mittlerweile im Schnitt 40 Jahre alt. Beim Hamburger Pendant hebt die Sozialrichterin Bärbel Schwarz die gesunde Alterspyramide hervor: eine „gute Mischung aus jungen, mittleren und älteren Kollegen". Ganz anders die Lage beim Sozialgericht Schwerin. Hier hat der Generationswechsel noch nicht begonnen. Die jüngste Sozialrichterin ist 40, der Altersdurchschnitt liegt knapp unter 50 Jahre. Die Sozialgerichtsbarkeit bot gute Chancen für junge Juristen mit Prädikatsexamen und Aussteiger aus Großkanzleien.

Auch hier registrieren Anwälte einen Wechsel von sozial engagierten 68er-Richtern zu politisch weniger interessierten, aber juristisch hoch qualifizierten Robenträgern. Bei einem Vergleich der Geschäftsverteilungspläne des Sozialgerichts Berlin 2005 und 2016 ist Rechtsanwalt Staudacher zu dem Ergebnis gekommen dass der Anteil der Sozialrichter mit Doktortitel von sechs Prozent auf 28 Prozent gestiegen ist. Für ihn, seit 17 Jahren Fachanwalt für Sozialrecht, hatten die Richter früher einen „sozialen Anspruch". Ihr Credo lautete „Wir müssen etwas für die Menschen tun." Sie waren „anspruchsfreundlicher" und haben „Klägern über viele formale Klippen hinweg geholfen, zum Beispiel durch wohlwollende Auslegung von Anträgen". Nach seiner Ansicht gibt es zwei Ursachen, die diese Bereitschaft einschränken: „die Masse der Verfahren und ein neues Vorverständnis." Heute suchen Sozialrichter eher nach einem Punkt, mit dem sie eine Sache totmachen können. Sie begreifen Hartz IV als eine positive Leistung des Sozialstaates und schauen genau hin, ob Ansprüche gerechtfertigt sind. Vergleichbare Eindrücke hat auch sein Berliner Kollege Robert Weber gesammelt. Die 68er-Sozialrichter standen nach seiner Meinung klar auf der „Seite der Schwachen" und unterstützten „soziale Initiativen". Bei den jungen Richtern kommt eine „politische Grundhaltung" nicht mehr zum Ausdruck. Eine andere Facette von jungen Sozialrichtern in Berlin und Brandenburg hebt Barbara Merz hervor. Die Anwältin schätzt die Geste etlicher junger Richter, wenn sie sich zusammen mit ihren ehrenamtlichen Beisitzern zu Beginn der Hauptverhandlung namentlich vorstellen. Sie findet es zudem gut, wenn sich junge Richter und Anwälte bei Stammtischen austauschen, was älteren Richtern fern lag.

Fazit: Bei der jungen Richtergeneration changieren Licht- und Schattenseiten. Auf der Habenseite stehen hoch qualifizierte Richter und Staatsanwälte, die ihren Beruf engagiert und verantwortungsvoll ausüben. Auf der Schuldenseite sind viele Jobber und Zweitberufler zu verbuchen, angepasst und ohne Ecken und Kanten. Die jungen Richter und Staatsanwälte sind Kinder von Coca Cola und nicht mehr von Marx.

Das ungeklärte Selbstverständnis der Richter

2010 sind Richter in Schleswig-Holstein und Thüringen zu ihrem richterlichen Selbstverständnis befragt worden. Dem Satz „Die Justiz ist ein Dienstleistungsbetrieb" stimmten 42 Prozent ganz oder überwiegend zu, 28 Prozent überwiegend oder überhaupt nicht zu. Das Leitbild von der Justiz als Dienstleister genießt unter Robenträgern also eine gewisse Akzeptanz, stößt aber bei fast einem Drittel auf Widerstand. Das ist kein Wunder. Denn es gibt keine allgemein anerkannte Vorstellung von Funktion, Aufgabe und Stellung eines Richters mehr. Weder der Deutsche Richterbund noch die Rechtssoziologie haben sich in den letzten Jahren um dieses Thema gekümmert.[38] Die Berufsorganisation war durch den Kampf für eine bessere Besoldung und gegen die hohe Belastung anscheinend so in Beschlag genommen, dass für Grundsatzfragen keine Zeit blieb. Deshalb weiß man auch nicht, ob in den Gerichtsbarkeiten verschiedene Leitbilder existieren, ob etwa Verwaltungsrichter ein anderes Selbstverständnis haben als Arbeitsrichter, sich Zivilrichter anders definieren als Strafrichter. Das tut zum Beispiel Niels Focken, Direktor des Amtsgerichts Wandsbek: „Als Strafrichter übt man Macht aus, als Zivilrichter erbringt man eine Dienstleistung." Diese Differenzierung scheint auf den ersten Blick einleuchtend, ist es aber in der Praxis nicht. Der Hamburger Strafrichter Björn Jönsson sieht sich als „Dienstleister", seine Kollegin Birte Meyerhoff legt Wert darauf, dass ihre Entscheidungen „akzeptiert" werden: „Die Leute sollen ihre Entscheidung annehmen können, dann ist es für die Gesellschaft am besten." Georg Haller, Vorsitzender einer Großen Strafkammer an der Elbe, erläutert sein Berufsverständnis als Spagat: „Ich verstehe mich auch als Dienstleister, der Macht ausübt. Ich bin für die Menschen da, vertrete aber zugleich den Staat." Es gibt also mehrere Richterleitbilder in einer Gerichtsbarkeit.[39]

Gerichte sind nach Auffassung des Präsidenten des Finanzgerichts Berlin-Brandenburg Claus Lambrecht „Dienstleistungsunternehmen des demokratischen Rechtsstaats": „Ihr Auftrag lautet, Gerechtigkeit zu schaffen und durchzusetzen. Insoweit erfüllt die Justiz … ein Grundbedürfnis des Einzelnen wie auch der Gesellschaft."[40] Etwa ein Drittel der zu diesem Thema befragten 40 Richter würde dieser Beschreibung ihres Selbstverständnisses vermutlich zustimmen. Die Hamburger Zivilrichterin Carola Schwersmann zum Beispiel sieht sich in einem „Dienstverhältnis" zu Parteien und Anwälten, „die Steuern und Gerichtskosten zahlen". Am Ende von Verhandlungen sagt sie häufig: „Mit dem Ergebnis mögen sie unzufrieden sein, aber ich hoffe, sie sind mit meiner Dienstleistung zufrieden."

Eine fast ebenso starke Gruppe von Richtern sieht sich hingegen nicht als „Dienstleister", unter ihnen vor allem Strafrichter. In ihren Augen unterschlägt dieses Leitbild, dass die Justiz als Dritte Gewalt staatlich Macht ausübt. Für den

Nürnberger Strafrichter Armin Riedel sind „Strafrichter" „keine Dienstleister": „Das sind Friseure und Autoreparateure. Wir üben Macht aus, um Rechtsfrieden in der Bevölkerung zu bewahren und zu fördern." Auch die Kasseler Zivilrichterin Astrid Berkenkopf lehnt den Begriff „Dienstleiter" ab: „Wir sind Teil der Staatsgewalt, unsere Entscheidungen sind hoheitliche Akte." Kurz und bündig der Vizepräsident des Landesarbeitsgerichts Berlin Martin Fenski: „Wir sind ein Gericht, keine Serviceanstalt."

Die Hamburger Familienrichterin Inka Bluhm empfindet beide Definitionsversuche als einseitig, denn in ihrer Brust wohnen zwei Seelen. Wenn sie gegen den Willen eines Ehegatten scheidet oder Eltern das Sorgerecht entzieht, fühlt sie sich nicht als Dienstleisterin: „Ich habe das letzte Wort. Das darf man nicht verwässern." Wenn sie dagegen jemandem beim Ausfüllen von Formularen für den Versorgungsausgleich hilft, was nicht alle Kollegen machen, dann „bin ich Dienstleister". In ihrem Kopf gibt es keinen Widerspruch zwischen der Justiz als Dienstleister und Macht ausübender Dritter Gewalt. Damit gehört sie zu einer dritten Gruppe von Richtern, die sich in einer Doppelrolle sehen. Für die Hamburger Kammervorsitzende Nicole Geffers „schließen sich Dritte Gewalt und Dienstleistung nicht aus". Diese Gruppe sieht sich als Dienstleister, weil Richter den grundgesetzlichen Anspruch von Bürgern auf Justizgewähr zu erfüllen haben, und als Machtausübende.

Eine vierte Gruppe von Richtern findet diese Definitionsversuche nicht zielführend. Sie sehen die Aufgabe der Justiz in der Konfliktlösung. Hier zeichnet sich ein neues richterliches Selbstverständnis ab, das ein altes Motto mit neuem Leben füllt: schlichten statt richten. Dieser Weg eröffnet die Chance, Machtausübung, Dienstleistung und Konfliktlösung zu einem neuen Selbstverständnis zu verschmelzen – und zwar für alle Gerichtsbarkeiten. Das leitet beispielsweise Lothar Jünemann, Vorsitzender einer Zivilkammer beim Landgericht Berlin: „Justiz ist ein Service zur friedlichen Streitbeilegung nach klaren, nachvollziehbaren Regeln." Die Kassler Amtsrichterin Berkenkopf: „Wir lösen Konflikte, entweder durch Vergleich oder durch Urteil."

Zusammenfassung: **Eine Justiz ohne Leitbild ist eine Justiz ohne Kompass und damit ohne Orientierung.** Wie in Bayern nach der Affäre Mollath sollten Deutscher Richterbund, Neue Richtervereinigung und Landesjustizverwaltungen eine Selbstverständnisdebatte anstoßen. Die Suche nach einem neuen Leitbild oder mehreren neuen Leitbildern sollte sich an drei Fixpunkten orientieren: Machtausübung, Dienstleistung und Konfliktlösung.

Die Unabhängigkeit des Richters: Schutzschild und Alibi

„Noch nie in der deutschen Geschichte war die Unabhängigkeit der Gerichte so groß und rechtlich so gut abgesichert wie zurzeit", stellte der ehemalige Bundesverfassungsrichter und Hamburger Justizsenator Wolfgang Hoffmann-Riem 2002 auf dem 64. Deutschen Juristentag fest.[41] Dieser Befund gilt auch noch für 2015. Von den interviewten Richtern hat kein einziger seine Unabhängigkeit bedroht oder gar eingeschränkt gefühlt. Zwei Stimmen: Der Nürnberger Kammervorsitzende Peter Dycke hatte in seinem Berufsleben „nie den Eindruck, dass in seine Unabhängigkeit eingegriffen oder es auch nur versucht wurde". Seine Hamburger Kollegin Dorothee Haerendel hat sich in 13 Berufsjahren nie auf die Unabhängigkeit berufen: „Es gab keine Situation, in der ich das musste." Versuche von Ministerien, richterliche Entscheidungen zu beeinflussen, sind geächtet und so selten geworden, dass sie in der Gedankenwelt von Richtern nicht mehr vorkommen. Also alles in Ordnung? Mitnichten.

Rechtsprechung: von der Unabhängigkeit zur Unantastbarkeit

Dass die Unabhängigkeit im Gerichtsalltag nur noch eine geringe Rolle spielt, hat zwei Ursachen: eine positive und eine negative. Das Verfassungsprinzip der richterlichen Unabhängigkeit genießt bei Legislative und Exekutive traditionell hohen Respekt. Die Versuchung, sie zu missachten, ist deshalb gering. Auf der anderen Seite hat es die Richterschaft durch Urteile geschafft, aus der Unabhängigkeit des Richters eine Unantastbarkeit zu machen. Schon vor Jahren hat sich der frühere Bundesverfassungsrichter Willi Geiger „gegen Übertreibungen" der Gerichte gewandt, die „richterliche Unabhängigkeit zur Unangreifbarkeit des Richters hochzustilisieren".[42] Justizdiener brauchen sich deshalb kaum noch auf ihre Unabhängigkeit zu berufen, weil diese durch eine Mauer, die sie durch eine extensive Rechtsprechung selbst gebaut haben, bestens geschützt ist.

Für einige Präsidenten von Oberlandesgerichten hat sich das Unabhängigkeitsprinzip zu einem Hindernis bei der Verwaltung ihrer Gerichte entwickelt. Die Kammergerichtspräsidentin Monika Nöhre hält die Rechtsprechung von Richterdienstgerichten „in Teilen für überzogen". Zum Beispiel, dass zur Unabhängigkeit der Richter die Freiheit gehören soll, um zehn statt um neun Uhr mit einer Hauptverhandlung zu beginnen. Nach Meinung ihres Celler Kollegen Götz von Olenhusen hat sich die Rechtsprechung „in die falsche Richtung entwickelt": „Als Schutzschild gegen die Verwaltung statt gegen inhaltliche Weisungen. Der Schutz der richterlichen Unabhängigkeit hat eine anderer Zielrichtung in unserer Demokratie." Für ihn ist der „Schutz der richterlichen Unabhängigkeit in Ansätzen zu ausgeprägt". Ohne Namensnennung wurde ein anderer Präsident noch deutlicher. Er möchte die Unabhängigkeit am liebsten „in die Tonne treten".

Zum Stein des Anstoßes ist die Rechtsprechung des Bundesgerichtshofes in seiner Eigenschaft als oberstes Richterdienstgericht geworden, weil der zuständige Senat den „Kernbereich" der Unabhängigkeit „im Interesse eines wirksamen Schutzes der richterlichen Unabhängigkeit weit ausgelegt hat".[43] Nach seiner Rechtsprechung soll eine Maßnahme der Dienstaufsicht schon dann unzulässig sein, wenn sie auf eine „direkte oder indirekte Weisung hinausläuft, wie der Richter verfahren oder entscheiden soll".[44] Damit ist auch jede „psychologische Einflussnahme" auf Richter untersagt und jede Form der Beeinflussung geächtet, die sich als Ersuchen, Bitten, Empfehlungen, Ratschläge oder Anregungen darstellen können.[45] Sogar bei der „Beobachtung" von Richtern muss die Gerichtsverwaltung aufpassen, dass sie dies mit Fingerspitzengefühl und angemessener Zurückhaltung tut. Sie soll grundsätzlich zulässig sein. Wenn die Beobachtung allerdings „bestimmt oder geeignet" ist, die „richterliche Rechtsfindung durch psychischen Druck oder auf andere Weise unmittelbar zu beeinflussen", soll sie gleichfalls unstatthaft sein.[46]

Bei einem Teil der Richterschaft hat sich nach Marc Tully, Vorsitzender des Hamburger Richtervereins, eingebürgert, die Unabhängigkeit wie eine „Monstranz" vor sich herzutragen, insbesondere das Recht auf freie Arbeitszeitgestaltung und die freie Wahl des Arbeitsplatzes. Diese Rechte sollen sich nach Ansicht des Bundesgerichtshofes und des Bundesverwaltungsgerichts aus dem Grundsatz der sachlichen Unabhängigkeit ergeben.[47]

Diese Sonderrechte bei der Arbeitszeitgestaltung und Arbeitsplatzwahl werden von Richtern weidlich genutzt. Die Berliner Amtsrichterin Marieluis Brinkmann kennt Kollegen, die mehr als hundert Kilometer von Berlin entfernt wohnen und nur zu Sitzungstagen im Gericht erscheinen. Eine Hamburger Richterin am Landgericht hat ihren Hauptwohnsitz in Brüssel und erledigt ihre Arbeit sogar als aufsichtsführende Richterin nach dem „DiMiDo-Modell" (sie ist nur Dienstag, Mittwoch und Donnerstag im Gericht). Beim Finanzgericht Berlin-Brandenburg wohnen von den 50 Richtern nur zehn in Cottbus, dem Sitz des Gerichts, die anderen 40 leben in Berlin und Umgebung.

Unstreitig ist, dass die Unabhängigkeitsgarantie nicht nur den Inhalt der Entscheidung, sondern auch alle vorbereitenden, begleitenden und nachfolgenden Sach- und Verfahrensentscheidungen schützt. Dazu gehören Terminierungen, Fristsetzungen, sitzungspolizeiliche Maßnahmen, Beweiserhebungen und Geschäftsverteilung, Bearbeitung und Weiterleitung von Beschwerden.[48] Als besonders schmerzlich empfinden Gerichtspräsidenten ihre Ohnmacht gegenüber Kammer- und Senatsvorsitzenden, die ihrer Auffassung nach zu wenige Termine pro Woche ansetzen. Sie dürfen nicht einmal anregen, häufiger Sitzungen anzuberaumen.[49]

Spielraum eröffnet sich dagegen für die Gerichtsverwaltung bei der quantitativen Kontrolle richterlicher Leistungen. Denn hier findet die richterliche Unabhängigkeit Schranken in konkurrierenden Verfassungsprinzipen: dem Justizgewähranspruch des Bürgers auf wirksamen Rechtsschutz (das Recht auf einen Richterspruch in angemessener Zeit), der Verpflichtung zur Effizienz staatlichen Handelns und dem Gebot des schonenden Umgangs mit staatlichen Ressourcen, das jeden Richter zur Prozessökonomie verpflichtet.[50] Deshalb sind Erledigungsstatistiken keine unzulässigen Eingriffe in die sachliche Unabhängigkeit.[51] Erlaubt sind auch Vergleiche und Bewertungen von Erledigungszahlen, Gespräche mit säumigen Justizdienern, ja sogar Bitten, Verfahren zügiger zu bearbeiten, solange sie nicht die Entscheidungsfreiheit des Richters beeinträchtigen.[52] Es ist absurd und entlarvend zugleich: Wegen der Überdehnung der Unabhängigkeitsgarantie hat sich die Erledigungsstatistik neben der Entscheidung über die Beförderung zum wirksamsten Steuerungsinstrument der Gerichtsverwaltung entwickelt. Eine Statistik!

Von einem merkwürdigen Arbeitsverständnis zeugt auch der Widerstand einiger Richter gegen andere Formen quantitativer Leistungskontrolle unter Hinweis auf ihre Unabhängigkeit, zum Beispiel beim Protest gegen Berichtspflichten über Altfälle und Verzögerungsrügen. „Nicht nachvollziehbar" fand der ehemalige Präsident des Hamburger Finanzgerichts Jan Grotheer die Opposition einiger Richter seines Gerichts gegen seinen Plan, eine Berichtspflicht über Altfälle einzuführen. Beim Oberverwaltungsgericht Lüneburg haben Richter unter der Fahne der Unabhängigkeit gegen die jährlich zu fertigenden Restantenberichte protestiert. In den Berichten müssen Senatsvorsitzende darlegen, warum bei der Bearbeitung von Verfahren bestimmte Zeitgrenzen überschritten worden sind und wann die Verfahren voraussichtlich entschieden werden. Diese Berichte dienen auch der Vorbereitung der Geschäftsverteilung im nächsten Jahr. Während der Protest gegen Restantenberichte in Hamburg erfolglos blieb, war die Gegenwehr gegen die Einführung einer Statistik über Verzögerungsrügen beim OVG Lüneburg erfolgreich. In einer Vereinbarung mit der Richterschaft verzichtete die Gerichtsverwaltung schließlich kampflos auf das Zahlenwerk.

Noch einen weiteren Nachteil bringt die strenge Rechtsprechung zur Unabhängigkeitsgarantie: Der Gerichtsverwaltung ist es untersagt, finanzielle Leistungsanreize auszuloben. Dass es die nicht gibt, ist das „Schlimmste überhaupt", findet die Hamburger Amtsrichterin Jessica Zimmerling: „In der Justiz macht es keinen Unterschied, ob man gut oder schlecht arbeitet." Weniger Geld zu zahlen scheidet ebenso aus wie Disziplinarmaßnahmen. Alle Ansätze, wenigstens gute Arbeit zu belohnen, sind nach Zimmerling an „Konflikten mit der Unabhängigkeit gescheitert". Dass Leistungsprämien in der Justiz rechtswidrig und wesensfremd wären, ist Konsens. Sogar das „Loben" von richterlicher Arbeit hält der Frankfurter OLG Präsident Roman Poseck aus den gleichen Gründen für „schwierig".

Fazit: Die „Überdehnung der Unabhängigkeitsgarantie" (Fabian Wittreck) produziert drei verhängnisvolle Nebeneffekte: eine übersteigerte Sensibilität der Richter gegenüber der Justizverwaltung und öffentlicher Kritik, Akzeptanzverluste der richterlichen Arbeit in Medien und Politik und eine zahnlose Dienstaufsicht.[53]

Du sollst Deinen Besitzstand wahren: das Dogma der Unversetzbarkeit

Ausprägungen der Unabhängigkeitsgarantie sind die Unabsetzbarkeit und Unversetzbarkeit von Richtern. Sie sollen sicherstellen, dass Richter nicht befürchten müssen, bei nicht genehmen Entscheidungen abgesetzt oder versetzt zu werden. Diese Prinzipien dienen nicht nur den persönlichen Interessen der Richter, sondern auch der Rechtsgemeinschaft.

In der Praxis hat sich vor allem die Unversetzbarkeit zu einem Hindernis für einen flexiblen Einsatz von Richtern entwickelt. Die negativen Folgen sind eine ungerechte Verteilung der Arbeitslast unter den Gerichten eines Bundeslandes und die Unfähigkeit von Justizverwaltungen, auf sinkende oder steigende Eingangszahlen von Gerichtsbarkeiten durch Versetzung angemessen zu reagieren. Versetzungen und befristete Abordnungen in eine andere Gerichtsbarkeit sind gegen den Willen eines Richters nicht möglich.

Schon Versetzungen oder Abordnungen von Richtern gegen ihren Willen innerhalb einer Gerichtsbarkeit sind die absolute Ausnahme. Widerfahren ist das einmal dem Hamburger Amtsrichter Ronald Schill. Er wurde von der Straf- zur Ziviljustiz versetzt, nachdem er als Strafrichter aus der Spur gelaufen war. In der Regel sind Versetzungen und Abordnungen nur auf freiwilliger Basis möglich. Da die Mehrzahl der Richter eher bodenständig und jeder Änderung abhold ist, holen sich Justizministerien und Gerichtspräsidenten häufig blutige Nasen, wenn sie die Arbeit unter den Gerichten und Gerichtszweigen neu verteilen wollen. Die „Unversetzbarkeit erschwert Gerichtsumstrukturierungen", bilanziert der ehemalige Präsident des Bundesverwaltungsgerichts Eckart Hien. Als Verwaltungschef ist der Thüringer Oberlandesgerichtspräsident Stefan Kaufmann „manchmal verzweifelt", wenn er resigniert feststellen muss, dass kein Richter bereit ist, von einem Gericht, das nach dem Pensenschlüssel zu viele Stellen hat, zu einem Gericht zu wechseln, das zu wenige aufweist: „Es wird immer schwieriger, wenn nicht gar unmöglich, Kollegen zu finden, die sich an ein anderes Gericht abordnen lassen, um dort auszuhelfen."

Wenn Eingangszahlen über längere Zeiten sinken und dadurch Richter überflüssig werden oder sie in die Höhe schnellen – wie etwa in der Sozialgerichtsbarkeit ab 2005 durch die Hartz IV-Klagen oder in der Verwaltungsgerichtsbarkeit seit 2015 durch die Flut von Asylklagen – sind die Gerichtsverwaltungen auf den guten Willen von Richtern angewiesen, wenn sie Richter bewegen wollen, vorübergehend oder dauerhaft in andere Gerichtsbarkeiten zu wechseln. Ein Weg sind Abordnungen für ein oder zwei Jahre – allerdings nur auf freiwilliger Basis. Er funktioniert allerdings häufig nur in Verbindung mit dem Köder ‚Beförderung'. Da die Zahl der Beförderungsstellen klein ist, sind Bundesländer deshalb immer wieder gezwungen, Gerichte zu schließen, um Richter versetzen zu können. Wenn die Politik dieses Mittel in der Not wählt, stößt sie regelmäßig auf massiven Widerstand der regionalen Richterschaft und des Richterbundes, heißt doch des 11. Gebot der Richterschaft: Du sollst Deinen Besitzstand wahren.

Unter Ausnutzung ihrer starken Rechtsstellung entwickeln Richter dabei eine erstaunliche Hartnäckigkeit. Eine Wurzel für die Gerichtsstrukturrefrom in Mecklenburg-Vorpommern durch Schließung von Amtsgerichten oder deren Umwandlung in Nebenstellen, war die Weigerung von Richtern, sich versetzen zu lassen. Zu Jahresbeginn 2012 hat Hessen zehn Amts- und Arbeitsgerichte sowie zwei Zweigstellen aufgelöst. Von den geringer belasteten Verwaltungsgerichten waren am Ende nur 20 von 180 Richtern bereit zu wechseln. Vor ähnlichen Problemen stand zur selben Zeit das Nachbarland Rheinland-Pfalz. Auch hier waren die Verwaltungsgerichte überbesetzt. Pläne der rot-grüne Landesregierung, eines der vier Verwaltungsgerichte im Lande zu schließen, scheiterten nach heftigen Protesten und der Erkenntnis, dass die Schließung nur geringe Spareffekte bringen würde. Informelle Versuche des Justizministeriums, Verwaltungsrichter zum Wechsel in die Sozialgerichtsbarkeit zu bewegen, liefen weitgehend ins Leere. Die Folgen zeigt die Sachsen-Tabelle 2014. Danach sind Verwaltungsgerichte in Rheinland-Pfalz stark überbesetzt. Dort haben die Richter bundesweit die mit Abstand niedrigsten Bestände (59 Verfahren im Vergleich zu 104 im Bundesdurchschnitt) und die kürzesten Verfahrenslaufzeiten (5,5 Monate im Vergleich zu 9,9 Monaten im Bundesdurchschnitt). Dies nicht etwa, weil sie besonders effektiv sind, sondern weil sie sich mit Hilfe der Unabhängigkeitsgarantie die komfortablen Arbeitsbedingungen trotzig ersessen haben.

Diese zum Teil monatelangen Kämpfe zwischen Landesregierungen und Richtern über Versetzungen und Schließung von Gerichten schüren Unmut in der Politik gegenüber der Richterschaft. Sie bestätigen und verfestigen das Bild, dass Richter zuerst an ihr eigenes Wohlbefinden denken und sich das dank ihrer rechtlichen Privilegien auch leisten können. Dabei bleiben Solidarität und Verantwortung gegenüber dem Gemeinwohl auf der Strecke.

Erledigungszahlen und Beförderungschancen: Gefahren für die innere Unabhängigkeit

Es besteht heute weitgehende Übereinstimmung darüber, dass die Gefahren, die der Unabhängigkeit der Richter drohen, nicht von außen, sondern von innen kommen, von den Abhängigkeitsverhältnissen im Justizapparat. Gemeint ist die sogenannte „innere Unabhängigkeit", eine geistig-moralische Grundhaltung gegenüber den Zwängen und Herausforderungen des Gerichtsalltags. Die zeigen sich in zwei Brennpunkten: in Erledigungszahlen und Beförderungschancen.

In allen Gerichten werden heute Erledigungsstatistiken geführt. In den meisten Gerichten sind sie gerichtsintern bekannt – entweder durch monatliche Berichte oder durch einen Klick auf eine Computertaste. Jeder Richter kann jederzeit oder am Monatsende wissen, wo er und seine Kollegen stehen – mit erledigten Verfahren und Beständen. Da die Erledigungszahlen heute in vielen Gerichten das wichtigste Kriterium für Beurteilungen und Beförderungen sind, kann sich kein Richter dem Einfluss der indirekten Leistungsvergleiche entziehen. Sehr zur Freude von Gerichtspräsidenten frei nach dem Motto „Konkurrenz belebt das Geschäft". Haben Robenträger eine schlechte Statistik, sagen die Zahlen nach der Hamburger Amtsrichterin Carola Schwersmann, dass sie „schneller arbeiten sollen". Auch die Augsburger Verwaltungsrichterin Katrin Oppelt kennt den Druck, der davon ausgeht, dass alle „Kollegen auf Eingangszahlen und Erledigungen gucken". Denn sie wissen, was für den Präsidenten Ivo Moll wichtig ist, dass nämlich „Richter schnell arbeiten; gut ist selbstverständlich".

Noch stärker bedroht ist die innere Unabhängigkeit von Richtern durch Beförderungsehrgeiz und Beförderungschancen. Das wusste schon der preußische Justizminister Gerhard Adolf Leonhardt, als er 1879 die richterliche Unabhängigkeit ins Gerichtsverfassungsgesetz schreiben ließ: „Solange ich über die Beförderungen bestimme, bin ich gern bereit, ihre so genannte Unabhängigkeit zu konzedieren." „Wer befördert werden will, verhält sich entsprechend", weiß der Vorsitzende des Hamburger Richtervereins Marc Tully aus langer Erfahrung. „Nur wer ohne Beförderungswunsch ist", denkt der Hamburger Jugendrichter Friedrich Völtzer „ist wirklich unabhängig".

Gesetzlicher Richter: die „Selbstfesselung der Justiz"

Jeder Vorstand eines Unternehmens kann bestimmen, wie er die Arbeit zwischen den Abteilungen verteilt und welche Mitarbeiter er den Abteilungen zuweist. Davon kann ein Gerichtspräsident nur träumen. In diesen Bereichen hat er kein Direktionsrecht und keine direkte Macht, ist er ein „König ohne Land". Über die Verteilung der Arbeit unter Senaten, Kammern und Einzelrichtern und die Besetzung derselben entscheidet das Präsidium unter Vorsitz des Präsidenten. In diesem Selbstverwaltungsgremium hat der Präsident aber nicht mehr Macht als jedes Mitglied, nämlich eine Stimme.

Grundlage und Rahmen der Geschäftsverteilung bestimmt das verfassungsrechtliche Prinzip des gesetzlichen Richters (Art. 101 GG). Historisch ist das eine Reaktion auf die Kabinettsjustiz des 19. Jahrhunderts und die Sondergerichte im Dritten Reich. Die Garantie des gesetzlichen Richters soll Parteien und Richter vor dem Einfluss der Ministerialverwaltung schützen, gerichtsintern die richterliche Unabhängigkeit sichern und dem Rechtsuchenden garantieren, dass ihm der gesetzlich berufene Richter nicht entzogen wird. Wie häufiger in der Nachkriegsgeschichte haben Gerichte dann aber bei der Reaktion auf Fehlentwicklungen im Dritten Reich das Maß verloren und den Schutz des gesetzlichen Richters auf Kosten der Effektivität und Flexibilität der Justiz übertrieben. Der Celler OLG Präsident Götz von Olenhusen: „Wir stehen vor einem komplizierten Verteilungssystem mit einer Totalverrechtlichung der richterlichen Geschäftsverteilung bis zur letzten Stufe, wie wir sie wohl in keinem anderen Land finden."[54]

Nach dem Gerichtsverfassungsgesetz verteilt das Präsidium die Geschäfte vor Beginn des Geschäftsjahres für dessen Dauer. Verändert werden darf die Geschäftsverteilung während des Jahres nur, wenn sie „wegen Überlastung oder ungenügender Auslastung eines Sprechkörpers oder infolge Wechsels oder dauernder Verhinderung einzelner Richter nötig wird" (§ 21 e Abs. 3 GVG). So steht es im Gesetz. Und das klappt relativ gut bei kleinen Landgerichten, nicht aber bei mittleren und großen Gerichten. Beim Sozialgericht Düsseldorf ändert das Präsidium die Geschäftsverteilung fast monatlich. Beim Landgericht Wuppertal geschieht das noch etwas häufiger. Beim Landgericht Berlin haben die Zivilkammern zwischen 2011 und 2014 im Schnitt acht Mal pro Jahr Überlast angezeigt mit der Folge, dass die Arbeit neu zugewiesen werden musste. In Hamburg verteilen die Zivilkammern ihre Verfahren oft informell um, auch, weil sich Anwälte für die Besetzung der Gerichte in der Regel nicht interessieren. Das sieht in der Strafjustiz anders aus, vor allem in Großstädten. Hier ist die Ausnahme im Gerichtsverfassungsgesetz zur Regel geworden. Beim Landgericht Berlin ist der Geschäftsverteilungsplan 2015 bis Mitte Oktober mit Hilfe von Notverfügungen 85 Mal geändert worden, in den Jahren zuvor 110 bis 120 Mal. Beim Hamburger Landgericht war das 2015 von Januar bis Ende August 34 Mal notwendig.[55] Hier ist die Balance zwischen notwendigem Formalismus und erforderlichem Pragmatismus verloren. Der Grund: Die Rechtsprechung des Bundesverfassungsgerichts und des Bundesgerichtshofes haben die Schutzfunktion des gesetzlichen Richters über Jahre zulasten eines anderen Verfassungsprinzips bevorzugt: dem Beschleunigungsgebot im Sinne eines wirksamen Rechtsschutzes.[56] Deshalb fordern die meisten Praktiker mehr Flexibilität bei der Geschäftsverteilung. Sie sehen in der Gerichtspraxis keine Anhaltspunkte für die vom Bundesverfassungsgericht beschworene Gefahr, dass richterliche Zuständigkeiten manipuliert werden. Nach Auffassung des Celler OLG Präsidenten Götz von Olenhusen führt die Rechtsprechung des Bundesverfassungsgerichts zu einer „Selbstfesselung der Justiz". Der Senatsvorsitzende beim OLG Hamburg Marc Tully spricht mit Blick auf andere europäische Rechtsordnungen von einer „hypertrophe Auslegung des Grundgesetzes", die auf eine „große Ressourcenverschwendung" hinausläuft. Beide fordern niedrigere Hürden, damit Verfahren auch unterjährig leichter nach verfügbarer Zeit und Sachkunde verteilt werden können.

Besonders verhängnisvoll wirkt sich das enge Korsett des gesetzlichen Richters in seiner heutigen Form in der Strafjustiz aus. Für den ehemaligen Bremer OLG Präsidenten Wolfgang Arenhövel ist die Geschäftsverteilung in Strafsachen eine „Organisation der Verantwortungslosigkeit". Hauptursache: Hier kollidiert das Prinzip des gesetzlichen Richters mit dem Beschleunigungsgebot, insbesondere mit der 6-Monats-Frist zwischen Anordnung der Untersuchungshaft und Beginn der Hauptverhandlung. Weil die Umverteilung von anhängigen Verfahren nur unter sehr engen Voraussetzungen zulässig ist und deshalb häufig die Entlassung von Untersuchungsgefangenen wegen unverhältnismäßig langer Haftdauer droht, gehören Überlastungsanzeigen und Umverteilung von Verfahren in Berlin und Hamburg inzwischen zum Alltag. In diesen Fällen werden die Kammern aus der turnusmäßigen Verteilung von Neuzugängen herausgenommen und auf bestehende Kammern oder neue Hilfsstrafkammern verteilt. Für Bernd Pickel, Präsident des Landgerichts Berlin, sind häufige Überlastungsanzeigen ein Indiz dafür, dass es in der Strafgerichtsbarkeit nur noch darum geht, „Löcher zu stopfen". In beiden Städten ist das Belastungsbarometer in der Strafjustiz offenbar am Anschlag – wegen der dünnen Personaldecke, aber auch wegen der Rechtsprechung. In Berlin lag die Hauptursache für den Dauernotstand freilich in einem anderen Bereich: der Vakanz von sechs Vorsitzendenstellen und der Unfähigkeit der Justizverwaltung, sie zügig zu besetzen. Einundeinhalb Jahre – von April 2014 bis Oktober 2015 – brauchten Gerichte, Justizbehörde und Richterwahlausschuss, um ein Paket von zwölf Stellen auszuschreiben und zu vergeben.[57] Ein Skandal!

Die Verteilung der Arbeit für das nächste Geschäftsjahr geht in vielen Präsidien nicht ohne Reibereien über die Bühne. Kein Wunder, denn hier bestimmen die Richter über ihre jeweilige Arbeitslast selbst. Im Präsidium, dem Herzstück der gerichtlichen Selbstverwaltung, erlebt ein Beteiligter, der nicht genannt werden will, immer wieder ein „Klima des Egoismus". Es gehe nur um das „Verteidigen von Pfründen" und eine „möglichst bequeme Arbeitslast". Im Präsidium des Sozialgerichts Nürnberg fließen nach Sozialrichter Ernst Krug „manchmal Tränen", vor allem, wenn Wahlversprechen für Entlastungen nicht eingehalten werden. Nach seiner Meinung sollten nur die „Tüchtigen ins Präsidium gewählt werden und nicht die Jammerer". „Von Hauen und Stechen, wenn es um die Verteilung der Arbeit geht", berichtet eine Schweriner Amtsrichterin: „Wir bezichtigen uns gegenseitig nicht genug zu arbeiten."

Klagen gegen den Frust: der Kampf um die Beförderung

Die Mehrheit der Richter und Staatsanwälte erfüllen ihre Pflichten mit einem ordentlichen oder hohen Arbeitsethos. Unter den Justizdienern gibt es aber drei Problemgruppen, die die Effizienz der Dritten Gewalt erheblich mindern: ein Teil der Amtsrichter, über 50-jährige Robenträger in allen Gerichtszweigen, die „Dienst nach Vorschrift" machen, und die Geringleister oder Fußkranken.

Dienst nach Vorschrift: „Richter mit freizeitorientierter Schonhaltung"

Unter Amtsrichtern gedeiht eine Spezies, die sich durch mehrere Eigenschaften von anderen Robenträgern abhebt. Bei ihnen stehen Familie und Freizeit und nicht der Beruf im Vordergrund. Sie wollen nicht befördert werden und meiden die soziale Kontrolle von Kollegialgerichten oder sind vor ihr geflohen. Ihr Motto: „Bin R 1 (die unterste Gehaltsstufe bei Richtern), bleibe R 1 und gehe um 1." Diese Freiheitsapostel machen Dienst nach Vorschrift oder sie üben ihr Amt mit einer Einstellung aus, die manch Vorgesetzter „freizeitorientierte Schonhaltung" nennt. Martin Tonner, ein Hamburger Landrichter, weiß aus seiner Erfahrung als Amtsrichter, wie es dort zugeht. Keiner von seinen damaligen Kollegen begeht nach seiner Meinung „Rechtsbeugung", aber „einige haben den Bogen raus, Verfahren in einer Weise schnell zu erledigen", die er „nicht für vertretbar" hält. Nach Ansicht des Hamburger Jugend- und Ermittlungsrichters Johann Krieten sind „zehn Prozent der Amtsrichter nicht mehr zu motivieren, werden von Gericht zu Gericht geschickt, sind krank und den Auseinandersetzungen im Gerichtssaal nicht mehr gewachsen".

Noch gravierender für die Leistungsfähigkeit der Justiz sind allerdings die Motivationsschwächen bei den nicht beförderten, über 50-jährigen Richtern und Staatsanwälten – und zwar in allen Gerichtsbarkeiten. Sie haben keine oder nur noch geringe Aufstiegschancen, bekommen keine Beurteilungen und keine Gehaltserhöhungen mehr – mit Ausnahme der geringen tarifvertraglichen Steigerungen. Bis zum Ruhestand wartet auf sie noch eine lange Wegstrecke – in der Regel 15 Jahre – ohne besondere Leistungsanreize. Bei ihnen schwindet altersbedingt die Leistungsfähigkeit (auch durch häufigere Krankheiten), aber auch der Leistungswille. „Mit steigendem Alter lässt der Idealismus nach", so der Thüringer OLG Präsident Stefan Kaufmann: „Die Richter schmoren im eigenen Saft, sie stellen keine Fragen mehr und bekommen keinen Spiegel mehr vorgehalten." Der Leiter der Hamburger Staatsanwaltschaft Ewald Brandt räumt ein, dass bei über 50-Jährigen, die nicht befördert worden sind, „nicht selten Motivationsprobleme auftreten".

Die Motivationsschwächen bei den über 50-Jährigen sind in den Justizverwaltungen bekannt. Es gab einige Versuche, sie zu mildern. Am Sozialgericht Berlin wurden Seminare für Führungskräfte zur Motivation von über 50-Jährigen angeboten. In Berlin schlug eine Arbeitsgruppe bei der Staatsanwaltschaft vor, dass bei der Geschäftsverteilung auf das Alter Rücksicht genommen werden soll. In Hamburg haben Behördenleitung und Personalrat einmal das Modell „Abendsonne" entwickelt. Im Zentrum stand der Vorschlag, ein Drittel aller Beförderungsstellen für Ältere zu reservieren. Das funktionierte jedoch nicht. Im Kielwasser der ökonomisierten Justiz hat sich das Prinzip der Bestenauslese auch bei Beförderungen durchgesetzt – flankiert von der Rechtsprechung zu Beurteilungen und Konkurrentenklagen.

Aufgrund der Unkündbarkeit und der Unversetzbarkeit bei Richtern und des Beamtenrechts bei Staatsanwälten haben Gerichtspräsidenten bzw. Behördenleiter im Rahmen der Dienstaufsicht kaum Spielräume, gegen jene Justizdiener vorzugehen, die „Dienst nach Vorschrift" zur Arbeitsmaxime erhoben haben. Wie hoch der Anteil dieser Gruppe an der Gesamtheit der Richter und Staatsanwälte ist, ist schwer zu sagen und variiert unter den Gerichtsbarkeiten. In der Selbsteinschätzung soll er in der Verwaltungsgerichtsbarkeit eher gering sein, in der Staatsanwaltschaft eher hoch. Der Hamburger Generalsstaatsanwalt von Selle geht zum Beispiel davon aus, dass 25 Prozent aller Verfolger unter dem Durchschnitt arbeiten. In den meisten Gerichtsbarkeiten soll der Anteil nach Einschätzungen von Richtern und Präsidenten zwischen zehn und zwanzig Prozent pendeln.

Innerhalb dieses Segments gibt es aber eine Subgruppe, die Gerichtsverwaltungen und Kollegen in besonderem Maße verdrießen: die Kategorie der Geringleister, im Jargon auch „Fußkranke" oder „low performer" genannt. Zu dieser Gruppe gehört zum Beispiel ein Amtsrichter, dessen Bestand auf 400 unerledigte Verfahren angewachsen ist, während der Durchschnitt seiner Kollegen einen Bestand von 280 Verfahren hat.

Geringleister: Nassauer des Systems

Zur Tradition des Bundesverfassungsgerichts gehört, dass es beim Ausscheiden eines Mitgliedes eine Presserklärung herausgibt, die die Arbeit des Richters würdigt. Das sind keine Elogen oder Würdigungen, sondern nüchterne Schlussbilanzen über die Zahl der Verfahren, die der Richter als Berichterstatter zur Entscheidung gebracht hat. Als die Verfassungsrichterin Evelyn Haas am 1. Oktober 2006 ausschied, geriet die Presseerklärung zu einem Dokument des Versagens. In zwölf Jahren am Gericht hatte sie als Berichterstatterin nur drei Verfahren abgeschlossen. Sie war eine „Geringleisterin", die der Erste Senat über eine Dekade lang mitgeschleppt hatte. Solche Fußkranken gibt es an fast allen Gerichten und Staatsanwaltschaften. Sie belasten das Klima in der Justiz, führen zu einer ungerechten Verteilung der Arbeit und mindern die Leistungsfähigkeit der Dritten Gewalt.

Wie viele Wenigleister wandte auch Richterin Haas Tricks an, um ihr Unvermögen zu kaschieren. Ihr Dezernat war erstaunlicherweise immer aufgeräumt. Der Grund: Einen großen Teil der Verfassungsbeschwerden und Klagen hatte sie als unzulässig abgewiesen. Mit Hilfe dieses Kniffs hatte sie viel Arbeit und Verantwortung vermieden. Nach Ansicht der früheren Bundesverfassungsrichterin Renate Jaeger arbeitet auch in jedem Senat des Bundesgerichtshofes mindestens ein „Richter, der da nicht hingehört und mitgeschleppt wird". Der Grund: Bei den Oberlandesgerichten loben sie Leistungsschwache gerne weg.

Bevor die Arbeit an den Gerichten im Zuge der Ökonomisierung verdichtet wurde, fielen Geringleister nicht auf. Die Verwaltungen versteckten sie in Nischen, ohne dass der Apparat durch sie übermäßig belastet wurde. In der Strafjustiz wurden sie als Ergänzungsrichter eingesetzt, wo sie nicht mehr tun mussten, als Stunden in der Hauptverhandlung abzusitzen. In Hamburg wurde eine Richterin zum Nachtdienst abgeordnet, nachdem sie wiederholt in Hauptverhandlungen eingeschlafen war. Seitdem Richterstellen in den meisten Gerichtsbarkeiten abgebaut worden sind, gibt es solche Nischen nicht mehr. Deshalb hat sich der Umgang mit Leistungsschwachen in fast allen Gerichten und Staatsanwaltschaften zu einem Konfliktfeld entwickelt.

Die Ursachen mangelhafter Leistungen sind vielfältig: Krankheiten, psychische Probleme, Alkoholabhängigkeit, Schicksalsschläge, Entscheidungsschwächen, falscher wissenschaftlicher Ehrgeiz, Bequemlichkeit und Faulheit. Die Dimension des Problems ist umstritten. Die Mehrzahl der Gerichtspräsidenten und Behördenleiter schätzt den Anteil von low performern auf fünf Prozent, zum Beispiel der ehemalige Präsident des Oberverwaltungsgerichts Berlin-Brandenburg Jürgen Kipp: „Es gibt geschätzt fünf Prozent Profiteure im System." Auf vier bis fünf Prozent kommt auch Andreas Behm, Leiter der Staatsanwaltschaft beim Kriminalgericht Moabit. Eine starke Minderheit geht allerdings von erheblich höheren Anteilen aus. Die Vizepräsidentin des Sozialgerichts Nürnberg Heike Herold-Tews und der Direktor des Amtsgerichts Hamburg-Wandsbek Niels Focken kommen auf zehn Prozent.[58]

Unvereinbar: Beförderungsehrgeiz und Beförderungschancen

Bei den Einstellungsrunden für die Hamburger Justiz vergessen die Präsidenten einen Hinweis für Bewerber nie: Der Beruf eines Richters oder Staatsanwalts ist kein Karriereberuf. Sie wollen die Kandidaten warnen, ihnen von vornherein alle Aufstiegsillusionen nehmen, um ihnen später Enttäuschungen zu ersparen. Dabei soll ihnen die besondere Gehaltsstruktur in der Dritten Gewalt helfen. Weil Beförderungen die Unabhängigkeit von Richtern einschränken und Beamte in der Verwaltung bessere Aufstiegschancen als in der Justiz haben, erhalten Richter und Staatsanwälte im Vergleich zu beamteten Staatsdienern höhere Gehälter, um die Nachteile geringerer Beförderungschancen zu kompensieren. Beförderungen sind deshalb in das Gehalt von Richtern und Staatsanwälten integriert. Regelmäßige Höherstufungen – bis zu einem bestimmten Alter alle zwei Jahre (Erfahrungsstufen) – stellen Richter finanziell erheblich besser als Beamte. Ohne Beförderung beenden Richter ihr Berufsleben mit einem Gehaltsniveau, das zwischen dem eines Regierungsdirektors und eines Kleinen Ministerialrats (A 15 und A 16) liegt. Damit ist das Problem der geringen Beförderungschancen in der Justiz aber nur graduell entschärft. Denn Karriere spielt trotz magerer Perspektiven nach wie vor eine Schlüsselrolle für Motivation, Leistungsvermögen und Zufriedenheit in der Dritten Gewalt. Vor allem die neue Richtergeneration mit ihren Prädikatsexamina meldet laut und vernehmlich Ansprüche an. „Für die neue Richtergeneration ist die Beförderung noch sehr wichtig", analysiert der Hamburger Amtsgerichtspräsident Hans-Dietrich Rzadtki, „anders als die mittlere und ältere Richtergeneration, die eher ihr eigener Herr bleiben will und keine Lust auf Kammerstreit hat."

Durch veränderte Rahmenbedingungen und Generationswechsel hat sich das Spannungsverhältnis zwischen Beförderungsehrgeiz und Beförderungschancen in einigen Instanzen und Gerichtszweigen in ein Kampffeld verwandelt. Bei einer Mitarbeiterbefragung des Landgerichts Berlin im August 2011 zeigten sich 46 Prozent der befragten Richter unzufrieden mit ihren Karrierechancen.

Zum Glück für die Justiz gehen nicht alle Richter und Staatsanwälte beim Beförderungswettlauf an den Start. Der Berliner Leitende Oberstaatsanwalt Andreas Behm und der Frankfurter OLG Präsident Roman Poseck schätzen übereinstimmend, dass ungefähr die Hälfte der Justizdiener gar nicht aufsteigen will. Dafür gibt es persönliche Motive und strukturelle Ursachen. Ein großer Teil der Justizjuristen hat sich nach fünf bis zehn Jahren eine eigene kleine Welt geschaffen und will keine Veränderung mehr. Sie genießen Freiheit und Unabhängigkeit des Einzelrichters, halten die Familie für mindestens so wichtig wie den Beruf, mögen keine Verwaltungstätigkeit, keine Ortswechsel und keine Erprobung bei einem Obergericht in einer entfernten Stadt. Sie wollen nicht noch mehr Arbeit und Stress und verzichten dafür gern auf einen Gehaltssprung von 300 bis 400 Euro netto zur zweiten Besoldungsstufe.

Karrieremachen in einem Nicht-Karriere-Beruf ist ein steiniger Weg mit ungewissem Ausgang. Trotzdem streben etwa die Hälfte der Robenträger nach mehr Ansehen, Anerkennung und Geld. Der Hamburger Arbeitsrichterin Corinna Knappe ist klar, dass es, „selbst wenn man gut ist, nicht reichen kann": „Es wäre aber für mich ein Albtraum, wenn ich bis zum Ende meines Berufslebens dasselbe machen müsste." Dem Hamburger Verwaltungsrichter Jan Stemplewitz ist bewusst, dass eine Karriere „schwer kalkulierbar" ist: „Es wäre aber unehrlich, wenn ich sagen würde, ich hätte kein Interesse." Es kommt heute vor, dass sich bis zu zehn Richter um eine Stelle bewerben.

Gerichtsverwaltungen und Justizministerien kennen die fatalen Folgen fehlender finanzieller Leistungsanreize und geringer Beförderungschancen auf die Arbeitsmoral von Richtern und Staatsanwälten. Die Möglichkeiten sie zu mindern, sind jedoch aus rechtlichen und finanziellen Gründen begrenzt. Eine Gegenstrategie konzentriert sich darauf, Richter individuell zu fördern. Das Verwaltungsgericht Hamburg versucht zum Beispiel, systematisch Richter mit Abordnungen an Behörden, Ministerien, Prüfungsämter, das Bundesverwaltungsgericht und das Bundesverfassungsgericht zu belohnen. Damit sind allerdings nicht die strukturellen Defizite zu beheben.

Diese werden ein wenig durch ein bayerisches Modell entschärft. Es hat durch die Erfindung von Gruppenleiterstellen mit Zulagen (160 bis 180 Euro) zusätzliche Beförderungsstellen geschaffen. Im Zuge der Föderalismusreform hatte die Staatsregierung Leistungsprämien für Beamte beschlossen, Geld, das sie Richtern und Staatsanwälten nicht vorenthalten wollte. Es über Gehaltserhöhungen zu verteilen, wie vom Bayerischen Richterverein vorgeschlagen, lehnte sie ab. Das Gießkannenprinzip hätte konterkariert, was die Staatsregierung bei den Beamten erreichen konnte: nämlich zusätzliche individuelle Leistungsanreize für Richter und Staatsanwälte zu kreieren. Dieses Modell haben andere Bundesländern übernommen.

Ein anderer wirksamer Motivationshebel ist, Justizjuristen auch über 50 Jahre noch zu befördern, sofern es der Grundsatz der Bestenauslese zulässt. Auch hier geht Bayern mit gutem Vorbild voran. Im Freistaat haben Robenträger auch im fortgeschrittenen Alter noch gute Karrierechancen. 2014 waren 44 Prozent aller nach R 2 beförderten Richter und Staatsanwälte mindestens 50 Jahre. Auch in Hamburg achtet die Justizbehörde darauf, dass Justizdiener jenseits der 50 Jahre noch aufsteigen können. Davon profitieren beim Landgericht Hamburg vor allem Frauen. Das Finanzgericht Hamburg hat unlängst sogar eine 60-Jährige höher gestuft. Damit wurde – so Präsident Christoph Schoenfeld – zugleich ein „Signal ins Haus gesendet, dass man auch in höherem Alter noch befördert werden kann". In Berlin hat dagegen die Sensibilität für dieses Problem bisher gefehlt. Bis Ende 2014 hatte das Landgericht keinen einzigen Richter in der Altersklasse über 50 mehr gefördert.

Das verschärfte Ringen um Beförderungen hat vor allem eine fatale Folge: Es erhöht die Klagebereitschaft gegen Beurteilungen und führt zu Konkurrentenklagen. Während Auseinandersetzungen über Beurteilungen nur lästig sind, mindern Konkurrentenklagen die Leistungskraft der Justiz inzwischen massiv.

Konkurrentenklagen: „hausgemachte Schwierigkeiten"

Kammergerichtspräsidentin Monika Nöhre macht sich „Sorgen um den Kernbereich der Justiz", der ihrer Ansicht nach durch Anträge auf einstweiligen Rechtsschutz und Klagen gegen Beförderungsentscheidungen unterlegener Bewerber in der Hauptstadt seit 2010 erheblich in Mitleidenschaft gezogen worden ist. Denn solange Richterklagen nicht rechtskräftig entschieden sind, können die umkämpften Stellen nicht besetzt werden. Dadurch sind Zivil- und Strafgerichte an der Spree mehrfach in Not geraten. „Wir beschäftigen uns zu sehr mit uns selbst, statt Fälle zu lösen", ärgert sich Präsidentin Nöhre. Sie führt die verschärften Auseinandersetzungen auf eine „Entsolidarisierung der Richterschaft" zurück. Und sie ärgert sich über die „überzogene und zu ausdifferenzierte Rechtsprechung der Verwaltungsgerichte" zu Konkurrentenklagen. Wenn ein Beförderungsbericht einen kleinen Fehler bei dem Bewerber auf Platz 17 von 20 Kandidaten enthält, das Ranking sich aber ohne Fehler nicht verändern würde, dann ist es ihrer Auffassung nach nicht notwendig, das gesamte Beförderungsverfahren für rechtswidrig zu erklären und neu aufzurollen.

Die Spuren, die Richterklagen im einstweiligen Rechtsschutz oder in Hauptsacheverfahren in der Justiz hinterlassen, sind tief – für den Gerichtsbetrieb wie für die Rechtsgemeinschaft. Während der Konkurrentenstreitverfahren – sie dauern zwischen drei Monaten und mehreren Jahren – sind die umkämpften Stellen unbesetzt. Während dieser Zeit erhöht sich die Arbeitslast anderer Richter, verlängert sich die Dauer von Verfahren, wächst das Risiko von Besetzungsrügen wegen nicht ordnungsgemäß besetzter Spruchkörper und mindert sich die Leistungsfähigkeit der Justiz. Richterklagen vergiften das Klima in der Richterschaft, weil Kollegen die Arbeit fehlender Richter über Monate, manchmal über Jahre, neben ihrem normalen Dezernat schultern müssen.

Konkurrentenklagen wurden Mitte der neunziger Jahre in Hessen, Berlin und Hamburg erfunden, blieben aber über ein Jahrzehnt seltene Einzelfälle. Seit 2010 steigt ihre Zahl merklich. Trotzdem sind sie numerisch Ausnahmen geblieben. In Nordrhein-Westfalen sind seitdem durchschnittlich pro Jahr zwei Konkurrentenklagen erhoben worden, in Berlin zwei, in Sachsen vier bis fünf.[59] Noch seltener kommen sie in Bayern vor – sieben Klagen zwischen 1992 und 2014. In Berlin, Hamburg und Hessen sowie am Bundesgerichtshof, Bundessozialgericht und Bundesfinanzhof sind Konkurrentenklagen dagegen mittlerweile zu einem Ärgernis geworden – trotz weiterhin kleiner Zahlen. „Wenn sich Konkurrentenklagen stärker verbreiten, können Kammern und Senate nicht mehr ordnungsgemäß besetzt werden", fürchtet der Vorsitzende des Berliner Richtervereins Stefan Finkel. Für den Präsidenten des Bundesfinanzhofes Rudolf Mellinghoff sind Konkurrentenklagen inzwischen zu einem „großen Problem" geworden. Mellinghoff: „Die Arbeitsfähigkeit der Gerichte kann durch die teilweise langwierigen Prozesse empfindlich eingeschränkt werden." Er weiß, wovon er spricht. Konkurrentenklagen haben am Bundesfinanzhof die Besetzung von zeitweise vier Vorsitzendenstellen blockiert. Auch die Arbeitskraft des Bundesgerichtshofs und des Bundessozialgerichts war über längere Zeit durch juristische Händel gemindert.

Konkurrentenklagen haben historisch zwei Wurzeln: Widerstand gegen politische Beförderungen und Frauenförderung. Wegen des häufigen Farbenwechsels gedieh in hessischen Landesregierungen eine gewisse Ungeniertheit, für Spitzenpositionen in der Justiz Leute aus dem eigenen Lager zu rekrutieren – aus Landesbehörden, noch häufiger aus dem Justizministerium. Diese politischen Beförderungen hat das Verwaltungsgericht Frankfurt 1999 erstmals gestoppt.[60]

Einen Schub haben Konkurrentenklagen auch durch die Gleichstellungspolitik in der Justiz bekommen – und zwar zugunsten und zulasten der Frauen. Die Männerbastion Justiz zu erobern, hatte die ehemalige Berliner und Hamburger Justizsenatorin Lore Peschel-Gutzeit in den neunziger Jahren auf ihre Fahne geschrieben. 1997 wurde beim Hamburger Finanzgericht – damals eine reine Männergesellschaft – die Stelle eines Beisitzers frei. Sie hat damals eine Richterin ermuntert, gegen einen vom Richterwahlausschuss ausgewählten Mann zu klagen. In den letzten Jahren provozierte die Privilegierung von Frauen bzw. die Diskriminierung von Männern die eine oder andere Konkurrentenklage.

Konkurrentenklagen in der Dritten Gewalt sind legitim – als Abwehrinstrumente gegen Vetternwirtschaft und politische Seilschaften sowie als Mittel, um die Auswahl der Besten durchzusetzen. Was die Verwaltungsgerichte daraus mit freundlicher Unterstützung des Bundesverfassungsgerichts gemacht haben, ist hingegen praxisfremd und löst in Teilen der Fachöffentlichkeit und in der Politik Kopfschütteln aus. Die Rechtsprechung gilt als zu kompliziert, unklar und unberechenbar. Nach Meinung des ehemaligen Präsidenten des Oberverwaltungsgerichts Berlin-Brandenburg Jürgen Kipp „übertreiben die Verwaltungsgerichte im Einzelfall die Kontrolle von Beförderungsentscheidungen und verengen so die notwendigen Spielräume für die Personalpolitik der Justizverwaltungen". Der ehemalige Präsident des Bundesverwaltungsgerichts Eckart Hien hat schon 2004 im Zusammenhang mit Konkurrentenklagen an die Rolle der Verwaltungsgerichte erinnert: „Wir prüfen nur, ob der Kläger in seinem subjektiven Recht verletzt ist. Wir sind nicht die Erzieher oder Oberlehrer der Exekutive."[61] Alle diese Mahnungen verhallen bisher ungehört. Im Gegenteil, die Verwaltungsgerichte haben die rechtlichen Anforderungen an Beurteilungen und Beförderungsberichte von Jahr zu Jahr höher geschraubt. Was das bedeuten kann, zeigt die Berliner Praxis. In Beurteilungen müssen zehn Beurteilungsmerkmale mit jeweils drei Untermerkmalen abgehandelt werden. Bei jedem Beurteilungsmerkmal muss der Dienstherr überdies noch zwischen vier „Ausprägungsgraden" (besonders ausgeprägt, gut ausgeprägt, ausgeprägt, wenig ausgeprägt) unterscheiden. Woher soll er für eine solche Feindifferenzierung verlässliche Informationen bekommen und sie sauber kategorisieren? Außerdem ist er aufgefordert, Beurteilungen von Bewerbern von unterschiedlich hohen Ämtern und aus unterschiedlichen Bundesländern vergleichbar zu machen. Das von den Verwaltungsgerichten geknüpfte Bewertungsnetz ist inzwischen so unübersichtlich, dass selbst der Bundesgerichtshof in den letzten Jahren die Mehrheit seiner Konkurrentenstreitverfahren wegen fehlerhafter Beurteilungen verloren hat.

Besonders verheerend auf die Besetzungspraxis wirkt sich ein Urteil des Bundesverwaltungsgerichts aus, nach der eine Richterklage nicht nur die Besetzung der beklagten Stelle, sondern alle zur gleichen Zeit ausgeschriebenen Ämter blockiert, die nach Besoldung und Rang vergleichbar sind.[62] In Berlin bremste diese Rechtsprechung direkt und indirekt den Aufstieg von elf vom Senator und Präsidialrat ausgewählten Kandidaten fast ein Jahr, nachdem zwei unberücksichtigte Bewerber geklagt hatten. Als ihre Klagen in der zweiten Instanz den Beförderungsstau weiter zu verzögern drohten, hat der Dienstherr die Klagen mit Gegenangeboten wegverhandelt. Ohne diese pragmatische Lösung, so ein Insider, hätten wir „das Landgericht an die Wand gefahren". Auch beim Kammergericht, das gleichfalls unter Konkurrentenklagen zu leiden hat, zwang ein Richter den Dienstherrn nach dreieinhalb Jahren gerichtlichen Streits, ihn zu befördern, weil die Auswirkungen auf die Arbeitsfähigkeit des Kammergerichts unverhältnismäßig erschienen. Nicht besser erging es dem Hamburger Landgericht. Dort klagte ein querulatorisch veranlagter Richter zehn Mal gegen die Besetzung von Vorsitzendenstellen am Landgericht. Auf diese Weise blockierte er über zwei Jahre die Besetzung aller Vorsitzendenstellen am Gericht. Am Ende erwies sich sein Erpressungspotential als so mächtig, dass der Dienstherr ihn mit Zustimmung des Richterwahlausschusses beförderte.

Die Auswirkungen dieser Rechtsprechung sind ärgerlich. Selbst wenn der Kläger sein Verfahren im einstweiligen Rechtsschutz gewinnt, hat er damit noch nicht sein Ziel erreicht. Erfolgreiche Konkurrentenklagen führen im Normalfall nur dazu, dass der Dienstherr das Bewerbungsverfahren neu aufrollen muss. Dadurch erhält er die Gelegenheit, formale Fehler im Verfahren auszubügeln und Beurteilungen und Beförderungsberichte den Urteilen der Verwaltungsgerichte anzupassen. Auf diesem Weg hat die Hamburger Staatsanwaltschaft alle Favoriten, das sächsische Justizministerium alle Ausgewählten mit einer Ausnahme durchgesetzt – allerdings Monate oder Jahre später.

In Widerspruch zum Prinzip der Bestenauslese verkehren sich die Folgen der Rechtsprechung in Einzelfällen sogar in das Gegenteil. Wenn sich nämlich Gerichtsverwaltungen in personalpolitischen Notlagen gezwungen sehen, gegen ihren Willen schlechtere Kandidaten zu befördern, um die Stellenblockaden zu beenden. Das passiert immer mal wieder

Die von Richterklagen für die Justiz verursachten „hausgemachten Schwierigkeiten" stoßen in der Politik auf wenig Verständnis.[63] Nach Meinung des Berliner Justizsenators Thomas Heilmann hat die Rechtsprechung der Verwaltungsgerichte zu einem immer komplexeren Regelwerk bei Besetzungen geführt: „Es gibt eine Menge Fallstricke." Heilmann: „Ich bin nicht glücklich mit dem status quo, habe aber keine Lösung." Bundesjustizminister Heiko Maas findet es „ungewöhnlich", „dass wir uns immer häufiger damit auseinandersetzen müssen, dass die Entscheidungen des Richterwahlausschusses beklagt werden. Das gab es in der Vergangenheit so nicht."[64] Er will nach Auswegen aus dem Dilemma suchen.

Dienstaufsicht: zäh und zahnlos

Will ein Unfallopfer in Berlin nach einem Zusammenstoß Schmerzensgeld für ein gebrochenes Bein einklagen, tut es das in den meisten Fällen beim Amtsgericht Mitte. Wenn es normal läuft, bekommt der Kläger nach durchschnittlich sechs bis zehn Monaten einen ersten Verhandlungstermin. Eine Partei kann aber auch Pech haben und ihre Klage fällt in die Zuständigkeiten der Verkehrsrichter Martin Beckmann oder Bert Manko. Bei ihnen mussten Geschädigte 2014 im Durchschnitt zwei Jahre auf einen ersten Termin warten. 2015 gelang es der Gerichtsverwaltung mit Hilfe von Proberichtern, die Terminstände auf rund 18 Monate zu senken. Wer im Oktober 2015 eine Klage einreichte, bekam bei den Abteilungen erste Termine im Februar bzw. im Juli 2017, also nach knapp eineinhalb Jahren bzw. eindreiviertel Jahren. Damit liegen beide Richter bei der Verfahrensdauer im Amtsgericht Mitte einsam an der Spitze. Für rechtsuchende Bürger ein unerträglicher Zustand.

Wenn Anwälte gegen diese Terminstände mit Dienstaufsichtsbeschwerden oder Verzögerungsrügen wegen überlanger Verfahrensdauer protestieren, geloben beide keineswegs Besserung. Im Gegenteil. In drei bis fünf Seiten langen Stellungnahmen bzw. Beschlüssen teilen sie mit, dass sie an dieser Praxis nichts ändern werden, solange sich die personelle Lage am Amtsgericht Mitte nicht verbessere. Für Richter Beckmann ist eine „frühere Terminierung" ... „angesichts der ständigen, seit Jahren bestehenden Überlastung des Gerichts nicht möglich". Nach der Rechtsprechung des Bundesverfassungsgerichts sei er „nicht verpflichtet", „ständig unter Überlast zu arbeiten". Ende November 2013 beraumte Richter Manko Termine bis zu 21 Monaten später an, ein Terminstand, an den sich Parteien angesichts der „chronisch personellen Unterbesetzung" „wohl gewöhnen müssen". Die „Verantwortung" für diesen Zustand suchte Amtsrichter Manko allerdings ebenfalls nicht bei sich. Er fand sie beim „zuständigen Präsidium, der Justizverwaltung oder dem Haushaltsgesetzgeber". Bei beiden kein Wort dazu, dass die anderen Kollegen am Gericht ihr Pensum in angemessener Zeit bewältigen.

Die Präsidentin des Amtsgerichts Berlin-Mitte Dagmar Mittler lehnte eine Stellungnahme zu den zwei uneinsichtigen Richter-Schnecken ab – mit Verweis auf die Vertraulichkeit von Personalangelegenheiten. Bekannt ist, dass sie mit beiden Richtern das Gespräch gesucht hat, wegen der richterlichen Unabhängigkeit im Rahmen der Dienstaufsicht aber keine Möglichkeit für eine Intervention sah.

Im Gegensatz zu vielen Kollegen, die resigniert haben, regt sich der Berliner Rechtsanwalt Axel Kath über diese „Katastrophe" auf: „Ich bin zu jung, um das zu akzeptieren." Einmal hat er eine Beschwerde eingelegt – erfolglos. „Es gibt kein

Rechtsmittel gegen eine solche Terminierung", schäumt er. Damit trifft er den Kern. Das Festlegen von Terminen gehört nach der Rechtsprechung des Bundesgerichtshofes zum Kernbereich der richterlichen Unabhängigkeit und ist damit für die Dienstaufsicht tabu.[65] Zwar umfasst die Dienstaufsicht nach dem Deutschen Richtergesetz auch die Befugnis, Richter zu „ordnungsgemäßer, unverzögerter Erledigung zu ermahnen", aber eben nur solange, wie ihre „Unabhängigkeit nicht beeinträchtigt wird".

Die bereits geschilderte dienstrechtliche Rechtsprechung hat dazu geführt, dass das Schwert der Dienstaufsicht über Richter stumpf geworden ist.[66] In Hamburg, Berlin, Bayern, Nordrhein-Westfalen und Mecklenburg-Vorpommern sind Maßnahmen der Dienstaufsicht und Disziplinarverfahren rare Ausnahmen. Selbst gegenüber dem als „Richter gnadenlos" bekannten Hamburger Amtsrichter Roland Schill versagte sie. Dass er Journalisten vertraulich in seine Verhandlung einlud, wenn er eine Bombe platzen lassen wollte, oder er eigene Entscheidungen im Fernsehen kommentierte, reichte nicht, obwohl der Missbrauch seines Amts für politische Zwecke und ein Verstoß gegen das Mäßigungsverbot nahe lagen. Wenn überhaupt, werden disziplinarische Maßnahmen meistens durch außergerichtliches Verhalten von Richtern veranlasst, durch den Besitz von Kinderpornographie, Alkohol am Steuer oder politische Aktionen wie Protest gegen Raketenstationierung.[67]

In der Praxis spielt die Dienstaufsicht über die Arbeit der Richter und Staatsanwälte keine Rolle. Für den Hamburger Kammervorsitzenden Stephan Sommer ist die „Dienstaufsicht nicht fühlbar", für die Augsburger Verwaltungsrichterin Katrin Oppelt „kein Druckmittel". Im rechtlichen Bereich darf die Dienstaufsicht nur bei „offensichtlichen Fehlgriffen" eingreifen, also bei evidenten Gesetzesverletzungen oder der Anwendung nicht mehr geltender Normen.[68]

Diese Ohnmacht der Dienstaufsicht gegenüber Geringleistern vergiftet häufig das Binnenklima in der Richterschaft. Unterhalb der Schwelle des Dienstrechts darf die Gerichtsverwaltung keinen Druck auf Robenträger ausüben, weil dies gegen den Grundsatz der Unabhängigkeit verstoßen würde. Das wissen die Richter natürlich. Bei Unwilligen läuft das bestehende System auf den Satz hinaus: „Wieviel Du machst, bestimmst Du selbst." Der ehemalige Präsident des Oberverwaltungsgerichts Berlin-Brandenburg Jürgen Kipp: „Der Richter weiß, dass er nicht mehr gefördert und nicht mehr befördert wird. Ihm ist das egal, ist er doch auf Lebenszeit berufen." Manchmal hilft die Versetzung in ein anderes Dezernat oder die Rückstufung vom Vorsitz einer Großen auf den einer Kleinen Strafkammer. In der Mehrheit der Fälle muss die Arbeit solcher Geringleister aber verteilt werden, weil sie sich in Krankheiten flüchten, mit anderer niederwertiger Arbeit betraut werden oder ihr Dezernat einfach „absaufen" lassen. Sind low performer physisch oder psychisch krank, können sie auf die Hilfsbereitschaft der Kollegen rechnen. Sind die Fußkranken dagegen bequem oder faul, hat die Solidarität mit ihnen abgenommen, vor allem, weil die eigene Belastung nach Meinung fast aller zugenommen hat. Nach Norbert Vossler, Vorsitzender Richter am Berliner Landgericht, gibt es immer „böses Blut, wenn man die Arbeit mitmachen muss". Der Hamburger Kammervorsitzende Gero Nix hat sich in einem Fall bereits geweigert, eine andere Kammer zu entlasten.

„Volles Gehalt, halbe Arbeit, das geht nicht": Ende der Solidarität

Durch Erledigungsstatistiken, mündliche Personalakten und Reste-Listen sind die Geringleister den Gerichtsspitzen und Behördenleitungen bekannt. Viele Richter und Staatsanwälte ärgern sich, dass diese bisher wenig bis nichts gegen Wenigleister unternehmen. In Hamburg wie Berlin, in Augsburg wie in Darmstadt klagen sie darüber, dass die Dienstaufsicht mit Kritik und disziplinarischen Maßnahmen zu vorsichtig umgeht. Regina Schlosser, Vorsitzende einer Kleinen Wirtschaftsstrafkammer beim Kriminalgericht Moabit, kann „nicht verstehen, dass die Gerichtsverwaltung nicht gegen Minderleister vorgeht", zum Beispiel mit Gehaltsabzügen. Im Hinterkopf hat sie eine Alkoholabhängige, deren Krankheit hingenommen wird. „Arbeitserleichterungen für schwache Kollegen sind ungerecht", findet eine Berliner Arbeitsrichterin: „Volle Stelle, volles Gehalt, halbe Arbeit, das geht nicht". Auch der Darmstädter Strafrichter Jens Aßling empört sich darüber, dass er häufig „Kröten schlucken muss, wenn er Verfahren aus abgesoffenen Dezernaten" zu übernehmen hatte.

Besonders harsch fällt die Kritik bei den Staatsanwaltschaften aus. Den Berliner Strafverfolger Ralph Knispel verdrießt, dass „Schlechtleister nicht unter disziplinarische Sanktionen gestellt werden können und ihre Arbeit regelmäßig verteilt wird". „Dass der Verwaltung in solchen Fällen zumeist die Hände gebunden sind", erregt auch bei seinem Kollegen Michael von Hagen „Frust und Demotivation". Ihn stört ihre defensive Haltung nach dem Motto: „Wenn jemand 20 Prozent arbeitet, ist es doch besser als gar nicht." Auf Personalversammlungen am Kriminalgericht Moabit fordern Strafverfolger mittlerweile offen, Fußkranken weniger Geld zu bezahlen. „Je höher die Belastung", analysiert Behördenleiter Andreas Behm, „desto heftiger die Neiddiskussion".

Gerichtspräsidenten und Leitende Oberstaatsanwälte verstehen den Missmut, sehen aber keine Handlungsalternativen – aus psychologischen wie rechtlichen Gründen. Einige sind der Auffassung, dass Druck bei dieser Klientel nicht hilft. Für den Hamburger Generalsstaatsanwalt Lutz von Selle ergibt deshalb die „Keule des Disziplinarverfahrens bei ihnen keinen Sinn". Sie bocken oder ziehen sich in ein Schneckenhaus zurück. Andere Chefs bedauern, dass Geringleister so gut wie nicht angreifbar sind. Der frühere Präsident des Oberverwaltungsgerichts Berlin-Brandenburg Jürgen Kipp beklagt, dass die Dienstaufsicht gegenüber säumigen Kollegen „zahnlos" geworden ist.[69] „Bis zur Unkenntlichkeit" habe die Justiz habe ihre eigenen Möglichkeiten „geschwächt". Der Präsident des Sozialgerichts Düsseldorf Peter Brückner verzweifelt hin und wieder an der Rechtsprechung der

Richterdienstgerichte, wenn er Geringleistern und Innovationsverhinderern mit einer „Rutsch-mir-den-Buckel-runter-Haltung" begegnet und nichts tun kann. Als Wolfgang Arenhövel, früher Präsident des Oberlandesgerichts Bremen, einem Richter, der seine Akten faktisch nicht mehr bearbeitet hatte, einmal das Gehalt kürzen wollte, scheiterte er kläglich. Sein Fazit: „Dummheit und Phlegma sind keine Dienstvergehen."

Erfolgreich eingreifen kann die Dienstaufsicht nur, wenn Richter oder Staatsanwälte gesetzliche Fristen verletzen oder zu verletzen drohen – zum Beispiel beim Absetzen von Urteilen im Arbeitsgerichts- und Strafverfahren.[70] Der Präsident eines Gerichts darf einen Richter um eine Stellungnahme bitten, wenn dieser mehrfach die 6-Monats-Frist bei der Untersuchungshaft nicht eingehalten hat.[71] Die Dienstaufsicht darf Verweise oder Geldbußen gegen einen Richter aussprechen bzw. verhängen, wenn er versäumt hat, bei polizeilich Festgenommenen unverzüglich über Haft oder Freilassung zu entscheiden.[72] In allen anderen Feldern versagt die Dienstaufsicht bisher.

Bei Staatsanwälten ist die Lage kaum weniger prekär, weil auch das Beamtenrecht wenig zulässt. Beim Kriminalgericht Moabit hat es in den letzten zehn Jahren ein Disziplinarverfahren gegen einen Staatsanwalt gegeben, der in seinem Zimmer 200 unbearbeitete Akten versteckt und den Überblick über seine Verfahren verloren hatte. Vor dem Verwaltungsgericht holte sich die Behördenleitung trotzdem eine blutige Nase. Das Gericht zwang sie zu einem Vergleich. Der verpflichtete seine Behörde, den fußkranken Ermittler anderweitig zu beschäftigen. Zunächst übertrug sie ihm die Leitung der Info-Zentrale für Besucher im Kriminalgericht, später setzte sie ihn im Tagesdienst ein. Dort muss er kurzfristig Sitzungsdienste übernehmen oder Strafanzeigen aufnehmen.

Bei Geringleistern hat sich die Dienstaufsicht mit sehr unterschiedlichen Gruppen auseinanderzusetzen: den Bequem-Faulen, den Gründlich-Entscheidungsschwachen und den Langsam-Qualitätsbewussten.

Der mutige Kampf einer OLG Präsidentin gegen einen hartnäckigen Geringleister

Besonders harte Nüsse hat die Dienstaufsicht bei Richtern zu knacken, die sich bewusst gegen die Zwänge der Ökonomisierung stemmen und hinter dem Schutzschild der Unabhängigkeit nur so viele Verfahren erledigen, wie es ihr Verständnis von Qualität zulässt. Sie lehnen Erledigungsquoten als Leistungskriterien ab und fallen dadurch auf, dass sie bis zu einem Drittel weniger Verfahren bearbeiten als der Durchschnitt der Kollegen. Die Verantwortung dafür suchen sie nicht bei sich, sondern wie die Berliner Amtsrichter Beckmann und Manko bei der Politik und der unzureichenden Personalausstattung der Gerichte. Ein wegen Strafvereitelung angeklagter Mannheimer Amtsrichter: „Ich bin nicht bereit, die

Qualität meiner Arbeit, die sich durch gründliche und sorgfältige Vorbereitung der Hauptverhandlung und sorgfältiges Abfassen der Urteilsgründe auszeichnet, dem Erledigungsdruck zu opfern."[73] Der Rintelner Amtsrichter Christian Rost will nicht „am Wochenende durcharbeiten" und nicht „schludern": „Dann geht es halt langsamer. Ich bin nicht bereit, die infolge der Personalknappheit anfallende Mehrarbeit … auf meinem Rücken auszutragen."[74]

Unterstellen wir einmal, dass das Engagement dieser Protestrichter für die Qualität ihrer Arbeit ernst gemeint und kein Alibi für Faulheit und Bequemlichkeit ist, dann stellt sich die Frage, ob die richterliche Unabhängigkeit ein Freibrief dafür ist, Arbeitsbelastung und Arbeitserfolg nach eigenem Gutdünken zu bestimmen, oder ob die Rechtsgemeinschaft und die von ihr gewählten Regierungen nicht einen Anspruch darauf haben, dass die Dritte Gewalt mit den ihnen zur Verfügung gestellten Ressourcen bestmöglich und effektiv umgeht? Diese Frage führt zum Kern einer bitteren Fehde zwischen der Präsidentin des Oberlandesgerichts Karlsruhe Christine Hügel und Thomas Schulte-Kellinghaus, einem Richter aus ihrem Hause. Sie hatte ihm in einer „Ermahnung" vorgeworfen, er arbeite zu langsam und bleibe deshalb „ganz erheblich" hinter dem Durchschnittspensum seiner Kollegen zurück. Durch seine Arbeitsweise werde der Anspruch der Rechtsuchenden unterhöhlt, in angemessener Zeit zu ihrem Recht zu kommen. In der „Ermahnung" hat die Präsidentin ihn deshalb auch aufgefordert, seine Verfahren künftig „ordnungsgemäß und unverzögert" zu erledigen. Hat der dienstrechtliche Rüffel Bestand und ändert der Richter seine Arbeitsweise nicht, droht ihm ein Disziplinarverfahren, das mit einer Geldbuße oder einer Gehaltskürzung enden kann.[75]

Richter Schulte-Kellinghaus, der als „nicht ganz einfacher Zeitgenosse" und „ein wenig anstrengend" gilt, schoss aus allen Rohren zurück.[76] Er ging nicht nur gegen die Ermahnung vor, sondern erhob auch eine Dienstaufsichtsbeschwerde gegen seine Präsidentin. Ihr Vorgehen sei ein beispielloser „Angriff auf die richterliche Unabhängigkeit". Er solle angehalten werden, weniger gründlich und sorgfältig zu arbeiten. Dabei habe jeder Richter das Recht, selbst zu entscheiden, welchen Aufwand er im Einzelfall betreibe. Schulte-Kellinghaus: „Ich bin nicht faul – nur gründlich."[77]

Der Streit hat eine weitreichende politische Dimension. Es ist der erste Versuch einer Gerichtpräsidentin, einen Richter mit dem Mittel der Dienstaufsicht zu schnellerem und effizienterem Arbeiten zu bewegen.

Das Vorgehen der Gerichtspräsidentin Hügel ist mutig, zeitraubend und aufwendig. Bisher hat sich ihr Arbeitseinsatz gelohnt. Im April 2015 hat der Dienstgerichtshof des OLG Stuttgart ihre dienstaufsichtsrechtliche Initiative gebilligt.[78] Damit ist die Auseinandersetzung aber keinesfalls beendet. Schulte-Kellinghaus hat Revision beim Bundesgerichtshof eingelegt und will, im Falle einer Niederlage, zum Bundesverfassungsgericht gehen. Unterstützt wird er dabei von der linken „Neuen Richtervereinigung". Der Sprecher der Fachgruppe Gewaltenteilung Peter

Pfennig wirft der Präsidentin Hügel „Willkür" vor und fordert das Stuttgarter Justizministerium auf, ein Disziplinarverfahren gegen sie einzuleiten.[79] Der Deutsche Richterbund warnt, etwas vorsichtiger, davor, „richterliche Tätigkeit auf bloße Erledigungszahlen zu reduzieren".[80]

Der hartnäckige Verteidigungskampf des Richters Schulte-Kellinghaus und die lautstarke Unterstützung durch die Neue Richtervereinigung werfen ein Licht auf die Geisteshaltung einer Minderheit von Richtern, die sich durch ein Übermaß an Selbstverwirklichung und einen Mangel an Verantwortung gegenüber der Rechtsgemeinschaft auszeichnet. Die bei einer Sonderprüfung des Dezernats von Schulte-Kellinghaus zutage geförderte Arbeitsbilanz ist beschämend. Seine Erledigungsleistung entsprach zwischen 2008 und 2011 jeweils 58, 81, 68 und 50 Prozent der durchschnittlichen Arbeitsleistung seiner Kolleginnen und Kollegen.[81] In drei Jahren waren seine Rückstände um 67 Prozent gewachsen. In einem Vermerk wirft ihm die Dienstaufsicht vor, seine Verfahren „in großer Zahl zum Teil über Jahre und teilweise trotz erkennbarer und mitgeteilter Eilbedürftigkeit nicht oder nur völlig unzureichend bearbeitet" zu haben. Im Jahr 2011 habe er sogar „weniger Verfahren" erledigt als ein(e) durchschnittliche(r) Halbtagsrichterin/Halbtagsrichter.

Dass die Dienstherrin auf diese Säumnisse mit einem Vorhalt und einer Ermahnung reagierte, hielt der Dienstgerichtshof beim OLG Stuttgart für zulässig.[82] Die drei Kernargumente. Erstens: Weder das Erfassen noch das Bewerten von Erledigungszahlen und Rückständen versuche, den Richter auf eine bestimmte Art der Bearbeitung festzulegen. Zweitens: Wenn ein Richter mit einem erheblich über dem Durchschnitt liegenden Arbeitspensum konfrontiert ist, dürfe er die Arbeit zurückstellen und Überlastung anzeigen, ohne dafür dienstaufsichtsrechtlich zur Verantwortung gezogen zu werden. Umgekehrt liege bei einer erheblich unterdurchschnittlichen Arbeitsleistung regelmäßig eine „verzögerte Erledigung der Amtsgeschäfte" vor, die nach dem Deutschen Richtergesetz unzulässig ist. Und drittens: Durch die Maßnahmen werde auch kein unzulässiger Erledigungsdruck ausgeübt, weil durch Vorhalt und Ermahnung nur das normale Pensum abverlangt werde.

Was nicht im Urteil steht, aber für das Verständnis der Kontroverse zwischen der Präsidentin und ihrem langsam arbeitenden Richter wichtig ist: Schulte-Kellinghaus publiziert überdurchschnittlich viele seiner Urteile in Fachzeitschriften. Das bedeutet einen erheblichen Mehraufwand bei ihrer Abfassung. Außerdem ist er Kollegen als häufiger Gast auf Tagungen und Kongressen aufgefallen. Diese Indizien sprechen dafür, dass er zur Befriedigung seines wissenschaftlichen Ehrgeizes und seiner Eitelkeit die Alltagsarbeit vernachlässigt hat – zulasten des Anspruchs rechtsuchender Bürger auf effektiven Rechtsschutz. Die Vizepräsidentin des Kammergerichts Berlin Heike Forkel legte in einer Verteidigungsschrift offen, worum es in dem Verfahren wirklich geht: „Kein Gerichtsvorstand und kein Präsidium ... kann sehenden Auges in Kauf nehmen, dass die Reste im Dezernat eines Richters von Jahr zu Jahr signifikant ansteigen", und er regelmäßig durch die Verteilung seiner Arbeit auf Kollegen entlastet werden muss.[83] Als ultima ratio muss nach der Meinung Forkels die „Möglichkeit bleiben, eklatante und nicht durch individuelle Umstände begründete Minderleistungen im Wege der Dienstaufsicht zu verfolgen, um einen Richter zu effizienter Arbeit anzuhalten".

Die Entscheidung des OLG Stuttgart gibt Dienstherren einen Hebel in die Hand, unter engen Voraussetzungen gegen Geringleister wie die beiden Berliner Verkehrsrichter vorzugehen. Sie könnte Präsidenten wie Götz von Olenhusen ermuntern, die schon vor dem Urteil Maßnahmen der Dienstaufsicht zwar für „zäh, aber leistbar" halten. Die Mehrzahl der Dienstvorgesetzten spielt die Karte Dienstaufsicht jedoch nicht mehr.[84] Nach Einschätzung Egon Schneiders haben Dienstvorgesetzte nach „schier aussichtslosen Kämpfen gegen Richterdienstgerichte längst resigniert". Diese Kapitulation entspricht dem Fazit eines Urteils des Bundesverwaltungsgerichts gegenüber Wenigleistern: „Ein Gerichtspräsident kann nur Vorschläge machen und motivierend tätig werden, etwa mit einem guten Beispiel vorangehen, um auf höhere Erledigungszahlen und Verfahrenslaufzeiten hinzuwirken."[85] Diese mutlose Einstellung haben die meisten Präsidenten und Behördenleiter verinnerlicht. Aufgrund der „furchtbaren" Rechtsprechung ist der Leitende Oberstaatsanwalt beim Kriminalgericht Moabit Andreas Behm zu dem Schluss gekommen, dass er „auf Kooperation und Gespräche angewiesen" ist. Auf diesem Wege konnte er zwei Staatsanwältinnen überzeugen, nur noch Teilzeit mit einem entsprechend geringeren Gehalt zu arbeiten. Über Teilzeit oder Frühverrentungen ist aber nur eine kleine Minderheit von Fällen zu lösen. Auch die Hamburger Landgerichtspräsidentin Sibylle Umlauf hält nichts von Sanktionen: „Wir sind auf die Kooperationsbereitschaft der Richter angewiesen."

Fazit: Aufgrund der Rechtsprechung der Richterdienstgerichte findet eine Dienstaufsicht im eigentlichen Sinne nicht mehr statt – mit Ausnahme winziger Randbereiche. Sie wird durch informelle Sanktionen wie Nichtbeförderung und Gespräche unvollkommen und damit unzureichend ersetzt. Die Entscheidung des OLG Stuttgart eröffnet zum ersten Mal die Chance, gegenüber Geringleistern auf dem Wege der Dienstaufsicht wieder Druck auszuüben.

Steine statt Brot: Mindestlohn für Richter und Staatsanwälte

Für Josef Franz Lindner, Professor für öffentliches Recht, liest sich das Urteil des Bundesverfassungsgerichts zur Richterbesoldung stellenweise wie ein „Runderlass einer Finanzbehörde". Eine Kostprobe: Ein Indiz für eine evidente Missachtung des Gebots amtsangemessener Besoldung liege in der Regel vor, wenn die Abweichung der Besoldungsentwicklung vom Nominallohnindex „bei Zugrundelegung eines Zeitraumes von 15 Jahren mindestens 5 Prozent des Indexwertes der erhöhten Besoldung" beträgt.[86] Um diese zu ermitteln, empfiehlt Lindner augenzwinkernd ein „Computerprogramm zur Anwendung der verfassungsrechtlichen Parameter und deren Prozentsätze" zu entwickeln. In der Tat hat das Bundesverfassungsgericht in seinem Besoldungsurteil ein kompliziertes Regelwerk mit einer dreistufigen Prüfung erfunden, das Richtern und Staatsanwälten mehr Geld bringen soll, in der Praxis aber nicht viel helfen wird. Steine statt Brot.

Bundesverfassungsgericht bestimmt „verfassungsrechtliches Minimum" bei der Besoldung

Weil die Verfassungsrichter keine Zahlen für die Untergrenze amtsangemessener Besoldung nennen und Gehälter auch nicht einfach vergleichen wollten, haben sie drei Prüfungsstufen mit zehn Parametern kreiert. Dazu gehören unter anderem, dass die Bezüge der Richter bei Tariflöhnen, der allgemeinen Lohnentwicklung und dem Verbraucherpreisindex nicht mehr als fünf Prozent hinter dem Bundesdurchschnitt zurückfallen und die Einkommen von Richtern und Staatsanwälten eines Bundeslandes nicht mehr als zehn Prozent unter dem Bundesdurchschnitt liegen dürfen.[87] Zu berücksichtigen ist das „Ansehen des Amtes in der Gesellschaft", die „Ausbildung", die „Beanspruchung" und die „qualitätssichernde Funktion" bei der Anwerbung von qualifiziertem Nachwuchs.[88] Auf einer dritten Prüfungsstufe dürfen Haushaltsgesetzgeber die Finanzlage der öffentlichen Haushalte und die Schuldenbremse berücksichtigen, weil diese Kriterien ebenfalls Verfassungsrang besitzen.

Das Urteil hat positive wie negative Wirkungen entfaltet. Nach Wahrnehmung des Geschäftsführers des Deutschen Richterbundes Sven Rebehn haben sich die Landesregierungen nach dem „Karlsruher Machtwort" bei den Verhandlungen über die Übernahme von Tarifabschlüssen für Angestellte im öffentlichen Dienst „auffallend konziliant" gezeigt.[89] Von „Abstrichen und Nullrunden" sei im Gegensatz zu den Jahren 2013 und 2014 nicht mehr die Rede gewesen. Nach Karlsruhe hätten alle Landesregierungen den Tarifabschluss für Angestellte des öffentlichen Dienstes in der Tarifrunde 2015/2016 eins zu eins übernommen, wenngleich in einigen Ländern mit Zeitverzögerungen von drei bis acht Monaten. Anscheinend sollen die „Tarifübernahmen deeskalierend wirken und weiteren Klagen gegen die Richterbesoldung vor den Verwaltungsgerichten vorbeugen", analysiert Rebehn.[90] Auf der Landesebene ist das Echo der Richterbundfunktionäre gespalten. Für Wilfried Kellermann, Vorsitzender in Schleswig-Holstein, ist es ein „großer Gewinn", dass er nun nicht mehr wie früher um die Übernahme des Tarifabschlusses im öffentlichen Dienst kämpfen muss. Denn nach seiner Einschätzung steht mit dem Urteil aus Karlsruhe fest, dass sich das Besoldungsniveau „ganz hart an der roten Linie der Verfassungswidrigkeit" befindet. Verdruss dagegen in allen Bundesländern, in denen die Tarifabschlüsse nur zeitversetzt übernommen wurden. Matthias Grewe, Vorsitzender des Richterbundes in Baden-Württemberg, hat sich über eine acht Monate zeitversetzte Übernahme des Tarifabschlusses im Ländle „sehr geärgert".

Zu weiteren besoldungspolitischen Zugeständnissen scheinen die Länder nicht bereit. Im Gegenteil. Erkennbar ist, dass sie sich zwar an der vom Bundesverfassungsgericht gezogenen roten Linie halten, aber keinen Euro mehr als das „verfassungsrechtliche Minimum" (DAV-Präsident Wolfgang Ewer) ausgeben wollen. Bei der Überprüfung der Einkommen von Richtern und Staatsanwälten, die durch das Bundesverfassungsgericht notwendig geworden ist, ist bis Ende 2015 kein einziges Bundesland zu dem Ergebnis gekommen, dass ihre Justizdiener verfassungswidrig niedrige Einkommen erhalten – mit Ausnahme von Sachsen-Anhalt, dessen Besoldung die Karlsruher Richter für verfassungswidrig erklärt hatten. Alle anderen Bundesländer behaupten, dass die Bezüge ihrer Richter und Staatsanwälte nach ihren Berechnungen nicht gegen die Karlsruher Parameter und Prozentsätze verstoßen. Einige Länder wie Thüringen, Nordrhein-Westfalen oder Berlin tun das ohne öffentlich zugängliche Zahlenwerke, andere wie Baden-Württemberg oder Bremen legen ihre Berechnungen in Antworten auf parlamentarische Anfragen oder in Gesetzesbegründungen offen.[91] Damit sind in einigen Bundesländern die nächsten rechtlichen Konflikte vorprogrammiert. Andreas Helberg zum Beispiel, Vorsitzender des Bremischen Richterbundes, wirft der Finanzsenatorin des Landes Karoline Linnert eine „fragwürdige Auslegung des Besoldungsurteils des Bundesverfassungsgerichts" vor: Das Besoldungsanpassungsgesetz verletze „Wortlaut als auch Geist" des Urteils.[92] Bestätigt fühlt er sich durch ein Urteil des Verwaltungsgerichts Bremen aus dem März 2016.[93] Das ist zu dem Ergebnis gekommen, dass die Besoldung von Richtern nach R1, an den Kriterien des Bundesverfassungsgerichts gemessen, in den Jahren 2013 und 2014 „evident verfassungswidrig" war. Da das Verwaltungsgericht das Bremer Besoldungsgesetz nicht selbst für verfassungswidrig erklären kann, hat es das Verfahren ausgesetzt und die Frage der amtsangemessenen Alimentation erneut dem Bundesverfassungsgericht vorgelegt. Das war der Startschuss für eine neue Runde gerichtlichen Streits um die Richterbesoldung. Auch in Nordrhein-Westfalen, Bremen, Brandenburg,

Schleswig-Holstein und Niedersachsen soll das juristische Ringen um die Richterbesoldung fortgesetzt werden.

Die Erfolgsaussichten dieser Klagen erscheinen höchst ungewiss. Das Prüfungsschema des Karlsruher Urteils mit seinen harten und weichen Kriterien und den Abwägungsprozessen ist so komplex, dass man mit ihm fast jedes Ergebnis rechtfertigen kann. In der Anfangseuphorie nach dem Urteil hat sich der Deutsche Richterbund daran gemacht, für alle Bundesländer an Hand eines Modellfalles – die Besoldung eines 27-jährigen ledigen Richters im Jahr 2013 – auszurechnen, ob die Länder die Latte des Bundesverfassungsgerichts reißen oder nicht. Die Berechnung war eine „Herkulesaufgabe" (DRB-Besoldungsexperte Oliver Sporré). Das Ergebnis: In drei Ländern – Bremen, Saarland, Baden-Württemberg – wird bei der Eingangsbesoldung der Richter die verfassungsrechtliche Untergrenze unterschritten. In Berlin, Brandenburg, Sachsen, Sachsen-Anhalt und Schleswig-Holstein ist die Höhe der Einstiegsbesoldung kurz davor, die rote Linie zu unterschreiten.

Der Deutsche Richterbund hat die Berechnungstabellen an die 16 regionalen Richterverbände als Argumentationshilfe weitergegeben. Veröffentlichen will er sie aber nicht. Er will den Landesregierungen die Last des Rechnens nicht abnehmen.

Urlaub in der Jugendherberge und Jammern auf hohem Niveau

Viele Landesregierungen sind auch nach dem Karlsruher Spruch überzeugt, dass die Einkommen der Justizjuristen auskömmlich sind. „Wir klagen hier auf relativ hohem Niveau", ließ Joachim Wieland als Bevollmächtigter des Landtages von Rheinland-Pfalz in der Verhandlung vor dem Bundesverfassungsgericht die Richter wissen. In seiner Stellungnahme erlaubte er einen entlarvenden Blick in die Einstellung vieler Bundesländer zur Richterbesoldung.[94] In seinen Augen war die Frage nach der amtsangemessenen Besoldung nach den **Gesetzen der Marktwirtschaft** und nicht durch das höchste deutsche Gericht zu beantworten. Solange es keine Fluchtbewegung von Prädikatsjuristen aus der Justiz gebe, die er nicht sehe, seien die Attraktivität des Berufes und die Qualität der Rechtsprechung nicht gefährdet, erklärte er dem Gericht.

Selbst in Berlin, lange Jahre Schlusslicht der Besoldungstabelle, finden sich Kronzeugen für Wielands Einschätzung. Für den Strafkammervorsitzenden Kai Diekmann, den Jugendrichter Stephan Kuperion und den Staatsanwalt Thomas Zissel ist das Klagen ihrer Kollegen über die niedrigen Gehaltszettel „Jammern auf hohem Niveau". Auch wenn Richter Kuperion nicht einsieht, dass deutsche Richter „so schlecht bezahlt werden wie beispielsweise rumänische Richter". Diese drei Stimmen zeigen, dass keinesfalls alle Justizjuristen frustriert sind. Vor allem Richterinnen stellen ihre in der Arbeitswelt einmaligen Privilegien bei der Bewertung der Besoldung in Rechnung. Der Düsseldorfer Sozialrichterin Nina Pütter kann die „Kombination von Gehalt, Sicherheit und Freiheit niemand bezahlen".

Für Ute Laukamp, Vorsitzende Richterin am Wuppertaler Landgericht, sind „freie Arbeitszeiten einige tausend Euro wert".

Auslöser der Unzufriedenheit von Richtern und Staatsanwälten mit ihren Einkommen sind das Besoldungsgefälle zwischen den Ländern, die unterschiedlichen Lebenshaltungskosten, die Zahl der Verdiener und der Kinder.

Es überrascht nicht, dass die Mehrzahl der Richter und Staatsanwälte in Bayern, die seit Jahren die höchsten Gehälter bekommen, ihre Bezüge für amtsangemessen hält. Es verwundert hingegen, dass auch die Mehrheit der Justizjuristen in Mecklenburg-Vorpommern mit ihren Bezügen zufrieden ist, ein Land, das auf der Besoldungstabelle nur einen Mittelplatz einnimmt. Der Grund: die niedrigen Lebenshaltungskosten. Die Schweriner Amtsrichterin Annette Linhart: „In strukturschwachen Regionen gibt es nicht viele, die so viel verdienen wie wir. Wohnen ist günstig, Lebenshaltungskosten sind niedrig." Fast alle Justizjuristen verweisen darauf, dass das Leben in Schwerin billiger ist als in München oder in Hamburg. Deshalb steht der Frustpegel beim Einkommen an der Elbe auch wesentlich höher als im Ostseeland. Nach den Beobachtungen der Landgerichtspräsidentin Sibylle Umlauf ist es für Richter mit Familie in Hamburg schwer, eine bezahlbare Wohnung in der Innenstadt zu finden.

Während Alleinstehende in der Regel mit ihren Gehältern gut auskommen, fällt es alleinverdienenden Familienvätern häufig schwer, ein ihrem Status entsprechendes Leben zu führen. In Berlin übernachtet ein alleinverdienender Richter mit seiner Frau und seinen vier Kindern im Urlaub in Jugendherbergen, weil sie sich ein Hotel nicht leisten können. Das verwundert ein wenig. Andere Justizjuristen mit drei oder vier Kindern beschweren sich nämlich nicht, weil sie mit Hilfe des Kindergeldes und einer niedrigen Steuerklasse auf relativ hohe Nettobezüge kommen. Der Berliner Sozialrichter Eckart Baum, Vater von drei Kindern, klagt über seine 5.148 Euro netto ebenso wenig wie seine Düsseldorfer Kollegin Nina Pütter mit vier Kindern: „Mit Steuerklasse drei und Familienzuschlägen kann ich gut leben." In Berlin, Hamburg und Nordrhein-Westfalen empfand etwa die Hälfte der interviewten Justizjuristen, dass sie angemessen besoldet werden, die andere Hälfte nicht.

Unabhängig von der Einschätzung, ob Richter und Staatsanwälte ihr Gehalt für amtsangemessen halten oder nicht, tauchte in den Gesprächen immer wieder ein Strauß von Argumenten auf, die die Stimmung in Arbeitszimmern und Gerichtssälen trüben: unerfüllte Gehaltserwartungen von Spitzenjuristen, die Abkoppelung von der allgemeinen Lohnentwicklung, eine für die Belastung zu geringe Besoldung, fehlende Wertschätzung und unterschiedliche und dadurch ungerechte Bezüge in den Bundesländern.

Der Berliner Sozialrichter Stefan Schifferdecker „schämt sich gegenüber gut verdienenden Freunden zu sagen", dass er nur 3.900 Euro netto verdient. Mit seinen Examensnoten gehört er zu den besten zehn Prozent seines Jahrganges. Er ist promoviert, hat in einer Großkanzlei gearbeitet und verdient mit zwölf Jahren Berufserfahrung „nicht mehr als ein Facharbeiter in der Chemie- oder Metallindustrie". Obwohl er von dem Gehalt „gut leben kann, ist er frustriert", auch, weil er in Berlin weniger verdient als Kollegen in anderen Bundesländern.

Natürlich wissen Schifferdecker und andere Prädikatsjuristen in der Justiz, dass sie mit der Wahl des Richterberufes auf das Einkommen eines Anwalts in einer Großkanzlei verzichtet haben. Trotzdem grämt es sie. „Im Vergleich zu den Juristen mit Prädikatsexamen in der Wirtschaft ist unser Gehalt ein Witz", sagt die Kasseler Amtsrichterin Astrid Berkenkopf. Hinzu kommt, dass für viele die Besoldung nicht mehr zu der in den letzten Jahren gestiegenen Belastung passt. „Hohe Erledigung bei niedriger Bezahlung ist nicht akzeptabel", meint der Vorsitzende des Bremischen Richterbundes Andreas Helberg. Für Felix Sparka, Aussteiger aus einer Großkanzlei, war das Gehalt ein Motiv, die Hamburger Justiz wieder zu verlassen und in eine Kanzlei zurückzukehren, weil die „Relation zwischen Belastung und Besoldung" nicht stimmte.

Für Richter und Staatsanwälte in Berlin und Wuppertal, Nürnberg und Hamburg ist die Höhe der Besoldung auch ein Gradmesser für Anerkennung und Reputation. Bei einer Vielzahl hat der Protest gegen magere Bezüge daher nicht nur materielle, sondern auch immaterielle Aspekte. Für die Richterin am Landgericht Wuppertal Ute Laukamp sind die Einkommen zwischen Rhein und Ruhr zum Beispiel Ausdruck von „Geringschätzung."

Alle Landesregierungen haben in den letzten zehn Jahren Urlaubsgeld, Weihnachtsgeld und Beihilfe gekürzt. Einige Länder haben überdies die Tarifabschlüsse im öffentlichen Dienst nur mit Abstrichen übernommen oder, wie in Bremen und in Nordrhein-Westfalen, mit zeitlichem Abstand. Deshalb ist bei einem Teil der Robenträger der Eindruck entstanden, dass sie von der allgemeinen Lohnentwicklung abgekoppelt worden sind. In den Augen des Präsidenten des Verwaltungsgerichts Augsburg Ivo Moll ist die Besoldung „nicht angemessen": „Wir hinken der allgemeinen Entwicklung und der bei den juristischen Berufen hinterher. Wir verdienen so viel wie ein mittelmäßiger Anwalt. Nur dass der keine zehn Punkte im Zweiten Staatsexamen hat."

Den mit Abstand meisten Ärger in der Richterschaft verursacht jedoch die in den Bundesländern unterschiedliche Besoldung. Bis zur Föderalismusreform 2006 wurden alle Richter und Staatsanwälte in der Bundesrepublik gleich bezahlt. Das hat sich nachhaltig verändert. Ende 2014 lag das Grundgehalt eines Richters im Saarland 800 Euro niedriger als in Bayern. Die Differenz zwischen dem niedrigsten und dem höchsten Gehalt beträgt mittlerweile 18 Prozent. Der Schweriner Sozialrichter Klaus Hampel findet solche Differenzen „skandalös". Es überrascht daher nicht, dass im Roland Rechtsreport 71 Prozent der Richter und Staatsanwälte fordern, zur bundeseinheitlichen Besoldung zurückzukehren.[95] Der Deutsche Richterbund hat dieses Postulat nach dem Besoldungsurteil des Bundesverfassungsgerichts in den Mittelpunkt seiner Verbands- und Lobbyarbeit gerückt. Ein Projekt allerdings ohne jegliche politische Perspektive. Reiche Bundesländer wie Bayern oder Baden-Württemberg haben kein Interesse, ihre Wettbewerbsvorteile bei der Rekrutierung des Nachwuchses aufzugeben. Und die ärmeren Bundesländer haben ein Interesse, ihre Justizjuristen unterdurchschnittlich zu entlohnen, um ihre finanzielle Not nicht noch mehr zu vergrößern.

Zusammenfassung: Von dem Karlsruher Urteil wird der erhoffte Impuls für eine Neuordnung der Richterbesoldung, die der Stellung der Justiz als Dritter Gewalt in unserer Staats- und Gesellschaftsordnung gerecht wird, nicht ausgehen Auf dem Habenkonto ist zu verbuchen, dass die Länder künftig darauf achten werden, dass Richter und Staatsanwälte an der Lohnentwicklung im öffentlichen Dienst teilhaben – schon um weitere Klagen zu vermeiden.

Zivilgerichtsbarkeit

Rechtsanwalt Jürgen Melchior aus Wismar liebt Geschichten und Wortspiele. In seiner Reihe „Ein-, Aus-, Un-, Zu- und sonstige Fälle aus dem Alltag einer Anwaltskanzlei" hat er im Netz einmal eine „Chronologie justizialer Trödelei" zusammengestellt. Für einen Mandanten hatte er im Urkundenprozess eine Mietforderung in Höhe von 1.410 Euro beim Amtsgericht Wismar eingeklagt, die die Beklagte, eine Filmproduktionsfirma, nicht bezahlen konnte oder wollte. Der erste Termin fand nach sieben Monaten statt. Da teilte das Gericht mit, dass es die Klage für schlüssig halte, und es regte ein Anerkenntnis an, das beim Beklagten aber auf taube Ohren stieß. Zwei Monate später sollte die Entscheidung verkündet werden, ein Termin, der aus unerfindlichen Gründen dann zweimal aufgehoben wurde. Vielleicht hat eine Rolle gespielt, dass der Amtsrichter den Verlauf der Verhandlung aus der Erinnerung rekonstruieren musste, weil das Sitzungsprotokoll „vermutlich aus technischen Gründen" … „nicht mehr gefertigt werden" konnte. Nach zehn Monaten hatte Rechtsanwalt Melchior ein anerkennendes Urteil in Händen. Nach elf Monaten schickte der Gerichtsvollzieher das Urteil mit dem Hinweis an das Gericht zurück, dass die „Filmproduktionsfirma inzwischen insolvent" sei; außer Spesen also nichts gewesen. Anwalt Melchior ist immerhin so fair einzuräumen, dass sein Mandant möglicherweise auch bei normaler Verfahrensdauer und ordnungsgemäßer Arbeit des Gerichts sein Geld nicht bekommen hätte. Was Melchior ärgert, ist etwas anderes: Die Behandlung seiner Klage ist „keine Ausnahme, sondern eher typisch". Ein Blogger beruhigt ihn: „Kein Grund zur Aufregung." Beim Amtsgericht Brandenburg an der Havel geht es bei Anträgen auf einstweilige Verfügungen nicht schneller. Träfe das wirklich zu, wüssten die Präsidenten der Oberlandesgerichte, warum immer weniger Rechtsuchende klagen.

Prozessschwund: Angst vor Bedeutungsverlust

Es war Punkt 9 der Tagesordnung, der die Präsidenten der Oberlandesgerichte auf ihrer Tagung in Bremen im Mai 2014 besonders umtrieb: „Privatisierung des Zivilprozesses?" Nach einer Präsentation der Kammergerichtspräsidentin Monika Nöhre waren die Eingänge zwischen 2004 und 2013 bundesweit um etwa 30 Prozent zurückgegangen – ausgenommen Familienstreitigkeiten und Betreuungssachen. Die Mehrheit der Präsidenten war alarmiert, zumal niemand in der Runde den Prozessschwund plausibel erklären konnte. Lediglich drei Stichworte – Zunahme von Schiedsverfahren, Einführung von Schlichtungsstellen und Verfahrensdauer – fielen den Chefs ein. Wie immer bei Ratlosigkeit wurde eine Arbeitsgruppe eingesetzt. Auf der nächsten Tagung im Juni 2015 stellte die Präsidentenrunde in einer Entschließung fest, dass die „Verlagerung ganzer Verfahrensbereiche in private Streiterledigungsformen" die „ordnende Funktion der staatlichen Justiz" … „als wesentliches Element des Rechtsstaates" … „gefährdet".

Der Rückgang der Fallzahlen im Zivilprozess hat Justiz und Anwaltschaft ins Mark getroffen. Der Präsident des Oberlandesgerichts Celle Götz von Olenhusen fragt „mit Sorge", ob „wir auf dem Weg in die Bedeutungslosigkeit" sind.[96] Die Präsidentin des Bundesgerichtshofes Bettina Limperg malt gar das Schreckgespenst „massenhafter Jura-light-Verfahren" und eine schlichtende „Paralleljustiz" an die Wand – „eine Schlichtungswelt, die nicht an Gesetz und Recht gebunden ist, deren Schlichter keine juristische Ausbildung benötigen".[97]

Auch Anwälte schauen mit Unbehagen auf den Bedeutungsverlust der schwächelnde Zivilrechtsjustiz, obwohl ihr Berufsstand dafür mitverantwortlich ist. Sie fürchten um ihre Tröge. Rechtsanwalt Eghard Teichmann hat ausgerechnet, dass Schlichtungsstellen, wenn sie nur 30 bis 40 Prozent der derzeitigen Zivilverfahren zu 80 bis 90 Prozent erledigen, der Anwaltschaft – jedenfalls den Zivilrechtlern, die nicht Unternehmensstreitigkeiten bearbeiten – 30 bis 40 Prozent ihrer Mandate nehmen können.[98] Nach der Prognose des Rechtsanwalts und NJW-Schriftleiters Tobias Freudenberg müssen Rechtsanwälte „befürchten, in Verbraucherangelegenheiten für Rechtsuchende nicht mehr die erste Anlaufstelle zu sein".[99] Diese Funktion könnten künftig die Schlichtungsstellen übernehmen, die nach dem Verbraucherstreitbeilegungsgesetz zu errichten sind.

Was sind die Ursachen für die sinkenden Eingangszahlen? Sind es Folgen eines tiefgreifenden gesellschaftlichen und rechtlichen Wandels? Erleben wir einen Akzeptanzverlust der Zivilrechtsjustiz? Hat sich die Streitkultur verändert? Welche Rolle spielen neue Gesetze? Auf jeden Fall ist das Phänomen nur multikausal zu erklären.

Die wohl wichtigste Ursache ist, dass eine große Zahl rechtlicher Fragen durch Gesetze und durch Jahrzehnte Rechtsprechung beantwortet ist. Ein Blick in Gesetzessammlungen, in den BGB-Kommentar Palandt oder die iuris-Entscheidungsbank ersetzt bei einfachen rechtlichen Problemen den Gang zum Gericht. Die meisten Unterhaltsfragen nach einer Scheidung oder die Frage nach einem Schadensersatzanspruch nach einem Verkehrsunfall kann ein kompetenter Anwalt beantworten. Die Beobachtung, dass Verfahren immer komplizierter und umfangreicher werden, ist auch ein Spiegelbild der Tatsache, dass einfache Rechtsstreitigkeiten Gerichte häufig nicht mehr erreichen. Deshalb hat sich der Schwerpunkt anwaltlicher Aktivitäten auch von der gerichtlichen Vertretung zur außergerichtlichen Beratung verlagert. Der DAV schätzt den Anteil außergerichtlicher Beratung auf 70 bis 75 Prozent.[100]

Die demographische Entwicklung kann bei der Erklärung der sinkenden Eingangszahlen nur eine Nebenrolle spielen. In der Bundesrepublik ist die Bevölkerungszahl zwischen 2002 und 2012 um 0,8 Prozent gesunken, also wesentlich weniger als die Zahl der Eingänge. Es fällt jedoch auf, dass die Länder mit den stärksten Einbrüchen bei den Neuzugängen auch unter den stärksten Bevölkerungsrückgängen leiden.[101] Das gilt insbesondere für die neuen Bundesländer, zum Beispiel für Mecklenburg-Vorpommern. Zwischen 2002 und 2012 ist die Bevölkerung im Land an der Ostsee um 6,3 Prozent geschrumpft. Die Zahl der Neueingänge bei den Amtsgerichten für Zivilsachen ist dagegen zwischen 2000 und 2012 um 38 Prozent zurückgegangen, die bei den Landgerichten sogar um 42 Prozent, also weit überproportional.

Eine weitere Ursache für sinkende Verfahrenszahlen bei Zivilgerichten ist sicher der von Wirtschaft und Politik forcierte Ausbau der außergerichtlichen Streitbeilegung durch Schiedsgerichte, Schiedsmänner, Schlichtungsstellen und Ombudsmänner.[102] Unternehmen, Verbände und Vereine wollen durch alternative Streitbeilegung bei einfachen Rechtsproblemen mit niedrigen und mittleren Streitwerten Anwalts- und Gerichtskosten sparen. Das ist auch das Hauptmotiv von Rechtsschutzversicherungen, in jüngster Zeit verstärkt die Mediation zu fördern. Diese ökonomische Triebfeder kommt jedoch nur selten zum Vorschein. Zum Beispiel bei der „Schlichtungsstelle für Arzthaftpflichtfragen der norddeutschen Ärztekammern". 2008 jubelte sie: „Prozessvermeidungsquote: 90,9 %." Die Schlichtungsstelle, in der sich die Ärztekammern aus zehn, vorwiegend nord- und ostdeutschen Bundesländern zusammengeschlossen haben, verfolgt „in erster Linie das Ziel, Arzthaftungsstreitigkeiten abschließend und zur Überzeugung aller Beteiligten so umfassend aufzuklären, dass gerichtliche Auseinandersetzungen vermieden werden". Stolz vermelden die Schlichter, dass es bei 800 Entscheidungen in nur 73 Fällen später noch zu einem Zivilprozess gekommen ist. Damit wird klar: Institutionen der alternativen Streitbeilegung sind auch Konkurrenten der Ziviljustiz. Mit jeder neuen Schlichtungsstelle und jedem neuen Ombudsmann wächst der Wettbewerbsdruck auf Amts- und Landgerichte.

In der Schlichtungsstelle der norddeutschen Ärztekammern haben sechs Volljuristen mit einem Stab von Ärzten und Sachbearbeitern zwischen 2.000 und 2014 jährlich rund 4.000 Anträge auf Schadensersatz wegen Behandlungsfehlern bearbeitet. Damit regeln die Schlichtungsstellen der Ärztekammern einen erheblichen Teil der von Patienten behaupteten Behandlungsfehler auf einer ersten Stufe. Die Folgen für die Ziviljustiz lassen sich, je nach Blickwinkel, unterschiedlich beschreiben. Legt man das Gewicht auf die Tatsache, dass die Landgerichte 2012 bundesweit nur 8.500 Arzthaftungsverfahren erledigt haben, nehmen die Schlichtungsstellen den Gerichten eine Masse von Verfahren weg. Setzt man den Akzent dagegen auf die Tatsache, dass die Zahl der von Landgerichten erledigten Arzthaftungsverfahren von 2004 bis 2012 um 62 Prozent gestiegen ist, ist die Botschaft eine andere: die Ziviljustiz wird dringend benötigt, weil das Konfliktlösungspotential der ärztlichen Schlichtungsstellen bei weitem nicht ausreicht.

Die Eingänge bei den nationalen und internationalen Schiedsgerichten sind in den letzten Jahren zwar erheblich gestiegen, verbleiben jedoch auf einem relativ niedrigen Niveau. 2012 gingen beim International Cour of Arbitration (ICA) der International Chamber of Commerce (ICC) 759 Verfahren ein, beim International Center for Dispute Resolution (ICDR) 996 Verfahren.[103] Vor dem Schiedsgericht der Internationalen Handelskammer (ICC) klagt zum Beispiel die grün-rote Landesregierung Baden-Württembergs gegen den französischen Stromkonzern Electricitè de France (EdF), weil der ihrer Vorgängerregierung angeblich einen 45-Prozent-Anteil am Stromkonzern EnBW um 834 Millionen Euro zu teuer verkauft hat.[104] Bei der Deutschen Institution für Schiedsgerichtsbarkeit (DIS) gingen 2012 125 Verfahren ein, allerdings mit einem hohen durchschnittlichen Streitwert von 5,6 Millionen Euro. Der Geschäftsführer der Hamburger Handelskammer Christian Graf schätzt, dass bundesweit nicht mehr als 1.000 bis 1.500 Schiedsgerichtsverfahren pro Jahr durchgeführt werden. In den Fokus der Öffentlichkeit geraten diese Schiedsgerichte hierzulande meist nur, wenn sie bei Streitigkeiten prominenter Familien wie der Oetker-Dynastie oder beim Krach unter den Gesellschaftern des Elektronikhändlers Media-Saturn schlichten sollen.[105] Als Wettbewerber der Ziviljustiz spielen Schiedsgerichte wegen der geringen Zahl der Verfahren nur eine geringe Rolle.

Geradezu stolz ist der Bund Deutscher Schiedsmänner und Schiedsfrauen, dass er im Rahmen der obligatorischen vorgerichtlichen Konfliktlösung und der freiwilligen Streitschlichtung die Justiz entlasten kann. In zwölf Bundesländern vermitteln 6.500 Schiedsmänner und Schiedsfrauen ehrenamtlich in einem kleinen Segment der Zivilgerichtsbarkeit: bei Nachbarstreitigkeiten und privaten Ehrverletzungen. 2014 waren sie an 11.400 Verfahren beteiligt.[106] Die Quote erfolgreicher Schlichtungen betrug 53 Prozent.

Wachsender Beliebtheit erfreut sich augenscheinlich der Ombudsmann für das Versicherungswesen. 2014 hat er knapp 20.000 Beschwerden bearbeitet, die höchste Zahl seit der Aufnahme seiner Schlichtungstätigkeit 2001.[107] Die Erfolgsquote der Versicherten lag bei den Lebensversicherungen bei gut 28 Prozent, bei den übrigen Sparten sogar bei 42 Prozent. Die Beschwerde ist für Versicherte kostenlos, und Entscheidungen gegen den Versicherer sind bis zu einem Streitwert von 10.000 Euro verbindlich. Im Jahresbericht 2014 verspricht der Ombudsmann für Versicherungen – der frühere Präsident des Bundesgerichtshofes Günter Hirsch – „kostengünstigen, einfachen und schnellen Rechtsschutz" ohne „formellen und kostspieligen Gerichtsweg".

Die Zahl der beim Ombudsmann der privaten Banken eingegangenen Beschwerden pendelte von 2010 bis 2014 zwischen knapp 6.500 und gut 8.200.[108] Auch hier sind Beschwerden kostenlos und Entscheidungen bis zu einer Höhe von 10.000 Euro verbindlich. 2013 gingen 27 Prozent der Beschwerdeverfahren zugunsten der Kunden, 16 Prozent zugunsten der Banken aus, sieben Prozent endeten mit einer Vergleichsempfehlung.[109]

Auch die „Schlichtungsstelle für den öffentlichen Personenverkehr" kann sich über mangelnden Zuspruch nicht beklagen. Mit 8.070 Eingaben im Jahr 2014 hat sie eine neue Höchstmarke erreicht, die allerdings zur Hälfte durch die erstmalige Einbeziehung der Flugschlichtung zustande gekommen ist.[110] Die Masse der Beschwerden geht auf das Konto von Verspätungen, Ausfällen und Annullierungen.

Eine zarte Pflanze ist bisher die Online-Streitbeilegung in Verbraucherangelegenheiten. An dem Projekt beteiligen sich sechs Bundesländer (Bayern, Baden-Württemberg, Berlin, Rheinland-Pfalz, Hessen und Schleswig-Holstein). Die Schlichtungsstelle kann von Bürgern bei Streitigkeiten nach Online-Geschäften angerufen werden, wenn sie in den teilnehmenden Bundesländern wohnen oder die Firmen dort ihren Sitz haben, über die sich Verbraucher beschweren wollen. 2014 haben in der Schlichtungsstelle zwei Volljuristen gut 1.500 Beschwerden mit einem durchschnittlichen Streitwert von 421 Euro in durchschnittlich 45 Tagen bearbeitet. Die Erfolgsquote der Beschwerdeführer betrug erstaunliche 68 Prozent.

Deutlich härtere Konkurrenz erwächst den Zivilgerichten durch das Verbraucherstreitbeilegungsgesetz, das am 1. April 2016 in Kraft getreten ist. In seiner Folge wird ein flächendeckendes Netz von Verbraucherschlichtungsstellen geknüpft. Mit ihrer Hilfe soll nach Bundesjustizminister Heiko Maas für Verbraucherinnen und Verbraucher die Möglichkeit geschaffen werden, „ohne den Aufwand und das Kostenrisiko eines Gerichtsprozesses schnell und einfach zu ihrem Recht zu kommen".[111] Für Maas bringen die Schlichtungsstellen noch einen zweiten Vorteil: Eine „erfolgreiche Schlichtung" bietet die Chance, dass „trotz eines Streits die Kundenbeziehung intakt bleibt".

Die Ziviljustiz sollte sich freuen, dass sich die Durchsetzung der Mehrzahl dieser Verbraucherbeschwerden von Amtsgerichten und Landgerichten auf Schlichtungsstellen und Ombudsmänner verlagert hat. Für die meist einfachen rechtlichen Fragen mit relativ niedrigen Streitwerten sind keine komplizierten und teuren Gerichtsverfahren notwendig. Das wäre zum Beispiel im Sinne des Ex-Anwalts Felix Sparka gewesen, der nach einigen Monaten als Amtsrichter wieder in eine Kanzlei zurückgekehrt ist: „Ein Frustfaktor" war für ihn, dass er sich mit „Klagen über acht Euro beschäftigen musste". Und die alternative Streitbeilegung führt auch keinesfalls automatisch zu juristischen Qualitätsverlusten. In den Stäben von Schlichtungsstellen und Ombudsmännern liegt die Bearbeitung von Beschwerden in den Händen von Volljuristen. Sie arbeiten im Rahmen der Gesetze und der Rechtsprechung, meist unter Anleitung und Aufsicht renommierter Ex-Richter, die ihren Lebensabend vergolden wollen. Der ehemalige BGH-Präsident Günter Hirsch ist Ombudsmann der Versicherungen, die Schlichtungsstelle der Anwaltschaft leitet die ehemalige Richterin am Bundesverfassungsgericht und am Europäischen Gerichtshof Renate Jaeger. Bei der Schlichtungsstelle für den öffentlichen Nahverkehr liegt die Verantwortung beim früheren Präsidenten des OLG Braunschweig Edgar Isermann. Der Bankenverband hat für seine Schlichtungsstelle sogar sechs hochkarätige Ex-Richter eingekauft: drei ehemalige BGH-Richter, zwei

Landgerichtspräsidenten und eine Richterin am Oberlandesgericht im Ruhestand. Also die Crème de la Crème. Hinzu kommt, dass allen unzufriedenen Patienten, Versicherten, Bankkunden sowie Flug- und Bahnreisenden der Rechtsweg weiter offen steht, wenn sie mit den Schlichtungen nicht einverstanden sind.

Andererseits ist nicht zu verkennen, dass geschätzt 50.000 bis 100.000 Verbraucherbeschwerden und Rechtsstreitigkeiten, die mittlerweile jährlich von Einrichtungen der alternativen Streitbeilegung entschieden werden, der Zivilgerichtsbarkeit entgehen.[112] Offen bleibt dabei, wie viele der Rechtsuchenden ohne alternative Streitbeilegung geklagt hätten. Allerdings vermögen diese Verfahren wiederum nur einen Teil des Prozessschwundes bei der Zivilgerichtsbarkeit erklären. Zwischen 2002 und 2012 haben die Amtsgerichte über 290.000 Verfahren, die Landgerichte über 57.000 Verfahren verloren.[113] Es muss also weitere Ursachen für den Rückgang der Verfahren geben. Und die liegen tiefer, im Verhalten der Anwaltschaft und der Haltung der Rechtsuchenden gegenüber der Ziviljustiz.

Ein großer Teil der Anwaltschaft versucht heute, bei der Beratung von Mandanten Klagen bei Zivilgerichten zu vermeiden. Sie ziehen außergerichtliche Streitbeilegungen vor. Carsten Wriedt, Rechtsanwalt in Neumünster, bemüht sich zunächst immer um eine außergerichtliche Einigung, weil der „Ausgang von Rechtsstreitigkeiten schwer voraussehbar ist". Mal ist die Rechtsauffassung des Gerichts schwer prognostizierbar, mal das Ergebnis einer Beweisaufnahme bei unklarem Sachverhalt. Muss Wriedt nach dem Rechtsanwaltsvergütungsgesetz(RVG) abrechnen, kommt er bei aufwendigen Prozessen betriebswirtschaftlich schnell ins Minus. Außerdem ist das Kostenrisiko für seine Mandanten gestiegen, weil die Gerichtskosten auf Druck der Länder überproportional angehoben worden sind. André Ehlers, in Bremen Fachanwalt für Banken- und Kapitalmarktrecht in Bremen, findet, dass die Rechtsprechung in seinem Rechtsgebiet „schwer einschätzbar geworden" ist, für ihn ein „Fanal, sich von der Zivilgerichtsbarkeit fernzuhalten". Markus Vogelheim, Kölner Fachanwalt für Baurecht, geht „ungern zu Gericht, weil man die Sache nicht mehr in der Hand hat". Außerdem stört ihn die Dauer von Bauprozessen: einfache Verfahren währen drei Jahre, komplizierte fünf bis sieben Jahre. „Kein privater Bauherr kann sich das leisten", sagt er. So wie Vogelheim und seine Mandanten denken offenbar viele seiner Kollegen. Die Rechtspflegestatistik weist einen Rückgang von erledigten Bauverfahren in allen Instanzen auf: bei den Amtsgerichten minus 40 Prozent, bei den Langerichten minus 26 Prozent und bei den Oberlandesgerichten minus 25 Prozent.[114] Diesen Eindruck bestätigt Stefan Leupertz, früher Richter im Bausenat beim Bundesgerichtshof, heute freiberuflich als Schiedsrichter, Schlichter und Adjudikator tätig. Er beobachtet einen „Akzeptanzverlust" der Ziviljustiz in der Baubranche, vor allem im Industrie- und Anlagenbau. Möglichst nicht vor Gericht gehen, ist hier die Parole. Die Dauer der Verfahren war schon immer Stein des Anstoßes. Hinzugekommen ist nach seiner Ansicht ein „wachsender Argwohn gegenüber der Kompetenz der Gerichte". Das „Wissensgefälle" zwischen Fachanwälten und nicht spezialisierten Amtsrichtern oder Kammern am Landgericht ist für ihn zu groß geworden. Obwohl beim Bau nicht weniger gestritten wird, bevorzugen die Parteien, Konflikte selbst zu regeln oder Wege der alternativen Streitbeilegung zu beschreiten. Bei Großprojekten geht der Trend nach Leupert in Richtung vertraglich vereinbarter Schiedsverfahren, bei privaten Bauunternehmen liegt der Marktanteil alternativer Streitbeilegungen nach seiner Schätzung allerdings noch unter 10 Prozent.

Diese Skepsis gegenüber dem Rechtsweg bestätigen Meinungsumfragen. Die Mehrheit der Bevölkerung findet den Gedanken, in einen Prozess verwickelt zu werden, eher unangenehm.[115] 85 Prozent der Bürger nehmen eine Prozessbeteiligung als „sehr", „ziemlich" oder „etwas unangenehm" wahr.[116] Es gibt also verbreitete emotionale und intellektuelle Barrieren vor dem Gang zum Gericht. Ins Bild passt, dass immerhin 45 Prozent der Bevölkerung meinen, dass man mit der Mediation viele rechtliche Auseinandersetzungen befrieden kann, vor allem bei Familien- und Nachbarschaftsstreitigkeiten.[117] Das scheint vor allem für niedrige Streitwerte zu gelten. Lediglich 28 Prozent der Bevölkerung würden nach dem Roland Rechtsreport 2014 klagen, wenn der Streitwert unter 1.000 Euro liegt.[118] Der durchschnittliche Wert, bei dem Bürger ein Gericht anrufen würden, liegt bei 1.950 Euro. Die fünf wichtigsten Gründe, Prozesse zu vermeiden, sind nach der Umfrage „Kosten" und „finanzielle Risiken" (64 Prozent), „bin nicht der Typ" dafür (64 Prozent), „zu viel Aufwand" (44 Prozent), „lange Verfahrensdauer" (39 Prozent) und „Unberechenbarkeit" des Ausgangs (35 Prozent).[119] Gerichtsverfahren gelten also als langwierig, aufwendig, teuer und unberechenbar.

Bitter für die Justiz ist weiter, dass nach einer Umfrage des Industrie- und Handelskammertages 80 Prozent der Unternehmen eine außergerichtliche Streitbeilegung einer gerichtlichen Auseinandersetzung vorziehen.[120] Allerdings haben bisher nur 37 Prozent von dieser Alternative auch Gebrauch gemacht.

Fazit: Der Rückgang der Eingangszahlen bei der Ziviljustiz ist im Wesentlichen auf geklärte einfache Rechtsfragen, demographische Entwicklungen, die Konkurrenz außergerichtlicher Streitbeilegung und einen Attraktivitätsverlust in der Bevölkerung aufgrund von Qualitätsmängeln zurückzuführen.

Das neue Leitbild: Rechtsfrieden schaffen

„Vergleichen und Vertragen ist besser als Zanken und Klagen", fordert eine Inschrift am Landgericht Halle. Sie geht auf ein altes Sprichwort zurück, dessen Botschaft höchst modern ist. Seit zwanzig Jahren fördern die Europäische Union, die Bundesregierung und der Gesetzgeber einvernehmliche Konfliktlösungsmodelle in und außerhalb der Justiz: durch Gütetermine, Mediation und die Aufforderung, jederzeit eine gütliche Einigung anzustreben. Impuls für alle Gesetze war ursprünglich, die Ziviljustiz zu entlasten. In den letzten Jahren ist der Schlichtungsgedanke als gleichrangiges Motiv des Gesetzgebers hinzugetreten: „Eine gütliche

Einigung zwischen den Parteien in einem möglichst frühen Prozessstadium ist die effizienteste und zugleich bürgerfreundlichste Form der Erledigung eines Rechtsstreits."[121]

Die Schlüsselfragen: Wie hat sich der Paradigmenwechsel „schlichten statt richten" im Alltag der Ziviljustiz ausgewirkt? Dienen Richter noch in erster Linie den Grundwerten Wahrheit und Gerechtigkeit, auf die sie ihren Eid ablegen, oder orientieren sie sich primär an einem anderen Grundwert, dem Rechtsfrieden? Und: Hat sich die Rechtsprechungskultur in Amts- und Landgerichten durch den Paradigmenwechsel geändert?

Alle Richter sind überzeugt, dass sie ihr Pensum ohne Vergleiche nicht bewältigen könnten. „Wenn man keine Vergleiche schafft, geht man unter", weiß Norbert Vossler, Vorsitzender einer Zivilkammer am Landgericht Berlin. Im Vordergrund steht bei Vergleichen bei allen Richtern der Entlastungseffekt. Aber die meisten Richter sind inzwischen zu der Einsicht gelangt, dass Vergleiche Konflikte häufig auch besser entschärfen als Urteile. Für Hans Michael Borgas, Präsident des Amtsgerichts Berlin-Charlottenburg, ist zum Beispiel in Mietsachen der „Vergleich der bessere Weg als ein Urteil". Sein Nürnberger Kollege Peter Dycke kann eine Serie von Vorteilen aufzählen, die Vergleiche mit sich bringen: Sie haben eine „befriedende Wirkung, weil sie den Bedürfnissen der Parteien eher gerecht werden als Urteile". Bei Vergleichen kann ich „Umstände berücksichtigen, die ich bei reiner Rechtsanwendung nicht beachten" darf. Manchmal kommen Fälle auf meinen Tisch, die „nicht justitiabel" und nur durch Vergleiche zu lösen sind. Ein weiterer willkommener Nebeneffekt von Vergleichen ist, dass die Akten zugeklappt und höhere Instanzen durch das Verfahren nicht mehr belastet werden.

Die meisten Richter machen aus Arbeitsvermeidungs- und Selbsterhaltungsgründen kein Hehl daraus, dass sie zunächst immer einen Vergleich anstreben – auch weil der Gesetzgeber es so gewollt hat. Schon in der Fortbildung lernen sie, dass ein „magerer Vergleich besser ist als ein feistes Urteil". Die Gabe, Rechtsstreitigkeiten zu schlichten, ist unter Robenträgern allerdings recht unterschiedlich verteilt. Einige bringen kaum Kompromisse zustande, andere gelten als „Vergleichskönige". Der Schweriner Amtsrichterin Annette Linhart ist es im ersten Quartal 2014 gelungen, kein einziges Urteil zu schreiben. Stephanie Zöllner, Vorsitzende Richterin am Hamburger Landgericht, hatte von Januar bis April 2014 erst zwei Urteile verfasst. Hohe Vergleichsquoten fallen jedoch nicht vom Himmel, sondern müssen in der Regel durch intensive Vorbereitung hart erarbeitet werden. Karsten Bremer, Beisitzer beim Landgericht Wuppertal, warnt deshalb davor, die Zeitersparnis bei Vergleichen überzubewerten: „Ehe ich zwei Stunden ohne Ergebnis mit einem Anwalt rede, entscheide ich lieber." Die Vergleichsquoten der Richter bewegen sich, je nach Rechtsgebiet und Vermittlungsgeschick, zwischen 10 und 70 Prozent.

Rechtsanwälte begegnen richterlichen Vergleichsbemühungen grundsätzlich aufgeschlossen. Sie bekommen schnelle Entscheidungen und die Vergleichsgebühren sind lukrativ. Etliche Anwälte haben aber auch unangenehme Erfahrungen bei Vergleichsgesprächen mit Richtern gesammelt, Auswüchse und Grenzüberschreitungen. Der Berliner Rechtsanwältin Beate Harms-Ziegler stößt auf, wenn Richter ihr Vergleiche ohne Aktenkenntnis anbieten oder Vergleichsgespräche forcieren, obwohl sie einer Seite deutlich gesagt haben, dass sie keine Chance haben. „Unfair" fand der Hamburger Anwalt Karsten Koch einen Richter, der den Sachverhalt nicht kannte und trotzdem auf einen Vergleich drang. Er wollte ihn zu einer Mithaftung von 30 Prozent überreden, später hat Koch den Prozess dann zu 100 Prozent gewonnen. Der Berliner Anwalt Christof Elßner spießt einen anderen Punkt auf. Er findet es „unwürdig, wenn zu stark auf einen Vergleich gedrungen, zu einem Vergleich gleichsam geprügelt wird". Das hat er häufiger erlebt, wenn Richter unsicher sind und nicht wissen, wie sie entscheiden sollen. Beliebte Druckmittel in solchen Situationen sind dann weit entfernt liegende Termine. Im November 2013 hat ihm mal ein Richter offen gesagt: „Wenn sie keinen Vergleich schließen, wird es einen neuen Termin Ende 2014 geben."

Richter orientieren sich bei ihren Vergleichsbemühungen am Grundwert Rechtsfrieden. Das war in den Hintergrundgesprächen Anlass für die Frage, welche Grundwerte den Gerichtsalltag von Zivilrichtern dominieren. Das überraschende Ergebnis: Rund 90 Prozent haben sich nicht für Wahrheit oder Gerechtigkeit, sondern für den Rechtsfrieden entschieden. Warum?

Auf die größte Skepsis stößt unter Amts- und Landrichtern der Grundwert Wahrheit. Der Grund: Im Zivilrecht sind für die Ermittlung der Wahrheit in erster Linie die Parteien zuständig (Beibringungsgrundsatz). Für den Vorsitzenden am Nürnberger Landgericht Dycke erlaubt die „Parteimaxime im Zivilrecht nicht, die Wahrheit um jeden Preis zu ermitteln". Hinzu kommt die Erfahrung aller Richter, dass vor Gericht viel gelogen oder ein objektiver Sachverhalt unabsichtlich falsch oder gar nicht wahrgenommen wird. Solchen „unzuverlässigen Zeugen" begegnen Richter vor allem in Verkehrszivilsachen. Der Hamburger Kammervorsitzende Jan Becker ist manchmal sogar „nach Beweisaufnahmen nicht viel schlauer als vorher." Außerdem haben die Parteien sehr unterschiedliche Vorstellungen von der Wahrheit, insbesondere im Familienrecht. Das ernüchternde Fazit des Wuppertaler Kammervorsitzenden Helmut Leithäuser: „Die Wahrheit kriegen wir nicht raus. Sie rauszufinden ist eine Utopie." Im Bewusstsein, dass man sich der Wahrheit im Zivilrecht bestenfalls annähern kann, hat dieser Grundwert bei der Rechtsfindung in Zivilgerichten einen eher geringen Stellenwert.

Probleme hat eine Vielzahl von Richtern auch mit dem Grundwert Gerechtigkeit. Für die Hamburger Kammervorsitzende Geffers ist Gerechtigkeit ein „schwieriger Begriff". „Was ist das?", fragt die Nürnberger Familienrichterin Annelie Grave: „In den Familien gibt es dazu sehr unterschiedliche Vorstellungen." Nach Ansicht des Wuppertaler Kammervorsitzenden Leithäuser ist Gerechtigkeit ein

„subjektives Gefühl, zu subjektiv, um sich daran ausrichten zu können". In Urteilen wird der Begriff der Gerechtigkeit (und Komposita) selten bis kaum benutzt. Das Bundesverfassungsgericht spricht in 8,6 Prozent seiner Entscheidungen von „Gerechtigkeit", die Zivilsenate des Bundesgerichtshofes in 1,7 Prozent, die Land- und Amtsgerichte in weniger als einem Prozent der Entscheidungen.[122] Trotz geringer Praxisrelevanz und grundsätzlicher Bedenken will eine Reihe von Richtern an den Grundwerten Wahrheit und Gerechtigkeit festhalten, als Basis für Vergleiche oder, wie Torsten Fock meint, weil „alle Werte untrennbar miteinander verbunden sind". Nur noch eine kleine Minderheit hält die Fahne der Gerechtigkeit hoch. Der Hamburg Richter am Landgericht Becker: „Die Gerechtigkeit schwebt über allem. Das ist mein Ziel."

Bei der großen Mehrheit der Richter dominiert der Rechtsfrieden als Handlungsmaxime. In den Augen des Nürnberger Kammervorsitzenden Dycke macht der „Rechtsfrieden den Kern des Justizgewähranspruches aus", der am „besten durch Vergleiche zu erreichen ist". Im Mittelpunkt des Zivilprozesses steht bei den meisten Richtern nicht mehr die Streitentscheidung, sondern die Konfliktlösung. Zwei Stimmen: Die Kasseler Amtsrichterin Berkenkopf will „Konflikte lösen"; die Nürnberger Familienrichterin Grave begreift sich als „Vermittlerin".

Dieser Einstellungswandel der Richterschaft spiegelt sich in der Erledigungsstatistik der Ziviljustiz wider. Zwar war die Urteilsquote bei den Amtsgerichten 2014 nach der Berliner Tabelle mit knapp 26 Prozent deutlich höher als die Vergleichsquote mit 15 Prozent. Aber schon bei den Landgerichten lagen Urteils- und Vergleichsquote gleichauf: 26,5 bzw. 26,4 Prozent. Das Bild ändert sich jedoch dramatisch, wenn man neben den Vergleichen alle Verfahren einbezieht, die mit einer konkludenten Einigung endeten: Klagerücknahme, Verzicht, Anerkenntnis, Versäumnisurteil. Aus diesem Blickwinkel wurden bei Amtsgerichten 48 Prozent ohne Streit abgeschlossen, bei Landgerichten sogar 54 Prozent.

Diese Zahlen sind nur durch eine neue Rechtsprechungskultur und eine neue Streitkultur der Parteien zu erklären: **Konsens statt Konflikt.** Sie wird von der gemeinsamen Grundüberzeugung geprägt, dass einvernehmliche Konfliktlösungen streitigen vorzuziehen sind.[123]

Das Arbeitsverständnis von Beamten: Was Richter unter harter Arbeit verstehen

Wer in der Suchmaschine Google die Stichworte Justiz und Überlastung eingibt, findet rund 68.900 Einträge. Nach dem Roland Rechtsreport 2014 meinen 73 Prozent der Bürger, dass die Gerichte überlastet sind.[124] Selbst in Fachkreisen wird der Begriff der „Überlastung" unkritisch übernommen. Der Rechtsanwalt Wulf Goette bemängelt die „beklagenswerte Überlastung der ordentlichen Justiz", und für die Strafverteidigervereinigung hat die „Überlastung" der Justiz „Fehlerquellen" vermehrt.[125] Die Erfahrungen von Anwälten, jahrzehntelanges Lamentieren und intensive Lobbyarbeit der Richtervereinigungen haben anscheinend ihre Wirkung nicht verfehlt. Die Überlastung der Justiz ist für viele eine Tatsache, die nicht mehr hinterfragt wird. In der Politik wird hingegen bezweifelt, ob Richter und Staatsanwälte tatsächlich überlastet sind. Insbesondere Finanzminister verweisen darauf, dass die Zahl der Verfahren in den meisten Gerichtsbarkeiten zurückgegangen ist – und zwar stärker als die Zahl der abgebauten Stellen. Nach Berechnungen des Statistischen Bundesamtes waren in der ordentlichen Gerichtsbarkeit 2010 drei Prozent weniger Richter und Staatsanwälte beschäftigt als 2.000. Im gleichen Zeitraum sind aber die Neuzugänge bei Zivil- und Strafgerichten um sieben Prozent zurückgegangen.[126] Allein aufgrund dieser Zahlen stehen Richterschaft und Berufsverbände unter einem starken Rechtfertigungsdruck für ihre Überlastungsklagen. Der Justizminister von Nordrhein-Westfalen Thomas Kutschaty verweist zudem darauf, dass der Justiz nur widerfahren ist, was „in allen Bereichen der Gesellschaft" passiert ist: „eine Arbeitsverdichtung."[127]

Die Probleme, die Wahrheit in diesem Streit zu ergründen, beginnen beim Begriff der Überlastung. Was bedeutet er – neben der Botschaft, dass die anfallende Arbeit in der geschuldeten Zeit angeblich nicht zu leisten ist? Und was ist der Maßstab für eine Überlastung? Die Zahl der Arbeitsstunden, die Zahl der eingehenden Verfahren, ihre Komplexität, Nebenaufgaben, zu viel Arbeit im Vergleich zu dem nach Pebb§y berechneten Personalbedarf? Schließlich enthält der Begriff der Überlastung auch eine subjektive Komponente. Arbeitsverständnis, Arbeitskraft und Arbeitsgeschwindigkeit sind individuelle Eigenschaften und Fähigkeiten.

Nach den Erfahrungen von Jürgen Kipp, ehemaliger Präsident des Oberverwaltungsgerichts Berlin-Brandenburg, sind die „Unterschiede in der Leistungsbereitschaft und -fähigkeit in der Richterschaft dramatisch": „Richter A erledigt sechs Mal so viel wie Richter B." Die frühere Richterin am Bundesverfassungsgericht Renate Jaeger und der Leitende Oberstaatsanwalt Andreas Behm am Kriminalgericht Moabit schätzen, dass der Leistungsstärkste vier Mal so viel schafft wie der Schwächste. Dasselbe Arbeitsvolumen kann daher der eine Richter als normal, der anderer als Überlastung empfinden.

Ein weiterer Faktor ist das Arbeitsverständnis. Wann arbeiten Richter und Staatsanwälte so hart, dass sich ein Gefühl der Überlastung einstellt? Ex-Präsident Kipp hat Zweifel, ob Richter im Vergleich zu anderen Berufen durchweg hart arbeiten: „Viele Richter beginnen ihren Arbeitstag um 9.30 Uhr, beenden ihn nach der Mittagspause und Kaffeerunden um 17 Uhr, nehmen für den Abend oder das Wochenende eine Akte zur Lektüre mit nach Hause und sind am Ende der Woche überzeugt, mit diesem Pensum hart gearbeitet zu haben." In einem Selbstversuch hatte er herausgefunden, dass er über Jahre offenbar nicht mehr als acht Stunden netto gearbeitet hat. Auch dem ehemaligen Präsidenten des Bundesverwaltungsgerichts Eckart Hien ist das etwas merkwürdige Arbeitsverständnis mancher Kollegen aufgefallen: „Ich habe doch gelegentlich das Gefühl, für manche Kollegen bedeutet es bereits ‚harte Arbeit', wenn sie von sagen wir 9 bis 17 Uhr täglich tatsächlich arbeiten. Ich darf erinnern: Das ist normal und ohnehin geschuldet; harte Arbeit fängt frühestens dann erst an." [128] Diesen Eindruck bestätigt Regina Schlosser, Vorsitzende einer Kleinen Wirtschaftsstrafkammer in Berlin: „Viele Kollegen am Landgericht, die vorher als Anwalt gearbeitet haben, lachen sich kaputt: 50 Stunden, das ist Erholung pur."

Wer zu schnell arbeitet, läuft Gefahr, sich bei Kollegen unbeliebt zu machen. Als die Frankfurter Rechtsanwältin Barbara Reinhard noch Richterin am Arbeitsgericht Düsseldorf war, bemerkte ein Kollege: „Barbara, mach mal langsam. Du machst den Schnitt kaputt. Wir wollen doch neue Stellen haben."

Zum Arbeitsverständnis gehört auch, dass sich die Arbeitsleistung aufgrund des Arbeitsanfalls ändern kann – und zwar bei der Richterschaft als Kollektiv. Jeder Richter weiß, dass wachsende Bestände mehr Arbeit nach sich ziehen. Deshalb sind sie in der Lage, die Ärmel aufzukrempeln, wenn die Zahl der neuen Verfahren steigt. Und sie lehnen sich wieder zurück, wenn die Zahl zurückgeht. Die Justizstatistik offenbart einen direkten Zusammenhang zwischen Belastung und Erledigungen. Steigen die Eingänge, erhöht sich die Zahl der Abschlüsse, sinkt die Zahl der neuen Verfahren, verringert sich die Zahl der abgeschlossenen Vorgänge entsprechend.[129] 2001 gingen bei den Landgerichten in erster Instanz 179 Sachen pro Richter ein und 179 Sachen wurden erledigt. Die Neuzugänge stiegen bis 2004 auf einen Spitzenwert von 197 Verfahren pro Richter. In dieser Phase erledigten die Richter bis zu 193 Verfahren jährlich. Mit sinkenden Neuzugängen nahmen die Erledigungen wieder kontinuierlich ab – bis auf 167 Verfahren im Jahr 2012. Das bedeutet zweierlei: Einerseits verhalten sich Richter gegenüber der Rechtsgemeinschaft verantwortungsvoll, wenn sie den steigenden Geschäftsanfall mit vermehrter Arbeit auffangen. Andererseits zeigen die Zahlen, dass die Richter einen Zeitpuffer haben, in dem sie mal mehr, mal weniger Arbeit erledigen. Eine Tatsache, die der Behauptung dauerhafter Überlastung widerspricht.

Bei der Frage nach der objektiven Belastung liegt es nahe, zunächst das Personalberechnungssystem Pebb§y als Maßstab zu nehmen und auf seine Aussagekraft abzuklopfen. Es wurde 2001 eingeführt und 2014 aktualisiert, um den **durchschnittlichen Personalbedarf** von Gerichten zu berechnen. Es sagt damit zunächst nichts über die **Belastung** eines Richters oder Staatsanwalts aus. Umstritten ist, ob es wenigstens ein Indiz für die Arbeitslast ist. Die Antworten fallen, je nach Interessenlage, unterschiedlich aus. Für Praktiker wie den Berliner Landgerichtspräsidenten Bernhard Pickel geben die Zahlen das „Bild von der Arbeitslast nur unvollkommen wider". Stadtstaaten wie Berlin oder Hamburg wenden das Messsystem gar nicht an. Täten sie es, hätten einige Gerichte nach Pebb§y zu viele Justizjuristen. Hohe Wertschätzung genießt das Personalberechnungssystem dagegen beim Deutschen Richterbund, weil mit ihm Forderungen nach mehr Personal zu begründen sind. Ende 2015 kommt der Richterbund zu dem Ergebnis, dass in Deutschland rund 2.000 Stellen für Richter und Staatsanwälte fehlen. Träfe diese Behauptung zu, wäre dies ein Indiz dafür, dass die Justiz stärker als normal belastet ist.

In den ausgewählten Ländern ist die Belastung der ordentlichen Gerichtsbarkeit sehr unterschiedlich. Das bayerische Staatsministerium der Justiz gibt zu, dass die Belastung in der Judikative „sehr hoch" ist und der Personalbestand auf „Kante genäht" ist. Ende 2014 lag dort die durchschnittliche Belastungsquote von Richtern bei 1,10 und von Staatsanwälten bei 1,21. Angemessen wäre 1,0.[130] In Nordrhein-Westfalen räumt das Justizministerium eine „nicht unerhebliche Belastung" der Justiz ein. 2014 erkennt es nach Pebb§y-Berechnungen einen Fehlbestand von 213 Planstellen für Richter und 72 Planstellen für Staatsanwälte in der ordentlichen Justiz an. Die Belastungsquote lag nach dem Ministerium bei den Richtern um fünf Prozent, bei den Staatsanwälten um knapp sieben Prozent über dem Soll. Um diesen Fehlbestand zu verringern, hat die Landesregierung ab 2013 begonnen, den Personalbestand wieder in kleinen Schritten zu erhöhen, im Frühjahr 2016 sogar mit einem Riesenschritt von 200 neuen Stellen. In Mecklenburg-Vorpommern stimmen Justizministerium und Richterbund überein, dass die Belastung nach Pebb§y „normal" ist. In Berlin spielen die Bedarfsberechnungen nur eine Nebenrolle. Die Justizverwaltung geht bei der Stellenplanung von einem rechnerischen Defizit von 1,8 Prozent, der Richterbund von fünf Prozent aus. In Hamburg orientieren sich Justizbehörde und Richterverein nicht an Pebb§y, sondern an den Beständen unerledigter Verfahren und Verfahrenslaufzeiten.

Zwischenergebnis: Würde man die mit Pebb§y ermittelten Fehlbestände und Belastungsquoten als **Indizien für eine Mehrbelastung** anerkennen, lassen sie in Bayern, Nordrhein-Westfalen und Berlin bestenfalls den Schluss zu, dass Gerichte und Staatsanwaltschaften dort stärker als normal belastet sind. Mit einer Ausnahme kommen alle Berechnungen zu dem Ergebnis, dass Fehlbestände und Belastungsquoten die zehn-Prozent-Marke nicht überschreiten. Bei 40- bis 42-Stunden-Wochen führen zehn Prozent Mehrarbeit zu gut 44 Arbeitsstunden in der Woche. Dies Arbeitsvolumen kann man schwerlich als Überlastung bezeichnen. Lediglich der NRW-Richterbund hat bei den Staatsanwälten an Rhein und Ruhr eine Belastungsquote von knapp 20 Prozent errechnet. Eine zweifelsohne grenzwertige Mehrbelastung.

Besonders grämt die Mehrzahl der Richter in allen Gerichtszweigen und Staatsanwälte, dass sie während dieser Mehrarbeitszeit Zusatzaufgaben erledigen müssen, die vor zwanzig Jahren noch Geschäftsstellen, Protokollführer und Wachmeister erledigt haben. Denn im nicht-richterlichen Bereich hat der Rotstift heftiger gewütet als im richterlichen Bereich.

Richter und Staatsanwälte sollen beispielsweise Urteile, Beschlüsse und Verfügungen selbst schreiben. Eine Schlüsselfunktion übernehmen dabei Software-Programme, die die Arbeit der Geschäftsstellen entlasten sollen. Die erhofften Spareffekte sind jedoch ausgeblieben.[131] Die Arbeit wird nur verlagert – und zwar auf die

Schreibtische von Richtern und Staatsanwälten. Die Geschäftsstellen drucken nur noch aus, was Justizjuristen vorher geschrieben haben. Die Vorsitzende Richterin am Hamburger Landgericht Terborg braucht für eine Terminverfügung heute die doppelte Zeit wie früher. Der Direktor des Amtsgerichts Hamburg-Wandsbek Focken ärgert sich, dass seine Kollegen und er inzwischen fast alles selbst machen müssen, obwohl es noch Geschäftsstellen gibt: „Wir faxen und kopieren, wenn es eilig ist. Wir schreiben die Urteile selbst, mit zwei Fingern oder mit zehn. Wir holen die Post selbst ab und telefonieren mit Anwaltssekretärinnen, um Termine abzustimmen." Ist es „wirklich sinnvoll", fragt Focken, dass „Rechtsanwender viel Zeit mit dem Tippen von Zeugenanschriften verbringen statt mit der Entscheidungsfindung"? Er ist überzeugt, dass die „Qualität" der Rechtsfindung „leidet, weil wir uns mit organisatorischem Kram herumärgern müssen". Bei diesen Tätigkeiten fühlen sich Richter ein weiteres Mal als Opfer der Sparpolitik.

In der Ziviljustiz müssen Richter in einigen Bundesländern Protokoll führen und Akten transportieren. Einige finden das nicht schlimm, andere erdulden es klaglos. Zum Beispiel der Nürnberger Richter Dycke. Wenn seine Protokollführerin um 17 Uhr Dienstschluss hat und die Verhandlung andauert, führt er selbst Protokoll. Der Vorsitzende Richter am Hamburger Landgericht Karsten Nevermann hält es dagegen für einen „schweren Fehler", dass Protokollführer abgeschafft wurden, weil darunter die Konzentration in der Verhandlungsführung leidet und Protokollführer viele Abläufe vereinfachen, insbesondere bei umfangreichen Beweisaufnahmen und langen Vergleichstexten. Andere richterfremde Zusatzaufgaben treffen Justizjuristen in ihrem Selbstwertgefühl. Die Kasseler Amtsrichterin Berkenkopf ist der Auffassung, dass „Aktentransport nicht meine Aufgabe ist". Den Hamburger Landrichter Martin Tonner stören die „mitleidigen Blicke von Anwälten", wenn er seine Akten in das Verhandlungszimmer schleppen muss. Der Berliner Oberstaatsanwalt Ralph Knispel weigert sich, Akten zu transportieren: „Ich bin nicht als Wachtmeister angestellt". Und immer wieder ist der Satz zu hören, dass Richter und Staatsanwälte die am besten bezahlten Tippkräfte der Nation sind. Deshalb will der Hamburger Amtsrichter Johann Krieten auch „weiter diktieren": „Ich werde als Schreibkraft zu gut bezahlt." Ein Aufschrei der Empörung löste Ende 2014 die Ankündigung der hessischen Landesverwaltung aus, dass Richter und Staatsanwälte landesweit ihren Büromüll mit Ausnahme des Papiers selbst entsorgen müssen. Zu diesem Zwecke sollen sie nach der Reinigungsrichtlinie Mülltüten aus der Materialverwaltung abholen und den Müll persönlich zu den Sammelstellen bringen. Der Richterbund Hessen protestierte gegen diese „Geringschätzung", durch die die Stimmung weiter verschlechtert werde: „Wie soll man hochqualifizierte Juristinnen und Juristen … gewinnen, wenn sie ihre Büroeimer selbst leeren müssen?"[132]

Der in der Politik beliebteste, verständlichste und am leichtesten messbare Belastungsfaktor in der Ziviljustiz sind die Neuzugänge von Verfahren. Und die sind in allen ausgewählten Ländern bei Amtsgerichten wie Landgerichten zwischen 2005 und 2013 bzw. 2014 erheblich gesunken: in einem Korridor zwischen 13 und 35 Prozent.

Aufschlussreich ist, dass mit Ausnahme von Mecklenburg-Vorpommern keine Justizverwaltung auf den massiven Rückgang von neuen Verfahren mit einem erheblichen Abbau von Stellen reagiert hat.[133] In Hamburg, Nordrhein-Westfalen und Bayern haben die Landesregierungen bei Zivil- und Strafgerichten zwischen 2005 bzw. 2006 und 2014 weniger als ein Prozent der Richterstellen gestrichen. In Berlin ist die Zahl der Stellen trotz der erheblichen Einbuße von Verfahren um sechs Prozent gestiegen. Allein in Mecklenburg-Vorpommern spiegelt sich die Zahl sinkender Verfahren in einem erheblichen Abbau von Richterstellen wider: minus neun Prozent. Der in der Öffentlichkeit entstandene Eindruck, die Justiz sei Opfer erheblicher Sparmaßnahmen geworden, ist zumindest für die ordentliche Gerichtsbarkeit in vier der ausgewählten Länder eine Legende. Justiz- und Finanzminister haben auf andere Weise auf den Rückgang reagiert: Sie haben sich informell darauf geeinigt, den nach Pebb§y berechneten Personalbedarf in den Bundesländern nur zu 80 bis 90 Prozent zu erfüllen.

In der Wahrnehmung der Amts- und Landrichter haben sich die sinkenden Verfahrenszahlen in ihrem Arbeitsalltag nicht ausgewirkt. Im Gegenteil. An einigen Gerichten steigen die Bestände wieder und die Verfahren dauern länger. Am Hamburger Amtsgericht etwa ist die Dauer der Verfahren in den letzten zehn Jahren um 16 Prozent gestiegen, von 4,3 Monate auf fünf Monate. Krass auch der Anstieg der Verfahrenslaufzeiten in Bayern. Bei Verfahrensrückgängen von 18 Prozent (Amtsgerichte) bzw. 16 Prozent (Landgerichte) ist die durchschnittliche Verfahrensdauer zwischen 2005 und 2014 bei den Amtsgerichten um sieben Prozent, bei den Landgerichten um 23 Prozent geklettert. Die Erklärung der Richterschaft: die Verfahren sind komplizierter und umfangreicher geworden. „Einfache Verfahren gibt es bei Landgerichten nicht mehr", stellt der Berliner Kammervorsitzende Jünemann lapidar fest. In einer Umfrage der Neuen Richtervereinigung in Hessen machen drei von vier Befragten die „Komplexität und den Umfang der Verfahren" für den erhöhten Arbeitsanfall verantwortlich.[134]

Der Begriff der Komplexität ist ins Zentrum der Belastungsdiskussion gerückt. Er hat nur einen Nachteil: Er ist zu „schillernd und amorph" (Marc Tully, Vorsitzender des Hamburger Richterbundes), um Politik und Rechtsgemeinschaft nachhaltig zu beindrucken. Unklar ist zum Beispiel, ob die Verfahren in allen Gerichtsbarkeiten komplexer geworden sind und welchen Arbeitsaufwand das Mehr an Komplexität auslöst. Richterschaft und Berufsverbänden ist es bisher nicht gelungen, das Phänomen über Schlagwort-Niveau hinaus zu erklären. Deshalb wittern viele Politiker hinter der Komplexitätsthese nur einen neuen Vorwand, um Forderungen nach neuen Stellen und Entlastung zu unterfüttern. Die Justiz erlebe nur, was die meisten Arbeitnehmer in ihren Arbeitswelten erfahren, dass sie nämlich stressiger und unübersichtlicher geworden sind. Trotzdem sind einige Bundesländer bereit, Veränderungen in der Komplexität der Verfahren als

Beurteilungsfaktor für die Belastungssituation zu berücksichtigen. Das Bayerische Staatsministerium der Justiz hat einen Forschungsauftrag mit dem Ziel vergeben, Veränderungen in der Komplexität der Verfahren in den letzten zehn Jahren zu untersuchen. Die Hamburger Gerichtspräsidenten und der Generalstaatsanwalt haben Justizsenator Till Steffen und dem Rechtsausschuss der Bürgerschaft dargelegt, wo und warum Verfahren in ihren jeweiligen Gerichtsbarkeiten diffiziler und umfangreicher geworden sind. Auf ihre Berichte wird hier für die Ziviljustiz und im Folgenden für die Staatsanwaltschaft und die anderen Gerichtsbarkeiten teilweise Bezug genommen.[135]

Es gibt eine Reihe von Indikatoren, die in allen Gerichtszweigen für eine höhere Komplexität sprechen: Berücksichtigung europarechtlicher Fragen, zunehmende Ausdifferenzierung des Rechts, spezialisierte Vertretung von Parteien und ein erhöhter Lese-, Bearbeitungs- und Bewertungsaufwand durch längere Schriftsätze.

Durch juristische Datenbanken und die copy & paste-Technik sind anwaltliche Schriftsätze nur noch selten drei oder fünf Seiten, sondern häufig 15, 20 oder 50 oder in einem Fall sogar 300 Seiten lang. Ein Hamburger Richter berichtete der Landgerichtspräsidentin Sibylle Umlauf in einer E-Mail über eine Klageeinreichung „per Möbelwagen". Die Klageschrift bestand aus drei Aktenordnern. Als Anlagen beigefügt waren 20 Umzugskartons mit jeweils sechs Aktenordnern, eine Klage also mit insgesamt 123 Aktenordnern. Der Vorsitzende einer Kammer für Handelssachen beim Hamburger Landgericht Nevermann freut sich, „wenn ein Anwalt auf einen Schriftsatz von 160 Seiten nur mit einem 50-Seiten-Schriftsatz entgegnet". In aktienrechtlichen ‚squeeze out-Verfahren' sitzt er manchmal Wochen an einem Fall. Zu solchen Prozessen kommt es, wenn Minderheitsaktionäre eine höhere Abfindung begehren, nachdem der Hauptaktionär zum Beispiel 95 Prozent des Aktienkapitals übernommen und die verbliebenen Anteilseigner gegen eine Abfindung ausgeschlossen hat. Das Gericht hat dann zu überprüfen, ob die Abfindung angemessen ist. Zu diesem Zweck muss es die Bewertung des Unternehmens nachvollziehen und sehen, ob der Wert der Aktien richtig bestimmt ist. Der Hauptaktionär versucht in solchen Situationen häufig, den Wert von Unternehmen mit Tricks und Manipulationen herunterzurechnen.

Vor den Gerichten treten heute häufig Fachanwälte aus spezialisierten Kanzleien auf, die bundesweit und ausschließlich im Bau-, Arzthaftungs-, Energie- und Versicherungsrecht und bei Unternehmenskäufen tätig sind.[136] Hinzu kommt, dass sich die wissenschaftlichen Erkenntnismöglichkeiten vervielfacht haben. Oft entscheiden heute Gutachter Prozesse. Zum Beispiel streiten zwei Parteien seit zehn Jahren vor dem Landgericht Magdeburg über die Frage, ob der bei einer Materialprüfung eines ICE-Rades im Ultraschallverfahren entstandene Schaden in Höhe von 300.000 Euro auf einen Software- oder einen Bedienungsfehler zurückzuführen ist. Arzthaftungsprozesse verwandeln sich manchmal in Material- und Gutachterschlachten mit PowerPoint-Präsentationen im Gerichtssaal. Ein besonderer Problembereich sind Banken- und Kapitalanlageprozesse im Kielwasser der

Finanzkrise. Beim Hamburger Landgericht geht es in 27 Prozent der Verfahren um notleidende Anlagen und Investitionen. Die Vorsitzende Richterin am Landgericht Terborg hatte einmal eine sieben Meter lange Excel-Tabelle zu analysieren, um die Behauptung des Klägers zu überprüfen, die Bank habe mit ihrem Geld Optionsgeschäfte ohne Rücksprache mit den Anlegern gemacht. Werden Beratungsfehler gerügt, muss Richterin Geffers gelegentlich stundenlang Beweise über Beratungsgespräche von Anlegern mit Bankern und Beratern erheben, die fünf bis zehn Jahre zurückliegen. Bei Anlageprospekten, manchmal zwischen 160 bis 180 Seiten stark, muss sie hin und wieder 5 bis 20 gerügte Prospektfehler überprüfen. Dafür muss sie in die wirtschaftlichen Zusammenhänge von Immobilien- und Schiffsfonds einsteigen und Prognosen über Entwicklungen auf dem Immobilien- oder Chartermarkt nachvollziehen.

Zu einer Mehrbelastung von Amts- und Landgerichten haben ferner Reformen des Zivilprozessrechts und ihre Auslegung durch das Bundesverfassungsgericht und den Bundesgerichtshof beigetragen.[137] Sie haben die Rechte der Parteien erheblich gestärkt. Durch richterliche Hinweispflichten nach § 139 ZPO und die Einführung von obligatorischen Güteverhandlungen haben sich die Verfahren verlängert, weil Richter immer auf einen schlüssigen Sachvortrag hinzuwirken und die Möglichkeiten einer gütlichen Einigung auszuloten haben. Durch den Gebrauch bzw. Missbrauch der Gehörsrüge nach § 321a ZPO in Bagatellverfahren sehen sich Richter häufiger gezwungen, zu terminieren und längere Urteile bei Zulassung einer Berufung zu schreiben.

Unter dem Dachbegriff „Komplexität" fallen also verschiedene Veränderungen in der Verfahrenswirklichkeit, allgemeine für alle Gerichtsbarkeiten und spezifische für jeden einzelnen Gerichtszweig. In der Ziviljustiz ist Fakt, dass schwierigere und umfangreichere Verfahren die Arbeitslast der Richter in den letzten Jahren erhöht haben. Diese Feststellung lässt allerdings wieder eine Frage unbeantwortet: Wie wirken sich gestiegene Komplexität und Umfang auf die Arbeitszeit aus? Muss der Richter zwei, fünf oder zehn Stunden mehr arbeiten, um sie in den Griff zu bekommen?

Um die Auswirkungen der gegenläufigen Entwicklungen – Verfahrensrückgänge und Komplexitätssteigerungen – zu ergründen, wurden Richter und Staatsanwälte in den Hintergrundgesprächen einmal gefragt, wie viele Stunden sie am Tag, am Abend oder am Wochenende arbeiten. Offen musste dabei die Differenz zwischen Netto- und Bruttoarbeitszeit bleiben. Kaffeerunden und das gemeinsame Mittagessen sind für die Mehrheit der Richter unverzichtbare Kontaktbörsen, um Fälle zu besprechen und die Einsamkeit ihres Berufes zu kompensieren. Diese geselligen Runden kosten die Mehrheit der Richter 45 bis 60 Minuten täglich. In einer zweiten Frage wurden sie gebeten, ihre Belastung selbst einzuschätzen. Sie konnten zwischen den Kategorien normal, stark, sehr stark und überlastet wählen.

Nach der Berliner Tabelle 2014 hatten die Amtsrichter in den ausgewählten Bundesländern einen sehr unterschiedlichen Arbeitsanfall zu bewältigen: den geringsten in Mecklenburg-Vorpommern mit 558 Verfahren, den größten in Nordrhein-Westfalen mit 614 Verfahren. Der Arbeitsanfall in den anderen drei Bundesländern lag zwischen den Extremen.

45 Prozent der Amtsrichter bezeichneten ihre Belastung als „normal" und in 40 Stunden zu erledigen. Sie führten das auf Routine oder zügiges Arbeiten zurück. 37 Prozent brauchten 45 bis 50 Stunden wöchentlich, ein einziger arbeitete auch regelmäßig am Wochenende. Diese Robenträger stuften ihre Belastung als „sehr stark" ein. Für den Hamburger Amtsgerichtspräsidenten Hans-Dietrich Rzadtki ist das Amtsgericht der „Maschinenraum der Justiz" mit einer „sehr starken Belastung" und der „Tendenz zur Überlastung". Überraschend ist, dass in allen ausgewählten Bundesländern nur 18 Prozent der Richter angaben, „überlastet" zu sein. Es waren Richterinnen, die halbe bzw. dreiviertel- Stellen hatten. Sie fühlten sich überlastet, weil sie statt vier sechs bzw. statt sechs acht Stunden täglich tätig waren, um ihr Pensum zu schaffen, und dafür ihre Freizeit opfern mussten.

Auch die Richter an den Landgerichten hatten nach der Berliner Tabelle 2014 sehr unterschiedliche Arbeitslasten zu stemmen: zwischen rund 124 Verfahren in Mecklenburg-Vorpommern und knapp 178 Verfahren in Bayern. Bei ihnen bezeichnete nur ein kleine Minderheit (13 Prozent) ihre Arbeitslast als „normal". 60 Prozent empfanden sich als „sehr stark belastet", 13 Prozent zwischen „sehr stark" und „überlastet" und weitere 13 Prozent als „überlastet". Diese unterschiedlichen Wahrnehmungen spiegelten sich nicht in den Arbeitszeiten wider. Alle Richter arbeiteten zwischen neun und zehn Stunden pro Tag. Etwa die Hälfte schaute auch noch am Wochenende in die Akten, während sich die andere Hälfte das Wochenende freihalten konnte. Die Wochenarbeitszeit pendelte bei allen Richtern zwischen 45 und 50 Stunden.

Wenn man in der akademischen Arbeitswelt von Überlastung spricht, werden in erster Linie Assoziationen an 60-Stunden-Wochen von Anwälten in Großkanzleien, Managern, Journalisten oder Ärzten geweckt. Richter und Staatsanwälte haben ein ganz anderes Arbeitsverständnis. In punkto Belastung denken sie wie Beamte. Ihre Messlatte ist die 40- bis 42-Stunden-Woche. Und das dürfen sie auch. Ein Richter hat nach einer Entscheidung des Bundesverfassungsgerichts die für „Beamte" … „in vergleichbarer Position" … „geltende regelmäßige wöchentliche Arbeitszeit" zu leisten[138] Deshalb spricht der Personalratsvorsitzende der Hamburger Staatsanwaltschaft in einem Protestbrief an die politisch Verantwortlichen der Stadt bei einer Arbeitszeit zwischen 46 und 50 Stunden auch von einer „massiven Überbeanspruchung" der Ermittler und von „Arbeitszeitverstößen", die „nur noch als Ausbeutung im übelsten kapitalistischen Sinne verstanden werden können.[139]" Formal hat er recht. Aber außerhalb der Justiz, vor allem in der Politik, stößt auf blankes Unverständnis, von einer Überlastung zu sprechen, wenn man zwischen acht und zehn Stunden am Tag arbeitet. Das tun selbst die meisten Richter und

Staatsanwälte nicht. Insofern ist die Behauptung von der Überlastung eine Mär. Bei einer Belastung von 45 bis 50 Stunden wöchentlich kann man bestenfalls von einer starken oder sehr starken Belastung sprechen.

Wie andere Akademiker sollten auch Richter aufgrund der Höhe ihrer Besoldung und ihrer sozialen Stellung bereit sein, ein wenig mehr zu arbeiten als eine Stechuhr-Mentalität von ihnen verlangen würde. Vier bis fünf Stunden Mehrarbeit sollten auf das **Konto freiwilliger akademischer Überlast** gehen. Die Politik sollte andererseits anerkennen, dass es einem Berufsstand nicht auf Dauer zuzumuten ist, zwischen fünf bis zehn Stunden mehr zu arbeiten, als er rechtlich verpflichtet ist.

Resümee: An den Landgerichten ist die Arbeitslast höher als an den Amtsgerichten. Beide Instanzen sind aber nach allen Indikatoren nicht überlastet. Die Mehrheit der Richter arbeitet mehr, als sie rechtlich muss – teils in zumutbarem, teilweise in unzumutbarem Maße.

Folgen der Belastung: Qualitäts-, Wahrheits- und Gerechtigkeitsverluste

Nach dem Sonderbericht des Roland Rechtsreports 2014 sehen 90 Prozent der Richter und Staatsanwälte die Qualität der Rechtsprechung in Gefahr, wenn das Personal der Justiz nicht spürbar verbessert wird. „Noch überdurchschnittlich gut läuft die Justiz", sagt der Präsident des Oberlandesgerichts Frankfurt Roman Poseck: „Wir bewegen uns aber in einem Grenzbereich. Wir sorgen uns im Hinblick auf die Zukunft." Solche Einschätzungen und Umfragen sind wohlfeil. Sie tun nicht weh, weil sie das Eingeständnis vermeiden, dass die Qualität der Rechtsprechung bereits unter der Belastung leidet. Der Nachteil: Das Beschwören von Gefahren beeindruckt Politiker wenig, weil sie in der Regel erst handeln, wenn es wirklich brennt, wenn zum Beispiel Oberlandesgerichte Untersuchungsgefangene wegen überlanger Haft entlassen.

Fasst man die Antworten der Richter auf die Frage zusammen, ob die Qualität ihrer Arbeit unter der Belastung bereits gelitten hat, sagen rund 80 Prozent sagen, dass es Qualitätsverluste durch Erledigungsdruck nicht gibt. Über die Ehrlichkeit dieser Aussagen kann man nur spekulieren. Ein dunkleres Bild der Qualität zeichnen, wenigstens in Teilbereichen, Rechtsanwälte.

In einem Punkt stimmen Richter und Anwälte in drei Ländern – Berlin, Hamburg und Bayern – überein: Die **juristische Qualität** der Justizjuristen hat sich in den letzten Jahren sogar verbessert. Wegen der Attraktivität der Standorte ist es den Justizverwaltungen hier gelungen, Juristen mit Noten zwischen „vollbefriedigend" und „sehr gut" zu gewinnen. Damit ist aber noch lange nicht gesagt, wie viele Kompromisse auch Spitzenjuristen im täglichen Aktenbewältigungskampf schließen müssen. Der Grat zwischen gründlichem und schnellem Recht ist schmal. Dass sich die Waage in den letzten Jahren zur schnellen Erledigung neigt, deutet eine Befragung der Neuen Richtervereinigung in Hessen an. Bei ihr gaben 52 Prozent der Befragten an, dass sie nicht mehr die Qualität gewährleisten, die sie für notwendig erachten.[140] Die Mehrarbeit könnten sie nur schaffen, indem sie das Aktenstudium einschränken und weder Kommentare und noch Rechtsprechung nutzen. Dass solche Qualitätsverluste bereits eingetreten sind, haben einige couragierte Richterinnen und Richter offen zugegeben. Für die Kasseler Amtsrichterin Berkenkopf „beeinträchtigt der Erledigungsdruck die Tiefe der Bearbeitung". Bei der Lösung der Fälle zieht sie nur noch den Standardkommentar Palandt und Rechtsprechungsdateien zu Rate. Zeit, Urteile sorgfältig Korrektur zu lesen, findet sie nicht, sodass der eine oder andere Tippfehler bleibt. „Dass die Qualität erstinstanzlicher Entscheidungen sinkt", registriert auch der Berliner Landrichter Jünemann: „Die Belastung hat ein bisschen Auswirkung auf die Qualität. Man schreibt Urteile runter." Am Oberlandesgericht Bremen registrieren Richter, dass die „Qualität erstinstanzlicher Entscheidungen nachlässt. Die Begründungstiefe nimmt ab. Einige Entscheidungen sind nicht durchdacht, andere sogar falsch".

Das Urteil der Anwaltschaft über die Qualität der Ziviljustiz ist geteilt. Die eine Hälfte erkennt keine Schwächen und ist mit den Gerichten zufrieden. Die andere Hälfte erlebt Qualitätseinbußen in mehreren Bereichen: bei der Vorbereitung von Hauptverhandlungen, bei Gerichten in Flächenländern, beim Abfassen von Urteilen und bei der Sorgfalt.

„Richter, die ihre Akten nicht gelesen haben, kennt jeder", fasst der Berliner Anwalt Niko Härting seine Erfahrungen zusammen. Der Kölner Baurechtsspezialist Vogelheim findet, dass „50 bis 60 Prozent der Richter beim Landgericht beim ersten Termin schlecht vorbereitet sind, während sie beim Oberlandesgericht immer gut präpariert sind". Der Unmut der Anwälte zielt vor allem auf die Landgerichte in erster Instanz. Der Hamburger Rechtsanwalt Sven Krüger beobachtet einen „zu großen Zeitdruck, um dicke Bretter zu bohren". Nach den Erfahrungen des Berliner Anwalts Christof Elßner funktioniert die „erste Instanz bei komplexen Sachverhalten enttäuschend": „Richtern fehlt häufig der Wille, sich inhaltlich auseinanderzusetzen. Sie verstecken sich gern hinter Gutachtern. Die Qualität hat in der ersten Instanz abgenommen." Für seinen Kollegen Axel Kath lässt auch die Qualität bei den Amtsgerichten nach, „sichtbar vor allem in oberflächlichen Urteilen". Dass „in mittleren und größeren Anwaltskanzleien oft gründlicher gearbeitet wird als an Amtsgerichten", berichten unabhängig voneinander die beiden Hamburger Justizaussteiger Felix Sparka und Markus Eichhorst. Beide hatten ihren Anwaltsjob zugunsten der Justiz aufgegeben und sind dann in den Rechtsanwaltsberuf zurückgekehrt. Markus Eichhorst hat gewurmt, dass Kollegen zur Arbeitserleichterung Klagen als unschlüssig abgeschmettert haben, obwohl sie ihnen mit rechtlichen Hinweisen, zu denen sie nach § 139 ZPO verpflichtet sind, unter Umständen hätten zum Erfolg verhelfen können.

Konsens ist unter Anwälten, dass es zwischen Zivilgerichten in Großstädten und Flächenländern ein Qualitätsgefälle gibt. Ein Stein des Anstoßes ist die fehlende Spezialisierung von Richtern in Flächenländern. Der Hamburger Rechtsanwalt Jost Kienzle hat in den Landgerichten in Stade und Lübeck Richter eine „erschreckende Unkenntnis und Unwilligkeit erlebt, sich mit der Sache auseinanderzusetzen".

Zu erheblichen Qualitäts- wie Gerechtigkeitseinbußen kommt es ferner bei überlangen Gerichtsverfahren. Als eine ihrer Hauptursachen hat eine empirische Studie der OLG Präsidenten eine unzureichende Verfahrensförderung durch Gerichte identifiziert. Die kann verschiedene Wurzeln haben. Eine Ursache ist, dass hoher Belastungs- und Erledigungsdruck Richter dazu verleiten, Alt- und Umfangsverfahren zugunsten von hohen Erledigungszahlen zurückzustellen. Der Feststellung, dass schwierige Verfahren zugunsten höherer Erledigungszahlen nachrangig behandelt werden, stimmen 53 Prozent der Richter eher oder ganz zu.[141] Der Hamburger Anwalt Jens Biederer ist beim Landgericht Lübeck einmal Opfer einer menschlich verständlichen, rechtsstaatlich aber fatalen Auswirkung der Erledigungsstatistik geworden. Er hat eine Verzögerungsrüge erhoben, nachdem eine von ihm erhobene Klage wegen Bauschäden fünf Jahre nicht gefördert worden war. Sein Pech: Sie war in einem Dezernat zu verhandeln, das jedes Jahr mit einem Berufsanfänger neu besetzt wurde. Biederer: „Sie haben Bauverfahren liegen lassen, um die Statistik nicht zu versauen." Dieses richterliche Verhalten mindert die Qualität komplexer Zivilprozesse, weil es sie verlängert. Und es verletzt die Gerechtigkeit, weil es Rechtsuchende mit schwierigen Rechtsfragen gegenüber jenen mit rechtlich einfachen Klagen benachteiligt.

Unter dem Erledigungsdruck leidet häufig die Prüfungstiefe. Die Kasseler Amtsrichterin Berkenkopf ringt jeden Tag um die „Balance zwischen Tiefe der Arbeit und den Zwängen der Dezernatsarbeit", wie etwa bei einem Versäumnisurteil: „Die Klage ist weitgehend schlüssig, aber nicht ganz. Winke ich die Klage durch und erlasse ich ein Versäumnisurteil, oder mache ich, was richtig wäre, einen rechtlichen Hinweis, dass die Klage zum Teil nicht schlüssig ist mit der Folge eines neuen Termins." Der Jenaer OLG Präsident Stefan Kaufmann begegnet hin und wieder Verfahren, bei denen sich ein Richter für eine rechtliche Lösung entscheidet, bei der eine aufwendige Beweisaufnahme mit vielen Zeugen „vermieden werden kann".

Damit spricht Kaufmann ein Tabu in den Zivilgerichten an: den Umgang mit der Wahrheitssuche. Die Fakten für einen Prozess beizubringen, ist im Zivilprozess in erster Linie Aufgabe der Anwälte. Beweisaufnahmen kosten Zeit. Deshalb sind Richter leicht versucht, sie zu vermeiden. „Nur wenn ich **Urteile und Beweisaufnahmen** vermeide", gibt ein Nürnberger Richter zu, „komme ich über die Runden." Diese Haltung von Landrichtern in der ersten Instanz fällt bei einigen Oberlandesgerichten auf. Karen Buse, Präsidentin des Oberlandesgerichts Bremen, registriert, dass „wir viele Beweisaufnahmen machen, die eigentlich das Landgericht hätte machen müssen. Sie meinen, ohne Beweisaufnahmen auszukommen." Von Kollegen aus Zivilsenaten beim OLG Hamburg hat Tully, Vorsitzender eines Strafsenats, ebenfalls Klagen über „defizitäre Tatsachenfeststellung" gehört. Seit der ZPO-Reform 2002 beobachten sie einen kleinen Kreis von Richtern am Landgericht, die „geschickt vermeiden, Beweisaufnahmen vorzunehmen – aus Not oder aus Faulheit". Darin sieht Tully einen „Verlust an „materieller Wahrheit". Während die Senate vor der ZPO-Reform Verfahren an das Landgericht ohne weiteres zurückverwiesen haben, können sie das heute nicht mehr und müssen deshalb vermehrt selbst Beweise erheben. Ähnliche Defizite gibt es in Bayern. Das Oberlandesgericht München wirft beispielsweise dem Landgericht Traunstein in einem Erbstreit vor, der Frage der „Erbunwürdigkeit" … „in höchst unvollständiger Weise und unter Missachtung einer Fülle von Beklagtenvorbringen nicht in gebotener Weise" nachgegangen zu sein: „Es sind Beweisangebote erfolgt, denen das Landgericht nicht nachgegangen ist."[142] Beim Oberlandesgericht Celle ist ein Trend, Beweisaufnahmen zu vermeiden, hingegen bisher nicht aufgefallen.

Die Justizstatistik 2014 bestätigt diesen Eindruck bei den Landgerichten. In bundesweit nur noch durchschnittlich 12,1 Prozent aller erstinstanzlichen Verfahren haben die Gerichte Beweise erhoben.[143] In den Ländern ist das Engagement bei der Wahrheitssuche höchst unterschiedlich ausgeprägt. Am stärksten ist es im Saarland (20,3 Prozent), am schwächsten in Berlin (6,3 Prozent) und in Mecklenburg-Vorpommern (4,9 Prozent). In einigen Ländern haben sich die Zivilgerichte anscheinend weitgehend von der Wahrheitssuche mit Beweisaufnahmen verabschiedet.

Auch bei der Frage nach den Belastungsfolgen für die Wahrheitssuche ist die Advokatur gespalten. Rund die Hälfte der Interviewten übt keine Kritik an fehlenden Beweisaufnahmen. Die andere Hälfte hat negative Erfahrungen gesammelt. Zum Beispiel der Hamburger Rechtsanwalt Krüger: „Die Wahrheitssuche ist gelegentlich aufgrund knapper Ressourcen eingeschränkt." Sein Kollege Jürgen Schmidt meint: „Wenn es zwei Wege gibt, versuchen die Gerichte die Beweisaufnahme zu vermeiden." Diesen Trend macht auch die Hamburger Anwältin Perker aus, insbesondere an Familiengerichten: „Beweise werden kaum noch erhoben, keine Zeugenvernehmungen, keine Inaugenscheinnahme des Gerichts. Das war früher anders. Da gab es noch Familienrichter, die sich zum Teil regelmäßig in den Haushalt eines oder beider Elternteile begaben, um sich mit eigenen Augen ein Bild von der Lebenssituation und der Art des Umgangs mit den Kindern zu machen. Stattdessen verlassen sich Familienrichter heute auf sogenannte „familienpsychologische Gutachten, die vielfach unwissenschaftlich und schlecht sind, weil verbindliche Standards fehlen".

Unter Richtern wie Anwälten dominiert der Eindruck, dass der weitreichende Ersatz von Kammerentscheidungen durch Einzelrichter der Qualität geschadet hat. Für den Wuppertaler Landrichter Torsten Vock ist klar, dass der „Einzelrichter auf Kosten der Qualität geht". Sein Kollege Helmut Leithäuser fragt, „wo der Qualitätsunterschied zwischen Amtsgericht und Landgericht bleibt"? Zahlreiche Anwälte sehen vor allem junge Richter überfordert, die die gesamte Breite des Zivilrechts abdecken müssen, Nach Ansicht des Hamburger Rechtsanwalts Krüger „fehlen die Erfahrung und die Korrekturmöglichkeiten in einem Kollegialgericht".

Die Verantwortung für diese Qualitäts- und Gerechtigkeitsverluste durch den verbreiteten Einsatz von Einzelrichtern liegt natürlich in erster Linie beim Gesetzgeber. Er wollte Geld und Personal sparen. Wie diese Option in der Praxis genutzt wird, hängt hingegen von Entscheidungen einzelner Richter und Kammern ab. Bundesweit haben nach der Berliner Tabelle 2014 Einzelrichter knapp 77 Prozent aller landgerichtlichen Verfahren in erster Instanz (§ 348 Abs. 1 Satz 1 ZPO) erledigt. Die Sparpolitik hat also dazu geführt, dass das Kammerprinzip weitgehend abgeschafft wurde. Dass es regional riesige Unterschiede gibt, liegt jedoch in der Verantwortung der Justiz.[144] Die Streuung zwischen den Bundesländern beträgt über 20 Prozentpunkte. Am seltensten entscheiden Einzelrichter in Nordrhein-Westfalen (59,5 Prozent), am häufigsten in allen neuen Bundesländern. Hier pendelt der Anteil der Einzelrichterentscheidungen um die 89 Prozent. Geht man davon aus, dass Entscheidungen von Kammern in der Regel eine höhere Qualität haben als die von Einzelrichtern, ist ein durch Sparpolitik verursachtes Qualitätsgefälle unter den Ländern entstanden. Strukturell haben Rechtsuchende bei Klagen vor einem Landgericht in NRW eine um 33 Prozent höhere Chance auf eine Kammerentscheidung als in Mecklenburg-Vorpommern mit rund 93 Prozent Einzelrichterentscheidungen.

Die massivsten Gerechtigkeitseinbußen sind durch die Schaffung und uneinheitliche Anwendung des § 522 Abs. 2 ZPO entstanden. Er eröffnet Berufungsgerichten die Möglichkeit, substanzlose Berufungen ohne mündliche Verhandlung durch einstimmigen Beschluss der Kammer bzw. des Senats unanfechtbar zurückzuweisen. In der 2011 reformierten Form soll das zulässig sein, wenn die Berufung „offensichtlich keine Aussicht auf Erfolg" hat, keine „mündliche Verhandlung" geboten ist, die Rechtssache „keine grundsätzliche Bedeutung" hat und die „Fortbildung des Rechts oder die Sicherung einer einheitlichen Rechtsprechung eine Entscheidung des Berufungsgerichts" nicht erfordert.

Die erleichterte Zurückweisung verfolgte vernünftige Ziele: dem Missbrauch substanzloser Berufungen zu begegnen, durch schnelle Rechtskraft Rechtsfrieden herzustellen und die Ziviljustiz zu entlasten. Die Schattenseite: Auch nach der Reform wird die Vorschrift in Regionen, aber auch bei einzelnen Gerichten sehr uneinheitlich angewandt. Dadurch werden die Zugangschancen zu Rechtsmitteln ungerecht verteilt. Für den Hamburger Rechtsanwalt Krüger „leidet" die „Einzelfallgerechtigkeit" hier unter zwei Aspekten. Einmal durch das „Gesetz, das diese Möglichkeit eröffnet". Vor allem aber durch einen „inflationären Gebrauch einer Ausnahmevorschrift durch manche Gerichte". In einer Evaluation des § 522 Abs. 2 ZPO neuer Fassung kommt Reinhard Greger zu dem Schluss, dass die Vorschrift so „uneinheitlich" angewendet wird wie vor der Reform.[145] Die Justizstatistik zeigt für 2014 bei den Landgerichten eine Streuung zwischen 6,2 Prozent und 20,8 Prozent dieser Verfahrenserledigungen, bei den Oberlandesgerichten zwischen 5,7 Prozent und 21,6 Prozent. Ein Vergleich mit den Zahlen von 2006 zeigt, dass die Spannbreite von damals rund 15 Prozentpunkten nur geringfügig geschrumpft ist.

Höchst aufschlussreich ist eine Analyse der wenigen erfolgreichen Nichtzulassungsbeschwerden gegen Beschwerden bzw. Urteile – nach Greger drei bzw. zwölf Prozent.[146] Das Bundesverfassungsgericht hob Beschlüsse unter anderem wegen „unvertretbarer Rechtsanwendung", „Verletzung des Rechts auf effektiven Rechtsschutz", „fehlender Rechtsprechungskenntnis" und „Verletzung des rechtlichen Gehörs" durch Übergehen des Parteivortrages auf.[147] Aus ähnlichen Gründen hat der Bundesgerichtshof Beschlüsse und Urteile aufgehoben. Bei ihnen ging es im Kern zumeist um eine Verletzung des rechtlichen Gehörs: Richter haben das Vorbringen als nicht substantiiert angesehen oder sich mit dem Vortrag des Berufungsklägers nicht inhaltlich auseinandergesetzt, Beweisangebote oder -anträge zu Unrecht zurückgewiesen oder unzureichende Gutachten verwertet.[148] Alle Entscheidungen lassen eine gemeinsame Tendenz erkennen: Entweder haben die Richter die Rechtsfragen nicht gründlich bearbeitet oder den Sachverhalt nicht hinreichend aufgeklärt. Offensichtlich haben sich die Richter in diesen Fällen die Arbeit leichter gemacht als es § 522 Abs. 2 ZPO eigentlich zulässt. Alle vom Bundesverfassungsgericht und Bundesgerichtshof gerügten Fehlentscheidungen der ersten Instanz offenbaren typische Entlastungsstrategien von Richtern mit einer „Weg-vom-Tisch-Haltung". In einer die Justizstatistik ergänzenden Umfrage in Bayern kritisierten 70 Prozent der Anwälte „signifikante Unterschiede" in der Anwendung der Vorschrift, und zwar „ausnahmslos in dem Sinn, dass manche Gerichte zu viel Gebrauch von der Vorschrift machen".[149] 40 Prozent bemängeln, dass schriftlich durch Beschluss entschieden wird, statt mündlich zu verhandeln. 38 Prozent berichten von gesetzeswidrigen Zurückweisungen.

Auch wenn es nirgendwo ausgesprochen wird, deuten die Kritik der Anwaltschaft sowie die Rechtsprechung des Bundesverfassungsgerichts und des Bundesgerichtshofes darauf hin, dass hinter der extensiven, teilweise exzessiven Auslegung des § 522 Abs. 2 ZPO das Bemühen der Richter steht, die Arbeit auf möglichst einfachem und schnellem Wege zu bewältigen. Dabei kommt die Qualität der Rechtsprechung ebenso unter die Räder wie die Wahrheitssuche und das Streben nach Gerechtigkeit.

Zusammenfassung: Es gibt keine Indizien dafür, dass es in der Zivilgerichtsbarkeit **flächendeckend** zu Qualitäts-, Wahrheits- und Gerechtigkeitseinbußen durch hohe Belastung kommt – ausgenommen das Qualitätsmerkmal Dauer von Verfahren. Es gibt aber genug Anzeichen dafür, dass die Qualität der Rechtsfindung und die richterlichen Grundwerte Wahrheit und Gerechtigkeit bei Amts- und Landgerichten in einigen Problemzonen in erheblichem Maße gelitten haben.

Wirkungslos: das Gesetz gegen überlange Gerichtsverfahren

Als der Richter am Landgericht Wuppertal Karsten Bremer beim Oberlandesgericht Düsseldorf zur Erprobung war, hatte er eine Berufungsakte zu bearbeiten, die er nicht vergessen wird. An ihr hatten im Laufe der Jahre sechs Richter gearbeitet. In der Regel hatten sie eine mündliche Verhandlung durchgeführt und einen Vergleichsvorschlag unterbreitet. Dann wurden die Berichterstatter nach mehr oder minder langer Zeit wieder versetzt, so dass sich neue Richter wieder einarbeiten mussten. Zwischen den Zeilen las er, dass das Verfahren nie dauerhaft optimal gefördert worden war. Auf seinen Schreibtisch war das Verfahren schließlich gekommen, weil ein Richter der Vorinstanz ein sogenanntes „Notwehrurteil" geschrieben hatte, wie es im Jargon heißt. Ein Richter entscheidet, damit das Verfahren in die nächste Instanz kommt. Der häufige Richterwechsel hatte vor allem zwei Ursachen: der „personelle Notstand" (Karsten Bremer) und der hohe Frauenanteil in der ordentlichen Gerichtsbarkeit in Nordrhein-Westfalen. Am Landgericht Wuppertal ist die Personaldecke so dünn, dass nicht alle Kammern mit drei Richtern besetzt werden können. Das führt zu „dauernder Flickschusterei". Hinzu kommt, dass einige Richterwechsel durch Frauen ausgelöst wurden, die wegen Schwangerschaft, Mutterschutz oder Elternzeit vorübergehend ausgesetzt hatten. Nach der empirischen Untersuchung der OLG Präsidenten sind häufige Richterwechsel eine Wurzel für langdauernde Zivilverfahren – neben der Erledigungsart, unzureichender Verfahrensförderung durch das Gericht und dem Sachverständigenbeweis.[150]

Die Untersuchung war auch eine Reaktion auf die massive Kritik des Bundesverfassungsgerichts und vor allem des Europäischen Gerichtshofes für Menschenrechte an der überlangen Dauer von Gerichtsverfahren in der Bundesrepublik. Zwischen 1959 und 2012 hat der Europäische Gerichtshof Deutschland in insgesamt 102 Fällen wegen überlanger Verfahrensdauer nach Art. 6 Abs. 1 EMRK verurteilt.[151] 2010 hat der Europäische Gerichtshof entschieden, dass die überlange Dauer von Zivilverfahren in Deutschland „systemischen Charakter" hat, und das Land aufgefordert, binnen Jahresfrist wirksame Rechtsbehelfe gegen diesen Missstand zu schaffen.[152] Am 3. Dezember 2011 ist das geforderte Gesetz über den Rechtsschutz bei überlangen Gerichtsverfahren und strafrechtlichen Ermittlungsverfahren in Kraft getreten (ÜGRG). Das Gesetz sollte zweierlei bewirken. Es sollte Verfahren präventiv im Einzelfall wie generell beschleunigen. Und es sollte Rechtsuchenden die Möglichkeit eröffnen, bei überlangen Verfahren Entschädigung für immaterielle und/oder materielle Nachteile zu verlangen.[153] Mit zwei Instrumenten wollte der Gesetzgeber diese Ziele erreichen: mit einer „Verzögerungsrüge", die nach sechs Monaten erhoben werden kann. Sie soll eine „Warnfunktion" haben und gleichzeitig Zulässigkeitsvoraussetzung für eine Entschädigungsklage sein, dem zweiten Instrument. Im Oktober 2014 hat die Bundesregierung, wie gesetzlich vorgeschrieben, einen ersten Erfahrungsbericht über die Anwendungspraxis des Gesetzes in den ersten beiden Jahren vorgelegt. Er entpuppte sich in mehrfacher Hinsicht als Offenbarungseid. Ob das Gesetz eine präventive und damit beschleunigende Wirkung gehabt habe, könne man weder im Einzelfall noch allgemein sagen.[154] Dazu wäre erforderlich gewesen, in jedem Einzelfall zu prüfen, welchen Verlauf das Verfahren ohne die Instrumente des neuen Gesetzes genommen hätte. Und für eine Aussage über die „präventive generelle Beschleunigung" des Gesetzes sei der Beurteilungszeitraum von zwei Jahren noch zu kurz. Der Evaluierungsbericht der Bundesregierung kann also zur Frage, ob das Gesetz gegen überlange Verfahren seine Hauptziele erreicht hat, nichts sagen.

Es hätte nahe gelegen, die durchschnittliche Verfahrensdauer vor und nach dem Inkrafttreten des Gesetzes als Indikator für seine Wirkung heranzuziehen. Ein solcher Vergleich hätte allerdings eine schlechte Botschaft gebracht: Bei den Amtsgerichten ist die durchschnittliche Verfahrensdauer zwischen 2011 und 2013 trotz rückläufiger Fallzahlen konstant geblieben, bei den Verfahren mit streitigem Urteil sogar von 7 auf 7,3 Monate gestiegen.[155] Bei den Landgerichten fällt die Bilanz noch düsterer aus: Hier hat sich die durchschnittliche Verfahrensdauer im selben Zeitraum ebenfalls trotz niedrigerer Eingänge von 8,2 auf 8,7 Monate erhöht, die mit streitigem Urteil sogar von 13,4 auf 14,2 Monate.[156] Das nüchterne Fazit des ehemaligen BGH-Richters Reinhard Greger: Das Gesetz gegen überlange Verfahren hat in der Ziviljustiz seinen „Zweck verfehlt".[157] Da Rechtsprechung in angemessener Zeit ein Qualitätsmerkmal ist, hat sich die Qualität der Zivilgerichtsbarkeit also in den letzten Jahren trotz des neuen Gesetzes kontinuierlich verschlechtert.

Trotz dieser deprimierenden Bilanz freuen sich Bundesregierung und Deutscher Richterbund gemeinsam, dass die „befürchtete Klagewelle zulasten der Gerichte ausgeblieben ist".[158] Daraus allerdings den Schluss zu ziehen, wie die Bundesregierung es tut, dass die „Problematik unangemessener Verfahrensdauer in der deutschen Justiz quantitativ keinen großen Umfang hat", ist voreilig und irreführend.[159] Ebenso unhaltbar ist die Behauptung, dass unangemessen lange Verfahren „aufs Ganze gesehen"... „Einzelfälle" sind.[160]

Zu dieser Einschätzung kann man nur gelangen, wenn man die Begriffe „langdauernd" bzw. „unangemessen lang" großzügig zugunsten der Justiz definiert. Allerdings ist auch hier das Meinungsspektrum breit gefächert. Für den Vorsitzenden Richter am Landgericht Berlin Jünemann ist jedes Verfahren lang, „das länger als ein Jahr dauert". Nach Ansicht der Hamburger Vorsitzenden Dorothee Haerendel, deren Kammer unter anderem für Arzthaftungsprozesse zuständig ist, sind nach einem Jahr beendete Verfahren „schnelle Verfahren". Bei ihr dauern, so schätzt sie, Verfahren im Durchschnitt zwischen einem und zwei Jahren und länger. Für Calliess sind alle Verfahren „langdauernd", die nach zwei Jahren nicht abgeschlossen sind. 2014 waren das bundesweit 7,7 Prozent. Geht man davon aus, dass diese Verfahren vornehmlich mit streitigen Urteilen enden, wäre diese Zeitgrenze bei 25.756 Verfahren überschritten worden. Das bedeutet, dass 29 Prozent aller erstinstanzlichen Urteile von Landgerichten erst nach zwei Jahren abgeschlossen wären.[161] Das ist die graue Prozesswirklichkeit, die Richter, Rechtsanwälte und Parteien tagtäglich erleben.

Fast alle Rechtsanwälte halten die Dauer der Verfahren in der Ziviljustiz für zu lang. Im Brennpunkt der Kritik stehen Familiengerichte mit Prozessen über das Sorgerecht, Umgangsrecht, Unterhaltsrecht und Versorgungsausgleich und Landgerichte mit Bausachen, Arzthaftungsklagen und Verkehrszivilsachen. Rechtsanwalt Walter Junker: „Der größte Missstand ist die lange Verfahrensdauer in Teilbereichen." Der frühere Staatssekretär im Bundesjustizministerium und heutige Vorstand der Alexandra-Lang-Stiftung für Patientenrechte Hansjörg Geiger hält den Umgang der Zivilgerichte mit Arzthaftungsklagen für „katastrophal", wenn sich die Verfahren über viele Jahre hinziehen: „Das ist für die Betroffenen unerträglich, weil sie sich ständig mit ihrem Gesundheitsschicksal beschäftigen müssen." Von diesen „besonders belasteten Klägern" geben nach seiner Erfahrung viele auf, wenn sich keine Problemlösung abzeichnet – aus finanziellen und psychischen Gründen. Wenn eine Kammer zum Beispiel im Februar 2014 bedauernd mitteilt, dass sie den „nächsten Termin wegen der starken Belastung in das Jahr 2015 legen muss".

Unstreitig ist, dass Anwälte ein gerüttelt Maß Mitschuld an langen Verfahren haben – durch Anträge auf Fristverlängerung und Terminverlegung, späte Zuständigkeitsrügen und vorsätzliche Prozessverschleppung im Interesse ihrer Mandanten. Gegenüber der Wuppertaler Vorsitzenden Richterin Ute Laukamp hat ein Anwalt einmal offen bekannt: „Ich kann jeden Bauprozess kaputtschreiben. Die Sache soll nicht entschieden werden." Und das tut er dann auch.

Die Hauptverantwortung für die überlange Dauer von Verfahren liegt jedoch bei der Ziviljustiz. Sie ist darüber selbst nicht glücklich, hat aber wenig bis nichts getan, um diese Fehlentwicklung aufzuhalten. Die Richterschaft sieht hier in erster Linie die Politik im Obligo – wegen der unzureichenden personellen Ausstattung und des komplizierten Prozessrechts, das Mehrarbeit produziert.[162]

Die Hauptursachen für Verfahrensverzögerungen sind in den Augen von Richtern wie Rechtsanwälten Sachverständige und häufige Richterwechsel, die es in dieser Form früher nicht gegeben hat. In einem jahrelangen Bauprozess hatte es die Berliner Anwältin Harms-Ziegler am Ende mit sechs verschiedenen Richtern zu tun. Für die Hamburger Anwältin Perker sind die „häufig vorkommenden Richterwechsel verheerend, weil die Verfahren nicht entschieden werden und jeder neue Richter wieder von vorn anfängt". Nachteilig wirken sich Richterwechsel auch auf die Akzeptanz der Justiz aus. Vielen Anwälten und Parteien ist es wiederholt passiert, dass neue Richter andere Rechtsauffassungen vertreten oder Beweisaufnahmen anders bewerten als ihre Vorgänger. Das irritiert vor allem die Parteien und schadet dem Rechtsfrieden.

Trotz des verbreiteten Frustes über lange Verfahren haben Anwälte die Verzögerungsrüge als Instrument zur Verfahrensbeschleunigung bisher kaum genutzt.

90 Prozent der interviewten Advokaten hatten bisher keine Verzögerungsrügen erhoben. Warum diese Zurückhaltung? Rechtsvertreter erdulden die lange Prozessdauer, weil sie sich daran gewöhnt haben, sie als unveränderlich und gottgegeben hinzunehmen. Ebenso wichtig ist, dass sie Konflikte mit Richtern scheuen, weil sie negative Auswirkungen auf den Ausgang der Verfahren fürchten. Ihr Motto: Bitten hilft mehr als rügen. Der Senftenberger Anwalt Mirko Schubert: „Man schießt sich ins Knie." Sein Nürnberger Kollege Klaus Otto will „keinen Richter in die Pfanne hauen. Bitten um frühe Verhandlung, mehr nicht".

Der Umgang der Richter mit Verzögerungsrügen differiert erheblich. Einige ziehen das gerügte Verfahren vor, weil sie die Berechtigung der Rüge einsehen oder eine Entschädigungsklage vermeiden wollen, die dem Ruf schaden würde. Die Hamburger Landrichterin Haerendel zum Beispiel hat drei gerügte Verfahren direkt erledigt, weil sie die gelben Karten für legitim gehalten hat. Andere ignorieren Verzögerungsrügen und ändern ihre Prioritäten bei der Bearbeitung der Akten nicht. Die einzige Rüge, die der Anwalt Hans Jürgen Ermisch erhoben hat, ist seiner Ansicht nach beim Landgericht Rostock „verpufft": „Keine schnellere Erledigung". Der Hamburger Anwalt Friedemann Schleicher meint, dass eine Verzögerungsrüge ihm in einem Fall sogar geschadet hat. Danach hat er weder vom Richter noch von der Geschäftsstelle Auskünfte über den Stand des Verfahrens bekommen.

Niemand weiß, wie verbreitet Verzögerungsrügen wegen langer Verfahrensdauer in der Zivilgerichtsbarkeit sind. Der Erfahrungsbericht der Bundesregierung nennt für die ersten beiden Jahre nach Inkrafttreten des Gesetzes 1.361 Rügen. Diese Zahl hat fast keine Aussagekraft, weil sie auf einer unzureichenden Basis fußt: auf Statistiken, Umfragen und Schätzungen.[163] Der Grund: 2012 hat sich der Justizstatistikausschuss des Bundes und der Länder gegen die statistische Erfassung von Verzögerungsrügen ausgesprochen. Die meisten Bundesländer, unter ihnen Nordrhein-Westfalen und Mecklenburg-Vorpommern, haben daraufhin die statistische Erfassung sofort eingestellt. Wie wertvoll diese Zahlen für Gerichtsverwaltungen, Justizministerien und die Rechtsgemeinschaft hätten sein können, zeigt die 2012 noch geführte Statistik in Mecklenburg-Vorpommern. Hier hatten sich Verzögerungsrügen bei den Landgerichten Stralsund (61 Rügen) und Rostock (45 Rügen) geballt, zwei Gerichte, die anscheinend überdurchschnittlich langsam arbeiten und in der Anwaltschaft einen schlechten Ruf genießen. Vermutlich war es gerade diese Transparenz, die einige Gerichte schlecht aussehen ließ, die Verantwortliche bewogen hat, die statistische Erfassung der Rügen zu beenden.

Auf jeden Fall war es der erste empfindliche Schlag gegen die Wirksamkeit des Gesetzes gegen überlange Verfahren. Die Befreiung von der Pflicht, über den Gebrauch der Verzögerungsrüge zu berichten, haben die meisten Gerichtspräsidenten nämlich als Freibrief verstanden, auf ihre Meldung an die Gerichtsverwaltung zu verzichten – häufig auf Bitten oder Druck der Richterschaft, die in der Meldung von Verzögerungsrügen einen Eingriff in die richterliche Unabhängigkeit sieht.¹⁶⁴ Sich an diesem „heißen Eisen" (Günter Huther, Präsident des Landgerichts Darmstadt) nicht die Finger zu verbrennen, war diesen Chefs offenbar wichtiger als eine effektive Dienstaufsicht. Diese umfasst nach § 28 Abs. 2 DRiG nämlich auch die Pflicht, Richter „zur ordnungsgemäßen, unverzögerten Erledigung der Amtsgeschäfte zu ermahnen". Kontinuierliche Berichte über Verzögerungsrügen sind dafür eigentlich eine unverzichtbare Voraussetzung. In diesem Sinne versteht anscheinend die hessische Justizverwaltung das Gesetz gegen überlange Gerichtsverfahren. Hier müssen weiterhin alle Verzögerungsrügen über das Oberlandesgericht Frankfurt an das Justizministerium gemeldet werden. Diese Berichtsleiter nutzt der Darmstädter Präsident Huther, um sich in Einzelfällen sogar Akten anzuschauen. Damit will er den gerügten Richtern entweder helfen oder, im Ausnahmefall, prüfen, ob dienstrechtliche Maßnahmen erforderlich sind. Damit handelt er im Geiste des Gesetzes gegen überlange Gerichtsverfahren.

Nach dem Erfahrungsbericht der Bundesregierung münden nur neun Prozent der gerügten Verfahren in der Zivljustiz in Entschädigungsklagen für immaterielle oder materielle Nachteile.¹⁶⁵ Diese Zurückhaltung gegenüber Klagen hat mindestens vier Ursachen.

Die Prozessparteien haben, erstens, kein Interesse, nach einem unerfreulich langen Prozessverlauf noch einmal Arbeit, Zeit und Geld zu investieren, um die erlittene Unbill auszugleichen.¹⁶⁶

Entschädigungsverfahren sind, zweitens, für Anwälte wegen des geringen Streitwertes und des hohen Arbeitsaufwandes unwirtschaftlich.

Drittens ist die Rechtsprechung der Oberlandesgerichte, des Bundesgerichtshofes und des Bundesverfassungsgerichts bei der Auslegung des Gesetzes gegen überlange Gerichtsverfahren so restriktiv, dass Kläger nur in krassen Ausnahmefällen Entschädigungschancen haben. Nach der Rechtsprechung des Bundesgerichtshofes muss die Verfahrensdauer für eine Entschädigung eine „Grenze überschreiten, die sich für den Betroffenen als sachlich nicht mehr gerechtfertigt oder unverhältnismäßig darstellt".¹⁶⁷ Richter sollen so lange geschützt werden, wie ihr Verhalten „bei voller Würdigung ... einer funktionstüchtigen Rechtsprechung nicht mehr verständlich ist". Es ist klar, dass diese Hürden schwer bis gar nicht zu überspringen sind. Nach dem Evaluationsbericht der Bundesregierung waren Kläger nur in 30 Prozent der 88 beendeten Entschädigungsverfahren erfolgreich. Warum? Der Bundesgerichtshof hat die Latte für die „unangemessene Dauer" auf der Zeitschiene extrem hoch gelegt. Die durchschnittliche Gesamtdauer der entschädigten Verfahren betrug über sieben Jahre.¹⁶⁸ Der „unangemessene" Teil bewegte sich zwischen einem zwei Drittel Jahr in einer Kindschaftssache und gut sieben Jahren in einer Mietsache. Es gibt Richter wie etwa Peter Bub, Richter am Oberlandesgericht Frankfurt, die sich darüber freuen, dass sich die Entschädigungen auf ‚Ausreißerfälle' „beschränken".¹⁶⁹ Andere, wie der Darmstädter Landgerichtspräsident Huther, beobachten mit einem gewissen Unbehagen die „restriktive Rechtsprechung, die nur extreme Fälle entschädigt".

Und viertens sind die bisher zugesprochenen Entschädigungsbeträge so gering, dass von ihnen fast keine finanziellen Anreize für Klagen ausgehen – auch und gerade im Vergleich mit den vom Europäischen Gericht für Menschenrechte gewährten Beträgen.[170] Da das Gerichtsverfassungsgesetz die Entschädigungssumme auf 1.200 Euro pro Jahr begrenzt hat, erhielten die Kläger Beträge zwischen 3.300 und 7.800 Euro.[171] Das Gesetz hat die Länder in der Ziviljustiz in den ersten zwei Jahren insgesamt 54.600 Euro gekostet. Eine lächerliche Summe angesichts der Lasten, die lange Gerichtsverfahren für Eltern, Unfallopfer oder falsch behandelte Patienten mit sich bringen.

Keine Missstände und Fehlentwicklungen: Mangel an Selbstkritik

Im Dezember 2006 beschloss der 66. Juristentag mit überwältigender Mehrheit, dass die „Erreichbarkeit des Richters" ... „zur Justizgewährung" ... „gehört". Nachhaltige Spuren hat dieser Beschluss im Alltag der ordentlichen Justiz nicht hinterlassen. Acht Jahre später klagen immer noch drei Viertel aller befragten Rechtsanwälte über die mangelhafte telefonische Erreichbarkeit von Richtern – trotz einiger Verbesserungen. Der Saarbrücker Strafverteidiger Egon Müller findet die Erreichbarkeit „leicht katastrophal": „Richter kommen und gehen, wann sie wollen." Und die Geschäftsstellen sind „keine Vorzimmer, über die Richter Macht haben". Es gibt allerdings auch Anwälte wie die Hamburger Ulrich Husack und Hans-Jürgen Harms, die keine Probleme haben, Kontakt zu Richtern oder Geschäftsstellen aufzunehmen, um Terminverschiebungen oder Fristverlängerungen zu erbitten.

Unter den interviewten Richtern gab es keinen einzigen, der von sich aus oder auf die allgemeine Frage nach Missständen oder Fehlentwicklungen die telefonische Erreichbarkeit als Problembereich genannt hat. Auf die Frage, ob es Missstände oder Fehlentwicklungen in der ordentlichen Justiz gebe, reagierten die meisten verdutzt und schüttelten nach einer Weile den Kopf. „Missstände oder Fehlentwicklungen" konnte Andrea Titz, stellvertretende Vorsitzende des Deutschen Richterbundes, ebenso wenig erkennen wie der Schweriner Amtsrichter Jens Brenne. Drei Bereiche nahmen die meisten Richter allerdings aus: Dauer der Verfahren, häufige Richterwechsel und Geschäftsstellen als vorrangige Rotstift-Opfer. Bezeichnenderweise sind das Schwachstellen, für die sie nach ihrer Auffassung nicht verantwortlich sind, sondern die Sparpolitik der Landesregierungen.

Die immer noch schlechte Erreichbarkeit von Richtern hat mindestens drei Ursachen: die eingeschränkte Präsenz am Arbeitsplatz, das richterliche Selbstverständnis und unterbesetzte und teilweise unmotivierte Geschäftsstellen.

Im Gegensatz zur Verwaltungsgerichtsbarkeit kennt die ordentliche Gerichtsbarkeit keine Tradition der Anwesenheit. Das bedauert der Vorsitzende Richter am Landgericht Nürnberg Dycke. Er hält die Erreichbarkeit für „wichtig", weil er sich auch als „Dienstleister für die Rechtsgemeinschaft" versteht. Er gibt seine Durchwahlnummer an einen ausgewählten Kreis von Anwälten heraus und gestattet dies auch seiner Geschäftsstelle. Anderen verweigert er sie, weil er ihnen nicht traut. Ähnlich verfährt der Hamburger Richter am Landgericht Tonner. Er hat seine Geschäftsstelle angewiesen, seine Durchwahlnummer zunächst nicht herauszugeben: „Das Bild der Anwaltschaft ist sehr heterogen. Ich will nicht überrascht werden. Deshalb nutze ich die Geschäftsstelle als Filter."

Viele Justizjuristen fühlen sich immerhin verpflichtet, bei Anrufen in ihrer Abwesenheit später zurückzurufen, sofern die Nummer auf dem Display steht oder der Anwalt eine Nachricht auf dem Anrufbeantworter hinterlassen hat. Eine Gruppe von Richtern wird sogar von sich aus aktiv und ruft Anwälte an, etwa um Termine abzustimmen. Die Hamburger Amtsrichterin Carola Schwersmann „telefoniert viel", weil ihr die „Akzeptanz der Parteien am Herzen liegt". Ihr Kollege Tonner „versucht viel am Telefon zu regeln, weil es schneller und effizienter ist als alles Schriftliche."

Den Gegenpol bildet ein Kreis von Robenträgern, die nicht erreichbar sein wollen, die den Geschäftsstellen verbieten, die Durchwahlnummern herauszugeben, weil sie weder im Gericht noch zu Hause gestört werden wollen. „Telefonanrufe von Anwälten sind unerwünscht", bekennt der Hamburger Strafrichter Krieten unverblümt. Er hat Sorge, nach offenen Worten bei Telefonaten Befangenheitsanträge zu kassieren. Etliche Richter lehnen es sogar ab, Anrufbeantworter zu installieren, was die Berliner Strafverteidiger Jörg Rehmsmeier und Stefan König besonders verdrießt. Letzterer telefoniert Richtern und Staatsanwälten manchmal tagelang hinterher.

Hinter dieser partiellen Kommunikationsverweigerung stecken bei einigen Richtern auch Ängste und überzogene Vorsicht. Die Hamburger Kammervorsitzende Geffers telefoniert nicht so gern mit Anwälten, weil das beim Gegenanwalt den Eindruck erwecken könnte, dass etwas „hinter seinem Rücken geschehe". Zum Inhalt eines Rechtsstreites sagt sie daher niemals etwas am Telefon, höchstens zu organisatorischen Fragen. Auch ihr Kollege Becker telefoniert nicht gern mit Anwälten, weil bei der Gegenpartei unter Umständen der Eindruck erweckt werden könnte, eine Partei zu bevorzugen. Um sich abzusichern, fertigen beide deshalb über jedes Telefonat Aktenvermerke. Eine unter Telefonbefürwortern wie -skeptikern verbreitete Praxis.

Auch die Abneigung gegen E-Mails ist unter Richtern noch verbreitet, weil man Gefahr läuft, Parteien nicht gleich zu behandeln und zu schnell schreibt und dabei Fehler macht. „Beim Schreiben auf Papier geht es langsamer zu. Das entspricht auch mehr dem Arbeitsstil von Richtern", meint der Hamburger Landrichter Tonner.

„Der nicht-richterliche Dienst" – Geschäftsstellen, Protokollführer, Wachtmeister – ist „zur Achillesferse der Justiz geworden." Diesem Fazit des Vorsitzenden des Bremischen Richterbundes Andreas Helberg würden vermutlich alle Richter und Staatsanwälte in der Republik zustimmen. Die Folgen: Der geschrumpfte Servicebereich schafft seine Aufgaben nicht – mit fatalen Folgen für die Arbeitslast der Richter und die Erwartungen der Rechtsgemeinschaft.

Aus vielen Teilen der Republik melden Gerichte „hohe Krankenstände" und geringe Motivation wegen schlechter Bezahlung im nicht-richterlichen Dienst. Nach Andreas Helberg „brauchen Protokolle in Bremen bis zu vier Wochen". Von einer „Mangelverwaltung an allen Ecken" spricht der Hamburger Amtsgerichtsdirektors Focken ebenso wie der Wuppertaler Landrichter Bremer. Focken gibt zu, dass Geschäftsstellen „manchmal zwei Tage nicht zu erreichen sind – wegen Krankheit, Urlaub oder Sitzung": „Wir machen fast alles selbst, obwohl es noch Geschäftsstellen gibt." Außerdem sieht er in den personell ausgedünnten Serviceabteilungen eine Ursache für die wachsenden Schwierigkeiten der Justiz bei der Rekrutierung des Nachwuchses, vor allem bei Männern.

Das Urteil der Anwaltschaft über einige Geschäftsstellen ist teilweise vernichtend. Der Saarbrücker Strafverteidiger Müller beklagt, dass eine Geschäftsstelle in einem Fall 16 Tage gebraucht hat, um die Einstellung eines Verfahrens zu Papier zu bringen und zuzustellen: „16 Tage hat mein Mandant überflüssigerweise gezittert." Beim Amtsgericht Dessau waren die Akten in einem Scheidungsprozess einmal sechs Wochen verschwunden, bis sie nach einer Dienstaufsichtsbeschwerde gefunden wurden. Der Hamburger Rechtsanwalt Jürgen Schmidt hat „vor vielen Jahren aufgegeben, Geschäftsstellen telefonisch zu erreichen": „Akten werden nicht gefunden. Die Mitarbeiter hören Radio und unterhalten sich privat." Sein Kollege Jost Kienzle findet die Arbeit der Geschäftsstellen „schlecht und nicht effektiv".

In der mangelhaften Erreichbarkeit der Justiz und der Leistungsschwäche zahlreicher Geschäftsstellen kreuzen sich drei fatale Entwicklungen. Die Dienstleistungsorientierung der Justiz ist, erstens, in weiten Teilen der Richterschaft nicht akzeptiert, geschweige denn verinnerlicht. Der zögerliche Umgang mit Telefon und E-Mail zeigt, zweitens, dass die Judikative in der Informationsgesellschaft der Zeit hinterherhinkt. Und die rigide Sparpolitik zulasten des nicht-richterlichen Dienstes hat, drittens, die Arbeitsteilung zwischen ihm und den Richtern und Staatsanwälten aus der Balance gebracht. In dem Geschäftsstellen ist die Sparpolitik der Landesregierungen einige Schritte zu weit gegangen. Dass Richter während der Hauptverhandlung Protokoll führen müssen, ist weder amtsangemessen noch sinnvoll.

Strafgerichtsbarkeit

„Sollen wir nur noch ‚Dealen'?" Diese provokative Frage stellte ein Richter auf einem Plakat, als er gegen weitere Sparpläne der Brandenburger Landesregierung in der Justiz in Potsdam protestierte. Handeln wie ein Kaufmann statt die Fahne der Gerechtigkeit hochzuhalten? Bis 2018 sollen in Brandenburg 90 Stellen für Richter und Staatsanwälte auf der Streichliste stehen, nachdem in den vergangenen zehn Jahren bereits mehrere Dutzend Stellen weggefallen waren. Axel Gerlach, Vorsitzender einer Kleinen Strafkammer am Landgericht Potsdam und Sprecher des Richterrates, haben die drohenden Einschnitte so erbost, dass er ein Urteil in höchst unüblicher Weise nutzte, um die Personalpolitik der Landesregierung zu kritisieren. Im Dezember 2012 hatte seine Kammer einen Angeklagten wegen Betruges und Urkundenfälschung zu zwei Jahren und sechs Monaten Gefängnis verurteilt. [172] Zwei Monate davon hatte sie wegen übermäßig langer Dauer des Verfahrens für vollstreckt erklärt, eine vom Angeklagten sicher gern gesehene Strafmilderung.

Obwohl die Anklagen 2007 bzw. 2009 erhoben wurden und das erstinstanzliche Urteil bereits im Januar 2011 gesprochen war, hatte das Landgericht Potsdam die Berufung erst im Dezember 2012 verhandelt, also fast zwei Jahre nach dem ersten Urteil. Für diese Verzögerungen machte Richter Gerlach im Urteil allein die „Belastung der Kammer und den daraus resultierenden Terminstand verantwortlich". Während im Bestand der Kammer nach dem Pensenschlüssel 55 Verfahren sein sollen, waren es tatsächlich 133 Verfahren. Dieser „hohe Bestand" – so das Urteil – sei „eine deutliche Folge von Personaleinsparungen der Justiz". Terminstände von neun Monaten in der Berufungsinstanz sind auf „grundlegende politische Fehlsteuerungen" zurückzuführen. Sie „schaden", heißt es im Urteil weiter, der „Funktionsfähigkeit und dem Ansehen der Justiz ebenso wie dem Vertrauen der Bevölkerung in die Unverbrüchlichkeit des Rechts und dem Schutz der Rechtsordnung vor kriminellen Angriffen". Die Schlüsselfrage: Sind die Umstände dieses Potsdamer Verfahrens eine Ausnahme, oder sind solche Missstände in der Strafjustiz verbreitet?

Wahrheit + Gerechtigkeit = Rechtsfrieden?

„Das Ziel des Strafprozesses ist die Schaffung von Rechtsfrieden auf dem Wege des gewissenhaften Strebens nach Gerechtigkeit."[173] So steht es in der Einleitung des „Meyer-Goßner", des Handkommentars zur Strafprozessordnung, der auf jedem Tisch eines Staatsanwalts oder Strafrichters steht. Für Roxin, ein Großmeister des Strafprozessrechts, ist „Ziel des Strafverfahrens" ... „1. die materiell richtige, 2. prozessordnungsmäßig zustande gekommene, 3. Rechtsfrieden schaffende Entscheidung über die Strafbarkeit des Beschuldigten".[174] Etwas andere Akzente setzt der Große Senat des Bundesgerichtshofes. Nach ihm ist das „zentrale Ziel" des Strafverfahrens die „Ermittlung des wahren Sachverhalts" als „notwendige Grundlage eines gerechten Urteils".[175] Alle drei Definitionen sind Variationen der Wertetrias Wahrheit-Gerechtigkeit-Rechtsfrieden. Dass die drei Werte hier gleichrangig nebeneinander stehen, ist einmal der Komplexität des Strafverfahrens geschuldet, zum anderen der inneren Abhängigkeit der Werte voneinander. Gerechtigkeit kann gemeinhin nicht ohne Wahrheit und Rechtsfrieden nicht ohne Gerechtigkeit entstehen.

Diese Zusammenhänge und Abhängigkeiten spiegeln sich auch in den Vorstellungen der befragten Richter wider – freilich mit teilweise anderen Rangfolgen in der Wertehierarchie. Es gibt drei Gruppen. Da sind einmal die **Idealisten**. Der Nürnberger Amtsrichter Armin Riedel trägt das Banner „Wahrheit und Gerechtigkeit". Für ihn ist „Wahrheit Voraussetzung für Gerechtigkeit". „Defizite bei der Wahrheitssuche" erkennt er nicht, den Begriff des „Rechtsfriedens" hält er „im Strafrecht für schwierig". Der Hamburger Kammervorsitzende Stephan Sommer strebt „Gerechtigkeit" an: „Rechtsfrieden herzustellen ist nicht mein primäres Ziel. Wenn alle unzufrieden sind, liegt man häufig richtig." Da ist weiter die Gruppe der **Friedensstifter**. Für den Schweriner Amtsrichter Brenne ist der „Rechtsfrieden wichtig". Wahrheit ist für ihn ein „schwieriges Kapitel". Wenn er etwa eine Schlägerei in einer Diskothek aufklären soll, hört er von sieben Zeugen neun Versionen. Er weiß am Ende der Beweisaufnahme manchmal nicht, wie weit er von der objektiven Wahrheit entfernt ist. Den Begriff der Gerechtigkeit hält er für „noch komplizierter." Für ihn steht der „Rechtsfrieden für die Beteiligten" im Mittelpunkt des Strafprozesses: „Die Täter müssen erkennen, dass sie Mist gebaut haben. Und das Opfer muss Genugtuung empfinden." Auch für den Darmstädter Landrichter Jens Aßling ist die „wichtigste Aufgabe, Rechtsfrieden herzustellen, wozu im weitesten Sinne auch Wahrheit und Gerechtigkeit gehören". Der Wahrheit meint er höchstens „nahezukommen", weil er nur „gefilterte Wahrheiten" zu hören bekommt. Gerechtigkeit ist für ihn ein „problematisches Thema", weil „Verurteilte das bekommen, was wir für gerecht halten". Und da sind letztlich die Anhänger der **integrierten Gesamtschau**. „Im Idealfall" gehen für die Hamburger Amtsrichterin Birte Meyerhoff „Wahrheit und Gerechtigkeit im Rechtsfrieden auf": „Man muss nicht die letzte Schleife drehen, um die Wahrheit herauszufinden. Sie kann dahinstehen, wenn die Lösung dem Rechtsfrieden dient." Ihre Kollegin Jessica Zimmerling ist an der „Wahrheit interessiert: „Wenn man das schafft, dann folgen daraus zwangsläufig Gerechtigkeit und Rechtsfrieden."

Die drei Gruppen zeigen, dass es in der Strafjustiz keinen Konsens über die Ziele des Strafverfahrens gibt. Diese Vielstimmigkeit wird durch eine vierte Schule vergrößert, die bei der Beschreibung der Ziele des Strafverfahrens neue Wege geht. Für den ehemaligen Bremer OLG Präsidenten Wolfgang Arenhövel sind

Strafverfahren auch auf „**konsensuale Erledigung**" angelegt.[176] Der Neuwieder Strafverteidiger Franz Salditt erkennt ein „neues Leitbild des Strafverfahrens": „kommunikativ, kooperativ oder konsensual."[177] Auslöser für diese Neudefinition sind tiefgreifende Strukturveränderungen in der Rechtswirklichkeit der Strafjustiz. Die Staatsanwaltschaft agiert heute nicht mehr in erster Linie als „Anklagebehörde", sondern als „Einstellungsbehörde". Fast zwei Drittel aller Strafverfahren stellt sie mittlerweile teils ohne, teils mit Zustimmung der Beschuldigten ein.[178] Und das aus mehreren Gründen.

Da ist zunächst der Erledigungsdruck. „Mit jedem Jahr", so ein Berliner Staatsanwalt, „nimmt die idealistische Haltung zu Wahrheit und Gerechtigkeit" ab: „Je länger man in der Mühle ist, desto wichtiger wird die Erledigungsstatistik." Ähnlich denkt die Beisitzerin einer Großen Strafkammer in Berlin: „Wir können nur Zipfel der Wahrheit erkennen und beweisen. In erster Linie geht es darum, Verfahren zu erledigen."

Da sind weiter erkenntnistheoretische Fortschritte. Nach heutigem informations- und sozialpsychologischem Wissensstand ist das Verfahrensziel der „materiellen Wahrheitsfindung", wie es in der Strafprozessordnung zum Ausdruck kommt, „praktisch unerreichbar".[179] Messlatte ist daher heute, weniger ehrgeizig, nur noch die „formelle Wahrheit", die im Prozess zutage geförderte Wahrheit.

Am wichtigsten für die veränderte Erledigungsstruktur sind aber die erweiterten Einstellungsmöglichkeiten in den §§ 153, 153a StPO. Sie sollen die Strafjustiz entlasten und Verfahren beschleunigen. Bei ihrer Anwendung dürfen sich Staatsanwälte und Richter aus prozessökonomischen Gründen auf eine summarische Prüfung von Unrecht und Schuld beschränken. Bei den Einstellungen steht nicht mehr der Ausgleich für „verschuldetes Unrecht" und die „Wiederherstellung von Recht", sondern die „Lösung eines Sozialkonflikts" im Mittelpunkt. Als Kompensation für die Tat muss der Beschuldigte Leistungen erbringen.[180] Unter dem Dach des Begriffes „Rechtsfrieden" sind hier „informelle, auf Konsens setzende Erledigungsmöglichkeiten" entstanden, die heute den Alltag der Strafjustiz mit prägen.[181]

Zu diesen Modellen gehört auch die vom Gesetzgeber legitimierte Verständigungspraxis nach § 257c StPO. Sie ist entstanden, weil es Staatsanwälten und Richtern zunehmend schwerfiel, die Grundwerte der Wahrheit und Gerechtigkeit in angemessener Zeit und mit vertretbarem Aufwand im Stahlbad des Gerichtsalltages durchzusetzen.[182] Die beiden Kernfragen: In welchem Umfang hat der neue Verfahrenstyp der **konsensorientierten Konfliktlösung** das klassische, an Wahrheit und Gerechtigkeit ausgerichtete Modell des Strafverfahrens verdrängt und ersetzt?[183] Und: Gibt es angesichts der knappen Personalressourcen noch eine angemessene Balance zwischen beiden Verfahrenstypen, die die Grundbedürfnisse der Rechtsgemeinschaft an Wahrheit und Gerechtigkeit befriedigt?[184]

Ungerechte Arbeitsverteilung: das Glück der Amtsrichter und das Pech der Staatsanwälte und Landrichter

Es war gegen 18.30 Uhr, als das Gespräch mit Henry Winter, Leiter der Wirtschaftskriminalität bei der Staatsanwaltschaft Hamburg, beendet war und er vorschlug, einmal nachzuschauen, wie viele Dezernenten um diese Zeit noch arbeiten. Auf der ersten Etage trafen wir einen emsigen Ermittler, alle anderen Zimmer waren dunkel und leer. Auf den beiden anderen Stockwerken das gleiche Bild: Jeweils eine Arbeitsbiene las noch in den Akten, die Flure so verlassen wie die Zimmer. Was als Demonstration von Überlastung und Fleiß gedacht war, misslang und hinterließ mehr Fragen als Antworten bei der Suche nach der tatsächlichen Belastung der Hamburger Ermittler.

Wie die Ziviljustiz steht auch Strafjustiz unter erheblichem Rechtfertigungsdruck gegenüber der Politik, weil die Zahl neuer Ermittlungsverfahren jahrelang zurückgegangen ist, von 2008 bis 2013 um sechs Prozent auf 4,6 Millionen. 2014 ist die Zahl zum ersten Mal wieder gestiegen: um 146.000 Ermittlungsverfahren.[185] In den ausgewählten Bundesländern variiert die Abnahme zwischen 2005 und 2014 erheblich. In Bayern sanken die Neuzugänge bei der Staatsanwaltschaft um sechs Prozent, in Mecklenburg-Vorpommern und Berlin um zwölf Prozent, in Hamburg sogar um gut 14 Prozent.[186] Die Folge: An der Elbe musste ein Staatsanwalt 2005 noch 576 Verfahren pro Jahr erledigen, 2012 nur noch 471.[187] Der Hamburger Senat steht deshalb „ratlos" vor dem Phänomen, warum die Verfolger an der Elbe so viel heftiger lamentieren als in anderen Großstädten.[188]

In keinem Bereich der Justiz sind die Klagen über zu viel Arbeit so laut, so vehement und so verbreitet wie in den Strafverfolgungsbehörden. In allen fünf Bundesländern besteht ein Konsens darüber, dass die Arbeitslast bei den Staatsanwälten höher ist als bei Strafrichtern. Und einig waren sich auch alle, dass die Belastung in den Buchstabenabteilungen – zuständig für die Verfolgung der allgemeinen Kriminalität – in der Regel stärker ist als in den Spezialabteilungen, die sich um Wirtschaftskriminalität, organisierte Kriminalität oder Cyber-Kriminalität kümmern. Nicht zufällig heißen die Buchstabenabteilungen im Jargon „Gulag" oder „Galeere".

80 Prozent der befragten Ermittler gaben an „stark bis sehr stark" belastet zu sein. Das heißt, sie arbeiten neun bis zehn Stunden täglich und manchmal am Wochenende. Aber auch unter den Verfolgern gibt es ein breites Arbeitszeitspektrum. Arnold Keller, Leiter organisierte Kriminalität in Hamburg, schätzt, dass ein Drittel seiner Mitstreiter mit 40 Stunden auskommt, ein weiteres Drittel braucht zwischen 40 und 50 Stunden und ein weiteres Drittel über 50 Stunden. Nach der Untersuchung einer Hamburger Projektgruppe arbeiten Dezernenten im Durchschnitt über 47 Stunden. Als besonders „anstrengend und anspruchsvoll" (Staatsanwältin Stefanie Diettrich) empfinden Staatsanwälte Sitzungsvertretungen

in konfliktreichen Hauptverhandlungen, in der Regel zweimal in der Woche, in größeren Verfahren manchmal auch häufiger.

Bei der Staatsanwaltschaft stellt sich damit dieselbe Frage wie bei der Ziviljustiz: Wie ist zu erklären, dass Dezernenten erheblich weniger Verfahren zu bearbeiten und trotzdem wachsende Mühe haben, sie in angemessener Zeit zu bewältigen? Ein Phänomen, dem wir – im Vorgriff – auch bei den Strafgerichten begegnen und hier zusammenfassend darstellen und analysieren.

Das Mehr an Belastung wurzelt in vier Bereichen: in Änderungen von Gesetzen und Rechtsprechung, in komplexeren Verfahren, einer Häufung von Großverfahren und einer zugespitzten Streitkultur in Großstädten.

Den Bearbeitungsaufwand erhöht haben folgende rechtliche Neuerungen:

- Stärkung der Rechte von Opfern und Zeugen durch das Opferrechtsreformgesetz
- Erweiterung des Richtervorbehalts nach § 162 StPO
- Einführung der Nachtbereitschaft für Eilentscheidungen
- Beiordnung von Pflichtverteidigern bei allen Untersuchungsgefangenen
- Wiedereinführung der „Dreierbesetzung" bei Großen Strafkammern und
- Übertragung der Haftkontrolle auf die Staatsanwaltschaft

Die höhere Komplexität der Strafverfolgung ist unter anderem auf moderne Kommunikationsmittel bei der Begehung von Straftaten – Mobiltelefone, Smartphones, Internet –, die Internationalisierung der Kriminalität und die Globalisierung und Technisierung der Wirtschaft zurückzuführen, die von Kriminellen zunehmend ausgenutzt wird.[189] Zu den Problemfeldern gehören:

- Die Überwachung von Telefon- und Internetanschlüssen ist aufgrund technischer Hürden und wechselnder Identitäten aufwendiger geworden (Internet-Cafés, Call-Shops, ortsgebundene Nutzung von Smartphones).
- Die bei der Überwachung produzierten Datenmengen im Internet (zum Beispiel über WhatsApp geführte Chat-Verläufe) und beim Telefon (Flatrates und Prepaid-Karten) sind exorbitant gestiegen und nur mit Mühe zu bewältigen. Die Bewertung der Daten durch Staatsanwälte und ihre Einführung in die Hauptverhandlung ist außerordentlich zeitaufwendig.
- Die Internationalisierung der Kriminalität macht eine verstärkte Zusammenarbeit mit ausländischen Strafverfolgungsbehörden notwendig.

Zur Veranschaulichung einige Informationen und Daten aus dem Alltag der Hamburger Staatsanwaltschaft: Die Anträge zur Überwachung der Telekommunikation haben sich zwischen 2005 und 2014 mehr als verdoppelt. Es kommt nicht selten vor, dass Ermittler in einem Verfahren mehrere Hundert Überwachungsanträge stellen müssen, weil Beschuldigte in hoher Frequenz Endgeräte und/oder Sim-Karten wechseln. Im gleichen Zeitraum haben sich die Anträge auf Erhebung der Verkehrsdaten verdreifacht. Mehr als verfünffacht hat sich im gleichen Zeitraum der Einsatz von IMSI-Catchern, Geräten, um den Standort eines Mobilfunkgerätes oder dessen Geräte- oder Kartennummer zu ermitteln. Zwischen 2010 und 2014 haben sich die äußerst effektiven Maßnahmen zum Abhören in Autos ebenfalls mehr als verdreifacht.

Diese hohen Steigerungsraten ziehen einen erheblichen Mehraufwand bei der Erfassung, der Auswertung, insbesondere bei Gesprächen in fremden Sprachen und der Benachrichtigung der Betroffenen nach sich. Besonders zeitintensiv sind Ermittlungen bei Betrug im Internet: betrügerische eBay-Verkäufe, unbefugte Benutzung von Kreditkarten und Scheinidentitäten. Vor außergewöhnlichen Herausforderungen steht die Strafjustiz auch bei der Bekämpfung der Wirtschaftskriminalität: Bilanzfälschung bei internationaler Konzernrechnungslegung, Insiderhandel, Umsatzsteuerkarusselle und Untreue in der Finanzmarktkrise.

Aber auch jenseits der Wirtschaftskriminalität warten auf die Ermittler immer wieder Sisyphos-Aufgaben: Bei der strafrechtlichen Aufarbeitung der Love-Parade-Katastrophe 2010 hatten rund 100 Polizisten und Staatsanwälte 1000 Stunden Videomaterial zu sichten und 99 Aktenordner mit etwa 46.700 Blatt Papier zu durchforsten. Im Verfahren gegen den ehemaligen Bundespräsidenten Christian Wulff produzierten 28 Ermittler Akten mit 33.000 Seiten.

Vor allem bei der Bekämpfung der Kinderpornographie, der Wirtschafts- und Internetkriminalität ist es inzwischen üblich geworden, Ermittlungen privaten Firmen zu übertragen, weil Polizei und Staatsanwaltschaft bei umfangreichen Ermittlungen weder über die notwendigen technischen und personellen Kapazitäten noch über den erforderlichen Sachverstand verfügen. Vor allem Firmen, die sich auf IT-Forensik spezialisiert haben, sind hier gut im Geschäft. Zwischen 2010 und 2014 hat das Bundeskriminalamt in 18 Ermittlungsverfahren wegen Kinderpornographie Firmen beauftragt, beschlagnahmte Computer und Festplatten auszuwerten.[190] Im Verfahren gegen Ex-Vorstände der Sachsen LB wegen Untreue und Bilanzfälschung hatte die Staatsanwaltschaft Leipzig die Vorarbeiten für die Anklage an die Anwaltskanzlei Freshfields delegiert.[191] Auf das 408 Seiten starke Gutachten hat die Anklageschrift mehrfach Bezug genommen. Es gibt viele Verfolger wie der Hamburger Oberstaatsanwalt Henry Winter, die diese „Privatisierung der Strafverfolgung höchst problematisch" finden. Am Ende greifen die meisten Ermittler trotz Bedenken auf die Hilfe privater Dienstleister zurück, weil ihnen Kapazitäten und Belastung keine andere Wahl lassen. Dass es hier inzwischen einen richtigen Markt gibt, auf dem Polizei und Staatsanwaltschaft Dienstleistungen zu ihrer Unterstützung einkaufen, ist ein Indikator für eine rechtsstaatlich grenzwertige Überforderung des Strafverfolgungsapparates.[192]

Natürlich betreibt die Staatsanwaltschaft auch weiterhin das Brot- und Buttergeschäft und verfolgt Ladendiebstähle und Verkehrsstraftaten. Die genannten

Schlagworte und Beispiele belegen jedoch, dass die Bekämpfung der Kriminalität in **Teilbereichen komplexer** geworden ist.

Vor allem in Großstädten kommt hinzu, dass zahlreiche Großverfahren einzelne Dezernate und Kammern Monate, ja sogar Jahre in Beschlag nehmen. Das Kriminalgericht Moabit hat gegen Klaus Landowsky als Strippenzieher im Berliner Bankenskandal 78 Tage verhandelt. Das Verfahren gegen den Stadtplan-Erben Alexander Falk hat in Hamburg knapp dreieinhalb Jahre gedauert und 157 Prozesstage gekostet. Das gleichfalls an der Elbe verhandelte Verfahren gegen zehn somalische Piraten mit 20 Verteidigern, zwölf Dolmetschern und acht Sachverständigen zog sich mit 105 Sitzungstagen über gut zwei Jahre hin.[193]

Ein weiterer Belastungsfaktor für die Strafjustiz ist die veränderte Streitkultur, insbesondere in Großstädten. Viele Anwälte kämpfen heute härter vor Gericht als früher – auf Wunsch der Mandanten und aus eigenen Gebühreninteressen. Das ist einer der Gründe dafür, dass zum Beispiel am Hamburger Landgericht die durchschnittliche Zahl der Hauptverhandlungstage von 2008 bis 2014 von 4,1 Tagen auf 7,3 Tage gestiegen ist. Im selben Zeitraum ist die Zahl der Verfahren, die nach einem Sitzungstag abgeschlossen waren, von knapp 48 Prozent auf 4 Prozent gesunken. Umgekehrt ist der Anteil der Verfahren, an denen mehr als 20 Tage verhandelt wurde, von knapp fünf Prozent auf elf Prozent gestiegen. Nehmen wir die Zahl der Sitzungstage als ein Indiz für die Konfliktbereitschaft von Beschuldigten und Anwälten, wird nach der Berliner Tabelle nirgendwo in der Republik so heftig gestritten wie vor dem Hamburger Landgericht. Ähnliche Entwicklungen sind, wenngleich weniger ausgeprägt, bei den Landgerichten in Bayern zu beobachten. Im Alpenland ist die Zahl der Verhandlungstage um 26 Prozent gestiegen: von durchschnittlich 1,9 Tagen 2007 auf 3,3 Tage 2014. Derselbe Trend ist bei den Landgerichten Berlin, Wuppertal, Rostock zu beobachten: Die Zahl der Verhandlungstage und die Dauer steigen.

Im Vergleich zur Staatsanwaltschaft ist das Arbeiten von Strafrichtern an Amtsgerichten in der Regel ein Elysium. Zwischen 2005 und 2014 sind Neuzugänge bei ihnen bundesweit um 22 Prozent zurückgegangen. Rund 80 Prozent der befragten Amtsrichter empfanden ihre Arbeitsbelastung als „normal". Sie haben ihr Pensum überwiegend in 40 Stunden geschafft.

Diese kommode Arbeitszeit lockt viele Beisitzer in Großen Strafkammern ohne Karriereperspektive, zum königlichen Amtsgericht zu wechseln. Trotz eines bundesweiten Schwundes bei Neuzugängen zwischen 2005 und 2014 um elf Prozent, hat ein großer Teil der Landrichter das Gefühl, dass die Verfahren sie erdrücken. Selbst in Hamburg und Berlin, wo die Verfahren im selben Zeitraum um 31 bzw. 30 Prozent geschrumpft sind, ist Stöhnen und Greinen an der Tagesordnung. Rund 75 Prozent der befragten Richter in Berlin wie Hamburg, in Nürnberg wie Wuppertal fanden sich „stark bis sehr stark belastet" und arbeiteten täglich zwischen acht und zehn Stunden, manchmal auch an Wochenenden. Zehn Prozent stuften ihre Arbeit als „normal" ein, 15 Prozent fühlten sich „überlastet". Barbara Richter-Zeininger, Vorsitzende einer Großen Strafkammer in Nürnberg, war in den Jahren 2012/2013 „überlastet", als ihre Kammer vier Großverfahren gegen Angeklagte aus der russischen organisierten Kriminalität zu stemmen hatte: „Wir haben an rund vier Tagen in der Woche verhandelt, manchmal bis 19 – 20 Uhr. Daneben mussten anhängige und neu eingegangene Verfahren bearbeitet und verhandelt werden. In einem Verfahren haben wir ein Urteil um 21.30 Uhr verkündet." „Harte Jahre, das möchte ich nicht wieder machen", sagt Richterin Richter-Zeininger im Rückblick: „Wir arbeiteten am Limit." „Die Belastung ist sehr stark mit der Tendenz zur Überlastung", meint der Hamburger Kammervorsitzende Georg Haller. Alle Landrichter klagen über viele Vakanzen: Krankheiten, Beurlaubungen, Schwangerschaften, Elternzeiten und Abordnungen an Oberlandesgerichte, um sich für Beförderungen zu qualifizieren. Allgemeiner Tenor: Wenn alle an Bord sind, ist die Arbeit zu schaffen.

Damit Prozesse nicht platzen, Fristen gehalten oder Untersuchungsgefangene nicht wegen überlanger Prozessdauer entlassen werden müssen, wehren sich Kammern gegen die Zuleitung weiterer Verfahren häufig mit Überlastungsanzeigen. Dann bekommen sie vorübergehend keine neuen Verfahren – mit der Folge, dass bei anderen Kammern mehr Verfahren auflaufen. Bei einigen Landgerichten haben sich diese Land-unter-Meldungen in den letzten Jahren gehäuft. In Hamburg haben Große Strafkammern zwischen 2010 und 2015 durchschnittlich 16 Mal im Jahr Überlastung angezeigt. Die Folge: Der Geschäftsverteilungsplan musste an der Elbe monatlich verändert werden. Noch dramatischer ist die Lage beim Kriminalgericht Moabit. Um Entlassungen von Untersuchungsgefangenen zu vermeiden, können Kammern bei neuen Haftsachen Überlastung anzeigen, wenn sie fürchten, dass weitere Neuzugänge sie bei der Bearbeitung von Haftsachen in zeitliche Not bringen würden. Das Präsidium entscheidet dann im Eilverfahren, dass die belastete Kammer vorläufig keine neuen Verfahren mehr erhält. 2013 haben Kammern an der Spree 63 Mal Überlastung angezeigt, 2014 bereits 83 und 2015 sogar 101 Mal. Der Erledigungsdruck bei den Strafkammern im Kriminalgericht Moabit hat sich in den letzten drei Jahren also eindeutig verschärft und eine kritische Grenze überschritten. Beunruhigend ist ferner, dass die Bestände der unerledigten Verfahren seit 2010 in Berlin und Hamburg leicht und in Nordrhein-Westfalen sogar erheblich – um 16 Prozent – gestiegen sind. Dagegen spielen Überlastungsanzeigen bei den Landgerichten in Nürnberg, Wuppertal und Rostock fast keine Rolle.

Eine nicht abgelöste Hypothek in der Strafjustiz ist die häufig ungerechte Verteilung der Arbeit. Sie ist für die hohe Belastung von Staatsanwälten und Strafrichtern mit verantwortlich. Dem Berliner Staatsanwalt Robert Kohly fällt auf, dass er bis auf Spitzen mit 40 Stunden auskommt, während zum Beispiel seine Kollegen in einigen Abteilungen für Wirtschafts-, OK-Kriminalität oder Kapitalverbrechen teilweise bis zu 60 Stunden benötigen. Für den Hamburger Kammervorsitzenden Haller ist die Arbeit „nicht gerecht verteilt". Beide legen ihre Finger in eine offene

Wunde: die fehlende Binnengerechtigkeit bei der Verteilung der Verfahren. Nach einer Schätzung des ehemaligen Bremer OLG Präsidenten Arenhövel sind „25 Prozent der Verfahren schwierig bis sehr schwierig. Sie führen bei den Betroffenen zu einer überproportionalen Belastung."

Bisher entscheidet über die Arbeitsverteilung entweder der „Computer", so Emil Brachthäuser, Oberstaatsanwalt beim Landgericht Wuppertal, bzw. „Glück oder Pech", so Gero Nix, Vorsitzender einer Großen Strafkammer in Hamburg.

Auch die Mehrheit der Strafverteidiger ist der Auffassung, dass die Strafjustiz nicht „überlastet", sondern nur „stark belastet" ist. Selbst das müsste nach Meinung vieler nicht sein, wenn Gerichte und Staatsanwaltschaften besser organisiert wären und effizienter arbeiten würden. Egon Müller, Strafverteidiger aus Saarbrücken, hätte als Staatsanwalt keinen übervollen Schreibtisch. Er sitzt früher am Schreibtisch als mancher Ermittler, der erst im Laufe des Vormittags erscheint. Nach seiner Beobachtung fehlt einigen Ermittlern „Entscheidungsfreude", anderen das „Auge für den juristischen Kern" von Verfahren, um den gordischen Knoten an der richtigen Stelle durchzuschlagen. In den Augen des Hamburger Rechtsanwalts Gerhard Strate sind es „schlichte Desorganisation und Leerlauf, die die Ressource Recht knapp werden lässt". Er fragt, warum an der Elbe am Freitag ab 14 Uhr in keinem Gerichtssaal mehr verhandelt wird.

Die Strafjustiz ist weder objektiv noch subjektiv überlastet. Ein unbewältigtes Problem ist, dass die Arbeit zwischen Staatsanwaltschaften, Amtsgerichten und Landgerichten ungerecht verteilt ist. Während Richter bei Amtsgerichten unter der Arbeitslast in der Regel nicht zu leiden haben, sind Staatsanwälte und Richter an Landgerichten überwiegend stark belastet. Sie arbeiten deutlich mehr Stunden als sie gesetzlich verpflichtet sind.

Qualitätsverluste I: steigende Dauer von Ermittlungs- und Strafverfahren

Das Jahr 2007 endete für die Berliner Großhandels AG XUR mit einer bösen Überraschung. Sie entdeckte, dass sie vor allem in den letzten drei Monaten des Jahres von einer seriös daherkommenden „Öko-Projektierungs AG" betrogen worden war, die ihre Rechnungen nicht bezahlte. Schaden: 550.000 Euro. Es stellte sich heraus, dass die Öko-AG eine Scheinfirma war. Der Vorstand der Aktiengesellschaft war laut Handelsregister eine der deutschen Sprache nicht mächtige Putzfrau, die die Firmenräume reinigte. Im Aufsichtsrat saß als einer der Strippenzieher der Gaunerei ein Mitarbeiter der XUR-AG. Der war wegen Betruges und Untreue vielfach vorbestraft. Mit im Aufsichtsrat saß ein Mann, den er im Knast kennengelernt hatte. Im April 2008 stellte die betrogene Firma Strafanzeige gegen den inzwischen gefeuerten Mitarbeiter. Sie verlor sich im bürokratischen Chaos einer desorganisierten Frankfurter Staatsanwaltschaft. Mehrfach rügte der Rechtsanwalt des gelinkten Unternehmens Hartmut Lierow die schleppende Bearbeitung des Verfahrens. Vier Jahre nach der Tat und nach viermaligem Wechsel des sachbearbeitenden Staatsanwalts war es noch nicht einmal zur Anklage gekommen. In einer Antwort auf eine Dienstaufsichtsbeschwerde bedauerte der Leitende Oberstaatsanwalt, dass sich die Erledigung des Verfahrens durch vier verschiedene Dezernenten „verzögert" habe. Die von ihm angekündigte „zügige und vorrangige Erledigung der Sache" mündete nach einem kurzen Intermezzo der Staatsanwältin Nummer sechs in eine Anklage durch die Staatsanwältin Nummer sieben im Jahr 2012. Es verging fast ein weiteres Jahr bis zur Hauptverhandlung vor dem Amtsgericht. Nach zwei Verhandlungstagen und einer unergiebigen Beweisaufnahme beschloss der Amtsrichter, der kurz vor der Pensionierung stand, mit Zustimmung der inzwischen achten Staatsanwältin im Juli 2013, das Verfahren nach § 154 StPO als unwesentliche Nebenstraftat einzustellen. Der Angeklagte war nämlich in der Zwischenzeit wegen Trunkenheit im Straßenverkehr, Fahren ohne Führerschein und Steuerhinterziehung zu einer elfmonatigen Freiheitsstrafe mit Bewährung verurteilt worden. Demgegenüber falle, so der Amtsrichter, der inzwischen fast sechs Jahre zurückliegende Betrug nicht ins Gewicht. Eine professionelle Trickserei mit einem Schaden von einer halben Millionen Euro durch einen Serienbetrüger eine unwesentliche Nebenstraftat? Normal wäre gewesen, den einschlägig vorbestraften Angeklagten auch wegen des Betruges zu einer Freiheitsstrafe ohne Bewährung zu verurteilen, schon um die Rechtsgemeinschaft vorübergehend vor ihm zu schützen oder ihn freizusprechen. Für Anwalt Lierow war das „keine Panne, sondern ein Symptom": „Die Verfolgung von Wirtschaftsdelikten ist zeitaufwendig, die Staatsanwaltschaft unterbesetzt, und die Amtsrichter sind mit ihren hohen Fallzahlen überfordert."

Auf den ersten Blick scheint das Verfahren ein Ausreißer zu sein. Bundesweit sind die Laufzeiten von Ermittlungsverfahren zwischen 2005 und 2014 von 1,8 auf 1,6 Monate gesunken. Dieser Blick trügt jedoch, wie das Beispiel Hamburg zeigt. Dort dauerten die Ermittlungsverfahren 2014 durchschnittlich zwei Monate weniger als 2005. Gleichzeitig wuchs aber der Bestand der unerledigten Verfahren im gleichen Zeitraum um 13 Prozent. Die Erklärung für diesen scheinbaren Widerspruch: Wegen der Erledigungsstatistik bearbeiten die Verfolger einfache Verfahren mit Vorrang, während die schwierigen zunächst liegen bleiben.[194] Noch besorgniserregender ist der Trend in Berlin. Dort hat sich – im Widerspruch zum Bundestrend – die durchschnittliche Dauer von Ermittlungsverfahren zwischen 2005 und 2014 von einem auf zwei Monate erhöht. Schlimmer aber ist das Auftürmen unerledigter Verfahren im selben Zeitraum um 51 Prozent auf 25.596. Eine besondere Schwachstelle sind die Ermittlungen in Wirtschaftsstrafsachen. In Berlin dauern sie im Schnitt zwischen zwei und vier Jahren.

Dass Dezernenten Probleme haben, die ihnen zugewiesenen Verfahren in angemessener Zeit zu erledigen, offenbaren auch die sog. Reste- oder Rückstandslisten. Sie werden von allen Staatsanwaltschaften geführt. In Hamburg sind alle

Ermittlungsverfahren einzutragen, die nach neun Monaten nicht abgeschlossen sind. Die Zahl dieser Verfahren hat sich zwischen 2010 und 2013 um insgesamt 406 Verfahren (plus 23 Prozent) erhöht.[195] Besonders schlecht fällt die Bilanz der Abteilung „allgemeine Kriminalität" aus. Hier stieg der Anteil der langen Ermittlungsverfahren um 36 Prozent. In dieser Abteilung dauern die Verfahren auch zunehmend länger: 2010 waren es durchschnittlich zehn Tage, 2011 schon 69 Tage und 2012 sogar 71 Tage. Diese Zahlen belegen, dass einige Bereiche der Hamburger Staatsanwaltschaft ihren Aufgaben nicht mehr gewachsen sind.

Einen ähnlichen Trend beobachten wir bei der Berliner Staatsanwaltschaft. Dort ist die Zahl der Verfahren, die älter als ein Jahr waren, zwischen April 2013 und Dezember 2015 um 14 Prozent auf 4.441 gestiegen.[196]

Diese Reste-Listen sind ein Instrument der Dienstaufsicht. Mit ihrer Hilfe soll verhindert werden, dass bestimmte Verfahren nicht mehr gefördert werden und in Einzelfällen sogar verjähren. Das gelingt nicht immer. „Teilweise rutschen Verfahren durch, die verjähren", weiß der Chefverfolger Wirtschaftskriminalität Thomas Schwarz beim Kriminalgericht Moabit. In unterschiedlichen Abständen schauen die Abteilungsleiter auf diese Listen und lassen sich von den Dezernenten erklären, warum bestimmte Ermittlungsverfahren nicht beendet sind, und ermuntern sie, die Verfahren endlich entschlossen anzupacken. Sie kommen damit einer rechtsstaatlichen Pflicht nach.

Denn das Rechtsstaatgebot des Grundgesetzes fordert nach der Rechtsprechung des Bundesverfassungsgerichts, Strafverfahren in angemessener Zeit zu erledigen – im Interesse des Beschuldigten, des Opfers und des Strafmonopols des Staates.[197] Weil ein Beschuldigter durch die Dauer des Strafverfahrens zusätzlich belastet wird, gehört zu seinem Recht auf ein faires Verfahren auch die Durchführung von Strafverfahren ohne erhebliche Verzögerungen. Im Gegenzug hat der Staat ein Interesse an möglichst zügigen Verfahren, weil eine überlange Dauer der Legitimität und Effektivität des staatlichen Strafanspruches schadet: durch ein nachlassendes öffentliches Interesse am Strafen, die enttäuschten Erwartungen der Opfer und Beweismittelverluste. Die Beendigung von Strafverfahren in angemessener Zeit ist daher für die Strafrechtspflege ein Qualitätsmerkmal von höchstem Rang. Hier hat sich ihre Qualität in den letzten Jahren erheblich verschlechtert, wie die steigende Dauer von Ermittlungsverfahren in der mittleren und schweren Kriminalität zeigt. Die Ursachen sind vielfältig: der nach dem Pebb§y-Schlüssel zu knappe Personalbestand, eine überforderte Polizei, komplexe und umfangreiche Ermittlungen, Konfliktbereitschaft der Verteidiger, starke Fluktuation bei Verfolgern.

Unangemessen lang dauern Strafverfahren bei den Landgerichten in erster Instanz. Hier hat sich die Bilanz zwischen 2005 und 2014 in allen ausgewählten Bundesländern verdüstert: Die Dauer der Verfahren hat zwischen drei Prozent (Bayern) und 17 Prozent (Nordrhein-Westfalen) zugenommen. Einigen Kammervorsitzenden wie dem Hamburger Nix gelingt es, in der Regel zwei Monate nach dem Eingang der Klage mit der ersten Sitzung zu beginnen. Andere Beschuldigte müssen sich in Geduld üben. Zum Beispiel ein Mandant der Berliner Verteidigerin Ulrike Zecher. Sie hatte sich nach Erhebung der Anklage im März 2012 alle drei Monate nach dem Stand des Verfahrens erkundigt, immer vergeblich. Im Oktober 2012 hat sie einen Antrag auf Nichteröffnung gestellt, der ein Jahr später noch nicht beschieden war. In Hamburg verstehen suspendierte Feuerwehrleute, deren Bezüge reduziert worden waren, die Welt nicht mehr, wenn sie nach Eingang der Klage bei einer Großen Strafkammer eineinhalb Jahre auf den Beginn der Hauptverhandlung warten müssen.

Ein besonderes Nadelöhr sind Wirtschaftsstrafkammern. Bei ihnen dauert es in Berlin nach Einschätzung von Staatsanwalt Kohly „deutlich über ein Jahr (ausgenommen Haftsachen) bis zum ersten Termin". Eberhard Kempf empört, dass in einem Verfahren wegen Insolvenzverschleppung und Bankrottdelikten zwischen Anklageerhebung und Beginn der Hauptverhandlung fast vier Jahre verstrichen waren.

Als Flaschenhälse erweisen sich häufig auch Kleine Strafkammern als Berufungsinstanzen. 2014 währten die Berufungsverfahren vom Eingang der Klage bis zum Urteil bundesweit durchschnittlich 5,2 Monate.[198] In Berlin muss ein Verurteilter im Schnitt zwischen einem dreiviertel und einem Jahr auf den Beginn der Hauptverhandlung warten. Der Vorsitzende einer Berufungskammer für Wirtschaftsstrafsachen Volkens findet die „Verfahrenslaufzeiten" „unbefriedigend lang". In einfachen Fällen kann er sofort terminieren, in komplizierten müssen die Berufungskläger drei bis fünf Monate warten.

Das Gesetz gegen überlange Verfahrensdauer hat auch bei der Strafjustiz keine beschleunigende Wirkung entfaltet. Verzögerungsrügen spielen im Strafverfolgungsalltag bisher kaum eine Rolle. Eine Ursache dafür dürfte sein, dass das Gesetz gegen überlange Verfahren bei der Kompensation rechtsstaatswidrig langer Verfahren in erster Linie auf Strafrabatte oder Einstellungen von Verfahren setzt und erst in zweiter Linie auf Entschädigungen mit Geld. Das dürfte auch im Interesse der Beschuldigten liegen, die eine mildere Strafe oder gar eine Einstellung wegen geringer Schuld mit einem meist bescheidenen Geldbetrag als Entschädigung vorziehen werden.

Eine weitere Ursache für die verpuffende Wirkung des Gesetzes gegen überlange Verfahren ist seine restriktive Auslegung durch den Bundesgerichtshof. In einem amtsgerichtlichen Verfahren hat er alle Argumente zugunsten der Strafjustiz gebündelt, um zu dem Ergebnis zu kommen, dass eine Verfahrensdauer von 22 Monaten mit einer sechsmonatigen Verzögerung des Verfahrens nicht unangemessen lang ist.[199] Mit fünf Aktenbänden und vier Sonderheften habe das Verfahren für den amtsgerichtlichen Alltag einen „überdurchschnittlichen Umfang" gehabt und eine „komplexe Beweiswürdigung" erforderlich gemacht. Diese Einschätzung trifft zumindest im Vergleich zu den auch bei Amtsgerichten verhandelten Wirtschafts- und Strafverfahren nicht zu. Schwerer wiegt indes, dass der Bundesgerichtshof Amtsrichtern aufgrund ihrer richterlichen Unabhängigkeit einen „Beurteilungsspielraum" zubilligt, der eine sechsmonatige Untätigkeit einschließen soll. Das heißt, Staatsanwälte oder Richter können Verfahren bedenken- und folgenlos ein halbes Jahr nicht oder nicht hinreichend fördern, ohne den Schutzraum des Gesetzes zu verletzen. Diese Argumentation ignoriert den Zweck des Gesetzes gegen überlange Verfahren. Es sollte Verfahren konkret- und abstrakt-präventiv beschleunigen. Zu Recht fürchtet der Rechtsanwalt Julius Heinisch deshalb, dass sich das Gesetz gegen überlange Verfahren durch die Rechtsprechung des Bundesgerichtshofs in der Strafjustiz „zu einem zahnlosen Tiger entwickelt".[200]

Diesen Eindruck bestätigt der erste Erfahrungsbericht der Bundesregierung zum Gesetz gegen überlange Verfahren in der Strafjustiz. In den ersten zwei Jahren seiner Geltung waren erst 27 Entschädigungsverfahren beendet.[201] Numerisch waren davon zwölf Verfahren erfolgreich. Da sieben von ihnen auf das Konto eines Klägers gingen, haben im Berichtszeitraum lediglich vier Kläger eine Entschädigung erstritten – durch Urteil oder durch Vergleich.

Warum Kläger so selten mit Entschädigungsklagen durchdringen, offenbart der Evaluationsbericht der Bundesregierung. Nach ihm dauerten die unangemessen langen Verfahren im Schnitt rund dreieinhalb Jahre.[202] Vergegenwärtigt man sich, dass 2014 nur 0,3 Prozent der amtsgerichtlichen und 2,6 Prozent der landgerichtlichen Verfahren länger als drei Jahre dauerten, wird deutlich, dass das Gesetz gegen überlange Verfahren in der Auslegung des Bundesgerichtshofes nur krasse Ausnahmefälle erfasst.[203] Die Effekte dieser Rechtsprechung werden noch deutlicher, wenn man berücksichtigt, dass für den Bundesgerichtshof nicht die Gesamtdauer eines Verfahrens, sondern nur der unangemessene Teil der Verfahrensdauer maßgebend ist. Dieser Anteil betrug in den erfolgreichen Verfahren durchschnittlich gut 22 Monate.[204] Sanktioniert werden damit, wie in der Zivilgerichtsbarkeit, nur Ausreißer.

Die Rechtsprechung des Bundesgerichtshofes zum Gesetz gegen überlange Verfahren schreibt in der Strafjustiz bei der Dauer der Ermittlungs- und Strafverfahren den status quo fest und nimmt ihm dadurch jede beschleunigende Wirkung. Da die Beendigung der Verfahren in angemessener Zeit auch in der Strafjustiz ein Qualitätsmerkmal ist, leidet dieser Gerichtszweig hier Not.

Die starke bis sehr starke Belastung der Staatsanwaltschaft und der Landgerichte sowie die steigende Dauer der Ermittlungsverfahren und der Strafverfahren bei den Landgerichten bei der mittleren und schweren Kriminalität führen zur Kernfrage: In welchem Umfang verursachen diese Defizite weitere Qualitätsverluste und Einbußen bei der Verwirklichung von Wahrheit und Gerechtigkeit?

Qualitätsverluste II: eingeschränkte Ermittlungen und schlampige Anklagen

„Schon jetzt ist die zu leistende Arbeit nicht mehr in einer rechtsstaatlichen Erfordernissen genügenden Gründlichkeit und Schnelligkeit zu erbringen … Bei der Strafverfolgung kommt es an entscheidenden Stellen zu erheblichen Einbußen, die sich nicht nur in längerer Verfahrensdauer, sondern auch im Sanktionsbereich zeigen", klagten der Generalstaatsanwalt Lutz von Selle und der Leitende Oberstaatsanwalt Ewald Brandt in einem Brief, den sie im Juli 2013 an die damalige Justizsenatorin Jana Schiedeck schickten. Im Interview spricht der ‚General' „über einen sich Jahre hinziehenden Erosionsprozess" bei der Qualität der Strafverfolgung. Die Mängelliste kann er im Schlaf runterbeten:

- die Qualität der Ermittlungen ist schlechter geworden
- die Verfahren dauern länger
- die Reste-Listen werden umfangreicher
- Anklagen sind nicht gut formuliert
- Einstellungsbescheide haben nicht die erwünschte Qualität
- von den Einstellungsmöglichkeiten nach den §§ 153, 153 a und 154 StPO wird über Gebühr Gebrauch gemacht
- Strafbefehlsverfahren werden zu undifferenziert genutzt
- es wird zu viel gedealt

Am schwersten bricht die Qualität in den Abteilungen zur Verfolgung der allgemeinen Qualität ein. Hier müssen die Verfolger in Hamburg 60, in Wuppertal rund 75, in Berlin knapp 90, in Rostock etwa 100 und in Nürnberg 120 Verfahren im Monat bewältigen.[205] In diesen Abteilungen ist der Erledigungsdruck am stärksten. „Hier müssen Akten weggehauen werden", sagt von Selle. Die Erwartung ist, dass so viele Verfahren erledigt werden wie neue hinzukommen. Nach dem Eindruck der Berliner Amtsrichterin Brinkmann ist bei der Staatsanwaltschaft die „Art des Abschlusses mehr von der Statistik als vom Fall abhängig". „Unter dieser Statistik" leidet nach ihrer Meinung die „Suche nach Wahrheit und Gerechtigkeit ein bisschen".

Allgemeingut ist mittlerweile, dass in der Mehrzahl der Ermittlungsverfahren nicht die Staatsanwaltschaft, sondern die Polizei „Herrin des Verfahrens" ist – im Widerspruch zum Gesetz. Der Senatsvorsitzende am Bundesgericht Thomas Fischer schätzt, dass die Polizei „zu mehr als 90 Prozent nicht nur die Tätigkeit, sondern auch die Ergebnisse staatsanwaltlicher Tätigkeit" bestimmt".[206]

Die Bagatell- und mittlere Kriminalität wird wegen der dünnen Personaldecke bei der Polizei nur mit angezogener Handbremse und oft nur noch verwaltend bzw. dokumentarisch bearbeitet, zum Beispiel bei Wohnungseinbrüchen, Fahrrad- oder Ladendiebstählen. In Hamburg hat die Amtsrichterin Birte Meyerhoff öffentlich kritisiert, dass die Polizei bei Wohnungseinbrüchen „ihren Ermittlungsauftrag nicht ausreichend verfolgt".[207] Der Rostocker Staatsanwalt Holger Schütt macht bei den „großen Sachen" – Kapitalverbrechen, Sexualdelikte, Kapitalbetrug – „keine Abstriche bei den Ermittlungen". Bei den Delikten von „kleiner und mittlerer Schwere" sind hingegen wegen der Personaleinsparungen bei der Polizei „Schwerpunktsetzungen" notwendig. In Hamburg räumt der Leitende Oberstaatsanwalt Brandt ein, dass das „Aufklärungsinteresse" durch die allgemeine Belastung „bei der einfachen Kriminalität sinkt, zuerst bei der Polizei, dann aber auch bei der Justiz": „Die Akten werden schneller zugeklappt." Bei Fahrraddiebstählen bestehen die Akten gewöhnlich aus drei, vier Seiten. Brandt: „Die Anzeige und der fehlende Aufklärungserfolg werden bei der Staatsanwaltschaft werden zur Kenntnis genommen. Das war es dann auch." Wenig erbaulich auch die Situation in Berlin. Selbst wenn ein Täter ermittelt worden ist, werden die Akten vielfach schnell geschlossen. Verfahren wegen Ladendiebstahl, Schwarzfahren, Betrug und Untreue werden bei Ersttätern und einem Schaden unter 50 Euro in der Regel wegen geringer Schuld eingestellt. Ebenso verfährt die Nürnberger Staatsanwältin Andrea Elfrich.

2010 bat Peter Vogt, Leiter der Zentralstelle zu Bekämpfung der Kinderpornographie bei der Staatsanwaltschaft Halle an der Saale, um Versetzung. Der Grund: „Hunderte von Strafverfahren wegen des Besitzes von Kinderpornographie müssen eingestellt werden, weil Beweise von der Polizei nicht fristgerecht ausgewertet werden."[208]

Wegen des Erledigungsdruckes sind Staatsanwälte manchmal versucht, einen Anfangsverdacht zu verneinen, um dadurch Arbeit zu sparen. Nach den Erfahrungen des Frankfurter Ex-Oberstaatsanwalts Peter Köhler können „überwiegende Zweifel" schnell eine „Einstellung mangels hinreichenden Tatverdachts begründen". Der Hamburger Oberstaatsanwalt Brandt sieht in Verfahrenseinstellungen nach § 170 Abs. 2 StPO teilweise auch ein „Ventil des Prozessrechts" vor allem in Wirtschaftsstrafsachen, mit dessen Hilfe „die Praxis die Überlastung reguliert". Während die Einstellungsquote wegen nicht hinreichenden Tatverdachts in allen Verfahren bei gut 28 Prozent liegt, beträgt sie bei Wirtschaftsstrafsachen rund 34 Prozent.

Für eigene Ermittlungen haben die meisten Staatsanwälte in den Buchstabenabteilungen keine Zeit. Heiko Raabe, früher Amtsgerichtspräsident in Hamburg, hat als Leiter der Projektgruppe „Reorganisation und Modernisierung der Staatsanwaltschaft" herausgefunden, dass „eigene Ermittlungen" in der Abteilung Allgemeine Kriminalität „gegen Null" gehen: „Ermittlungen der Polizei werden in Anklageschriften gegossen." Das gleiche Bild in Berlin. Staatsanwalt Michael von Hagen: „In den allgemeinen Abteilungen können die Akten aufgrund der Masse Verfahren nur unzureichend bearbeitet werden. Die unzureichende Personaldecke führt dann im Ergebnis zu einer Strafverfolgung nach Kassenlage." In Berlin hat es schon Fälle gegeben, in denen Geschädigte einen Privatdetektiv engagiert haben, weil die Strafverfolger nichts unternommen hatten.

Besonders heikel scheint die Lage in der Abteilung Wirtschaftskriminalität. Der Berliner Staatsanwalt Thomas Zissel moniert, dass bei „Kreditbetrug die Hintermänner nicht ermittelt werden und eine Gewinnabschöpfung fast gar nicht mehr stattfindet". Stephan Sommer, Vorsitzender einer Hamburger Wirtschaftsstrafkammer, stellt lapidar fest, dass mangels personeller Kapazitäten vielen Anhaltspunkten für Wirtschaftsstraftaten oder weiteren Beteiligten nicht mehr nachgegangen werden kann". Unter Ermittlern ist die Strategie verbreitet, kleine und einfache Verfahren aus statistischen Gründen vorzuziehen, weil sie schneller zu erledigen sind. Die Folgen dieser „Erledigungsjustiz" sind für Thomas Schwarz, Hauptabteilungsleiter Wirtschaftskriminalität in Berlin, vor allem bei der Aufklärung von komplizierten Wirtschaftsstraften fatal: „Große Verfahren werden auf die lange Bank geschoben. Die Ermittlungen werden zurückhaltender geführt, Erkenntnissen über weitere Komplexe wird nicht nachgegangen."

Eine direkte Konsequenz der hohen Belastung ist in allen ausgewählten Bundesländern, dass sich die Qualität der Anklagen vor allem aus der Abteilung „Allgemeine Kriminalität" verschlechtert hat. Einige Beispiele für mangelnde Güte: Generalstaatsanwalt von Selle ist bei Anklagen zum Amtsgericht aufgefallen, dass im „Wesentlichen Ergebnis der Ermittlungen" … „Vorgeschichte und Folgen der Tat nicht immer in der erforderlichen Weise dargelegt sind": „Teilweise degenerieren diese Teile der Anklagen zu Formalien, indem auf den Anklagesatz verwiesen wird." Bessere Noten erhalten dagegen weiter Anklagen bei Kapitalverbrechen, in der organisierten Kriminalität und der Wirtschaftskriminalität.

Wesentlich schwerer fällt ins Gewicht, dass Sachverhalte, die den Anklagen zugrunde liegen, häufig nicht ausermittelt sind – mit negativen Folgen für Amts- und Landgerichte. Für den Berliner Oberstaatsanwalt Hans-Ulrich Klatt wäre es „arbeitsökonomisch günstiger, Beweislagen auszuermitteln mit dem Ziel einer möglichst kurzen Hauptverhandlung". Das war früher Praxis. Heute wird nach seiner Beobachtung nur noch so tief ermittelt, dass die gesetzlichen Vorgaben für eine Eröffnung des Hauptverfahrens erfüllt sind: der „hinreichende" Tatverdacht (§ 203 StPO). Die Restaufklärung muss das Gericht übernehmen – was in der Regel zu einer längeren Hauptverhandlung führt. Selbst seine Kollegin aus der Staatsanwaltschaft Andrea Elfrich gibt solche „Qualitätsmängel" zu. Einige Anklagen, die sie in Sitzungen vertreten muss, „enthalten vermehrt sachliche Fehler und Rechtschreibfehler". Auch in Schwerin haben Polizei und Staatsanwaltschaft nach Auffassung des Amtsrichters Brenne nicht mehr die Kapazitäten, um alle erforderlichen Ermittlungen durchzuführen: „Die Recherchen sind reduziert." Dem Hamburger Kammervorsitzenden Nix fällt auf, dass die „Beweismittel nicht sorgfältig gewürdigt sind und wichtige Aspekte aus der Akte in der Anklageschrift nicht auftauchen".

Andere Richter treten schon vorher auf die Bremse und schicken Anklagen zurück, die nicht ausermittelt sind. Der Darmstädter Landrichter Aßling macht das „relativ häufig".[209] Auch in Hamburg fallen Amtsrichter Björn Jonsson immer wieder Anklagen wegen „dünner Ermittlungen" auf, vor allem in „Bagatellfällen". Es kommt schon mal vor, dass er in einem Jahr 13 bis 15 Anklagen nicht zugelassen oder keine Strafbefehle erlassen hat. Das waren „deutlich mehr als früher", sind aber nach seiner Auffassung immer „noch weniger als fünf Prozent" der bei ihm erhobenen Anklagen. Auch seine Kollegin Meyerhoff ist „mit fast keiner Bearbeitung zufrieden": „Ich muss fast immer etwas nachermitteln." Es verdrießt sie, wenn aus den Akten hervorgeht, dass gegen einen Beschuldigten weitere Ermittlungen laufen und diese Akten nicht beigezogen sind.

Dass Anklagen häufig „unter Zeitdruck gefertigt" (Rechtsanwalt Reinhard Debernitz, Nürnberg) oder „rausgehauen" (Rechtsanwalt Bernd Scharinger, Donauwörth) werden, versuchen Anwälte seit einiger Zeit als Verteidigungspotential zu nutzen. An der Spitze der Bewegung steht der Berliner Fachanwalt für Strafrecht Friedrich H. Humke. Er bietet Fortbildungsseminare zu dieser Causa an und beruft sich auf den Bundesrichter Ralf Eschelbach.[210] Weil die „Kunst der Anfertigung einer schulmäßigen Anklageschrift" ... „in der überlasteten Praxis zunehmend verloren geht", empfiehlt er Anwälten, Anklageschriften als „Angriffsgegenstand zu betrachten".[211] Humke schätzt, dass 30 Prozent der zugelassenen Anklagen fehlerhaft sind. Er rät Mängel in der Anklageschrift erst in der Hauptverhandlung zu rügen und dort zu Beginn einen Antrag auf Nichtverlesung der Anklageschrift zu stellen. Auch der Fachanwalt für Steuerrecht Peter Gußen schlägt vor, in Steuerstrafverfahren „unzulängliche Anklageschriften" als Mittel der Verteidigung auszubeuten.[212] Beide Anwälte versprechen sich davon zwei Effekte. Erstens: Noch bevor der Staatsanwalt die Anklageschrift verlesen und in die Beweisaufnahme eintreten kann, hat der Verteidiger die Möglichkeit, seine Sicht der Dinge darzustellen. Eine Chance, dem sogenannten Inertia-Effekt entgegenzuwirken, also der Trägheit von Menschen und damit auch von Ermittlern, dass einmal getroffene Entscheidungen gegen widersprechende Informationen immun bleiben. Zweitens: Durch die Rüge einer fehlerhaften Anklageschrift kann die Bereitschaft des Gerichts gefördert werden, das Verfahren noch in der Hauptverhandlung nach § 153a StPO einzustellen. Die Richter würden von solchen Anträgen meist überrascht und müssten sich in der Hauptverhandlung zunächst noch einmal mit der Anklageschrift auseinandersetzen. Damit wird die Tür für ein Entgegenkommen hin und wieder geöffnet.

Allerdings gehört bei Richtern eine gehörige Portion Mut dazu, ein Verfahren schon am Beginn der Hauptverhandlung einzustellen. Das passiert relativ selten. Ein solcher Antrag kann aber den gesamten Verlauf einer Hauptverhandlung prägen. Das geschah zum Beispiel im Prozess gegen den ehemaligen Siemensvorstand Uriel S. wegen Untreue im Korruptionsskandal des Multis.[213] Dort hatte sein Verteidiger am ersten Verhandlungstag den Antrag gestellt, das Verfahren wegen chaotischer Ermittlungen, unvollständiger Aktenlage und Willkür bei der Einsicht in die Unterlagen einzustellen. Die Richterin Jutta Zeilinger hatte seinerzeit angedeutet, dass sie den Antrag sehr ernst nehme, weil sie Zweifel an der zuverlässigen Arbeit der Staatsanwaltschaft hatte. Nach neun Monaten Verhandlung sprach die Richterin den Angeklagten mit scharfer Kritik an der Arbeit der Staatsanwaltschaft frei: mehrere Zeugen seien nicht greifbar gewesen, etliche Vernehmungsprotokolle unbrauchbar und die Existenz schwarzer Kassen in Argentinien nicht bewiesen.[214]

Eine „unausgesprochene Reaktion auf die Belastung" ist für den Celler OLG Präsidenten Götz von Olenhusen das Phänomen, dass Staatsanwälte vermehrt Anklagen vor Amtsgerichten erheben, die von der Schwere des Vorwurfs und von der Höhe der zu erwartenden Strafe eigentlich vor dem Landgericht angeklagt werden müssten, zum Beispiel bei versuchtem Totschlag oder gefährlicher Körperverletzung. Der Grund: Die Verfolger wollen lange Wartezeiten auf einen Hauptverhandlungstermin vermeiden. Am Amtsgericht geht es „schneller, aber sie nehmen gleichzeitig eine mildere Strafe in Kauf", meint Götz von Olenhusen: „Ein Qualitätsverlust, der zu einem Gerechtigkeitsverlust werden kann." Auch der Hamburger Amtsrichter Johann Krieten kennt Anklagen, die mit abenteuerlichen Begründungen bei ihm landen, obwohl sie nach der Straferwartung eigentlich vor das Landgericht gehören: „Angeklagte profitieren von der Belastung. Es ist nicht gerecht, wenn wir die Sache auf kleiner Flamme erledigen."

Qualitätsverluste III: unvorbereitete Hauptverhandlungen und lückenhafte Beweisaufnahmen

Die Zensuren, die Verteidiger der Strafjustiz geben, pendeln zwischen „gut" und „ausreichend". Relativ schlecht schneiden die Hamburger Strafgerichte beim Strafverteidiger Beuth ab: „zwischen befriedigend und ausreichend": „Die Schwäche ist der fehlende Wille zur Aufklärung unter Inkaufnahme von Fehlurteilen." Der Nürnberger Anwalt Reinhard Debernitz gibt der Strafjustiz in Bayern die Note zwei minus, weil sie „im Kernbereich in Ordnung ist". Bernd Scharinger aus Donauwörth findet, dass die Strafgerichte „ordentlich" laufen, „zwischen den Noten zwei und drei". Solche guten Noten will der Berliner Rechtsvertreter Stefan König nicht geben. Er attestiert den Strafrichtern zwar „guten Willen und das Bemühen um gerechte Ergebnisse", sieht aber „grundlegende Strukturprobleme, die sich aus dem Verfahrensrecht ergeben", insbesondere „überforderte Richter, die zu falschen Urteilen kommen".

Es liegt nahe, die Häufigkeit von Fehlurteilen als entscheidenden Indikator für das Niveau unserer Strafjustiz an den Anfang der Betrachtung zu stellen, zumal die Enttarnung einiger spektakulärer Fälle in den letzten Jahren ein starkes negatives Echo in Büchern und Medien gefunden hat.[215] Das soll jedoch aus drei Gründen hier nicht geschehen. Einmal ist der Begriff Fehlurteil nicht klar definiert. Er wird häufig auch auf rechtlich oder tatsächlich falsche Urteile angewandt und nicht nur auf Fälle, in denen Angeklagte unschuldig verurteilt worden sind. Es gibt, zweitens, keine empirisch gesicherten Erkenntnisse über die Verbreitung von Fehlurteilen. Und, drittens, steht im Fokus dieses Buches nur die Frage, ob und in welchem Umfang die starke Belastung von Staatsanwälten und Strafrichtern die Qualität ihrer Arbeit beeinträchtigt und nicht, wie hoch das Niveau ihrer Tätigkeit insgesamt ist.[216]

Ausgangspunkt für die Suche nach Qualitätsverlusten ist die plausible Beobachtung des Berliner Strafverteidigers Jörg Rehmsmeier: „Zeitdruck erhöht die Fehleranfälligkeit und die Gefahr von Fehlurteilen und falschen Urteilen, vor allem bei Amtsgerichten." Neben der Belastung können Fehlurteile auch durch Faulheit, Desinteresse, Gleichgültigkeit, Vorurteile, Schlamperei, trügerische Routine oder mangelnde Phantasie. Sie können Richter verleiten, sich die Arbeit leicht zu machen und Sorgfaltsmaßstäbe zu senken wie etwa bei der notwendigen Überprüfung von Geständnissen wie bei den Fehlurteilen in den Mordfällen Peggy und Rupp.[217] Da Qualitätsminderungen durch Belastung nur selten allein in falsche oder sogar in Fehlurteile münden, wäre es verfehlt, sich auf Fälle zu beschränken, in denen ein solcher Kausalzusammenhang vorliegt oder zumindest naheliegt. Vielmehr sind alle Bereiche unter die Lupe zu nehmen, in denen sich die Belastung von Strafgerichten direkt oder indirekt nachteilig auf die Qualität richterlichen Handelns ausgewirkt hat bzw. haben könnte.

Die Mehrheit der interviewten Strafrichter räumt ein, dass die Arbeitslast Qualitätseinbußen nach sich gezogen hat. Für Friedrich Völtzer vom Amtsgericht Hamburg St. Georg leidet die „Gründlichkeit": „Das Ergebnis muss stimmen, sonst würde ich untergehen." Sein Kollege vom Amtsgericht Hamburg Mitte Johann Krieten formuliert es salopper: „Feinere juristische Überlegungen fallen unter den Tisch. Wir werden nicht für Klasse, sondern für Masse bezahlt."

Wer Hauptverhandlungstage von Amtsrichtern miterlebt hat, begreift schnell, wie leicht einem Angeklagten im Räderwerk der Massenabfertigung Unrecht geschehen kann. Bis zu zehn Verfahren werden an einem Tag terminiert. Wenn der Hamburger Amtsrichter Björn Jönsson in einem Verfahren „mehr als einen Tag verhandeln muss, ist das von Übel". Dann steigt der Erledigungsdruck.

Als die Justizaffäre Mollath beim Amtsgericht Nürnberg ihren verhängnisvollen Anfang nahm, hatte Amtsrichter Armin Eberl insgesamt sieben Verfahren mit acht Angeklagten terminiert. Das Dezernat hatte er drei Wochen zuvor mit 138 offenen Verfahren übernommen.[218] An solchen Tagen gibt es keine Zeit zum Nachdenken oder Studium der Rechtsprechung. Da Mollath sich geweigert hatte, bei der Exploration seiner Schuldfähigkeit mitzuwirken, schlug der bestellte Gutachter allein aufgrund der Aussagen von Mollaths Frau und einer schriftlichen Stellungnahme einer mit ihr befreundeten Psychiaterin vor, den Beschuldigten sechs Wochen in ein psychiatrisches Krankenhaus einzuweisen, um seinen Geisteszustand zu beobachten. Das tat Amtsrichter Eberl – im Widerspruch zur Rechtsprechung des Bundesverfassungsgerichts. Im Wiederaufnahmeverfahren räumte Eberl als Zeuge zehn Jahre später ein, dass er die Rechtsprechung des höchsten deutschen Gerichtes zu diesem Punkt nicht gekannt habe.[219] Also: Ein Amtstrichter hat an einem Verhandlungstag mit sieben Verfahren – zwischen Ladendiebstahl und Verkehrsunfallflucht – mit mangelhaften Rechtskenntnissen über den Verlust von Mollaths Freiheit entschieden, die der erst fast sieben Jahre später wieder erlangen sollte.

Der Augsburger Verteidiger Florian Engert geht wie viele bayerische Kollegen davon aus, dass die Häufung von Fehlern bei den bayerischen Strafgerichten „zum Teil auf Überlastung" zurückzuführen ist. „Eine neue Erfahrung" ist für ihn, „mit welcher Geschwindigkeit die Verfahren abgeurteilt werden". Ein Beispiel: der Fall Matthias G. Die 1. Kammer des Landgerichts Kempten hat ihn wegen sexuellen Missbrauchs seiner Tochter, den er stets bestritten hatte, in anderthalb Tagen zu zwölf Jahren Gefängnis plus Sicherheitsverwahrung verurteilt. „Ein Unding, so etwas in diesem Tempo abzufrühstücken", meint Engert. Er sollte Recht behalten. Der Bundesgerichtshof hob das Urteil auf, nachdem er sechs Rechtsfehler entdeckt hatte.[220] In einer Wiederauflage des Verfahrens sprach die 2. Kammer des Kemptener Landgerichts Matthias G. nach neun Verhandlungstagen frei. Nach einer 40 Seiten langen Beweiswürdigung hatten die Richter „durchgreifende Zweifel an der Glaubhaftigkeit" der Tochter, deren Aussagen „karg, teilweise inkonsistent" gewesen seien.[221]

Unmittelbar einleuchtend sind Qualitätseinbußen durch Beweismittelverluste, insbesondere bei Zeugen, die durch lange Verfahrensdauer verursacht werden. Beim Amtsgericht Moers war zum Beispiel ein Verfahren wegen Körperverletzung gegen den Angeklagten Daniel F. – er solle auf einer Party mit Steinen und Faustschlägen randaliert haben – erst zweieinhalb Jahre nach der Tat verhandelt worden.[222] In der Beweisaufnahme konnte sich kein Zeuge mehr an Einzelheiten erinnern – selbst die Anzeigende nicht. Daniel F., der einen Steinwurf eingeräumt hatte, wurde zu 25 Sozialstunden verurteilt, auch aus Mangel an Beweisen. „Es kann sein, dass manch ein Angeklagter an einem Urteil vorbeikommt, das er eigentlich verdient hätte", gab der Richter Reiner Lindemann zu. Opfer, die Anzeigen erstattet haben, verlieren den Glauben an die Funktionsfähigkeit der Justiz, wenn der Vorwurf erst zwei bis drei Jahre nach der Tat verhandelt wird.

Ein häufig angesprochener wunder Punkt ist, dass Richter manchmal schlecht vorbereitet in Hauptverhandlungen gehen – nach eigenem Eingeständnis wie Erfahrungen von Staatsanwälten und Verteidigern. Der Berliner Staatsanwältin Jana Berendt und der Rechtsanwältin Zecher ist aufgefallen, dass Richter vermehrt ihre Akten nicht kennen. Eine negative Folge dieses Mangels ist für Zecher, dass sich Richter schnell eine Meinung bilden, um kurzen Prozess zu machen. Für den Berliner Kammervorsitzenden Kai Diekmann treiben Richter aufgrund schlechter Vorbereitung hin und wieder „hilflos durch Beweisaufnahmen und geben jedem Beweisantrag statt".

Schwerer ins Gewicht fallen Mängel bei der Beweisaufnahme, die durch hohe Belastung ausgelöst werden. Als „defizitär" empfindet der Hamburger Landrichter Detlef Grigoleit, dass er „wegen des Erledigungsdrucks die Wahrheit nicht mehr voll aufklären kann". Der Hamburger Verteidiger Beuth bemängelt, dass ein Teil der Richter „wenig an der Wahrheit interessiert ist": „Hauptsache, es geht schnell." Denselben Schwachpunkt spießt der Berliner Anwalt Lierow im Prozess gegen den Lehrer Horst Arnold auf, der zu Unrecht wegen Vergewaltigung einer Kollegin verurteilt war: „Die Kammer hat sich bei der Aufklärung des Sachverhalts keine Mühe gegeben und Beweisanträge als angeblich unzulässige Ausforschungsanträge abgelehnt. Sie hat sich vom Bauchgefühl leiten lassen, von Aversionen gegen den Angeklagten wegen seiner Alkoholprobleme und seines schlechten Benehmens in der Schule." Im erstinstanzlichen Urteil und in den Ermittlungsakten hatte Lierow 18 Widersprüche entdeckt, die den Anwalt vermuten ließen, dass der Richter die „Akten nicht grundlegend studiert hat". Neun Jahre nach der ersten Verurteilung sprach das Landgericht Kassel Arnold im Wiederaufnahmeverfahren wegen „erwiesener Unschuld" frei.[223]

Auch im Verfahren gegen Gustl Mollath könnte eine unterlassene Beweisaufnahme eine Schlüsselrolle für das Fehlurteil gespielt haben. Einen „gravierenden Fehler" nennt der Regensburger Juraprofessor Henning Ernst Müller die Tatsache, dass sich das Gericht nicht mit einer Strafanzeige Mollaths beschäftigt habe, in der er seiner Frau vorwirft, bei Schwarzgeldtransfers ins Ausland geholfen zu haben.[224] Diese Anzeige hatte das Gericht nach Aussagen eines Schöffen und zweier Prozessbeobachter vom Tisch gewischt.[225] Die Vorwürfe Mollaths gegen seine Frau hätte das Gericht nach Ansicht Müllers prüfen müssen, weil sie ein Motiv für seine Frau hätten sein können, ihren Mann falsch zu beschuldigen. Nach einem Revisionsbericht der Bank, der während des Verfahrens noch geheim war, hatten Mollaths Vorwürfe zugetroffen. Die Kammer hatte es außerdem versäumt, die im Urteil genannte Verfasserin des ärztlichen Attests – eine mit seiner Frau befreundete Ärztin – und deren Sohn, der das Attest als Urlaubsvertreter seiner Mutter tatsächlich erstellt hatte, als Zeugen zu laden. Eine schwerwiegende Unterlassung! Denn das Attest hatte das Gericht neben der Aussage Mollaths als einziges Beweismittel aufgeführt. Die Erklärung für das Versäumnis: Nach nur vier Stunden Hauptverhandlung war für die Nürnberger Kammer die Wahrheitssuche beendet.

Der Prozess gegen Mollath offenbart einen weiteren Qualitätsmangel, der häufig bei hoher Belastung auftaucht, nämlich ein schludrig geschriebenes Urteil. Die Begründung des Urteils enthielt etliche sachliche Unrichtigkeiten: Mollaths Festnahme hatte sich anders abgespielt als geschildert. Der Zeitpunkt seiner tätlichen Angriffe auf seine Frau stimmte nicht. Das ärztliche Attest über die Verletzungen seiner Frau stammte nicht von der mit ihr befreundeten Ärztin, sondern von ihrem Sohn. Im Urteil fehlte ein Hinweis darauf, dass das Attest erst Monate nach der angeblichen Gewalttat ausgestellt war.[226] Im Wiederaufnahmeverfahren wurde bekannt, dass das Urteil in großer Eile gefertigt war. Die Verfasserin wollte am nächsten Tag in den Urlaub fahren.[227] Jahre später räumte sie als Zeugin im Wiederaufnahmeverfahren ein, dass sie das Urteil aus der Erinnerung ohne Akten und ohne Aufzeichnungen aus der Hauptverhandlung diktiert habe. Die Beisitzerin hatte vor dem Urlaub keine Zeit mehr, auf die Akten zu warten, die sich im Umlauf beim Protokollführer befanden. Auf die Frage des Richters im Wiederaufnahmeverfahren, ob man das Urteil als „Urteilsentwurf" bezeichnen könne, antwortete sie: „Eigentlich schon, aber das lag wohl auch an der personellen Besetzung."[228] Eine Anspielung auf die Tatsache, dass die Kammer in der Sparbesetzung mit zwei Richtern verhandelt hatte. Da ein Unglück, wie es so schön heißt, selten allein kommt, hatte der Kammervorsitzende Otto Brixner beim Gegenlesen des Urteils alle Fehler „überlesen".[229] Im Wiederaufnahmeverfahren gestand er als Zeuge: „Das ist ein Fehler von mir. Das darf normal nicht passieren."

Zu einer massiven Ungleichbehandlung von Beschuldigten kommt es durch die unterschiedlichen Umgang von Haftsachen und Nichthaftsachen durch die Strafgerichte. Weil ihre Kapazitäten nicht reichen, beide Verfahrensarten parallel zu bearbeiten, müssen Strafgerichte Haftsachen vorrangig bearbeiten, damit Untersuchungsgefangene nicht wegen überlanger Haftdauer entlassen werden müssen. Diese Priorität wirkt sich verheerend auf die Verfahrenslaufzeiten von Nichthaftsachen aus. Nach zwei, von den Oberlandesgerichtspräsidenten in Auftrag gegebenen, empirischen Untersuchungen, laufen die Nichthaftsachen bei den Großen Strafkammern im Durchschnitt „nahezu doppelt so lang wie Haftsachen".[230] Der ehemalige Bremer OLG Präsident Arenhövel: „Haftsachen verstopfen ... den Fluss der Erledigungen, sodass sich teils erhebliche Rückstände bilden." Diese Praxis verletzt den Grundwert der Gerechtigkeit doppelt. Die Angeklagten in Nichthaftsachen werden durch längere Verfahrenslaufzeiten gegenüber Angeklagten in Haft benachteiligt. Um diesen Effekt zu kompensieren, gewähren Gerichte Angeklagten in Nichthaftsachen bei der Bemessung der Strafhöhe Strafrabatte (Vollstreckungsabschläge) – und das in erheblichem Maße, weil die Verfahrensdauer bei Großen Strafkammern nach Arenhövel und Otte eine „rechtsstaatlich bedenkliche Form" angenommen haben.[231]

Dieselben negativen Effekte auf die Gerechtigkeit hat, allerdings in milderer Form, die verbreitete Praxis, aus statistischen wie menschlich verständlichen Gründen, einfache Verfahren prioritär zu bearbeiten. „Je komplexer eine Sache, desto eher die Neigung, eine Sache liegen zu lassen", weiß der Berliner Verteidiger Jörg Rehmsmeier.

Verbreitet ist bei einem Teil der Richter und der Strafverteidiger das Unbehagen über die Entscheidung des Gesetzgebers, dass Große Strafkammern Verfahren mittlerer Länge und Komplexität in Zweierbesetzung durchführen dürfen (§ 76 Abs. 2 GVG). Aus Sicht des Gesetzgebers hat sich diese Option bewährt, weil sie die Strafjustiz entlastet – um Mehrbelastung in anderen Bereichen aufzufangen und um Stellen einzusparen.[232] Der Darmstädter Landrichter Aßling, der Wuppertaler Kammervorsitzende Helmut Leithäuser und der Bundesrichter Ralf Eschelbach sind übereinstimmend der Auffassung, dass die Verringerung der Richter von drei auf zwei in Großen Strafkammern zu „erheblichen Qualitätsverlusten" geführt hat.

Dass drei Richter einen Prozess besser führen können als zwei, leuchtet jedermann auf den ersten Blick ein. Nach einer Grundsatzentscheidung des Bundesgerichtshofs 2010 gebührt daher der Dreierbesetzung wegen seiner „strukturellen Überlegenheit" der „Vorrang": „Die Beteiligung mehrerer Berufsrichter neben dem Vorsitzenden ist besonders geeignet, Aufgaben insbesondere auch in der Hauptverhandlung sachgerecht aufzuteilen, den Tatsachenstoff intensiver zu würdigen und schwierige Rechtsfragen besser zu bewältigen. Die Besetzung der Strafkammer hat so unmittelbaren Einfluss auf die Qualität des Erkenntnisverfahrens."[233]

Mit der Möglichkeit, in Zweierbesetzung zu verhandeln, hat der Gesetzgeber also Qualitätsverluste bewusst in Kauf genommen. Eine andere Frage ist indes, was die Strafjustiz aus diesem Entlastungshebel zulasten der Qualität gemacht hat. Hier fand der Bundesgerichtshof 2010 klare Worte: „Die Rechtspraxis" spiegelt ... den „gebotenen sensiblen Umgang der Großen Strafkammern mit der Besetzungsreduktion nicht wider." Besonders störte den 5. Senat, dass Kammern bei einigen Landgerichten „ausschließlich" mit zwei Berufsrichtern verhandeln. Um weiteren Missbrauch zu verhindern, zog der Senat für die Sparbesetzung eine Schranke ein: Wenn mit einer Verhandlungsdauer von mehr als zehn Tagen zu rechnen sei, muss die Kammer in Dreierbesetzung verhandeln. Die Vorgaben des Bundesgerichtshofs haben die Großen Strafkammern veranlasst umzusteuern. Seit 2011 sinkt bundesweit der Anteil der „Sparbestzungen" kontinuierlich: von 75 Prozent 2011 auf 53 Prozent im Jahr 2014.[234]

Erhebliche Unterschiede existieren dagegen weiterhin bei der Häufigkeit von Zweier- und Dreierbesetzungen in den Bundesländern. Ins Auge fällt zunächst, dass die Gerichte in den neuen Bundesländern von der Entlastungsbesetzung wesentlich häufiger Gebrauch machen als in den alten. In den neuen Bundesländern tun das knapp zwei Drittel (64 Prozent) der Kammern, in den alten nur gut die Hälfte (51 Prozent). Bundesrichter Eschelbach sieht in der Zwei-Richter-Besetzung eine Ursache dafür, dass es bei den Urteilen der Großen Strafkammern immer noch ein Qualitätsgefälle zwischen alten und neuen Bundesländern gibt: „Je weiter man in den Osten kommt, desto dunkler wird es."

Wichtige Faktoren für die Besetzungsentscheidung sind nach einer Heidelberger Untersuchung Deliktsart, Umfang der Verfahren, Zahl der Angeschuldigten und Verteidiger sowie der Umfang der zu erwartenden Beweisaufnahme, aber auch die Personalausstattung in den Gerichten und die regionale Rechtskultur.[235] Für zwei Drittel der Landrichter hat die personelle Ausstattung den Ausschlag dafür gegeben, dass sie überwiegend in Zweierbesetzungen entscheiden – weil die Zahl der Richter für die Dreierbesetzung nicht ausreicht.[236]

Massiv ist die Unzufriedenheit mit der Zweierbesetzung unter den Anwälten. Der Berliner Verteidiger Martin Rubbert hat einmal in einem Verfahren mit zwei

Richtern verteidigt, in dem das Gericht fünf Tage, maximal aber zehn Tage für angemessen hielt, das sich am Ende aber über 101 Verhandlungstage hingezogen hat. Rubbert „fühlt sich mit drei Berufsrichtern wohler": „Der Vorsitzende konzentriert sich auf die Verhandlungsführung, der Berichterstatter auf die Notizen über den Verhandlungsverlauf, und der Dritte verfolgt das Prozessgeschehen unbelastet von der Aktenkenntnis." Verteidiger fechten die Urteile bei Zweierbesetzungen „durchweg häufiger" an als die von Dreierbesetzungen.[237] 67 Prozent der Strafverteidiger plädieren deshalb dafür, dass die Großen Strafkammern häufiger zu Dritt verhandeln.[238]

Qualitätsverluste IV: Entlassungen von Untersuchungsgefangenen wegen überlanger Haft

„Vergewaltiger kommt frei", „Haftbefehl aufgehoben, Verdächtige tauchen ab", „Skandal in Hamburg: Schwerkriminelle aus Haft entlassen".[239] Solche Zeitungsüberschriften aus München, Stuttgart und Hamburg empören die Bevölkerung und ärgern Politiker. Ihre Botschaft ist: Die Justiz ist so überlastet, dass sie die von der Strafprozessordnung vorgesehenen Fristen für die Dauer der Untersuchungshaft – in der Regel sechs Monate – nicht einhalten kann. Jede Haftentlassung, die bekannt wird, schlachten Oppositionsparteien und der Deutsche Richterbund für politische Zwecke aus. Der gemeinsame Tenor: Wenn Untersuchungsgefangene vor Beginn eines Prozesses entlassen werden müssen, sind dafür die Landesregierungen verantwortlich, deren Sparpolitik zu einer Überlastung der Justiz geführt hat.[240]

Überraschend ist, dass Gerichte im angeblichen Justizparadies Bayern zwischen Januar 2011 und August 2014 Spitzenreiter bei U-Haft-Entlassungen wegen überlanger Haftdauer waren. In dem Zeitraum wurden dort 41 Haftbefehle wegen Verletzung des Beschleunigungsgebots aufgehoben.[241] Aus demselben Grund durften zwischen 2004 und 2014 82 mutmaßliche Straftäter in Baden-Württemberg ihre Zelle gegen die Freiheit eintauschen.[242] In jüngster Vergangenheit ist die Zahl der entlassenen U-Häftlinge in allen Bundesländern zurückgegangen, ohne dass die Gerichte dieses Problem ganz in den Griff bekommen haben. 2014 wurden in Berlin drei und in Baden-Württemberg zwei mutmaßliche Kriminelle auf freien Fuß gesetzt, in Nordrhein-Westfalen 2014 und 2015 sieben und in Hamburg 2015 drei.[243] Der Rückgang der Haftentlassungen hat zwei Ursachen. Justiz- und Gerichtsverwaltungen setzen alles daran, solche Blamagen durch Überlastungsanzeigen, Umleitung von Verfahren und Ersatzstrafkammern organisatorisch zu vermeiden. Und Strafrichter gewähren großzügiger als früher Haftverschonungen, um drohende Haftentlassungen durch die Oberlandesgerichte oder das Bundesverfassungsgericht zu vermeiden. In einzelnen bayerischen Gerichtsbezirken lässt sich nach Anwalt Scharinger beobachten, dass bereits „Ermittlungsrichter die Leute rauslassen, bevor die 6-Monats- oder die 9-Monats-Frist abläuft", Fälle, von denen die Öffentlichkeit nie etwas erfährt. Entlassungen aus Untersuchungshaft durch die Oberlandesgerichte und das Bundesverfassungsgericht sind also nur die Spitze des Eisbergs.

Bereits 1973 haben die Karlsruher Richter entschieden, dass die „Überlastung eines Gerichts" kein „wichtiger Grund" ist, um Untersuchungsgefangene länger als sechs Monate in Haft zu halten.[244] Die personelle Ausstattung der Strafjustiz falle „in den Verantwortungsbereich der staatlichen verfassten Gemeinschaft". Deshalb ist es für Amtsgerichte und Strafkammern zwecklos, sich mit dem Argument der Überlastung zu verteidigen, wenn sie Schwerkriminelle freisetzen müssen. In den Urteilen von Oberlandesgerichten und vom Bundesverfassungsgericht, die den Haftbeschwerden wegen überlanger Haftdauer stattgegeben haben, war daher allein ausschlaggebend, ob die Richter das Beschleunigungsgebot verletzt haben oder nicht. Trotzdem nutzen einige Gerichte die angebliche Überlastung immer wieder, um eine Fortdauer der Haft über die 6-Monats-Frist hinaus zu rechtfertigen und gleichzeitig der Politik kräftig vors Schienbein zu treten. Dass Termine für Haftsachen fehlen, ist zum Beispiel für das OLG Karlsruhe ein „alltäglicher Zustand und dem Umstand geschuldet, dass die Politik ignoriert, dass ein funktionsfähiger demokratischer Rechtsstaat eine den Aufgaben angemessene und nicht an den Sparplänen ausgerichtete Ausstattung der Justiz verlangt". Die Forderung der Richter: „Wenn das Geld nicht für beides reicht, muss eben auf einen Radweg und nicht auf einen Richter verzichtet werden."[245] Mit dieser Verteidigungslinie laufen Oberlandesgerichte spätestens beim Bundesverfassungsgericht auf.

Blamabel wurde es für Bayerns Justizverwaltung und Staatsregierung, als das Bundesverfassungsgericht im Juli 2014 entschied, einen knapp ein Jahr in Untersuchungshaft sitzenden Sexualverbrecher wegen Verstoßes gegen das Beschleunigungsgebot freizulassen.[246] Das Landgericht München I und das Oberlandesgericht München hatten die Länge der U-Haft bis dahin ausschließlich mit der Überlastung der Jugendstrafkammer gerechtfertigt. Der Beschluss des Verfassungsgerichts war eine Ohrfeige für die bayerische Justiz und Staatsregierung. Die beiden Kernsätze des Bundesverfassungsgerichts: „Die Begründung einer Haftfortdauerentscheidung allein durch die Dokumentation des Geschäftsanfalls einer Strafkammer …ist in jeder Hinsicht sachfremd." Mit einem Seitenhieb auf die Politik fügten die Karlsruher Richter hinzu, dass es einem Beschuldigten nicht zuzumuten sei, länger als „angemessen" in Untersuchungshaft zu sitzen, weil es der Staat versäumt habe, seiner „Pflicht zur verfassungsgemäßen Ausstattung der Gerichte" nachzukommen.[247] Das war ein ‚mangelhaft' für die angeblich beste Länderjustiz der Republik!

Hinter den U-Haftentlassungen einiger Oberlandesgerichte steckt nicht nur Kritik an der Personalausstattung der Gerichte, sondern manchmal auch politisches Kalkül. Durch die Freilassung von Untersuchungsgefangenen wollen sie politischen Druck auf Justizminister und -senatoren ausüben. Insider wie der Frankfurter Oberlandesgerichtspräsident Roman Poseck wissen, dass die

Freisetzung von Untersuchungsgefangenen die „Politik regelmäßig in Schwierigkeiten bringt". Als alle drei Strafsenate des Hamburger Oberlandesgerichts 2015 jeweils einen Inhaftierten wegen überlanger Haftdauer entließen, tauchte in der Gerichtskantine schnell das Gerücht auf, dass bei den Entlassungen auch taktische Motive eine Rolle gespielt haben: „Die sollen merken, dass wir mehr Stellen brauchen. Wir fahren den Karren an die Wand, damit die endlich aufwachen."[248] Wer die drei Beschlüsse liest, merkt, dass sie zwar juristisch sauber begründet sind, die Senate aber bei der Abwägung genauso gut für eine Haftfortdauer hätten entscheiden können. Dass die Personalpolitik die Haftentlassungen beeinflusst hat, schimmert an verschiedenen Stellen der Beschlüsse durch. Etwa da, wo der 1. Senat des OLG Hamburg darauf verweist, dass die Mitglieder der Strafkammer nach „weitgehendem" Verzicht auf „Jahresurlaube und Fortbildungen" zu „überobligatorischem Einsatz" wegen der „signifikanten Belastung des Spruchkörpers dienstrechtlich nicht verpflichtet" seien.[249] Im nächsten Satz benannte der Senat dann den nach seiner Ansicht Hauptverantwortlichen für die Misere: den „Staat". Er habe, etwas gewunden formuliert, die Pflicht, „der wertsetzenden Bedeutung des Freiheitsgrundrechts durch hinreichende organisatorische Maßnahmen Genüge zu tun". Gemeint hat er, was sich aber in einem Urteil zu sagen nicht schickt: mehr Personal einzustellen.

Dieses personalpolitische Kalkül von Gerichten bei Haftentlassungen geht häufig auf. Nach einem verheerenden Presseecho auf die Entlassung des Sexualverbrechers traf sich Ministerpräsident Horst Seehofer auf eigenen Wunsch mit Staatsanwälten und Richtern aus dem Umfeld des Verfahrens zu einem Informationsgespräch – ohne Presse. Kurze Zeit später konnte sich die bayerische Strafjustiz über 55 neue Richter und 20 neue Staatsanwälte freuen. In Baden-Württemberg verzichtete die Landesregierung nach den Haftentlassungen auf weitere Sparrunden in der Justiz. Und in Hamburg wurde der Sparkurs nach den Haftentlassungen und mehreren Brandbriefen von Richtern und Staatsanwälten gestoppt. Der Senat bewilligte zusätzlich drei Stellen für eine neue Kammer und zwei Stellen für die Staatsanwaltschaft.

Jede Haftentlassung ist ein **Offenbarungseid und ein Qualitätsverlust** für die Strafgerichtsbarkeit. Sie wurzelt in individuellen Fehlern von Richtern und Staatsanwälten, die häufig durch hohe Belastung und unzureichende personelle Ausstattung mitverursacht werden.

Wahrheits- und Gerechtigkeitsverluste I: Einstellungen und Strafrabatte wegen überlanger Verfahrensdauer

Es passiert selten, dass Richter offen über Missstände und Fehlentwicklungen in der Strafjustiz sprechen. Das taten 69 Richter von Strafkammern am Hamburger Landgericht in einem Brief an Justizsenator Till Steffen vom 17. April 2015. Sie haben die „Hosen runtergelassen", wie es einer der Unterzeichner ausdrückte, um im selben Atemzug die Hauptverantwortung für die erheblichen Gerechtigkeitsdefizite beim Hamburger Senat und der unzureichenden Personalausstattung zu verorten: „Eine überlange Verfahrensdauer führt nach den Regeln der Strafzumessung zu erheblichen Strafabschlägen. Nichtbewährungsstrafen werden zu Bewährungsstrafen. Bewährungsstrafen werden zu Einstellungen nach § 153a StPO. Das eigentlich verwirkte Unrecht wird nur zum Teil geahndet." Eine Hamburger Strafkammer musste phasenweise in jedem zweiten Verfahren einen Strafabschlag gewähren. Besonders beschämend empfanden die Richter, sich „selbst öffentlich und an prominenter Stelle – im Tenor (des Urteils) – des Unrechts bezichtigen" zu müssen. Nach der BGH-Rechtsprechung sind Gerichte nämlich gehalten, „ihr eigenes rechtsstaatswidriges Verhalten ausdrücklich festzustellen". Ein Beispiele aus der Fallsammlung der Strafrichter: Bei zwei Steuerhinterziehern, die zu jeweils einem Jahr und elf Monaten Freiheitsstrafe verurteilt wurden, musste der Richter ins Urteil schreiben, dass „zehn Monate wegen rechtsstaatswidriger Verfahrungsverzögerung als vollstreckt" gelten. Ist eine solche Gerechtigkeitseinbuße wegen überlanger Verfahren in Hamburg eine Ausnahme oder typisch für die Strafjustiz?

In der Rechtsprechung ist anerkannt, dass Verfahrensverzögerungen eine Strafe mildern können. Orientierungspunkte sind dabei ein langer Abstand zwischen Tat und Urteil, Belastungen durch die lange Verfahrensdauer und Verletzungen des Beschleunigungsgebots.[250] Diese drei Strafmilderungsgründe können allein oder zusammen auch für die Frage nach der Schuld im Rahmen von § 153 StPO bedeutsam werden. In Ausnahmefällen ist es möglich, dass sich eine ursprünglich nicht geringe Schuld nach überlanger Verfahrensdauer sich in eine geringe Schuld verwandelt mit der Folge, dass das öffentliche Interesse an der Strafverfolgung erlischt und das Verfahren wegen geringer Schuld eingestellt wird.[251] Wie häufig das geschieht, weiß niemand, da darüber keine Statistik geführt wird. Für die erste Evaluation des Gesetzes gegen überlange Verfahren haben die Länder von 64 Kompensationsfällen in staatsanwaltlichen Ermittlungsverfahren und von 591 Kompensationsfällen in gerichtlichen Strafverfahren berichtet, die wegen überlanger Dauer nach den §§ 153, 153a und 154 StPO eingestellt worden sind.[252] Diese Zahlen sind allerdings fast wertlos, weil zwölf Bundesländer solche Fälle nicht erfassen und die Angaben der übrigen Länder überwiegend auf Schätzungen beruhen.

Die Öffentlichkeit erfährt vom krassen Versagen der Strafjustiz in diesen Fällen nur selten, weil Richter und Täter das gemeinsame Interesse verbindet, solche Verfahren geräuschlos zu beerdigen – es sei denn, empörte Opfer machen jahrelang verschleppte Verfahren öffentlich. Das geschah zum Beispiel 2014 in Köln, als ein Vergewaltigungsprozess nach vier Jahren wegen geringer Schuld eingestellt wurde.[253] Die Nebenklägerin machte die Schlamperei, die zum Strafverzicht geführt hatte, öffentlich. Sie war über die Art und Weise erzürnt, wie die Staatsanwaltschaft das Verfahren behandelt hatte, insbesondere, weil ihre geistig behinderte Tochter bei der Tat keinen Widerstand leisten konnte und es ihr nach dieser Zeitspanne nicht zuzumuten war, an der Erstellung eines psychiatrischen Gutachtens mitzuwirken.

Bremen ist das Bundesland mit den längsten Verfahrenslaufzeiten. Dort scheint die Not der Richter so groß, dass ihnen zuweilen katastrophale Pannen unterlaufen. An der Weser hat das Landgericht 2013 ein Verfahren wegen „rechtsstaatswidriger Verzögerung" eingestellt, weil es neun Jahre unbearbeitet liegengeblieben war.[254] Im August 2014 kam heraus, dass eine Anklage wegen Beihilfe zum Mord 14 Jahre unberührt in einem Aktenschrank des Landgerichts geschmort hatte – angeblich wegen Überlastung der beiden Schwurgerichtskammern.[255] Als der Skandal publik wurde, hatten die beiden Haupttäter ihre Freiheitsstrafen von neun Jahren und fünf Monaten bzw. 15 Jahren bereits abgesessen.

Valide Erkenntnisse über die Verbreitung von Strafrabatten wegen unangemessener Verfahrensdauer oder von Vollstreckungsabschlägen, wie der Bundesgerichtshof sie nennt, gibt es ebenfalls nicht, weil Statistiken fehlen. Der Große Senat des Bundesgerichtshofs geht in seinem Urteil zum Vollstreckungsabschlag davon aus, dass „Verstöße der Strafverfolgungsorgane gegen das Gebot zügiger Verfahrenserledigung in zunehmendem Maß festzustellen sind".[256] Diesen Eindruck bestätigen Staatsanwälte, Richter und Verteidiger sowie empirische Studien der OLG Präsidenten – allerdings in sehr unterschiedlichem Umfang. Amtsgerichte billigen Strafrabatte nur selten zu. Häufiger werden sie von Berufungskammern bei Landgerichten und Wirtschaftsstrafkammern gewährt.

Jeder Strafrabatt, ob als allgemeiner Strafmilderungsgrund bei der Strafzumessung oder als formeller Vollstreckungsabschlag, ist ein Verzicht auf eine schuldangemessene Strafe zulasten der Gerechtigkeit. Während Täter als Ausgleich für lange Strafverfahrensdauer von milderen Strafen profitieren, empfinden Opfer und Rechtsgemeinschaft die schuldunangemessenen Strafen als Gerechtigkeitsverlust.

Strafrabatte werden in erster Linie bei Nichthaftsachen gewährt. Nach der ersten Studie der OLG Präsidenten gewährten Schwurgerichte/Strafkammern 2010 in knapp 12 Prozent der Verfahren einen Rabatt, Jugendkammern in knapp 11 Prozent und Wirtschaftsstrafkammern in fast 25 Prozent der Verfahren.[257] Die Schwurgerichte/Strafkammern zogen im Durchschnitt bei Nichthaftsachen 7,6 Monate, die Jugendkammern 4,3 Monate und die Wirtschaftskammern 6 Monate ab. In der Folgestudie für die Jahre 2011 bis 2014 ging die Rabattquote in Nichthaftsachen bei Schwurgerichten/Strafkammern auf durchschnittlich sieben Prozent herunter. Also eine Entspannung an der Belastungsfront. Gegenläufig der Trend bei den Wirtschaftskammern in Nichthaftsachen. Hier ist die Rabattquote bei fünf bzw. sieben Wirtschaftskammern von 25 Prozent im Jahr 2009 auf 30 Prozent im Jahr 2013 gestiegen. 2014 hat sich die Rabattquote noch einmal erhöht, allerdings nur bei drei Kammern auf durchschnittlich 56 Prozent. Einsamer Spitzenreiter ist eine Wirtschaftsstrafkammer, die in 83 Prozent der Verfahren wegen überlanger Dauer einen Strafrabatt eingeräumt hat.

Große Not signalisiert auch die Rabattbilanz einer Hamburger Wirtschaftsstrafkammer. Zwischen September 2013 und Ende 2015 hat sie in elf Urteilen gegen 23 Angeklagte Abschläge zwischen einem und neun Monaten zugesprochen, insgesamt Rabatte von neun Jahren.[258]

Was diese Abschläge über die Dauer von Wirtschaftsstrafverfahren aussagen, macht ein Urteil des Bundesgerichtshofs zu den „Besonderheiten" bei ihnen deutlich. Nachdem der 1. Senat festgestellt hat, dass in Wirtschaftsstrafverfahren „Gründlichkeit" regelmäßig „Vorrang vor „Schnelligkeit" hat, kommt er zu dem Ergebnis, dass eine Gesamtverfahrensdauer von dreieinhalb Jahren bis zum erstinstanzlichen Urteil in Wirtschaftsstrafsachen regelmäßig kein „besonders wichtiger Milderungsgrund" ist.[259] Dies Urteil zeigt, dass bei der Bekämpfung von Wirtschaftskriminalität die Maßstäbe ins Rutschen gekommen sind. Bei der Hamburger Wirtschaftsstrafkammer mit den hohen Rabattquoten hatten drei Verfahren allein bei Gericht drei Jahre gedauert, zwei Verfahren fünf Jahre im Ermittlungsverfahren und bei Gericht und drei Verfahren sechs Jahre im Ermittlungsverfahren und bei Gericht.[260]

Bei Kleinen Strafkammern als Berufungsinstanzen kommt es nach Sönke Volkens, Vorsitzender einer solchen Kammer in Berlin, „öfter vor, dass Strafrabatte gewährt werden": „Hier sind die Verfahrenslaufzeiten unbefriedigend lang." Diese Kammern, im Jargon auch „Rabattinstanzen" genannt, haben in der Regel Probleme, die Verfahren schnell zu terminieren und müssen dann wegen langer Verfahrensdauer Strafabschläge gewähren. Nach den Erfahrungen des Berliner Staatsanwalts Robert Kohly dauert es im Durchschnitt ein dreiviertel bis ein Jahr bis zu einem Termin. Der Berliner Staatsanwalt Michael von Hagen findet es „unerträglich, wenn ein Täter statt zwei Jahren ohne Bewährung wegen der Dauer des Verfahrens einundeinhalb Jahre mit Bewährung bekommt": „Wenn mehr Personal da wäre, würde der Täter die Strafe bekommen, die er verdient."

Die Strafe darf sich nicht „von ihrer Bestimmung als gerechter Schuldausgleich lösen ... auch nicht nach unten" hat der Große Senat des Bundesgerichtshofs in seinem Grundsatzurteil zur Verständigung festgestellt.[261] Dieses Gebot verletzt die Strafjustiz in einigen Bereichen erheblich.

Wahrheits- und Gerechtigkeitsverluste II: Einstellungen nach dem Opportunitätsprinzip

August 2014, nachmittags im Landgericht München I: Bernie Ecclestone, Chef der Formel 1, und Manfred Nötzel, Chef der Staatsanwaltschaft München I besiegeln einen „Deal" mit Handschlag wie unter ordentlichen Kaufleuten. Ein in der deutschen Justizgeschichte wohl einmaliger Vorgang.[262] Das Geschäft: Der Brite zahlt 100 Millionen Dollar (knapp 74 Millionen Euro), im Gegenzug stellt das Gericht auf Anregung der Staatsanwaltschaft das Verfahren wegen Bestechung und Anstiftung zur Untreue nach § 153a StPO (Einstellung gegen Auflage) ein. Wahrheit und Gerechtigkeit waren zu Handelsobjekten verkommen, weil alle Beteiligten Vorteile aus diesem Handel zogen, die allerdings mit den Zielen eines Strafverfahrens nichts zu tun haben: Staatsanwalt und Gericht sparen Arbeit, Ecclestone ist den lästigen Prozess und das Verurteilungsrestrisiko los, die Verteidigung feiert einen glitzernden Triumph, und die Staatskasse streicht 99 Millionen Dollar ein. Nur einen Verlierer gab es: den Rechtsstaat. Als „Freikauf-Justiz" und „Kassenjustiz" in den Medien geschmäht, haben Glaubwürdigkeit und Ansehen der Strafjustiz durch diesen Deal hässliche Schrammen bekommen.[263]

Diesen Eindruck verstärkt der Einstellungsbeschluss der 5. Strafkammer des Landgerichts I.[264] Aus ihm geht hervor, dass eine rechtsstaatlich saubere Lösung zum Zeitpunkt der Einstellung ein Freispruch gewesen wäre. Staatsanwaltschaft und Kammer steckten nämlich rechtlich und tatsächlich in einer Sackgasse, wie drei Passagen aus dem Einstellungsbeschluss zeigen. Erstens: „Der dem Angeklagten zur Last liegende Tatverdacht hat sich in den 21 Tagen Hauptverhandlung bisher in wesentlichen Teilen nicht erhärtet. Die Kammer geht nicht davon aus, dass eine weitere Beweisaufnahme daran etwas ändern wird." Zweitens: Dass der Empfänger des Geldes, der Ex-Vorstand der Bayern LB Gerhard Gribkowsky, nach deutschen Gesetzen ein Amtsträger war, kann der Brite Ecclestone nicht gewusst haben, sodass ein „vorsatzausschließender Irrtum" bei ihm „nicht auszuschließen" sei. Und drittens: „Der Vorwurf der Anstiftung zur Untreue hat sich bisher ebenfalls nicht dergestalt erhärtet, dass eine Verurteilung wahrscheinlich erschiene." Aus diesen drei Sätzen werden die Motive für die Einstellung deutlich: Staatsanwaltschaft und Kammer waren mit ihrem Latein am Ende und haben dem Deal zugestimmt, um nicht noch mehr Zeit und Arbeit fehl zu investieren und ihr Gesicht zu wahren. Selbst hohe Richter finden die Einstellung anrüchig. Nach Auffassung des früheren Bremer OLG Präsidenten Arenhövel hätte Ecclestone „freigesprochen werden müssen, weil ihm offenbar kein Vorsatz nachzuweisen war". Es dürfe, so Arenhövel weiter, „in der Öffentlichkeit nicht der Eindruck entstehen, dass man sich freikaufen kann". Auch für den Präsidenten des OLG Celle Götz von Olenhusen „haut die Ecclestone-Einstellung nicht hin": „Bei der Einstellung nach § 153a StPO kann die Gleichbehandlung leiden, was wiederum zu Ungerechtigkeiten führen kann." Der Bundesrichter Nikolaus Berger moniert, dass die Auflage höher war als die höchste zulässige Geldstrafe.

Dass die Beweis- und Rechtslage zurzeit der Einstellung zugunsten von Ecclestone sprach und sich eine Wende nicht abzeichnete, ficht den zuständigen Leitenden Oberstaatsanwalt Manfred Nötzel nicht an: § 153a StPO sei auch in „schwerlösbaren komplexen Prozesssituationen" anwendbar.[265] Der Contergan-Prozess habe den Anstoß zu seiner Einführung gegeben. Das ist richtig. Aber damit hat der Gesetzgeber zugleich eine Büchse der Pandora geöffnet. In der Praxis missbraucht die Staatsanwaltschaft diese Option in komplexen Verfahren gern, um nicht als

Verlierer dazustehen, wenn sie nämlich realisiert, dass sie in einem Prozess ihr Pulver verschossen hat und alles auf einen Freispruch zuläuft.

Die Einstellung wegen Geringfügigkeit (§ 153 StPO) und die Einstellung gegen Auflage (§ 153a StPO) bilden das Herz des Opportunitätsprinzips. Sie befreien Staatsanwaltschaft und Strafrichter unter bestimmten Voraussetzungen vom Verfolgungszwang. Beide Einstellungsmöglichkeiten haben in erster Linie das Ziel, die Strafjustiz bei der Bekämpfung der kleinen und mittleren Kriminalität zu entlasten und Ressourcen stärker bei der schweren Kriminalität einzusetzen. Das zweite Ziel, Bagatellkriminalität zu entkriminalisieren, ist fast in Vergessenheit geraten.

In bemerkenswerter Offenheit gibt der Gesetzgeber in der Begründung für die Erweiterung des § 153a StPO zu, dass mit seiner Hilfe alle „Möglichkeiten zu einer Vereinfachung und Straffung der Verfahren" ausgeschöpft werden sollen, weil die Strafjustiz am „Rande der Belastbarkeit" arbeite.[266] Der rechtsstaatliche Preis dafür ist, dass die Anwender auf die Feststellung von Unrecht und Schuld verzichten können. Bei § 153 StPO genügt, dass für eine „geringe Schuld eine gewisse Wahrscheinlichkeit besteht".[267] Das Gesetz fordert nur eine „hypothetische Schuldbeurteilung". Entsprechend braucht auch der Sachverhalt nicht weiter aufgeklärt zu werden, als es für diese Prognose notwendig ist. An dieser Stelle hat sich der Gesetzgeber vom Gebot der Wahrheitssuche verabschiedet. Im dadurch entstandenen Freiraum ermöglicht die Einstellungsoption die kriminalpolitisch erwünschte Perspektive einer **„informellen Konfliktlösung",** vor allem bei Ersttätern.[268]

Auch bei § 153a StPO ist die Wahrheitsfindung eingeschränkt. Für seine Anwendung genügt ein „hinreichender Tatverdacht".[269] Umstritten ist, ob der Sachverhalt überhaupt einen Straftatbestand erfüllen muss.[270] Auch hier ist ein Modell „informeller Konfliktlösung" entstanden, das allerdings im Unterschied zu § 153 StPO nicht nur einen Konsens von Staatsanwaltschaft und Gericht verlangt, sondern auch eine Zustimmung des Beschuldigten/Verteidigers.[271] Die Durchbrechung des Legalitätsprinzips durch die Einstellungsmöglichkeiten in der Strafprozessordnung, im Jugendgerichtsgesetz und im Betäubungsmittelgesetz haben die Schwerpunkte in der Sanktionspraxis von formellen zu informellen Sanktionen verschoben: von knapp 64 Prozent Verurteilten im Jahr 1981 zu 43 Prozent im Jahr 2012. Bei 57 Prozent der sanktionierbaren Personen wurden die Verfahren 2012 aus Opportunitätsgründen eingestellt.[272] Dieser Trend hält bis heute an. Die Anklagequote ist zwischen 2011 und 2014 von elf auf 9,4 Prozent gesunken.[273] Während die Anteile an Einstellungen nach den §§ 153a, 154 und 172 Abs. 2 StPO ungefähr gleich geblieben ist, ist die Zahl der Einstellungen wegen geringer Schuld im selben Zeitraum um 1,2 Prozent gestiegen.[274]

Staatsanwälte, Richter und Verteidiger führen die Abnahme von Anklagen auf die hohe Belastung zurück. Der Hamburger Amtsgerichtspräsident Hans-Dietrich Rzadtki hat zum Beispiel beobachtet, dass „in den vergangenen Jahren die Anklagen geringfügiger Delikte zugunsten komplexer Verfahren deutlich zurückgegangen sind".[275] Während der Anteil an Einstellungen bei der Staatsanwaltschaft an den Gesamterledigungen in Verfahren gegen bekannte Täter im Jahr 2005 noch 34 Prozent betrug, waren es 2014 bereits 37 Prozent. Das sind nach Rzadtki angesichts der insgesamt 145.333 Erledigungen im Jahr 2014 „Tausende Verfahren". Dem Hamburger Generalstaatsanwalt von Selle ist aufgefallen, dass in „stärker belasteten Staatsanwaltschaften die Einstellungsquoten in der Regel höher sind als in weniger stark belasteten Staatsanwaltschaften". In Nürnberg werden Verfahren in der Bagatellkriminalität nach der Staatsanwältin Elfrich „großzügig" eingestellt. Die massenhafte sanktionslose Einstellung nach § 153 StPO kann dazu führen, dass weite Kriminalitätsbereiche – Ladendiebstahl, Schwarzfahren, Einbruchsdiebstahl, Fahrraddiebstahl – praktisch nicht mehr verfolgt werden.[276] Auch wenn die Hauptverantwortung für diese Erledigungsstrategie bei den Staatsanwälten liegt, wird sie in der Regel von den Richtern mitgetragen, weil alle Beteiligten davon profitieren: Staatsanwälte und Richter sparen Zeit, und die Beschuldigten werden nicht an den Pranger einer öffentlichen Hauptverhandlung gestellt. Einige Richter und Staatsanwälte geben zu, dass sie die Opportunitätsvorschriften zur Arbeitserleichterung missbrauchen. Nach dem Fürther Amtsrichter Riedel stellen bayerische Kollegen Verfahren „schon auch mal wegen der Statistik" ein.

Bei der Arbeitserleichterung helfen häufig auch Einstellungen wegen unwesentlicher Nebenstraftaten nach § 154 StPO. 2014 haben Staatsanwaltschaften auf diese Weise 350.348 Verfahren beendet, immerhin 7,5 Prozent aller Erledigungen.[277] In Hamburg passierte das zeitweise so häufig, dass Generalstaatsanwalt von Selle in einer Mail alle Verfolger aufforderte, von dieser Vorschrift weniger Gebrauch zu machen. „Ein Verfahren aus angeblichen Gründen der Verfahrensökonomie (nach § 154 StPO) einzustellen, obwohl der Angeklagte im Wesentlichen geständig ist, ist von dem Sinn dieser Vorschrift nicht mehr gedeckt", heißt es in der Mail, die im Flurfunk unter dem Namen „Gewitter I" berühmt wurde.[278] Für den Hamburger Behördenleiter Ewald Brandt sind auch Einstellungen als unwesentliche Nebenstraftaten „Ventile" gegen die „teilweise Überlastung". Alle Staatsanwälte und Richter, die die Einstellungspraxis bei der Befragung drastischer und damit wohl auch ehrlicher beschreiben, wollten anonym bleiben.

Von dem „Erledigungsdruck" und der „großzügigen Anwendung" des § 154 StPO „profitieren" nach Ansicht des Hamburger Strafverteidigers Klaus Hüser vor allem die Angeklagten: „Da kann man nicht zweierlei Meinung sein." „Komplizierte Dinge" werden nach seiner Beobachtung aus „rein pragmatischen und zeitlichen Gründen kleiner gemacht": „Was früher zehn Jahre waren, sind heute sieben." Deutlicher können die Gerechtigkeitsverluste durch eine hohe Belastung nicht werden.

Niemand weiß, in welchem Umfang Staatsanwälte und Richter die Einstellungsmöglichkeiten sachgerecht nutzen oder zur Entlastung zweckentfremden. Staatsanwälte, Richter und Verteidiger agieren wie ein Schweigekartell zum wechselseitigen Nutzen. Die Ergebnisse kontrolliert niemand – mit Ausnahme der wenigen Fälle, in denen sich Opfer beschweren oder die Beschuldigten wegen ihrer Prominenz ins Scheinwerferlicht der Medien geraten.

Anlass zur Sorge gibt einmal eine Grauzone, in der heute vielfach nach den §§ 153 und 153a StPO eingestellt wird, in denen früher mangels hinreichenden Tatverdachts auf Strafe verzichtet wurde. Ein Indiz für diese Praxis ist wieder die Mail „Gewitter I" von Generalstaatsanwalt von Selle. Sie macht klar, worum es geht: „Es sollte von einer Staatsanwältin und einem Staatsanwalt nicht als Niederlage empfunden werden, einen Freispruch ‚mit nach Hause zu bringen'. Wenn ‚es nicht reicht', steht es dem Rechtsstaat gut zu Gesicht, daraus die gesetzlich vorgesehenen Konsequenzen zu ziehen. Ein Ausweichen auf eine Einstellung gemäß § 153 StPO erscheint da eher fragwürdig." Eine solche Einstellungsofferte sollte zum Beispiel Ex-Bundespräsident Christian Wulff locken. Da war es allerdings das Gericht, das ihm offenbar ohne jede Auflage anbot, das Verfahren wegen Geringfügigkeit einzustellen, nachdem sich in der Hauptverhandlung ergeben hatte, dass die Staatsanwaltschaft keine tragfähigen Beweise präsentieren konnte. Wulff lehnte das Angebot ab, weil er ein starkes Interesse hatte, dass seine Ehre durch ein Urteil wieder hergestellt wird und das Versagen der Staatsanwaltschaft nicht durch eine Einstellung wegen geringer Schuld verschleiert wird.

Viel größer ist die Gefahr Gesicht wahrender Einstellungen allerdings bei der Anwendung des § 153a StPO. Während er bei den Amtsgerichten nur eine Nebenrolle spielt, steht er bei den Landgerichten inzwischen im Zentrum der Erledigungsstrategie. Bei Richtern und Staatsanwälten verschmelzen hier drei Motive: Arbeitsentlastung, Geld für die Staatskasse und das Kaschieren von dünnen Anklagen und sorglosen Eröffnungsbeschlüssen. Alles zulasten des Rechtsstaates, zulasten der Suche nach Wahrheit und Gerechtigkeit.

Von dieser Zwangslage profitieren die Verteidiger. Sie streben Einstellungen nach § 153a StPO an und nutzen dabei den „Erledigungsdruck" in der Strafjustiz, wie der Hamburger Anwalt Strate offen zugibt. Allerdings nicht um jeden Preis, zum Beispiel dann nicht, wenn eine Chance auf Freispruch besteht.

Es gibt Prozesse wie das Contergan-Verfahren, die juristisch nicht lösbar sind. Der Prozess wurde nach zweieinhalb Jahren gegen eine Buße von 114 Millionen DM eingestellt.[279] Solche Verfahren sind aber sehr selten. Worum es im Gerichtsalltag heute wirklich geht, offenbart der Beschluss des Landgerichts Bonn bei der Einstellung des Untreue-Verfahrens gegen Bundeskanzler Kohl gegen eine Buße von 300.000 DM: „In der Rechtspraxis kommt es in vielen Fällen auch dann zur Einstellung, wenn die für eine Verurteilung notwendige Tatsachenaufklärung einen Umfang an Personal, Zeit und Kosten erfordern würde, der gemessen an der zu erwartenden Strafe im Ergebnis unverhältnismäßig wäre; als weiterer alternativer oder zusätzlicher Einstellungsgrund gilt in der Rechtspraxis auch die Ungewissheit über das Ergebnis, weil z.B. bisher ungeklärte Rechtsfragen offen sind und eine langwierige Durchführung des Verfahrens durch mehrere Instanzen nicht mehr im Verhältnis zur Tat oder zum Schutzgehalt und damit auch zur eventuellen Höhe der Strafe stünde."[280] Hier wurde bereits 2001 praktiziert, was 2015 in verschärfter Form gilt: Dass die Strafjustiz „Opportunität praktiziert, wo Legalität klare Entscheidungen gebietet", wie es der renommierte Strafverteidiger Rainer Hamm formuliert.[281] Er kritisiert das „Zukleistern ‚ungeklärter Rechtsfragen' durch „informelle Verfahrenserledigungen" ebenso wie Beulke, für den das „Offenlassen von Rechtsfragen" dem „Rechtsstaatsprinzip" widerspricht.[282] Die Abwägung Recht contra Aufwand steht heute im Zentrum der Anwendung von § 153a StPO.

Zwei Beispiele aus der allgemeinen Kriminalität. Fall eins: Das Verfahren gegen den SPD-Bundestagsabgeordneten Sebastian Edathy wegen des Besitzes kinderpornographischer Bild- und Videodateien hat das Landgericht Verden gegen eine Buße in Höhe von 5.000 Euro eingestellt, nachdem Edathy erklärt hatte, dass die in der Anklage erhobenen Vorwürfe zuträfen, ohne dabei, wie sein Anwalt später betonte, zuzugeben, dass er Kinder- und Jugendpornographie besessen habe.[283] Das Verfahren, das Edathys berufliche und bürgerliche Existenz zertrümmert hat, war von Anfang an belastet, weil es sich lange auf nicht verbotene Nacktfotos von Kindern ohne kinderpornographischen Inhalt gestützt hat, und der in der Anklage erhobene Vorwurf nie endgültig geklärt wurde. Was die Wahrheit war, blieb am Ende nebulös. Fall zwei: Gegen eine Ärztin wird wegen Verkehrsunfallflucht ermittelt. Bei einer Verurteilung droht ihr der Entzug der Fahrerlaubnis. Der Hamburger Anwalt Peter Wulf wird bereits im Ermittlungsverfahren aktiv und bekommt ein Angebot für eine Einstellung nach § 153a StPO, das er „nicht ablehnen konnte": keine Hauptverhandlung, keine Punkte in Flensburg, kein Entzug des Führerscheins und ein überraschend niedriger Geldbetrag. „Wahrheit und Gerechtigkeit spielen da keine Rolle mehr", meint Wulf. Aufgefallen ist ihm außerdem, dass Staatsanwälte und Richter heute wegen der hohen Belastung vermehrt den Anstoß zu Einstellungen gegen Geldbuße geben – im Gegensatz zu früher, als die Initiative meist von den Verteidigern ausging.

Am häufigsten wird § 153a StPO in der Wirtschaftskriminalität missbraucht. In der Siemens-Korruptionsaffäre wurden vier Verfahren gegen ehemalige Vorstandsmitglieder einschließlich Heinrich von Pierer gegen Geldbußen zwischen 45.000 Euro und 400.000 Euro eingestellt.[284] Das letzte Verfahren gegen Uriel S. endete mit einem Freispruch. Danach werden sich Pierer und seine Vorstandskollegen möglicherweise gefragt haben, ob sie nicht ohne Deal besser weggekommen wären. Vielleicht hatten sie aber auch im Kopf, dass ihr Kollege Direktor Reinhard S. zu zwei Jahren auf Bewährung und einer Geldstrafe von 108.000 Euro verurteilt wurde. Er war allerdings die Schlüsselfigur in der Korruptionsaffäre, weil er die schwarzen Kassen für Schmiergelder verwaltet hatte.[285]

Der Mannesmann-Prozess wurde in der zweiten Runde nach Meinung von Bundesrichter Nikolaus Berger „sang- und klanglos eingestellt", nachdem sich Josef

Ackermann, Klaus Esser, Joachim Funk und Klaus Zwickel bereit erklärt hatten, zusammen 5,7 Millionen Euro an die Staatskasse zu zahlen. Ob sie sich wegen Untreue strafbar gemacht hatten, blieb offen.

Eine fatale Rolle spielte § 153a StPO auch bei dem Versuch von Staatsanwaltschaften, die Milliardenverluste der Landesbanken in der Finanzkrise strafrechtlich zu bewältigen. Getrieben von eigener Empörung und Volkes Zorn haben Ermittler wie der Stuttgarter Oberstaatsanwalt Hans Richter die strafrechtliche Aufarbeitung der Exzesse zu einem „demokratischen Prüfstein" für die Justiz erklärt und „spürbare Strafen" gefordert.[286] Bei den Versuchen, in riskanten Darlehen oder Finanzierungen, Käufen zu überhöhten Preisen oder gefährlichen Aktienspekulationen Untreuehandlungen zu sehen, holten sich die Ermittler jedoch auf breiter Front blutige Nasen. In Hamburg sprach die 8. Große Wirtschaftsstrafkammer den Ex-Vorstandsvorsitzenden Dirk Jens Nonnenmacher und fünf Vorstände der HSH Nordbank frei, weil die Angeklagten die „Grauzone in Richtung Strafbarkeit" nicht überschritten hätten.[287] In Sachsen lehnte es eine Wirtschaftsstrafkammer des Landgerichts Leipzig ab, das Hauptverfahren gegen die Vorstandsmitglieder der Sachsen LB Michael Weiss und Rainer Fuchs mangels „hinreichenden Tatverdachts" zu eröffnen.[288] Die Beschwerde der Staatsanwaltschaft gegen die Nichteröffnung verpuffte wegen eines Formfehlers, weil die Staatsanwältin sie nicht unterschrieben hatte. In Düsseldorf stellte das Landgericht das Verfahren gegen den früheren Vorstand der West LB Jürgen Sengera nach einem Freispruch in erster Instanz gemäß § 153a StPO gegen eine Buße von 100.000 Euro ein.[289] In Stuttgart hat die 14. Große Strafkammer das Verfahren gegen sieben amtierende und frühere Vorstände der Landesbank Baden-Württemberg (LBBW) nach § 153a StPO gegen 40.000 bzw. 50.000 Euro beendet.[290] In München hat eine Strafkammer keinen einzigen der acht beschuldigten Vorstandsmitglieder der Bayern LB wegen Untreue verurteilt. Für den Untreuevorwurf war nach Ansicht des Vorsitzenden Richters Joachim Eckert kein Tatnachweis erbracht.[291] Nach 41 Verhandlungstagen hat die Kammer das Verfahren gegen den Ex-Bayern LB-Vorstand und Geschäftsführer des Deutschen Bankenverbandes Michael Kemmer und drei weitere ehemalige Vorstandsmitglieder gegen geringe Geldauflagen zwischen 5.000 und 20.000 Euro eingestellt.[292] Während des Prozesses waren die Banker durch Sitzungsprotokolle und Zeugenaussagen entlastet worden. Zehn Verhandlungstage später durfte sich dann auch Ex-Vorstand Rudolf Hanisch aus dem Prozess gegen eine Buße von 50.000 Euro verabschieden. Allein den Ex-Bayern LB-Chef Werner Schmidt verurteilte das Gericht zu einer Freiheitsstrafe mit Bewährung – allerdings nur nach einem Deal: Geständnis des Bestechungsvorwurfes gegen Einstellung des Untreuevorwurfes.[293] Offensichtlich wollte der Vorsitzende Joachim Eckert nach 50 Verhandlungstagen ein schnelles Ende. Es bleibt eine Frage: Warum lassen sich Angeklagte auf solche Deals nach monatelanger Verhandlung und guten Aussichten auf Freisprüche ein? Die Antwort gibt Kemmer: Letztlich sei es nach 41 Verhandlungstagen eine „Frage der Zeit" gewesen, und man kann den jetzigen Ausgang „de facto" … „als Freispruch ansehen".[294] Hätten sich Gericht und Staatsanwaltschaft korrekt verhalten, hätten sie die Angeklagten freisprechen oder weiter verhandeln müssen. In dieser Zwickmühle nutzt die Strafjustiz § 153a StPO als eine Art Notausgang, um das Eingeständnis einer Niederlage zu vermeiden und nicht weitere Ressourcen zu verschwenden. Mit der Suche nach Wahrheit und Gerechtigkeit hat diese Art der Verfahrenserledigung nichts mehr zu tun. Dass der Hamburger Generalstaatsanwalt von Selle ein „massives Unbehagen gegenüber Einstellungen in Wirtschaftsstrafsachen" empfindet, hat also gute Gründe.

Im Jahr 2014 sind über 200.000 Verfahren nach § 153a StPO abgeschlossen worden, in drei Viertel aller Fälle gegen einen Geldbetrag.[295] Die Vorschrift ist geeignet, eine große Zahl von Verfahren im Bereich der kleinen und mittleren Kriminalität angemessen im Konsens aller Beteiligten zu beenden.[296] Sie ist auf der anderen Seite aber auch in hohem Maße missbrauchsanfällig – durch die Unbestimmtheit der Einstellungsvoraussetzungen, das Fehlen von schriftlichen Auslegungsregeln, um Gleichbehandlung zu sichern, und das Fehlen einer Kontrolle für seine Anwendung. Für den Saarbrücker Verteidiger Müller ist bei der Anwendung des § 153a StPO ein „Wildwuchs" entstanden: „Die Bedeutung des § 153a StPO ist tausend Mal größer als die Verständigung nach § 257c StPO." Auch für seinen Frankfurter Kollegen Kempf hat sich eine „Schieflage ergeben, über die nicht geredet wird": „Die Bereitschaft, gegen Buße, einzustellen, ist in den letzten Jahren wegen Belastung markant gewachsen. Richter und Staatsanwälte können machen, was sie wollen, weitgehend unkontrolliert." Der Hamburger Verteidiger Beuth sieht drei Gründe für die erhöhte Einstellungsbereitschaft von Staatsanwälten und Richtern: „Arbeitsbelastung, Faulheit und den Schein einer Niederlage zu vermeiden."

Die Fälle Kohl, Ecclestone, Edathy und die gescheiterte strafrechtliche Aufarbeitung der Finanzkrise zeigen, was Strafverteidiger vor allem in Wirtschaftsstrafverfahren bestätigen: **Die Einstellung gegen Buße hat sich neben dem formellen Deal nach § 257c StPO bei Staatsanwälten und Richtern zu einer zweiten Last-Exit-Strategie bei unsicheren Beweislagen und ungeklärten Rechtsfragen entwickelt.** Sie wollen damit Arbeit und lange Verfahrensdauer oder Freisprüche vermeiden. Wahrheits- und Rechtsfindung werden zugunsten einer konsensualen Konfliktlösung geopfert.

Vor allem bei Wirtschafts- und Steuerstrafsachen, aber auch in der Betäubungsmittel- und Verkehrskriminalität, wird nach empirischen Untersuchungen der Anwendungsbereich der Vorschrift überdehnt. Hier stellen Richter und Staatsanwälte Verfahren auch bei hohen Schadenssummen und nicht unbedeutender krimineller Energie ein.[297]

„Freikaufen findet satt", bestätigt der Berliner Oberstaatsanwalt Schwarz, in Betrugs-, Untreue- und Korruptionsverfahren bis zu einer Schadenssumme von 100.000 Euro. Beulke ist der Ansicht, dass ein „Normalbürger jede Einstellung über 200.000 Euro für gekaufte Justiz hält". Für eine Einstellung zahlte der Immobilienunternehmer Josef Esch 6 Millionen Euro, der ehemalige Deutsche Bank-Chef Josef Ackermann 3,3 Millionen Euro, der Ex-Mannesmann-Boss Klaus Esser 1,5 Millionen Euro, sein Kollege Ernst Breuer 350.000 Euro, der Radrennfahrer Bernd Ulrich 250.000 Euro, der Ex-Infineon-Vorstandssprecher Ulrich Schumacher 200.000 Euro und Karl-Theodor zu Guttenberg 20.000 Euro.[298] Ist es da ein Wunder, dass dem § 153a StPO das Odium eines „Millionärsschutzparagraphen" anhaftet und der Ruf einer „Freikauf-Justiz" gedeiht?[299]

Durch Bußgelder in dieser Höhe wird außerdem der Eindruck erweckt, dass die Justiz neben der Gewinnabschöpfung bei Unternehmen und Bußgeldern gegen Unternehmen nach § 30 OWiG in Bußgeldern von Einstellungen eine dritte Geldquelle für klamme Justizhaushalte entdeckt hat. Das gilt zumindest dann, wenn das Geld nicht an gemeinnützige Organisationen, sondern an den Staat überwiesen wird. Bei Steuerhinterziehung geschieht es immer, weil der Staat das Opfer der Tat ist, aber auch bei anderen Delikten passiert es immer häufiger. Von Ecclestones 100 Millionen Dollar hat der bayerische Staat 99 Millionen Dollar kassiert. Gegen die Rheinmetall Defence Electronics GmbH verhängte die Bremer Staatsanwaltschaft wegen Korruption eine Buße von 37 Millionen Euro.[300] Vom Immobilienunternehmer Josef Esch kassierte die Staatskasse einen Teil seiner Buße, nämlich drei Millionen Euro.[301] Die Stuttgarter Staatsanwaltschaft stellte Ermittlungsverfahren wegen illegaler Scheinwerkverträge gegen die SB-Warenhauskette Kaufland und gegen den Discounter Netto gegen Bußen von fünf Millionen Euro bzw. 4,4 Millionen Euro ein.[302] Volkswagen musste wegen einer verbotenen Verquickung von Konzerngeschäften mit einem Sponsoring beim Werksclub VfL Wolfsburg zwei Millionen Buße zahlen.[303] Alle diese Beträge gingen an die Staatskasse. Darin erkennt der Hamburger Strafverteidiger Otmar Kury einen neuen Trend zu „fiskalisierten Strafverfahren". Er ist überzeugt, dass „Gericht und Staatsanwaltschaft das Verfahren gegen Ecclestone nicht eingestellt hätten, „wenn der nicht so reich gewesen wäre". Nicht ohne Stolz verkündete der Leiter der Münchener Staatsanwaltschaft Manfred Nötzel, dass seine Behörde in den letzten Jahren „weit über eine Milliarde Euro eingesammelt" habe.[304] In Hamburg nimmt der Fiskus seit Jahren in Verfahren wegen Steuerhinterziehung durch Einstellungen nach § 153a StPO mit Geldbußen mehr ein als durch Geldstrafen. Zwischen 2012 und 2014 kassierte er bei Geldstrafen pro Jahr im Durschnitt 26 Millionen Euro, durch Auflagen 50 Millionen Euro.[305] Neuerdings hat das chronisch klamme Bremen die Gewinnabschöpfung als Einnahmequelle für den Fiskus entdeckt. Es hat zwei Stellen für Staatsanwälte für Gewinnabschöpfung geschaffen, drei weitere sollen folgen. Da keimt der böse Verdacht, dass Richter und Staatsanwälte künftig verstärkt Strafverfahren dazu nutzen sollen, Geld für die Staatskasse zu scheffeln, von dem sie dann mittelbar profitieren.

1994 hat das Bundesverfassungsgericht die Entscheidung des Gesetzgebers, das Legalitätsprinzip durch Einstellungsoptionen einzuschränken, nicht beanstandet – allerdings nur unter der Voraussetzung, dass die Prinzipien der „Gesetzlichkeit der Strafbarkeit" und „Bestimmtheit der Strafvorschrift" gewahrt bleiben.[306] Deshalb hat es die Länder aufgefordert, für eine im Wesentlichen einheitliche Einstellungspraxis der Staatsanwaltschaft zu sorgen. Die Sanktionsforschung von Wolfgang Heinz zeigt indes, dass dieses Ziel nicht erreicht wurde. Die Strafverfolgungsorgane haben von den Einstellungsmöglichkeiten im Laufe der Jahre immer mehr Gebrauch gemacht. Während die Einstellungsquote in Bayern und Baden-Württemberg knapp 41 Prozent betrug, lag sie in Hessen bei gut 60 Prozent, in Schleswig-Holstein sogar bei 66 Prozent.[307] Die Wahrscheinlichkeit, dass ein Strafverfahren folgenlos eingestellt wird, war deshalb im Jahr 2012 im Land zwischen den Meeren fast zweieinhalb Mal so groß wie im Alpenland und im Ländle. In den neuen Bundesländern ist die Einstellungspraxis etwas homogener. Das ändert jedoch nichts an dem Befund, dass bei Einstellungen nach dem Opportunitätsprinzip der Gleichbehandlungsgrundsatz in erheblichem Maße verletzt wird. Heinz' Fazit: „Es hängt weitgehend vom Wohnort ab, ob das Verfahren eingestellt oder ob angeklagt und verurteilt wird."[308]

Die Leistungsbilanz der Strafverfolgungsbehörden bei Wirtschaftsstrafverfahren ist gemischt. Da sind einerseits der Mut und das Engagement etlicher Strafverfolger, selbst ‚höchste Tiere' in der Wirtschaft zu verfolgen. Dabei ist es gelungen, nach monatelangem, manchmal jahrelangem Ringen Unternehmer, Manager und Banker zu Freiheitsstrafen mit und ohne Bewährung zu verurteilen: Verantwortliche des Bankhauses Sal. Oppenheim, den Geschäftsführer des Hamburger Fondshauses Wölbern Invest., den Hamburger Stadtplan-Erben Alexander Falk, den Ex-Arcandor-Chef Thomas Middelhoff oder den ehemaligen Risikovorstand der Bayern LB Gerhard Gribkowsky. Deshalb meinen Strafverfolger wie der Hamburger Behördenleiter Brandt, dass sie in Wirtschaftsstrafverfahren trotz „hoher Belastung und teilweiser Überlastung" nicht „überfordert" seien.[309] Der ehemalige Berliner Generalstaatsanwalt Hans-Jürgen Karge glaubt dagegen, „dass Wirtschaftskriminalität nicht wirksam bekämpft werden kann".[310] „Wir werden mit größeren Wirtschaftsstrafprozessen seit Jahrzehnten nicht mehr angemessen fertig", sagt auch der Senatsvorsitzende am Bundesgerichtshof Thomas Fischer.[311] In der Tat ist der Rechtsstaat wohl in keinem anderen Bereich so in die Defensive geraten wie bei der Bekämpfung der Wirtschaftskriminalität. Wegen der Komplexität und des Umfangs der Verfahren verfehlt die Strafjustiz häufig die Verfahrensziele Wahrheit und Gerechtigkeit, wie die Indikatoren Verfahrensdauer, Strafrabatte, großzügige Einstellungen und formelle und informelle Deals zeigen. Selbst Verfolger wie der Hamburger Oberstaatsanwalt Brandt räumen „negative Auswirkungen für den Rechtstaat" ein: „Aushöhlung des Legalitätsprinzips", „mangelnde Beachtung des Gleichbehandlungsgrundsatzes" und der „verheerende Gewöhnungseffekt", dass „Straftaten und ihre Sanktionierung in bestimmten Deliktsbereichen zur Verhandlungssache" geworden sind.

Einen Teil dieser Abwärtsentwicklung hat die Staatsanwaltschaft selbst verursacht, denn ihre Belastung ist teilweise hausgemacht. Durch Überdehnung von Strafbarkeitszonen, insbesondere im Bereich der Untreue, hat sie Teile des Wirtschaftslebens zu kriminalisieren versucht, die mit dem Strafrecht nicht zu fassen sind. Das zeigt das kläglich Scheitern bei der Aufarbeitung der Finanzkrise. Größenwahn, Missmanagement, Renditejagd, Profitgier, falsche Risikoeinschätzungen und Maßlosigkeit sind unter wirtschaftlichen oder moralischen Aspekten zu verurteilen, aber nur selten strafbar. Bundesverfassungsgericht und Bundesgerichtshof haben klargestellt, dass nicht jede unternehmerische Entscheidung, die am Ende zu Verlusten führt, mit den Mitteln des Strafrechts sanktioniert werden kann.[312] Managern stehe bei der Führung und Gestaltung von Unternehmen ein „weiter Beurteilungs- und Ermessensspielraum" zu. Untreue begingen sie nur, wenn die Pflichtwidrigkeiten „klar und evident" sowie „gravierend" sind.[313] Hier haben sich Verfolger in den letzten Jahren häufig verrannt, um zu demonstrieren, dass der Satz „Die Kleinen hängt man, die Großen lässt man laufen" nicht mehr gilt. Im Gegenteil, manchmal entsteht der Eindruck, dass sich der Prominenten-Bonus – den es immer noch gibt, siehe das Hoeneß-Verfahren – in einen Prominenten-Malus verkehrt hat. Die ‚kleinen' Staatsanwälte wollen den ‚großen' Unternehmern, Managern und Bankern demonstrieren, dass man in dieser Republik keine Millionenschäden und Milliardenverluste verursachen kann – ohne dafür strafrechtlich zur Verantwortung gezogen zu werden. Im Namen der Geschädigten und des Volkes. Manche Durchsuchungen, Beschlagnahmen, Festnahmen und Ermittlungsverfahren wirken daher wie Machtbeweise, etliche Prozesse wie Machtkämpfe, die die Verfolger auf keinen Fall verlieren wollen. „Man muss Freude haben am Messen mit Gegenkräften", erklärt der Stuttgarter Oberstaatsanwalt Hans Richter.[314] Dieses Gewinnenwollen mündet hin und wieder in Übereifer, zwanghaften Verfolgungswahn und stures Festhalten an fragwürdigen Positionen, insbesondere im Bereich der Wirtschaftskriminalität. Joachim Jahn: „Ehe ein Staatsanwalt in einem öffentlichkeitsträchtigen Verfahren zugeben darf, dass er keine schlagenden Beweise gefunden hat, muss er eben noch ein Jahr weiter ermitteln."[315] Ähnlich der Kölner Anwalt Björn Gercke, der einen Ex-Vorstand der Sachsen LB vertreten hat: Staatsanwälte wollen manchmal eine „Verurteilung erzwingen, um nach jahrelangen Ermittlungen mit Millionenaufwand irgendetwas Handfestes präsentieren zu können".[316] Einige Beispiele:

Der Prozess gegen den Ex-Porsche-Chef Wendelin Wiedeking und den ehemaligen Finanzvorstand Holger Härter wegen Marktmanipulation beim gescheiterten Übernahmeversuch von Volkswagen endete vor dem Stuttgarter Landgericht nach fünf Monaten Verhandlung mit Freispruch.[317] Die Begründung des Vorsitzenden Richters Frank Maurer fiel für die Staatsanwaltschaft vernichtend aus: An den Anschuldigungen sei „weder vorne noch hinten noch in der Mitte etwas dran gewesen". Nach sechs Jahren Ermittlungen und -zig Durchsuchungen hatten ein Staatsanwalt mit einem vollem Deputat und ein zweiter mit einem halben Deputat 200 Aktenordner gefüllt: „Das Ergebnis nach einem halben Jahr Verhandlung: „Nichts Belastbares." Auch der Prozess gegen sechs ehemalige Vorstande der HSH Nordbank wegen Untreue und Bilanzfälschung endete mit einer Pleite für die Verfolger. An der Anklageschrift, 606 Seiten stark, hatten zwei Staatsanwälte, zwei Wirtschaftsreferenten und 15 Kriminalbeamte ein Jahr und neun Monate gebastelt. Die Akte bestand am Ende aus 220 Leitzordnern gleich 44 Umzugskartons. Der Prozess zog sich mit 61 Verhandlungstagen über ein Jahr hin. Allerdings erhalten die Verfolger hier noch eine zweite Chance, weil der Bundesgerichtshof das Urteil Mitte Oktober 2016 aufgehoben hat. Mit einer Niederlage für die Staatsanwaltschaft endete ferner der Prozess gegen fünf Top-Manager der Deutschen Bank wegen versuchten Prozessbetrugs in der Causa Kirch. Freispruch aus Mangel an Beweisen nach gleichfalls einjährigem Verfahren. Trotz einer Anklageschrift mit 627 Seiten und einem Terabyte Daten – gleich einem Güterwagen voller Dokumente – hatten sich nach Ansicht des Vorsitzenden Richters Peter Noll die „Tatvorwürfe nicht bestätigt".[318] Bei dem gegen Geldauflagen eingestellten Verfahren gegen Ex-Vorstände der Sachsen LB haben Staatsanwälte fünf Jahre und fünf Monate gebraucht, um am Ende eine 600-Seiten-Anklage zu produzieren.[319] Dafür haben sie an 28 Orten durchsucht, 1000 Terabyte Daten ausgewertet und 6000 Aktenordner mit Geschäftsunterlagen durchforstet. Bei den Ermittlungen gegen den Ex-Bundespräsidenten Christian Wulff haben 14 Verfolger Monate gebraucht, um ihn nach „exzessiven und obsessiven Ermittlungen" (Strafverteidiger Strate) wegen 753 Euro und 90 Cent anzuklagen. Die entstandenen Ermittlungskosten sollen sich nach Schätzungen auf vier Millionen Euro belaufen haben.[320] In den Augen des Journalisten Heribert Prantl ein „Musterverfahren für Unverhältnismäßigkeit".[321]

Bei den Versuchen, in den Milliardenverlusten der Landesbanken einen strafbaren Kern zu finden, ignorierten Staatsanwälte Nichteröffnungsbeschlüsse von Gerichten bei der Bayern LB, der Sachsen LB und im Verfahren gegen die ehemaligen Porsche-Bosse Wiedeking und Härter oder mahnende Worte über „juristisches Neuland" (Vorsitzender Marc Tully) im HSH Nordbank-Prozess.

In allen Verfahren mag es legitim gewesen sein, mit Ermittlungen zu beginnen, in vielen Verfahren war es aber auch angezeigt, Ermittlungen oder Hauptverhandlungen wesentlich früher abzubrechen. Hanns Feigen, Verteidiger von Jürgen Fitschen im Deutsche Bank-Verfahren, hat dafür ein treffendes Bild gefunden: Die Münchener Staatsanwaltschaft habe sich „in einem Kreisverkehr festgefahren, sie hat versäumt abzubiegen, und jetzt ist ihr das Benzin ausgegangen".[322] Dass es auch anders geht, zeigte die Stuttgarter Staatsanwaltschaft. Das Untreueverfahren gegen den ehemaligen Ministerpräsidenten Stefan Mappus beim Rückkauf eines 45 Prozentanteils des heimischen Energieversorgers EnBW wegen eines überhöhten Kaufpreises hat sie trotz starken öffentlichen Drucks mangels hinreichenden Tatverdachts eingestellt.[323] Eine Rückbesinnung auf das Verhältnismäßigkeitsprinzip würde den Verfolgern in etlichen Verfahren helfen, die Arbeitslast zu reduzieren und mit den Ressourcen schonender umzugehen.

Bei der Bekämpfung der Steuerkriminalität fällt die Bilanz der Strafgerichtsbarkeit noch schlechter aus als bei der Wirtschaftskriminalität. Vor allem bei der Verfolgung der Steuerflucht in die Schweiz, nach Luxemburg und Liechtenstein haben sich die Strafverfolger schon vor Jahren von gerechten Strafen verabschiedet. Dieser Rückzug hat mehrere Ursachen: Die Masse der Verfahren war nicht durch streitige Verfahren, sondern nur durch einvernehmliche Lösungen zu bewältigen. Steuerflucht ins Ausland galt in gewissen Kreisen als ein Jedermanns-Delikt mit geringem Unrechtsgehalt; Steuerhinterziehung ist eine opferlose Straftat, bei der es keinen Geschädigten gibt, der sich über Einstellungen oder milde Strafen beschweren kann; Opfer einer Steuerhinterziehung ist allein der Staat, für den Steuereinnahmen wichtiger waren als gerechte Strafen.

In einem halben Dutzend Entscheidungen hat der Bundesgerichtshof gegen die milde Sanktionspraxis der Strafen- und Bußgeldstellen und der Strafjustiz gekämpft. Er missbilligte ihre Neigung, Steuerflucht durch „unangemessen niedrige Strafen" zu bagatellisieren und wollte ihre Sanktionierung aus dem Dunstkreis eines Kavaliersdelikts herausholen.[324] Als Strafzumessungsregeln legte er fest, dass ab einer Hinterziehungssumme von 50.000 Euro in der Regel keine Geldstrafen mehr zu verhängen sind, dass bei Steuerschäden „in Millionenhöhe" Freiheitsstrafen nur ausnahmsweise zur Bewährung auszusetzen sind, die Staatsanwaltschaft bei der Sanktionierung nicht übergangen werden darf und die Hilfe von Bankmitarbeitern beim Kapitaltransfer ins Ausland als Beihilfe zur Steuerhinterziehung strafbar ist.[325] Mit diesen Vorgaben wollten die Bundesrichter das „drohende Ungleichgewicht zwischen der Strafpraxis bei der allgemeinen Kriminalität" und der „in Steuer- und Wirtschaftsstrafverfahren" beseitigen. Und sie wollten, dass die Strafpraxis dem „berechtigten besonderen öffentlichen Interesse an einer effektiven Strafverfolgung schwerwiegender Wirtschaftskriminalität gerecht" wird.[326] Alle diese Vorgaben sind in der Praxis wirkungslos verpufft. Nach Ansicht des Münchener Steuerstrafverteidigers Rainer Spatscheck hat es nach der BGH-Rechtsprechung keine „Strafverschärfung auf breiter Front gegeben": „Bei der Steuerflucht ins Ausland gibt es bisher keine einzige Freiheitsstrafe ohne Bewährung." Eine strikte Umsetzung der BGH-Rechtsprechung hätte nach Ansicht des Berliner Steuerstrafverteidigers Carsten Wegner zu einem „Stillstand der Rechtspflege führen" können. Nachhaltige Strafen für Steuerflucht ins Ausland hat es deshalb nicht gegeben.

Die Strafzumessungspraxis bei der Steuerhinterziehung geht in den Ländern seit Jahren weit auseinander. In Bochum war die Staatsanwaltschaft auch nach den BGH-Urteilen bereit, Verfahren bis zu Hinterziehungssummen zwischen 200.000 und 300.000 Euro nach § 153a StPO einzustellen. Im Komplex der Liechtensteiner Bank LGT Treuhand hat sie das – Stand Dezember 2015 – in 51 Prozent der Verfahren getan, im Zusammenhang mit der Schweizer Bank UBS in 34 Prozent der Verfahren. Diese milde Sanktionspraxis begründen die Verfolger mit der Kooperation der Beschuldigten. Ohne ihre Hilfe und ihre Unterlagen hätten die Ermittlungsbehörden wesentlich mehr Verfahren einstellen müssen. Die Informationen aus den Steuer-CDs hätten für Verurteilungen häufig nicht ausgereicht, und bei Durchsuchungen hätten die Fahnder oft kein belastendes Material gefunden.

Auch in Hamburg haben Finanzbehörden und Strafjustiz bei der Anwendung des § 153a StPO häufig ein Auge zugedrückt und Verfahren bei Hinterziehungssummen von 100.000 bis 150.000 Euro noch eingestellt. Ohne die „verfahrensvereinfachende und beschleunigende Wirkung" des Strafverzichts gegen Auflage könnten nach Einschätzung von Karsten Webel, Referatsleiter in der Hamburger Finanzbehörde, weder Finanzämter noch Strafjustiz die Flut der Verfahren bewältigen.

Rund 90 Prozent der Steuerstrafverfahren werden von Straf- und Bußgeldstellen bearbeitet – mit der Strafjustiz in einer Nebenrolle. Sie bereiten die Verfahren vor und können Anträge auf Einstellungen nach § 153a StPO und auf Erlass von Strafbefehlen stellen. Einstellungsvorschläge werden von den Richtern in der Regel lediglich abgezeichnet, manchmal sogar ohne Beteiligung von Staatsanwälten. In den Straf- und Bußgeldstellen sitzen Finanzbeamte, deren vorrangiges Interesse ist, Geld für den Fiskus einzutreiben. In keinem anderen Strafbarkeitsbereich ist der Trend zur Kommerzialisierung so stark wie bei der Steuerkriminalität. Mit dem Satz „Wir wollen keine vollen Knäste, sondern volle Kassen", hat der frühere rheinland-pfälzische Finanzminister Carsten Kühl (SPD) das Interesse der Länder auf den Punkt gebracht. „Fiskalisch gesehen waren diese Verfahren ein Knaller", meint der Hamburger Strafverteidiger Otmar Kury. Diesen weichen Punkt haben er und seine Kollegen genutzt, um „zu dealen", um mit Angeboten von ein oder zwei Millionen Euro Buße die Schadenssummen bei der Steuerflucht auf unter eine Million Euro zu drücken. Ihr Ziel: eine Einstellung nach § 153a StPO oder einen Strafbefehl zu erwirken. Steuergewerkschaftsboss Thomas Eigenthaler schätzt, dass der Fiskus bei der Aufarbeitung der Steuerflucht in den letzten vier bis fünf Jahren bundesweit fünf bis sechs Milliarden kassiert hat.

Fehlende personelle Kapazitäten, das fiskalische Interesse der Finanzminister und die Mitte der neunziger Jahre noch fremde Vorstellung, dass man gegen einen Bankenvorstand strafrechtlich vorgehen kann, haben dazu geführt, dass Staatsanwaltschaften und Steuerbehörden die systematische Beihilfe der Banken bei der Steuerflucht nach Luxemburg, Liechtenstein und in die Schweiz praktisch nicht bestraft haben. Mit Zustimmung der Justiz haben sich Banken auf zwei Wegen freigekauft. Einmal das Modell „Schirmlösung" (Verteidiger Otmar Kury): Ein oder mehrere Vorstände übernehmen die Verantwortung und erhalten Strafbefehle oder müssen Bußen nach § 153a StPO zahlen.[327] Ein Beispiel für viele: Bei der Dresdner Bank haben der ehemalige Vorstandssprecher Jürgen Sarrazin und der Geschäftsleiter der Dresdner Bank Luxemburg Otto Wendt den Kopf hingehalten und Strafbefehle über ein Jahr Freiheitsstrafe und Geldauflagen in Millionenhöhe akzeptiert.[328] Gegen vier weitere Vorstände wurden die Verfahren gegen Bußen von zwei Millionen Euro eingestellt. Und die Bank zahlte zusätzlich eine Buße wegen der Verletzung der Aufsichtspflicht (§§ 30, 130 OWiG). Auf demselben Weg kauften sich damals die anderen Banken frei: die Deutsche Bank für knapp

60 Millionen Euro, die Commerzbank für 31 Millionen Euro und die Dresdner Bank für 18,5 Millionen Euro.[329]

Die Verfahren gegen Mitarbeiter, die die anonymen Geldtransfers organisiert und das Schwarzgeld zum Teil persönlich über die Grenze gebracht hatten, wurden im Gegenzug diskret eingestellt. Strafverteidiger Egon Müller, der damals mitverhandelt hat: „Man ist mit den Bossen und Angestellten sehr moderat umgegangen. Sonst hätte man das Volumen nicht geschafft." Eine fatale Folge: Nach dem Strafverzicht haben etliche Banken ihre Hilfe beim Steuerbetrug fortgesetzt.[330] Und das ist auch kein Wunder. Bei der Bekämpfung der Steuerflucht hat die Strafjustiz in den neunziger Jahren weitgehend auf die abschreckende Wirkung von empfindlichen Strafen verzichtet.

Dieselbe unwürdige Privilegierung von Steuerstraftätern wiederholte sich 2015. Die Commerzbank musste 17 Millionen Euro (Strafgelder und Gewinnabschöpfung) zahlen, weil sie jahrelang Geld von Kunden in Panama verwaltet hatte. Die HSH Nordbank musste 22 Millionen Euro abführen, weil sie Kunden systematisch mit Briefkastenfirmen geholfen hat, den Staat zu betrügen.[331] Die HypoVereinsbank soll 20 Millionen Euro an den Fiskus überweisen, weil sie über Luxemburger Briefkastenfirmen geholfen hat, Steuern in Höhe von zehn Milliarden Euro dem Staat vorzuenthalten.[332]

Millionen statt Strafen ist auch das Motto, nach dem Schweizer und Liechtensteiner Banken ihre Mitarbeiter von der Strafverfolgung in Deutschland wegen Beihilfe zur Steuerhinterziehung freigekauft haben. Durch die Steuer-CDs kannten die deutschen Strafverfolgungsorgane zahlreiche Mitarbeiter bei Schweizer und Liechtensteiner Banken, die ihren deutschen Kunden bei der Steuerflucht geholfen hatten und bei ihrer nächsten Deutschlandreise mit einer Festnahme hätten rechnen müssen. Deshalb hat die UBS gut 303 Millionen Euro (Sanktion plus Gewinnabschöpfung) an die Staatskasse in Nordrhein-Westfalen gezahlt, die Credit Suisse 150 Millionen Euro, Bankhaus Julius Bär 50 Millionen Euro und die Liechtensteiner LGT-Bank ebenso 50 Millionen Euro. Danach sind alle Verfahren gegen Mitarbeiter eingestellt worden. „Strafgerechtigkeit ist etwas anderes als Millionen Euro Einnahmen", kommentiert BGH-Richter Thomas Fischer diese Entwicklung bitter.

Weit über 90 Prozent aller Steuerstrafverfahren enden heute mit einverständlichen Lösungen und milden Sanktionen. Die Zustimmung der Steuersünder ersetzt die Suche nach Wahrheit und Gerechtigkeit. Protest dagegen regt sich kaum, weil Staat und Steuersünder von konsensualen Verfahrenserledigungen profitieren und die Öffentlichkeit sich an sie gewöhnt hat oder sie sogar billigt.

Wahrheits- und Gerechtigkeitsverluste III: Verständigungen

Zwischen dem ‚Deal-Urteil' des Bundesverfassungsgerichts im März 2013 und Ende 2015 hat sich der Bundesgerichtshof geschätzt 90 Mal mit der Verständigungspraxis auseinandergesetzt, in den Augen von Bundesrichter Nikolaus Berger ein Indiz für die „große Verunsicherung" in der Richterschaft. Nach Schätzungen des Bundesgerichtshofs war immerhin ein Drittel der Revisionen in diesem Bereich erfolgreich. Dabei haben die Senate nicht etwa massenhaft verbotene informelle Deals oder berufsethisch fragwürdige Sanktionsscheren enttarnt, sondern vor allem banale Verstöße gegen Mitteilungs- und Dokumentationspflichten gerügt. Wenn sich alle Beteiligten an informelle Absprachen halten, erfährt der Bundesgerichtshof nichts von den Kungeleien.

Dabei ging es dem Bundesverfassungsgericht in seiner Deal-Entscheidung in erster Linie darum, bei Verständigungen an die elementaren Grundsätze des Strafverfahrens zu erinnern und sie zu bekräftigen. Die Richter haben unter anderem klargestellt, dass die „Erforschung der materiellen Wahrheit", die Feststellung der „Schuld", die „rechtliche Subsumtion" und die „Grundsätze der Strafzumessung" nicht zur „Disposition der Verfahrensbeteiligten und des Gerichts" stehen: „Es ist Gericht und Staatsanwaltschaft untersagt, sich auf einen „Vergleich" im Gewande eines Urteils einzulassen, auf einen „Handel mit der Gerechtigkeit".[333] Die Frage ist nun: Haben die Grundwerte Wahrheit und Gerechtigkeit durch das Urteil des Bundesverfassungsgerichts und die Rechtsprechung des Bundesgerichtshofes zur Absprachepraxis die ihnen gemäße Bedeutung zurückgewonnen? Eine Antwort kann ein Vergleich der Altenhain-Studie, die das Bundesverfassungsgericht zur Vorbereitung der Entscheidung in Auftrag gegeben hatte, mit den Erkenntnissen aus den Hintergrundgesprächen geben.

Nach der Altenhain-Studie wurden an den Amtsgerichten knapp 18 Prozent aller Verfahren mit Hauptverhandlungen durch Absprachen erledigt, an den Landgerichten 23 Prozent.[334] Das ist ein gewichtiger Anteil. Dabei wurde ein bemerkenswerter Mangel an Gesetzestreue offenbar. Nur gut 23 Prozent der Richter handelten nach den Buchstaben des Gesetzes korrekt. Die Hauptgründe für den verbreiteten Gesetzesbruch: größere Praktikabilität, frühe Rechtskraft, Bedürfnis nach unverbindlichem Meinungsaustausch und die Möglichkeit, die durch das Gesetz gezogenen Grenzen folgenlos zu überschreiten. Ein weiteres Indiz für die mangelnde Akzeptanz des Verständigungsgesetzes ist, dass 80 Prozent der Richter nach Inkrafttreten des Gesetzes im Jahr 2009 nicht weniger gedealt haben als vorher. Die Wurzeln für die beharrliche Missachtung des Gesetzes liegen im komplizierten Strafprozessrecht und der hohen Belastung der Strafgerichte: Je mehr Fälle ein Richter zu bearbeiten hat, umso mehr Absprachen erledigt er informell.[335] Bemerkenswert ist, dass aus Sicht von gut 69 Prozent der Amtsrichter und mehr als 57 Prozent der Landrichter eine unklare bzw. eine drohende langwierige Beweisaufnahme ein „wichtiger" bzw. „sehr wichtiger Grund" für Absprachen ist. Mit anderen Worten: der Verzicht auf die Wahrheitsfindung.

Wesentlich häufiger wird in Wirtschaftsstrafverfahren gedealt. Nach einer Altenhain-Studie aus dem Jahr 2004 schätzen Staatsanwälte und Richter, dass sie durchschnittlich gut 61 Prozent der Wirtschaftsstrafverfahren mit Urteilsabsprachen abschließen.[336] Es gibt kein Indiz, dass dieser Anteil seitdem geschrumpft ist. Als Gründe für Verständigungen nennen Vorsitzende Richter: die Abkürzung von Beweisaufnahmen (knapp 97 Prozent), den Wunsch, mehr Verfahren in der gleichen Zeit zu erledigen (gut 72 Prozent), Arbeitsüberlastung (knapp 52 Prozent), unklare Beweislage (gut 48 Prozent) und schwierige Rechtsfragen (knapp 39 Prozent).[337] Das heißt: In Wirtschaftsstrafverfahren spielt das konsensual gefundene Urteil eine größere Rolle als das nach streitiger Verhandlung gefällte Urteil. Und: Bei der Bekämpfung von Wirtschaftskriminalität hat die Strafjustiz die vollständige Aufklärung von Sachverhalten und/oder die Klärung von Rechtsfragen auf breiter Front aufgegeben.

Auch bei der Bekämpfung der organisierten Kriminalität hat sich der Deal in den Alltag der Strafgerichte eingenistet – zumindest in Niedersachsen. Der Anteil der mit Verständigungen abgeschlossenen Verfahren bewegte sich nach den gemeinsamen Lagebildern „Organisierte Kriminalität von Polizei und Justiz" zwischen 2010 und 2014 zwischen 30 und gut 60 Prozent, im Durchschnitt 43 Prozent.[338] In gut zwei Fünftel der Verfahren hat die Strafjustiz also erhebliche Wahrheits- und Gerechtigkeitsverluste in Kauf genommen, um die Verfahren in abgekürzter Zeit zu beenden.

Dass sich das Verständigungsgesetz kaum auf die Häufigkeit von Absprachen ausgewirkt hat, liegt nach der Altenhain-Untersuchung daran, dass alle Beteiligten – Richter, Staatsanwälte, Verteidiger, Angeklagte – von Verständigungen profitieren. Den größten Nutzen ziehen nach Ansicht der Richter die Angeklagten durch mildere Strafen. Nach der 2012er-Studie führen Geständnisse bei Absprachen zu Strafrabatten von 25 bis 33 Prozent.[339] Das häufigste Motiv für geringere Strafen: schwierige Sach- und Rechtslagen. Hier wird deutlich, dass der Verzicht auf Wahrheitssuche zu Gerechtigkeitsverlusten führt – überwiegend, um Zeit und Arbeit zu sparen. In der Altenhain-Untersuchung zu Verständigungen in Wirtschaftsstrafverfahren haben 20 Prozent der Richter und beachtliche 57 Prozent der Staatsanwälte eingeräumt, dass sie, gemessen am Tatvorwurf, zu milden Strafen zugestimmt haben.[340] Und noch etwas anderes hat die Untersuchung zutage gefördert: Der ‚Handel mit der Gerechtigkeit' findet tatsächlich statt – und zwar in erheblichem Umfang. Nach der Studie werden „regelrechte Verhandlungen" durchgeführt, vergleichbar mit jenen vor Vertragsabschlüssen.[341] 80 Prozent der Beteiligten berichten, dass bei ihren Gesprächen versucht worden sei, um die Strafhöhe zu feilschen.[342] Haben sich diese Erledigungspraxis und die mit ihr einhergehenden Vollzugsdefizite durch das Urteil des Bundesverfassungsgerichts verändert?

Die Mehrheit der befragten Richter und Staatsanwälte hält die Vorgaben des Gerichts für „völlig unpraktikabel" (Leitender Oberstaatsanwalt Albrecht Schreiber), „praxisfern und kaum nachvollziehbar" (Vorsitzender Richter Haller) oder „fernab der Realität" (Amtsrichterin Brinkmann). Als belastend und umständlich finden Richter unter anderem die strengen Protokollierungsvorschriften und die Pflicht Geständnisse nachzuprüfen. Die Ablehnungsfront, die schon die Akzeptanz der gesetzlichen Neuregelung untergraben hatte, existiert also weiter.

In der Strafjustiz ist der Glaube an die Unverzichtbarkeit der Verständigung auch nach dem Urteil des Bundesverfassungsgerichts stark. 76 Prozent der Richter und Staatsanwälte messen Absprachen eine „sehr große" bzw. „eher große" Rolle zu.[343] Wie die im Gerichtsalltag aussieht, bleibt diffus.

Aus den Gesprächen mit über 50 Strafrichtern, Staatsanwälten und Strafverteidigern über die Absprachepraxis nach dem Karlsruher Urteil ist kein Trend herauszulesen, eher eine neue Unübersichtlichkeit. 53 Prozent der Richter meinten, dass die Bereitschaft zum Deal nach dem Urteil des Bundesverfassungsgerichts nicht zurückgegangen sei. 38 Prozent waren der Auffassung, dass zumindest informelle Absprachen abgenommen hätten. 46 Prozent der befragten Richter lehnen inzwischen informelle Verständigungen ab.

Staatsanwälte wie Verteidiger beobachten bei Richtern eine Verunsicherung, ja sogar Angst zu dealen, weil sie fürchten, dass ihre Urteile vom Bundesgerichtshof aufgehoben werden. Der „durchschnittliche Richter", so der Braunschweiger Rechtsanwalt Werner Siebers, hat „Angst, etwas falsch zu machen, weil die Regelung so kompliziert" geworden ist. Der Hamburger Kammervorsitzende Sommer hat wenig Verständnis dafür, dass der „kleinste Verstoß gegen formale Vorschriften der Sache nach wie ein absoluter Revisionsgrund behandelt wird". Deshalb haben sich einige Kammervorsitzende entschieden, gar keine Deals mehr zu machen. Mit der Folge, dass die Verfahren länger dauern und die Bestände wachsen. Immerhin lehnen inzwischen 46 Prozent der befragten Richter informelle Verständigungen ab.

Verteidiger setzen weiter gern auf die Karte Verständigung. Sie machen nach dem Karlsruher Spruch ebenfalls unterschiedliche Erfahrungen. 40 Prozent meinen, dass die Bereitschaft zum Dealen abgenommen habe, ein Drittel denkt, dass sie ungebrochen sei. Über die Hälfte (53 Prozent) ist allerdings der Auffassung, dass der informelle Deal weiter praktiziert werde, teils in alter Form im Hinterzimmer oder in der Gerichtskantine, teils aber auch in neuen Gewändern: **als Rechtsgespräch oder als Verständigung in einer neuen Sprache.**

In seinem Deal-Urteil hat das Bundesverfassungsgericht ausdrücklich darauf hingewiesen, dass gegen „Rechtsgespräche und Hinweise auf die vorläufige Beurteilung der Beweislage oder die strafmildernde Wirkung eines Geständnisses keine verfassungsrechtlichen Bedenken bestehen".[344] Auch der Gesetzgeber will die Kommunikation zwischen den Verfahrensbeteiligten weiter fördern. Er hat Staatsanwaltschaft und Gericht die Möglichkeit eröffnet, mit Verteidigern vom Ermittlungsverfahren bis zum Abschluss der Hauptverhandlung jederzeit den

„Stand des Verfahrens zu erörtern, soweit dies geeignet erscheint, das Verfahren zu fördern" (§§ 160b, 202a, 257b StPO). Solche Rechtsgespräche haben bei einigen Richtern informelle Deals ersetzt. Die Hamburger Amtsrichterin Meyerhoff nennt sie „eventuelle Folgen des Verfahrens klärende Rechtsgespräche". Auf Wunsch von Anwälten werden Hauptverhandlungen zu diesem Zweck unterbrochen, und Richter, Staatsanwalt und Verteidiger tauschen sich über Verdachtsgrad und Verurteilungswahrscheinlichkeit aus, hingegen nicht über Rechtsfolgen. Diese Gespräche werden nicht protokolliert. Richterin Meyerhoff ist sich bewusst, dass der Grad zum informellen Deal „schmal" ist. Auch ihre Hamburger Kollegin Jessica Zimmerling nutzt Gespräche vor der Hauptverhandlung, um ihre Einschätzung mitzuteilen und die Position des Verteidigers zu erkunden. Es stört sie, dass sie damit in eine „Grauzone zwischen informellem Deal und dem selbstverständlichen Rechtsgespräch" gedrängt wird.

Um die Vorgaben des Bundesverfassungsgerichts zu unterlaufen, haben die Verfahrensbeteiligten nach Beobachtungen des Saarbrücker Strafverteidigers Müller auch eine „neue Sprache" entwickelt: „Über einen Rechtsmittelverzicht redet keiner mehr. Er wird umschrieben." Für die ehemalige Generalbundesanwältin Monika Harms, einer dezidierten Gegnerin des Deals, läuft heute viel „nonverbal: man guckt sich in die Augen". Diesen „Blick in die Augen" kennt auch die Hamburger Staatsanwältin Diettrich, um mit ihm einen Rechtsmittelverzicht zu besiegeln. Eine andere Methode, den Bereich des informellen Deals zu meiden, sehen die Schweriner Oberstaatsanwältin Claudia Lange und der Hamburger Verteidiger Strate darin, wechselseitig „Erwartungshaltungen" zu formulieren. Ein Verzicht auf Rechtsmittel wird nicht mehr angesprochen, sondern als selbstverständlich unterstellt.[345]

Unter dem Strich hat das Urteil des Bundesverfassungsgerichts nach den Interviews die Verständigungspraxis nicht wesentlich verändert.[346] Es gibt zwei gegenläufige Trends. Ein Teil der Richter ist sensibler und vorsichtiger geworden und nimmt die Mitteilungs- und Dokumentationspflichten ernst. Eine kleine Minderheit hat offenbar aufgehört zu dealen. Das ist ein erwünschter Effekt, nämlich ein Mehr an formalem Gesetzesgehorsam. Ein anderer Teil der Richter praktiziert weiter informelle Absprachen, ihre Zahl ist aber wegen des hohen Aufhebungsrisikos gesunken. Teilweise sind sie bei einer dritten Gruppe durch Rechtsgespräche und neue Kommunikationswege unterhalb der Schwelle des Deals ersetzt worden. Damit leidet der Deal in der Praxis weiterhin unter den Wahrheits- und Gerechtigkeitsverlusten, die bereits vor dem Karlsruher Spruch entstanden waren – nur in etwas geringerem Umfang.

Nach dem Bundesverfassungsgericht ist auch das dealende Gericht verpflichtet, die Wahrheit zu erforschen. Tatsächlich wird beim Deal nur eine „eingeschränkte Pflicht zur Wahrheitsermittlung" praktiziert, findet der Berliner Verteidiger Rehmsmeier. Diese eingeschränkte Wahrheitsermittlung macht sich in mehreren Konstellationen negativ bemerkbar. „Da ist einmal die Gefahr eines Freispruchs, wenn man durchverhandeln würde", meint der Berliner Kammervorsitzende Kai Diekmann: „Ich fürchte, dass durch die Belastung unseriöse Deals gefördert werden." Marc Tully, Senatsvorsitzender am OLG Hamburg, gibt zu, dass es hier zu „wahnsinnigen Exzessen" gekommen ist: „Zweifel am Tatsächlichen wurden zugedeckt und in den Abschlag eingepreist." Am deutlichsten wird der unmittelbare Zusammenhang zwischen dem Verzicht auf Wahrheitssuche und der Strafzumessung in der Maxime: Je besser die Beweislage, desto geringer der Rabatt, je komplizierter die Beweislage, desto höher der Geständnisabschlag. Ungeschminkt gibt die Nürnberger Staatsanwältin Elfrich zu, dass sie nur dealt, wenn „die Beweislage schwierig oder viele Zeugen zu hören sind". Der Bundesrichter Wolfgang Pfister warnt: „Die Verständigung hat die Tendenz, die tatrichterlichen Feststellungen von der Wahrheit zu entfernen. Wir riskieren, dass Taten in den Urteilen beschrieben werden, die so keinesfalls passiert sind."[347]

Den meisten Staatsanwälten und Richtern ist klar, dass durch milde Strafen „Gerechtigkeit geopfert wird", wie der Berliner Kammervorsitzende Kai Diekmann einräumt. Sein Berliner Staatsanwaltskollege Thomas Schwarz scheut sich sogar nicht, von einem „Verkauf von Sanktionen" zu sprechen: „Die Verfahren zwingen dazu." In der Staatsanwaltschaft ist die Rede von „unverschämt niedrigen Dealangeboten" von Richtern (Staatsanwältin Jana Berendt), von „zunehmend unmoralischen Angeboten" und „Preisen, die ins Rutschen kommen" (Oberstaatsanwalt Arnold Keller) und von dem „Gefühl, dass die Strafen zurückgegangen sind, vor allem in Drogenverfahren" (Staatsanwältin Diettrich). Oberstaatsanwalt Keller: „Das Gerechtigkeitsempfinden wird zunehmend verletzt und frustriert viele Kollegen." Dank der Komplexität unseres Strafverfahrensrechts und Konfliktverteidigungen entstehen dabei hin und wieder Notwehrlagen, in denen sich schuldangemessene drei Jahre in zwei Jahre mit Bewährung verwandeln. Bei Ausländern werden aus vier Jahren schon mal zwei Jahre und zehn Monate, da sie dann nicht abgeschoben werden können. Bei einer Strafe unter der magischen Grenze von drei Jahren dürfen sie in Deutschland bleiben. Der ehemalige Ok-Verfolger Egbert Bülles bitter: „Du musst nur lang genug prozessieren, Gericht und Anklage nach allen Regeln der Strafprozessordnung zermürben, um ein günstiges Urteil für den Angeklagten herauszuholen."[348]

Das Bundesverfassungsgericht hat unter Rückgriff auf die Entstehungsgeschichte dargelegt, dass der Gesetzgeber mit dem Verständigungsgesetz „kein neues, konsensuales Verfahrensmodell" eingeführt hat.[349] Es folgt damit der klassischen Auffassung, dass sich nach Meinung des früheren BGH-Präsidenten Klaus Tolksdorf „Konsens und Strafrecht" ... „im Prinzip" nicht „vertragen".[350] Tatsächlich ist das Verständigungsgesetz ein Kompromiss zwischen traditioneller Strafjustiz und einem konsensualen Konfliktlösungsmodell, in dem die Verwirklichung von Wahrheit und Gerechtigkeit teilweise durch den Konsens aller Verfahrensbeteiligten ersetzt wird. Schon der Gebrauch der Begriffe „Verständigung" oder „Absprache" zeigt, dass am Ende der Konsens aller Verfahrensbeteiligten der

Schlüssel für diese Erledigungsart ist – trotz aller gegenteiligen Beteuerungen des Bundesverfassungsgerichts. Das ist für einen Teil der Richter trotz der Wahrheits- und Gerechtigkeitsverluste nicht schlimm. Nach dem ehemaligen Berliner Kammervorsitzenden Friedrich-Klaus Föhrig „dient das einverständlich gefundene Urteil allseitiger Befriedung – ein weitgehend in Vergessenheit geratenes, meines Erachtens jedoch höchst ehrenhaftes Ziel straf-richterlicher Entscheidungen".[351] Für eine Gruppe der interviewten Strafrichter steht der Rechtsfrieden inzwischen im Mittelpunkt des Strafverfahrens.[352] In der Altenhain-Untersuchung zur Absprachepraxis in Wirtschaftsstrafverfahren war für 64 Prozent der Richter und für 45 Prozent der Staatsanwälte die größere Akzeptanz von Urteilsabsprachen im Vergleich zu normalen Urteilen ein Grund für Verständigungen.[353] Nach der jüngeren Altenhain-Studie waren 80 Prozent der Verteidiger überzeugt, dass ein Urteil nach einer Absprache in der Regel von ihren Mandanten besser aufgenommen wird als ein Urteil nach einer streitigen Verhandlung.[354] Das erscheint nicht verwunderlich, kommen sie doch in den Genuss milderer Strafen. Trotz des Verlustes an Wahrheit und Gerechtigkeit erscheint es bemerkenswert, dass etwa die Hälfte der Richter und Staatsanwälte überzeugt ist, dass Urteilsabsprachen in Wirtschaftsstrafverfahren dem Rechtsfrieden besser dienen als Urteile nach streitigen Verhandlungen.

Die hohe Akzeptanz unter Beteiligten sagt natürlich noch nichts über die Auswirkungen von Verständigungen auf den Rechtsfrieden der Rechtsgemeinschaft, unter spezial- wie generalpräventiven Aspekten aus. Trotzdem ist auffällig, dass der Rechtsfrieden als Ziel des Strafverfahrens weder in der Gesetzesbegründung noch im Urteil des Bundesverfassungsgerichts zur Verständigung auftaucht und doch in der heutigen Praxis eine wichtige Rolle spielt.

Ursache ist vermutlich, dass Gesetzgeber und Verfassungsrichter den Zusammenhang zwischen Verständigungsgesetz, der Ausdehnung des Opportunitätsprinzips und anderen konsensualen Konfliktlösungsmodellen nicht erkannt haben, obwohl sie aus denselben Wurzeln wachsen. Der Siegeszug der Absprachepraxis ist parallel zum Ausbau der §§ 153, 153a StPO und zur Erweiterung des Anwendungsbereiches des Strafbefehls verlaufen.[355] Für diese Verfahrensarten ist typisch, dass sie sich mit einer summarischen Aufklärung des Sachverhalts – es reichen „hinreichender Tatverdacht" oder „potentielle Schuld" – begnügen und auf eine Feststellung der materiellen Wahrheit verzichten. In allen drei Bereichen hat der Gesetzgeber das Prinzip der materiellen Wahrheit durch das Konsensprinzip ersetzt und Strafgerichten die Möglichkeit eröffnet, Konflikte mit Strafvorschriften durch Kooperation zu lösen.

In der Erledigungsstatistik der Staatsanwaltschaft übertrifft 2014 der Anteil der Einstellungen nach den §§ 153, 153a und 154 StPO mit knapp 21 Prozent deutlich den Anteil der Anklagen mit gut neun Prozent.[356] Das heißt, die Anteile der konsensualen Erledigungen und der Strafverzichte ist doppelt so hoch wie der Anteil der Verfahren, der zunächst streitig fortgesetzt wird. Das Bild kehrt sich beim

Amtsgericht und beim Landgericht als erste Instanz um. Beim Amtsgericht endeten 42 Prozent der Verfahren mit einem Urteil, knapp 20 Prozent mit konsensualen Einstellungen und Strafbefehlen ohne Einspruch. Noch deutlicher geht die Schere beim Landgericht als erste Instanz auf. Hier enden 68 Prozent der Verfahren mit Urteilen, also streitig, hingegen nur fünf Prozent konsensual durch Einstellungen oder Strafverzicht. Fazit: Bei der Staatsanwaltschaft dominieren kooperative und andere Erledigungsarten, beim Amtsgericht und Landgericht die klassischen streitigen Verfahren. Allerdings enden bei ihnen, was in der Statistik nicht auftaucht, zwischen 19 und 23 Prozent der Verfahren mit einer Verständigung, also auch konsensual. Ohne allzu grob zu vereinfachen, kann man sagen, dass die Strafjustiz heute auf zwei in etwa gleich breiten Schienen operiert: **dem herkömmlichen kontradiktorischen Verfahren und der konsensualen Konfliktlösung**.[357] Dieser Strukturwandel ist das Ergebnis eines sich über Jahrzehnte erstreckenden Rückzuges des Legalitätsprinzips und der klassischen Strafjustiz – ausgelöst durch hohe Belastung, Beschleunigungsgebot und eine veränderte Streitkultur auch im Strafrecht.

Die Ausdehnung des Opportunitätsprinzips hat eine Schattenseite: Es öffnet Tür und Tor für eine ungleichmäßige und damit ungerechte Rechtsanwendung. Der Frankfurter Strafverteidiger Kempf lobt die Deal-Entscheidung des Bundesverfassungsgerichts, weil die „Formalisierung des Informellen ein Gewinn" ist, konstatiert aber im selben Atemzug, dass die „Ungerechtigkeit nicht beseitigt ist". Die Anwendung des § 257c StPO, mehr aber noch die des formlosen Deals nach § 153a StPO sei „völlig willkürlich". Es sei eine „schreiende Ungerechtigkeit", dass die Richter praktisch frei entscheiden können, ob sie verhandeln wollen oder nicht und, im Falle einer Bereitschaft zur Verständigung, über die Bedingungen – ohne jede Kontrolle. Das sei, so Kempf, die „Crux jedes Opportunitätsprinzips". Ähnlich der Tenor der ehemaligen Generalbundesanwältin Monika Harms: „Hat ein Angeklagter mit einem dealenden Richter zu tun, hat er Glück gehabt. Trifft er auf einen Nicht-Dealer hat er Pech gehabt." Wenn der Zufall über niedrige oder höhere Strafen entscheidet, gerät die Strafjustiz auf eine schiefe Ebene. Tut sie das nur bei Verständigungen, oder ist die Ungleichbehandlung ein Krisensymptom, das alle Ebenen der stark belasteten Strafverfolgung erfasst hat?

Der Hamburger Oberstaatsanwalt Henry Winter ist ein selbstkritischer Mann. Weil er zu wenig Mitarbeiter hat, ist es nach seiner Auffassung nicht möglich, alle Verfahren ausreichend zu fördern. Das gelte insbesondere für die schwierigen und ermittlungsaufwendigen Fälle. Das macht ihm Sorgen, weil der „Strafanspruch des Staates nicht zur Lotterie werden darf". Er „hofft", dass dies – gegenwärtig – noch nicht der Fall ist, ist sich aber „nicht sicher, ob die Situation bald eintreten wird". Winter sagt, es „kann nicht sein, dass die Mitarbeiter nur die beweissicheren Fälle in halbwegs angemessener Zeit bearbeiten". Für einen Berliner Kollegen hat die Verfolgungslotterie bereits begonnen: „Letztlich entscheidet der Ermittlungsaufwand, ob weiter ermittelt wird oder nicht. Umfangreiche Verfahren bleiben liegen, um die einfachen kümmert man sich." Glück für Verdächtige mit komplizierten Vorwürfen, Pech für die mit einfachen? Der ehemalige Frankfurter Oberstaatsanwalt Peter Köhler gibt zu, dass ein von der Polizei ermittelter Sachverhalt „angeklagt oder eingestellt wird, heute von der Höhe des Aktenberges auf dem Schreibtisch des Dezernenten abhängt". Weil die Einstellungsmöglichkeiten nach den §§ 153, 153a StPO und §§ 45, 47 JGG regional extrem unterschiedlich gehandhabt werden, kommt Heinz zu dem Schluss, dass es „weitgehend vom Wohnort" abhängt, ob ein „Verfahren eingestellt oder ob angeklagt oder verurteilt wird".[358] Für den Journalisten und Ex-Staatsanwalt Heribert Prantl wird die „Justiz", die mit den § 153a StPO hantiert, „zum Croupier": „Dieser Paragraph dreht sich, weil ihm so viele Beteiligte Schwung geben, so geschwind, dass er tanzt wie eine Roulette-Kugel."[359] In den Augen von Marc Tully, Senatsvorsitzender beim OLG Hamburg, ist eine ordentliche Rechtsprechung nicht mehr überall in der Strafrechtspflege gewährleistet: „In zahlreichen komplexen Wirtschaftsstrafsachen ist es so, dass die jeweilige Belastungssituation darüber entscheidet, ob jemand angeklagt wird oder nicht."[360]

Noch dezidierter das Bild der Strafverteidiger. Der Hamburger Anwalt Strate erlebt eine Strafverfolgung, bei der „viel vom Zufall abhängt". Am deutlichsten wird der Berliner Rechtsanwalt Hartmut Lierow: „**Strafverfolgung ist zur Lotterie**" geworden. Diese Diagnose stimmt – ausgenommen die Verfolgung von Kapitalverbrechen. Ob und wie intensiv ermittelt wird, richtet sich nach den personellen Ressourcen der Polizei und der Staatsanwaltschaft; ob ein Beschuldigter von Einstellungen aus Opportunitätsgründen Nutzen zieht oder nicht, entscheiden sein Wohnort und die Höhe der Aktenberge bei den zuständigen Staatsanwälten und Richtern; ob ein Angeklagter in den Genuss milder Strafen durch Verständigungen kommt, bestimmt die persönliche Einstellung des Richters und/oder seine Belastung; ob ein Angeklagter von Strafrabatten wegen überlanger Verfahrensdauer profitiert, richtet sich nach den Personalressourcen der Strafjustiz.

Verwaltungsgerichtsbarkeit

„Das Innenministerium sorgt auskömmlich für uns; deshalb wollen wir auch unter keinen Umständen zum Justizressort", meint der Präsident des Verwaltungsgerichts Augsburg Ivo Moll. Damit spielt er darauf an, dass das Staatsministerium für Justiz und Verbraucherschutz in Bayern nur für die ordentliche Justiz zuständig ist, die anderen Fachgerichtsbarkeiten hingegen bei den jeweiligen Fachministern ressortieren: die Finanzgerichte beim Finanzministerium, die Sozial- und Arbeitsgerichte beim Ministerium für Arbeit und Soziales, die Verwaltungsgerichte beim Innenministerium. Diese gesplitteten Zuständigkeiten für die Justiz haben in Bayern Tradition. Dort legt die Staatsregierung Wert darauf, dass Richter vor ihrem Wechsel in die Justiz praktische Erfahrungen in der Verwaltung sammeln, im Finanzamt, Landratsamt oder in Arbeitsagenturen. Willkommener Nebeneffekt: Die jeweiligen Ministerien haben bei der Auswahl der Richter das letzte Wort. Diese Sonderzuständigkeiten sind außerhalb Bayerns fast überall abgeschafft worden. Sie nähren leicht den Verdacht, dass Fachministerien und Senatsbehörden ihre Justizdiener selbst auswählen und via Beförderungspolitik genehme oder nicht genehme Rechtsprechung honorieren oder sanktionieren – trotz der Unabhängigkeit der Dritten Gewalt.

Wo Sonderzuständigkeiten von Gerichten außerhalb des Justizressorts überlebt haben – zum Beispiel in Berlin, wo für die Arbeitsgerichte der Arbeits- und Sozialsenator zuständig ist – sind die Richter damit zufrieden. Aus zwei Gründen wollen nicht ins Justizressort wechseln: Die Etats der Ministerien für Inneres, Finanzen oder Arbeit und Soziales sind wesentlich höher als der Haushalt des Justizministers, sodass da leichter Geld für die Gerichte abfällt. Und am Kabinettstisch wiegt das Wort dieser Minister schwerer als das des Justizministers. Fußnote: Entgegen verbreiteten Befürchtungen hat kein Richter mit einem Fachministerium als Dienstherrn unlautere Versuche zur Einflussnahme auf die Rechtsprechung erlebt.

Gründlichkeit vor Schnelligkeit: Elitedenken mit akademischem Ethos

Nach der Statistik müssten die Verwaltungsrichter eigentlich in einem Paradies arbeiten: Ohne Asylkammern ist die Zahl der neuen Verfahren zwischen 2006 und 2014 um 31 Prozent zurückgegangen.[361] Auch die Bestände sind im selben Zeitraum um 18 Prozent auf 95.075 Verfahren geschrumpft. Die Zahl der Verwaltungsrichter ist hingegen zwischen 2007 und 2014 bundesweit nur um neun Prozent gesunken.[362] Bei den Asylverfahren gibt es allerdings eine umgekehrte

Entwicklung. Hier stieg die Zahl der Neuzugänge im selben Zeitraum um 52 Prozent, die der Bestände um 20 Prozent.

Im Unterschied zur Ziviljustiz fragt in der Verwaltungsgerichtsbarkeit niemand nach den Ursachen für den Rückgang der allgemeinen Verfahren. Wahrscheinlich sind die Verwaltungsrichter froh über diesen Trend, haben sie doch mit hohen Beständen und langer Verfahrensdauer genug zu kämpfen. Stephan Groscurth, Vorsitzender Richter am Verwaltungsgericht Berlin, meint, dass viele „Rechtsfragen geklärt sind, und die Behörden sich daran halten", gibt aber gleichzeitig zu, dass „nur ein Grund zur Erklärung nicht ausreicht". Abschreckend gewirkt haben dürfte, dass Parteien seit Juli 2004 auch bei Verwaltungsgerichten vor Beginn der Prozesse Kostenvorschüsse zahlen müssen. Am wichtigsten ist aber der dritte Grund: Hinter den sinkenden Neuzugängen steht auch ein **Akzeptanzverlust der Verwaltungsgerichte**. Aus Gesprächen mit Anwälten und dem Industrie- und Handelskammertag ist der Eindruck entstanden, dass Investoren vor 20 Jahren begonnen haben, wegen der Dauer der Verfahren möglichst nicht zu klagen. Deshalb ist auch bei verwaltungsrechtlichen Streitigkeiten das Bedürfnis nach außergerichtlicher Streitbeilegung gestiegen.[363] Für Unternehmer, die Tierhaltungsanlagen, Kraftwerke oder andere industrielle Anlagen bauen wollen, hat sich die Verwaltungsgerichtsbarkeit zu einem Investitionshindernis entwickelt. Nach Ansicht des Hamburger Anwalts Hans-Jürgen Ermisch ist hier wegen der langen Verfahrenslaufzeiten die „Waffengleichheit aufgehoben". Wenn ein Projektentwickler nur eine Genehmigung mit Einschränkungen bekomme, akzeptiere er die, obwohl sie eigentlich nicht akzeptabel sind. Rechtliche Auseinandersetzungen könne er sich aus wirtschaftlichen Gründen nicht leisten.

Angesichts schrumpfender Neueingänge stehen auch die Verwaltungsgerichte unter Rechtfertigungsdruck gegenüber der Politik, warum ihr Personalbestand unantastbar sein soll. Auch hier verteidigen sich die Präsidenten mit dem Argument, dass die Verfahren umfangreicher und komplexer geworden seien. Ob diese höhere Beanspruchung allerdings ein Ausmaß erreicht hat, um die durch den Rückgang verursachte Entlastung auszugleichen, ist seriös nicht zu sagen. Wie bei der ordentlichen Gerichtsbarkeit bleiben Arbeitszeit und Selbsteinschätzung als Schlüsselindikatoren für die Arbeitslast der Verwaltungsrichter übrig. Hier zeigt sich, dass Verwaltungsrichter ein bisschen weniger als Amtsrichter und erheblich weniger als Landrichter und Staatsanwälte arbeiten.

Von den 15 befragten Verwaltungsrichtern hat sich keiner „überlastet" gefühlt. 15 Prozent gaben an, „sehr stark" belastet zu sein und mehr als 45 Stunden zu arbeiten, darunter allerdings ein Präsident und ein Vizepräsident, die neben der richterlichen Tätigkeit das Gericht managen müssen.[364] Gut die Hälfte meinte, „stark" belastet zu sein. Aufschlussreich ist, was die Richter darunter verstehen. Alle arbeiten nämlich nicht mehr als neun Stunden am Tag, abends und am Wochenende wenig bis gar nicht. 27 Prozent kommen mit 40 Stunden aus, sind also „normal" tätig. Wie kommt es, dass ein Gerichtszweig, dessen Schwachpunkt bis heute die Länge der Verfahren ist, sich mit einem eher moderaten Arbeitseinsatz begnügt?

Die Verwaltungsgerichtsbarkeit wird von einer akademischen und qualitätsbewussten Rechtsprechungskultur geprägt. Zwar hat auch hier ein Umdenken stattgefunden und der Faktor Zeit an Bedeutung gewonnen. Der Präsident des Verwaltungsgerichts Cottbus Andreas Knuth „achtet auf Erledigungszahlen". Bei jüngeren Richtern wie dem Berliner Markus Rau bestimmt der „Erledigungsdruck die Arbeit" stärker als bei älteren Kollegen. Bei der Mehrheit der Verwaltungsgerichte haben Erledigungsstatistiken aber nie den Stellenwert erreicht wie bei Zivil- und Strafgerichten. Sie stehen im Widerspruch zu der besonderen Rechtsprechungskultur der Verwaltungsgerichte. Ihre Merkmale sind Elitebewusstsein, Tradition der Anwesenheit im Gericht, Vorrang der Qualität vor Schnelligkeit und eine akademische Arbeitsweise. „Wir sind keine Amtsrichter. Unsere Einzelfallentscheidungen betreffen das Verhältnis Bürger-Staat. Deshalb müssen wir gründlich und sorgfältig arbeiten, dürfen dabei aber den Zeitfaktor nicht aus den Augen verlieren." So beschreibt der ehemalige Präsident des Bundesverwaltungsgerichts Eckart Hien das Selbstverständnis von Verwaltungsrichtern. Viele verwaltungsgerichtliche Urteile sind Grundsatzentscheidungen für Ämter und Behörden und Handlungsmaximen für künftiges Verhalten.

Humus für den Eliteanspruch der Verwaltungsrichter ist der Notendurchschnitt, der in der Regel höher ist als bei anderen Gerichtszweigen: Eine Auswahl der Besten, die dazu führt, dass zahlreiche Verwaltungsrichter denken, etwas Besonderes zu sein. Die Kontrolle des Staats und die weitreichenden Folgen ihrer Entscheidungen vermitteln Verwaltungsrichtern das Gefühl herausgehobener Verantwortung. So versteht der Augsburger Präsident Moll die Verwaltungsgerichtsbarkeit als „kleine Schwester der Verfassungsgerichtsbarkeit", sein Richteramt als „Dienst an der Gesellschaft" durch „Kontrolle des Staates". Dieses Rollenverständnis rechtfertigt für die meisten Verwaltungsrichter, bei der Bearbeitungsqualität keine Abstriche zugunsten der Erledigungszahlen zu machen. Für den Cottbuser Präsidenten Knuth gilt nach wie vor der Satz „Gründlichkeit vor Schnelligkeit". Deshalb spielt nach Ansicht des Augsburger Präsidenten Moll der „Erledigungsdruck nur eine geringe Rolle".

Diese Haltung führt offenbar auch zu einer gewissen Abstumpfung gegenüber langen Verfahrenslaufzeiten. Für den ehemaligen Richter am OVG Lüneburg Wolfgang Kalz war schließlich „egal, ob ein Verfahren am Ende eineinhalb oder zweieinhalb Jahre dauert: Man schafft nie alles zeitgerecht." Für einige jüngere Reform-Präsidenten ist diese Einstellung nicht mehr akzeptabel. Peter Sperlich, Chef am Bremer Verwaltungsgericht, beklagt, dass sich die „Mentalität" bei vielen Verwaltungsgerichten „trotz Verfahrensstaus nicht geändert hat": „Bei amtsrichterlichen Verhältnissen müssen wir wie Amtsrichter handeln und nicht wie Professoren", fordert er.

Vorbildlich ist die Tradition der Anwesenheit, die sich allerdings in jüngster Zeit in einigen Gerichten gelockert hat. Sie ist in einer Zeit entstanden, als alle Entscheidungen von Kammern getroffen wurden, und alle Richter immer Zugriff auf die Akten haben sollten. Hinzu kommt, dass Verwaltungsgerichte häufig Eilentscheidungen zu treffen haben – unter anderem bei Abschiebungen von Flüchtlingen oder Demonstrationsverboten. Solche Anträge können auch am Nachmittag noch hereinkommen. Positiver Nebeneffekt für Anwälte: Sie können Richter besser erreichen als in allen anderen Gerichtszweigen.

Nach wie vor lässt sich die Mehrheit der Verwaltungsrichter von einem akademischen Anspruch leiten. Nach einem Thesenpapier nordrhein-westfälischer Verwaltungsrichter soll es zum „Amtsverständnis von Verwaltungsrichtern" gehören, bei der Auslegung von Gesetzen „Aspekte der allgemeinen Staatslehre, der Rechtsphilosophie und der Rechtsgeschichte" zu beachten sowie auf eine „breit angelegte Methodenkompetenz" zurückzugreifen.[365] Ein solcher Satz würde sich in keinem Papier von Zivil- oder Strafrichtern finden. Auch würde wohl kein Präsident eines ordentlichen Gerichts auf die Idee des Augsburger Präsidenten Moll kommen, an die Richter seines Gerichts zu schreiben, möglichst nicht nur aus der Entscheidungssammlung „iuris" zu zitieren.

Dieses Selbstbild der Verwaltungsrichter deckt sich weitgehend mit dem Bild, das einige Anwälte von Verwaltungsrichtern haben, nur pointierter formuliert. Der Berliner Verwaltungsrechtsexperte Hans-Peter Vierhaus empfindet sie als „Elite der Justiz mit akademisch geprägtem Ethos". „Verwaltungsrichter sind ganz andere Typen als Amtsrichter, etwas Besseres", urteilt der Regensburger Rechtsanwalt Thomas Troidl: „In fast jeder Kammer gibt es einen Musterschüler, der zeigen will, was er kann." In der Anwaltszunft gibt es aber auch Vertreter mit anderen Eindrücken von Verwaltungsrichtern. Peter Kremer aus Berlin bemerkt bei ihnen „keinen Dünkel: Je höher die Instanzen, desto höflicher sind sie". Er lobt den „gesitteten Umgang zwischen Richtern und Anwälten".

Fazit: Bei den Verwaltungsgerichten ist es in der Regel nicht notwendig, eine Belastungshypothek einzutragen. Nur eine kleine Minderheit kommt mit 45 Stunden in der Woche nicht aus, die nach der plausiblen Meinung des ehemaligen OVG Richters Kalz „zumutbar" sind.

Diese Einschätzung ist vorläufig, weil sie die Flüchtlingsströme des Jahres 2015 nicht berücksichtigt. In diesem Jahr sind beim Verwaltungsgericht Düsseldorf 5.689 neue Asylverfahren eingegangen, 42 Prozent aller neuen Verfahren. Wie schon in den siebziger und achtziger Jahren kann die neue Welle von Asylverfahren die Verwaltungsgerichtbarkeit erneut an den Rand der Funktionsfähigkeit bringen. Alle ausgewählten Verwaltungsgerichte haben personell aufgerüstet, um die Flut neuer Asylverfahren zu bewältigen, durch drei bis zehn zusätzliche Stellen.

Schlechtes Gewissen trotz Fortschritt: die überlange Dauer von Verwaltungsgerichtsverfahren

Ein ehemaliger Professor für empirische Kommunikationswissenschaft an der FU Berlin ist seit 13 Jahren pensioniert, hat aber bis vor kurzem noch mit seinem Ex-Arbeitgeber über die Höhe seiner Beamtenpension gestritten. Er war ein Quereinsteiger aus den USA, wo er 20 Jahre an einer Hochschule gelehrt hatte. Als er nach weiteren 20 Jahren Lehre und Forschung an der FU ausschied, weigerte sich die Universitätsverwaltung, die 20 Jahre als Juniorprofessor in den USA bei der Berechnung seiner Pension anzuerkennen. Um sie dazu zu zwingen, hat er gegen sie in mehreren Runden vor dem Verwaltungsgericht Berlin, dem Oberverwaltungsgericht Berlin-Brandenburg und dem Bundesverwaltungsgericht auf ein höheres Ruhestandsgehalt geklagt. Im November 2015 verlor er die Revision und damit den Prozess endgültig – nach einer Gesamtdauer von zehn Jahren und zwei Monaten. Hauptursache: die lange Dauer von Verwaltungsgerichtsverfahren. An dieser Front ist sein Anwalt Vierhaus kampferprobt. Viel juristischen Gedankenschmalz verwendet der Fachanwalt für Verwaltungsrecht darauf, langsamen Verwaltungsgerichten Beine zu machen – mit Sachstandsanfragen, Verzögerungsrügen und Untätigkeitsklagen. Drei Jahre und neun Monate brauchte zum Beispiel das Verwaltungsgericht Berlin bis zum Urteil nach der Erhebung einer Nachbarklage bei einem Neubau. Ein Jahr verging zwischen Klageerhebung und dem ersten Verhandlungstermin beim Verwaltungsgericht Magdeburg in einem Streit über die Genehmigung einer Schlackeaufbereitungsanlage – obwohl dem Gericht bekannt war, dass von der Genehmigung die wirtschaftliche Existenz des Klägers und 148 Arbeitsplätze abhingen. Die Dauer von Verwaltungsgerichtsverfahren ist für Vierhauser ein „struktureller Mangel". Seine Mandanten, Unternehmer wie Universitätsprofessoren, „fallen aus allen Wolken", wenn er sie auf die erwartbare Dauer eines Prozesses hinweist. Dabei erhitzen sich keinesfalls alle Parteien über ewig lange Prozesse. Einige Parteien profitieren von ihr – Asylsuchende, die während der Dauer des Verfahrens nicht in ihre Heimat zurück müssen oder Autofahrer, die in Gefahr sind, ihren Führerschein zu verlieren.

Dabei ist es den Verwaltungsgerichten in den letzten zehn Jahren bundesweit gelungen, die durchschnittlichen Laufzeiten von Verfahren ohne Asylkammern erheblich zu kürzen: von 14 Monaten im Jahr 2006 auf knapp 10 Monate im Jahr 2014.[366] Im Bundesdurchschnitt waren 33 Prozent nach einem Jahr noch nicht abgeschlossen. Ein dunkler Schatten liegt also weiter über der Erledigungsbilanz beim Qualitätsmerkmal Dauer. Und die ist unter den ausgewählten Bundesländern auch noch unterschiedlich groß. Während die Anteile der Verfahren, die nach einem Jahr nicht beendet wurden, in Bayern mit gut 20 Prozent und Nordrhein-Westfalen mit knapp 29 Prozent unter dem Durchschnitt lagen, entsprach er in Berlin dem Durchschnitt.[367] Weit über dem Durchschnitt lag die Dauer dieser Verfahren in Hamburg mit 42 Prozent und Mecklenburg-Vorpommern mit 53 Prozent. Aus der Sicht der Rechtsgemeinschaft ist dadurch ein erhebliches

Maß an ungleichmäßiger Anwendung des Grundrechts auf Verfahrenserledigung in angemessener Zeit entstanden.

Unter Verwaltungsrichtern wie Anwälten besteht Konsens darüber, dass es Ziel der Verwaltungsgerichte sein muss, Verfahren in der Regel in einem Jahr zu beenden. Da die Verwaltungsgerichte von diesem Ziel unterschiedlich weit entfernt sind, fallen Meinungen über die Dauer von Verwaltungsverfahren unter Richtern wie Anwälten trotz aller Fortschritte weiter negativ aus, bei einigen selbstkritischen Richtern mit unvermuteter Vehemenz. Der Cottbuser Verwaltungsrichter Gregor Nocon nennt die Verfahrenslaufzeiten „unerträglich", der frühere Präsident des OVG Berlin-Brandenburg Jürgen Kipp „teilweise krank".

Hart auch die Urteile von Anwälten über die Dauer verwaltungsgerichtlicher Verfahren. Von „Defizit" spricht der Regensburger Rechtsanwalt Troidl, von „Achillesferse" der Berliner Anwalt Philipp Heinz: „Die lange Verfahrensdauer kommt teilweise einer Rechtschutzverweigerung nahe." Er hat einen Fall, in dem sein Mandant „trotz ständigen Nachbohrens bei Gericht" bereits im fünften Jahr auf eine Entscheidung in erster Instanz wartet. Und er hat den Eindruck, dass bei „manchen Gerichten besonders schwierige und umfangreiche Verfahren immer wieder nach unten gelegt und jahrelang gar nicht bearbeitet werden".

Um diesen Missstand zu bekämpfen, greifen Anwälte in der Verwaltungsgerichtsbarkeit relativ häufig auf Verzögerungsrügen zurück. Nach dem Evaluationsbericht der Bundesregierung zur Anwendung des Gesetzes gegen überlange Verfahren sind in den ersten beiden Jahren seiner Geltung mindestens 856 Rügen bei Verwaltungsgerichten erhoben worden.[368] Zwischen Ende 2011 und März 2016 zählte das Berliner Verwaltungsgericht 111 Verzögerungsrügen, das Hamburger Verwaltungsgericht 2014 und 2015 zusammen 18 Rügen. Offenbar sind die Anwälte an der Spree konfliktfreudiger als ihre Kollegen an der Elbe. Viele Rechtsvertreter halten es nicht für sinnvoll, das Instrument der Verzögerungsrüge anzuwenden, um Verfahren zu beschleunigen. Die Hamburger Rechtsanwältin Cornelia Ganten-Lange hat bisher keine Rüge erhoben, weil sie „Zeit kostet und nicht hilft", ihr Hamburger Kollege Tobias Müller, weil „kein Richter das gern hat". Etwas kleiner scheint die Fraktion der Befürworter von Verzögerungsrügen zu sein. Der Berliner Rechtsanwalt Vierhaus etwa hat, trotz aller Unwägbarkeiten, die Erfahrung gemacht, dass die Verfahren nach Rügen zügiger erledigt werden.

Keine beschleunigende Wirkung hat dagegen die Rechtsprechung des Bundesverwaltungsgerichts zu Entschädigungsklagen wegen überlanger Verfahrensdauer entfaltet. Zunächst fällt auf, dass nach dem Evaluationsbericht der Bundesregierung nur 48 Entschädigungsklagen eingereicht wurden – eine verblüffend kleine Zahl im Vergleich zu den 856 Rügen.[369] Die mutmaßlichen Ursachen: Die Richter beschleunigen die gerügten Verfahren wie vom Gesetz beabsichtigt; die Höhe der Entschädigungssummen ist im Verhältnis zum Arbeitsaufwand für Klagen nicht attraktiv; und die Rechtsprechung des Bundesverwaltungsgerichts hat abschreckend hohe Hürden vor erfolgreichen Entschädigungsklagen errichtet.

Nach dem Grundsatzurteil des höchsten Verwaltungsgerichts sollen Verfahrenslaufzeiten erst dann unangemessen sein, „wenn sie – bei Berücksichtigung des gerichtlichen Gestaltungsspielraumes – sachlich nicht mehr zu rechtfertigen" sind.[370] Was das in der Praxis bedeutet, zeigt der Evaluationsbericht der Bundesregierung. Danach betrug die durchschnittliche Dauer der entschädigten Verfahren drei Jahre und sieben Monate. Das kürzeste Verfahren währte zwei Jahre. Das bittere Fazit von Rechtsanwalt Vierhaus: Die Rechtsprechung des Bundesverwaltungsgerichts ist so „angelegt, dass es möglichst nicht zur Anwendung kommt". Das ist richtig. Die Rechtsprechung erzeugt keinen Druck auf die Verwaltungsgerichte, Verfahren zügiger zu erledigen, und erlaubt, den alten Rechtsfindungstrott fortzusetzen. Wie schon der Bundesgerichtshof bei der ordentlichen Justiz schreibt auch das Bundesverwaltungsgericht bei den Verwaltungsgerichten bei der Dauer der Verfahren den **status quo** fest und entschädigt Kläger nur in Ausnahmefällen.

Einen überraschenden Nebeneffekt hat die lange Dauer von Hauptverfahren verursacht. Um verwaltungsrechtliche Streitfragen in angemessener Zeit zu klären, hat sich in einigen Rechtsgebieten der Schwerpunkt der rechtlichen Auseinandersetzung auf Eilverfahren verlagert. Zwischen 2008 und 2014 ist die Zahl der Anträge auf einstweiligen Rechtsschutz um 54 Prozent auf 50.730 gestiegen.[371] Hier kreuzen sich mehrere Interessen, die aber alle Ihre Wurzel in langen Verfahren haben. Umwelt- und Naturschutzverbände nutzen die aufschiebende Wirkung von Widersprüchen bei Baugenehmigungen und Planfeststellungsverfahren gern, um nicht vor vollendete Tatsachen gestellt zu werden. Und Bauträger und Investoren greifen gern auf einstweilige Anordnungen zurück, um zumindest vorläufig ihre rechtlichen Chancen einschätzen zu können. Die Schattenseite: Durch die Masse der Eilverfahren verlängert sich die Bearbeitung aller Hauptverfahren ohne Eilanträge.

Akten statt Fakten: das Schattendasein von Beweisaufnahmen

Nach den „Standards verwaltungsgerichtlicher Arbeit", die die Präsidenten des Bundesverwaltungsgerichts und der Oberverwaltungsgerichte im März 2005 beschlossen haben, soll der Verwaltungsgerichtsprozess dem „Rechtsfrieden dienen". Auch bei mehr als der Hälfte der befragten Richter (53 Prozent) steht der Rechtsfrieden im Vordergrund. Für Christoph Heydemann, Vorsitzender Richter am Oberverwaltungsgericht Berlin-Brandenburg, ist es ein „beglückender Moment", wenn es gelingt, einen „Streitfall nicht nur abzuschließen, sondern Rechtsfrieden zu stiften". Bei 40 Prozent der interviewten Richter stehen die richterlichen Grundwerte Wahrheit, Gerechtigkeit und Rechtsfrieden gleichrangig nebeneinander – bei den meisten, weil sie voneinander abhängen. Bemerkenswert ist eine beachtliche Minderheit von Verwaltungsrichtern (26 Prozent), deren Fixpunkt nicht Grundwerte sind, sondern die rechtliche Qualität der Entscheidungen. Der Schweriner Verwaltungsrichter Frank Preuß möchte primär eine „juristisch saubere Entscheidung treffen". Der ehemalige Senatsvorsitzende beim OVG Lüneburg Kalz möchte den Fall „inhaltlich richtig lösen, in Übereinstimmung mit dem geltenden Recht. Ich bin Positivist." In diesen Auffassungen schimmert eine starke Affinität zum rechtsdogmatischen Feinschliff durch, die es in dieser Form weder bei Zivil- noch Strafrichtern gibt und wahrscheinlich Ausfluss der besonderen Rechtsprechungskultur an Verwaltungsgerichten ist.

Vor allem in Asylverfahren leidet die Wahrheitssuche wegen der Masse und den beschränkten Aufklärungsmöglichkeiten erheblich. In Schwerin ist schwer zu beurteilen, ob jemand in Kabul politisch verfolgt wird. Das Wissen über die Herkunftsländer ist bei den Verwaltungsgerichten gering. Es gibt ein paar Erkenntnisquellen wie die Lageberichte des Auswärtigen Amts und die Reports von Flüchtlings- und Menschenrechtsorganisationen, die häufig zu anderen Ergebnissen gelangen. Am Ende entscheidet nach Ansicht des Schweriner Verwaltungsrichters Frank Koll nur eine Frage: Ist die Geschichte des Asylsuchenden glaubwürdig oder nicht?

Nach Beobachtung der Anwältin Berenice Böhlo sind bei großen Verwaltungsgerichten „nicht wenige" Richter durch die „Masse der Verfahren abgestumpft": „Psychologische Gutachten, obwohl sachgerecht, nehmen sie nicht ernst. Verwaltungsrichter an kleineren Gerichten geben sich dagegen häufiger mehr Mühe." Nach dem Eindruck von Anwältin Barbara Wessel werden „Glaubwürdigkeitsprüfungen oft sehr oberflächlich durchgeführt, weil durch die Masse der Verfahren ein Entscheidungszwang entsteht, der kein tieferes Interesse zulässt". In Asylverfahren hängt deshalb die Wahrheitssuche häufig vom Vorverständnis der Richter ab – zum Verdruss der Anwälte. „Es gibt Richter, die glauben gar nichts, andere sind wohlwollend", meint die Hamburger Anwältin Ganten-Lange.

Eine direkte Folge der Belastung zulasten der Wahrheitsfindung sind für den Regensburger Anwalt Troidl die wenigen Beweisaufnahmen in Verwaltungsgerichtsverfahren: „Negative Ablehnungsbeschlüsse" von Beweisanträgen sind „Legion und positive Beweisbeschlüsse, die einem Beweisantrag des Klägers stattgeben, selten".[372] Viele Anwälte haben seit Jahren keine Beweisaufnahmen mehr erlebt. In den Augen des Berliner Anwalts Vierhaus führt das Beweisrecht am Verwaltungsgericht ein „Schattendasein". Er hat in zwanzig Jahren Berufstätigkeit lediglich zwei Beweisaufnahmen erlebt.

Für diese Tatsache spricht die Rechtspflegestatistik. Nach ihr wurden 2014 bundesweit in nur 1,6 Prozent der Verwaltungsgerichtsverfahren Beweise erhoben.[373] In Brandenburg gab es in diesem Jahr kein einziges Verfahren mit einer Beweisaufnahme. Die nach dem Klageantrag wichtigste Waffe von Anwälten, der Beweisantrag, ist in Verwaltungsgerichtsverfahren stumpf.

Verwaltungsrichter sind sich keiner Schuld bewusst. Nach ihrer Erfahrung sind die Sachverhalte im Verwaltungs- und Widerspruchsverfahren in der Regel ausermittelt, sodass sie neben den Akten keine weiteren Fakten brauchen. Der Hamburger OVG-Richter Heinz Albers sieht wie die Mehrheit seiner Kollegen hier keine „generellen Defizite". In geschätzten 90 Prozent der Verfahren geht es nach seiner Auffassung nur um Rechtsfragen – ausgenommen bestimmte Rechtsgebiete wie das Disziplinarrecht.

Hinter der Zurückhaltung gegenüber Beweisaufnahmen stehen meist prozessökonomische Motive. Beweisaufnahmen sind aufwendig, zeitraubend, im Verlauf unberechenbar und gefährden das Ziel, möglichst mit einem Verhandlungstermin auszukommen. Außerdem spielen Richter den Ball gern an die Anwälte zurück. Sie würden selten Beweisanträge stellen, die man ablehnen könne. Nur wenige Richter räumen ein, dass Beweisanträge auch zur Arbeitsvermeidung zurückgewiesen werden. „Man sucht nach Möglichkeiten, Beweisanträge abzulehnen", gibt der Präsident des Verwaltungsgerichts Bremen Sperlich zu.

Beliebt ist unter anderem, Beweisanträge auf Einholung eines Sachverständigengutachtens mit der Begründung abzulehnen, dass dem Gericht ja bereits Behördengutachten zur Verfügung stünden, vom Wasserwirtschaftsamt oder dem Amt für Landwirtschaft und Forsten.[374] Gern werden Anträge auch als rechtlich unerheblich zurückgewiesen. Im Verfahren über die Rechtmäßigkeit der Wannsee-Flugroute beim Schönefelder Flughafen BER hat das Oberverwaltungsgericht Berlin-Brandenburg 44 Beweisanträge als irrelevant abgelehnt. Ihr Thema: Wie hoch ist die Gefahr bei einem Flugzeugabsturz auf einer Flugroute, die in Berlin-Wannsee östlich am Helmholtz-Zentrum vorbeiführt? Auf seinem Gelände befindet sich der Forschungsreaktor BER II, eine Lagerhalle für Brennelemente sowie die Landessammelstelle für klein- und mittelradioaktive Abfälle. Das Bundesverwaltungsgericht nahm diese Risiken wesentlich ernster. Es warf dem Oberverwaltungsgericht ein Aufklärungsdefizit just in jenem Bereich vor, den auszuleuchten die Beweisanträge gefordert hatten: eine Risikoanalyse eines unfallbedingten Flugzeugabsturzes in der Nähe des Forschungsreaktors.[375] Skurril wird es, wenn das Verwaltungsgericht Magdeburg einen Beweisantrag für eine Inaugenscheinnahme einer Lichtbilddokumentation von überschwemmten Agrarflächen mit der Begründung ablehnt, dass die „Inaugenscheinnahme der Bilder selbst nur Auskünfte über die Fotos und ihre Aufnahmedatum und nicht über die Verhältnisse vor Ort" ergebe.[376]

Weil bei der Mehrheit der Verwaltungsrichter das Verfahrensziel Rechtsfrieden dominiert, streben auch sie Vergleiche an, wo es geht. Hier fallen in der Verwaltungsgerichtsbarkeit zwei Besonderheiten auf. Behörden zeigen sich in einigen Verfahren nicht vergleichsbereit, weil sie Präjudize zur Klärung bestimmter Rechtsfragen brauchen, Leitlinien für die öffentliche Hand. Und es gibt Rechtsgebiete, in denen der Staat aus grundsätzlichen Erwägungen nur selten zu Kompromissen bereit ist. Zum Beispiel im Asylrecht. Nach der Sachsen Tabelle wurde hier 2014 fast die Hälfte der Verfahren (knapp 47 Prozent) durch Beschluss oder Urteil streitig entschieden, in den Eilverfahren sogar knapp 92 Prozent. Zum anderen hat der klassische Vergleich bei den Verwaltungsgerichten nicht dieselbe Bedeutung wie bei den Zivilgerichten. Hier suchen die Richter neben Vergleichen auf anderen Wegen zu einvernehmlichen Lösungen zu kommen: durch Rücknahme von Klagen, übereinstimmende Erledigungserklärungen und rechtliche Hinweise im Vorfeld der Hauptverhandlung, die das Interesse an einer Fortführung des Verfahrens erlöschen lassen. Durch diese konsensuale Erledigungsstrategie haben die Richter nach der Sachsen Tabelle 2014 in den allgemeinen Verwaltungsrechtssachen nur noch durchschnittlich gut 24 Prozent der Verfahren streitig beendet.

Auch in der Verwaltungsgerichtsbarkeit ist der Trend zu konsensualen Lösungen nicht nur durch Erledigungsdruck verursacht, sondern auch durch ein neues Selbstverständnis. Für den Hamburger OVG Präsidenten Friedrich-Joachim Mehmel ist „entscheidend, ob durch das Verfahren ein Konflikt gelöst, Rechtsfrieden hergestellt und die Akzeptanz richterlichen Handelns erhöht wird". In den Augen des Düsseldorfer Kammervorsitzenden Kapteina sind „Vergleiche häufig konstruktiver als Urteile". Bei streitigen Entscheidungen könne man meist nur „zwischen schwarz und weiß wählen, der gerechte Interessenausgleich liege häufig dazwischen". Deshalb bestehe „beim Vergleich auch der Interessenausgleich unter den Beteiligten im Vordergrund und nicht die richterliche Entlastung". Der Präsident des Bremer Verwaltungsgerichts Sperlich hat für dieses neue Selbstverständnis sogar ein Konzept entwickelt: „Lösungsorientierte Gestaltung des verwaltungsgerichtlichen Verfahrens." Seine Kernelemente sind: Konfliktschlichtung als primäres Ziel, Interessenausgleich zwischen den Parteien, telefonische Kommunikation vor der Hauptverhandlung, verstärkte Nutzung von Erörterungsterminen, Rechts- und Vergleichsgespräche für die Konfliktlösung und die Aufwertung der Erledigungsstatistik zum Schlüsselkriterium für Beurteilungen und Beförderungen. Sperlich möchte den vier bekannten Typen von Verwaltungsrichtern – Weltverbesserer, Erzieher, Wissenschaftler und Rechtspolitiker – einen fünften hinzufügen: den Vermittler.[377]

Verwaltungsgerichtliche Urteile: lang, akademisch, unverständlich

Die Spannbreite der Noten, die Rechtsanwälte der Verwaltungsgerichtsbarkeit geben, ist breit. Für die Hamburger Rechtsanwälte Müller und Ermisch arbeitet sie im Normalfall „sehr gut", freilich mit dem Manko der langen Verfahrenslaufzeiten. Das ist auch der Hauptgrund für die Zensur „befriedigend" bei den Anwälten Troidl (Regensburg) und Stehn (Hamburg).

Ungeachtet dieser Vorbehalte wird den Verwaltungsrichtern gemeinhin eine hohe juristische Qualität attestiert. Sie hat durch die teilweise starke Belastung bisher kaum gelitten, weil bei den meisten Verwaltungsrichtern Gründlichkeit vor Schnelligkeit geht. Mit Ausnahmen. Der ehemalige Senatsvorsitzende beim OVG Lüneburg Kalz gibt „gewisse Qualitätseinbußen durch Belastung" zu: „Eine vertiefte Ausarbeitung bleibt hin und wieder auf der Strecke." Trotzdem hat die Verwaltungsgerichtsbarkeit zwischen 2005 und 2010 als einziger Gerichtszweig eine intensive Qualitätsdiskussion geführt, die zugleich eine Selbstverständnisdebatte war.[378] Sie drehte sich allerdings nicht um das juristische Niveau.

Auslöser war die Erkenntnis der Präsidenten der Oberverwaltungsgerichte und des Bundesverwaltungsgerichts, dass sich eine Kluft aufgetan hatte zwischen autistisch vor sich hin werkelnden Verwaltungsrichtern und „berechtigten Interessen und Erwartungen der Bürgerinnen und Bürger, der Wirtschaft und der Verwaltung", wie es in den „Standards verwaltungsgerichtlicher Arbeit" einleitend heißt. Sie verfolgten drei Ziele: den Dienstleistungscharakter von Verwaltungsgerichten durch „Kundenorientierung" zu betonen, die „Verfahrenslaufzeiten" zu verkürzen und Urteile durch Kürze und klare Sprache „praxistauglich" zu machen. Dieser Versuch, den langsamen Tanker Verwaltungsgerichtsbarkeit umzusteuern, war auch eine Reaktion auf eine Krise, in der die Verwaltungsgerichtsbarkeit damals in einigen Bereichen steckte. In planungs- und emissionsrechtlichen Verfahren und im Glücksspielrecht war der Verdruss so groß, dass ein Sammelband mit dem Titel „Verwaltungsrechtsschutz in der Krise: vom Rechtsschutz zum Schutz der Verwaltung?" entstand.[379] In ihm beklagten Anwälte ein „partielles Versagen" der Gerichtsbarkeit.[380] Stichworte dieses Missmut-Potpourris waren unerträglich lange Verfahren, staatstragende Rechtsprechung, ‚Grünes Denken' bei Verwaltungsrichtern, mangelhaftes wirtschaftliches Verständnis, großzügige Einzelrichterübertragung, Verkürzung des Rechtsweges, sinkende Verfahrenseingänge sowie Dezisionismus.[381] Diese Probleme sind bis heute aktuell, wenngleich sich die Bilanz der Verwaltungsgerichte in vielen Bereichen verbessert hat, insbesondere bei der Verfahrensdauer.

Die Kultur und Qualität verwaltungsgerichtlicher Kontrolle prägt der sogenannte Amtsermittlungsgrundsatz. Nach ihm dürfen sich die Verwaltungsrichter nicht damit zufriedengeben, was ihnen die Behörden als Sachverhalt präsentieren, sondern sie müssen sich eine eigene Meinung darüber bilden, ob die Behördenakten die Wahrheit widerspiegeln und alle rechtlichen Aspekte berücksichtigt sind. Der Cottbuser Verwaltungsrichter Nocon: „Ich fange an zu ermitteln, wenn ich glaube, dass die Wahrheit nicht auf dem Tisch liegt." Diese Untersuchungsmaxime hatte beim OVG Münster zeitweise zu Exzessen geführt. Dort hatten Richter bei der Prüfung von Gemeindesatzungen auf eigene Faust nach rechtlichen Fehlern gesucht, mit der Folge, dass sie serienweise Satzungen für rechtswidrig erklärten. Diese Entwicklung bremste das Bundesverwaltungsgericht, indem es klarstellte, dass Verwaltungsgerichte nicht verpflichtet seien, ungefragt nach rechtlichen Fehlern zu suchen.[382] Damit war allerdings noch nicht die Frage beantwortet, in welchem Umfang Verwaltungsgerichte ungefragt Sachverhalte aufklären müssen.

Hier hat die teilweise starke Belastung der Verwaltungsgerichte zu Qualitätsverlusten geführt – zumindest aus der Sicht der Anwälte.

Die Mehrheit der Verwaltungsrichter leugnet, den Amtsermittlungsgrundsatz nicht mehr ernst zu nehmen. „Wir machen keine Abstriche, Amtsermittlung ist der Kern unseres Geschäfts", verkündet der Düsseldorfer Kammervorsitzende Kapteina. Es gibt nur wenige Verwaltungsrichter, die hier Schwächen einräumen, beispielsweise der ehemalige Senatsvorsitzende beim OVG Lüneburg Kalz: „In den letzten Jahren betonen die Verwaltungsrichter verstärkt die Mitwirkungspflichten der Parteien. Tun sie nichts, bekommen sie nicht dieselbe Prüfungstiefe." Pointierter noch Ulrich Ramsauer, bis 2013 Vorsitzender Richter beim Oberverwaltungsgericht Hamburg: „Die Oberverwaltungsgerichte tendieren stärker als früher dazu, den Umfang der Amtsermittlung und die Intensität der rechtlichen Befassung am Vorbringen der Prozessbeteiligten zu orientieren."[383] Dezidierter äußern sich in diesem Punkt die Advokaten. Nach Ansicht des Berliner Rechtsanwalts Heinz „fuchsen sich die Richter zwar in komplizierte Sachverhalte ein und arbeiten Gutachten von Ingenieuren, Geologen und Biologen sorgfältig durch", aber mehr auch nicht. Dem „Untersuchungsgrundsatz und der Aufklärungspflicht genügen sie häufig nicht", sagt er. Eine klare Meinung hat hier auch Rechtsanwalt Vierhaus: „Sie klären den Sachverhalt nicht auf, weil sie lieber Rechtsfragen beantworten und Arbeit vermeiden wollen." Fast alle befragten Anwälte haben die Erfahrung gemacht, dass Richter nur dann vom Routinepfad abweichen, wenn sie diese auf offene Sach- und Rechtsfragen aufmerksam machen oder auf weitere Ermittlungen drängen. Vierhaus: „Bei Verwaltungsgerichten gilt: Was nicht angesprochen oder vorgetragen wird, ist auch nicht Gegenstand des Verfahrens."

Der Satz „Was man dem Richter nicht klagt, soll er nicht richten" prägt immer mehr die neue Rollenverteilung in der gerichtlichen Praxis – als Folge von Belastung, Routine oder Bequemlichkeit. Die Verwaltungsrichter entfernen sich von den gesetzlichen Vorgaben und machen Abstriche bei der Wahrheitssuche.

Trotz zehnjähriger Diskussion und Kritik lässt die Qualität der Urteilsbegründungen weiterhin zu wünschen übrig – aus Sicht der Richter wie der Anwälte. Den Präsidenten des Bremer Verwaltungsgerichts Sperlich ärgern die „verwissenschaftlichten" Urteile. „Die Urteile sind unverständlich, und daran hat sich nichts verändert", meint die Augsburger Verwaltungsrichterin Oppelt. Noch harscher die Urteile der Anwälte. „Für sehr lang und akademisch", hält auch der Regensburger Anwalt Troidl die Urteile: „Der Bürger versteht sie nicht, und das ist schlecht für den Rechtsfrieden." Sein Berliner Kollege Vierhaus: „Die Urteile sind für einen juristischen Laien völlig unverständlich. Es ist besser geworden. Aber die Akzeptanz ist weiter geringer als bei den Urteilen von Zivilgerichten."

Durch die Möglichkeit, Verfahren auf Einzelrichter zu übertragen, kann es zu Qualitätsverlusten kommen, wenn von ihr zu großzügig und zu unterschiedlich Gebrauch gemacht wird. Die mit dieser Option verbundenen strukturellen Qualitätseinbußen gehen natürlich in erster Linie auf das Konto des Gesetzgebers. Da die unbestimmten Rechtsbegriffe Richtern in der Praxis aber Entscheidungsspielräume eröffnen, fällt es in die Verantwortung der Kammern, ob sie von den Einzelrichterübertragungen im Spannungsfeld zwischen Entlastungseffekten und Qualitätsverlusten restriktiv oder extensiv Gebrauch machen.

Der ehemalige Vorsitzende Richter am Verwaltungsgericht Halle an der Saale Karl-Heinz Millgramm wundert sich zum Beispiel, dass trotz evidenter Komplexität Verfahren in fragwürdiger Weise auf Einzelrichter übertragen werden – zum Beispiel bei Konkurrentenklagen und Klagen gegen dienstliche Beurteilungen.[384] Die höchst ungleiche Übertragungspraxis nährt zudem den Verdacht, dass Verwaltungsgerichte in einigen Bundesländern dieses Entlastungsinstrument exzessiv nutzen. Während bundesweit 80 Prozent der Verfahren von Einzelrichtern entschieden werden, differieren die Einzelrichteranteile zwischen Sachsen mit 59 Prozent und Rheinland-Pfalz mit 65 Prozent auf der einen Seite und Berlin mit 90 Prozent und Hamburg mit 92 Prozent auf der anderen Seite.[385] Wie erklären sich diese Unterschiede?

Auch wenn sich die Verfahren nach Umfang und Komplexität regional unterscheiden, machen sie nicht verständlich, warum etwa im Stadtstaat Bremen erheblich weniger Verfahren auf Einzelrichter übertragen werden als in den Großstädten Hamburg und Berlin – nämlich 14 bzw.16 Prozentpunkte weniger. Es wäre ein Wunder, wenn in diesen Großstädten die Sachverhalte in neun von zehn Verfahren „keine besonderen Schwierigkeiten tatsächlicher und rechtlicher Art" aufweisen und sie „keine grundsätzliche Bedeutung" haben (§ 6 VwGO). Es wäre ein Wunder, wenn die Verfahren in den beiden Großstädten so viel einfacher wären als in Bremen und den Flächenländern. In Berlin wie in Hamburg gibt es Indizien dafür, dass die hohen Einzelrichterquoten auch eine Reaktion auf besondere Belastungslagen sind. Das Verwaltungsgericht Berlin kämpft seit Jahren gegen hohe Bestände und lange Verfahrenslaufzeiten. Die nach der Sachsen Tabelle 2014 zweithöchste Erledigungsquote könnte auch eine Folge der weitreichenden Übertragung der Verfahren auf Einzelrichter sein. Das Hamburger Verwaltungsgericht müht sich mit einer Verfahrensdauer, die zweieinhalb Monate über dem Durchschnitt liegt. Dieser Zusammenhang spricht dafür, dass die Verwaltungsgerichte in beiden Stadtstaaten die entlastende Wirkung der Einzelrichterübertragung in einem Maße nutzen, die den gesetzlichen Rahmen auf Kosten der Qualität sprengt. Mit einer Einzelrichterquote von 73 Prozent stehen die bayerischen Gerichte im Ruf, eine sachgerechte Balance zwischen Entlastung und Sicherung der Qualität gefunden zu haben.

Auch die Zugangschancen zur Berufung sind gering und zudem noch ungerecht verteilt. Sie wird im Schnitt nur in 20 bis 30 Prozent der Verfahren zugelassen.

Nach der Einführung der Zulassungsberufung 1997 ist die Einlegung des Rechtsmittels nur noch unter bestimmten Voraussetzungen zulässig. Einmal kann das Verwaltungsgericht selbst Berufung gegen seine Urteile zulassen – bei „besonderen rechtlichen und tatsächlichen Schwierigkeiten", wegen „grundsätzlicher Bedeutung" oder wenn das Urteil von obergerichtlicher Rechtsprechung „abweicht" (§ 124 VwGO). Das passiert relativ selten, 2014 bundesweit durchschnittlich in fünf Prozent aller Urteile.[386] Schon hier fällt auf, dass Gerichte Rechtsuchenden die Chance zu Qualitätskontrollen in höchst unterschiedlichem Maße gewähren. Während das Verwaltungsgericht Berlin Klägern diese Tür bei knapp 15 Prozent aller Urteile öffnet, tun es die Verwaltungsgerichte in Hamburg und Nordrhein-Westfalen nur bei knapp einem Prozent der Urteile.[387] Die Verwaltungsgerichte in den anderen ausgewählten Bundesländern liegen leicht darüber: Mecklenburg-Vorpommern knapp drei Prozent und Bayern knapp vier Prozent. Auch diese Divergenzen sind vermutlich nicht allein durch Schwierigkeit und Länge der Urteile zu erklären, sondern auch durch Qualitätsstandards und Erledigungsdruck.

Wesentlich problematischer ist der zweite Weg zur Berufung, nämlich die Stellung eines Antrages auf Zulassung der Berufung beim Oberverwaltungsgericht (§§ 124, 124a VwGO). Stein des Anstoßes ist hier die unterschiedliche Zulassungspraxis der Oberverwaltungsgerichte. Die mit Abstand höchste Berufungszulassungsquote hatte 2012 das OVG Bremen mit 39,6 Prozent, die niedrigste das OVG Lüneburg mit 8,3 Prozent.[388] Die durchschnittliche Zulassungsquote der Oberverwaltungsgerichte lag bei 16,8 Prozent. Diese Anteile sollen sich nach der vertraulichen Studie der Oberverwaltungsgerichte 2014 regional zwar leicht verändert haben, „signifikante Unterschiede" sollen aber nach Ramsauer geblieben sein.[389]

Diese enorme Schwankungsbreite bei den Zulassungsquoten befremdet, weil sie weder durch regionale Besonderheiten wie die unterschiedliche Qualität erstinstanzlicher Urteile noch durch die unterschiedliche Kompetenz der Anwälte zu erklären ist. Die Zulassungspraxis der Oberverwaltungsgerichte bleibt deshalb in den Augen des ehemaligen Senatsvorsitzenden beim OVG Hamburg Ramsauer ein „Sorgenkind" der Verwaltungsgerichtsbarkeit.[390] Da die Prüfungsmaßstäbe der Oberverwaltungsgerichte wegen fehlender Begründung bzw. Veröffentlichung der Beschlüsse nicht verifizierbar sind, gibt es nur eine Quelle für eine Meinungsbildung: die Rechtsprechung des Bundesverfassungsgerichts.[391] In ihr finden sich hinreichend Belege für eine Zulassungspraxis der Oberverwaltungsgerichte, die im Zeichen der Selbstentlastung steht. In zahlreichen Urteilen hat das höchste deutsche Gericht korrigierend eingegriffen – Entscheidungen, die in den Augen des Gerichts nicht „nur verkehrt, sondern unvertretbar" im Sinne eines effektiven Rechtsschutzes nach Art. 19 Abs. 4 GG waren.[392] Es erinnert daran, dass der Rechtsweg nicht in einer „unzumutbaren, aus Sachgründen nicht mehr zu rechtfertigenden Weise" erschwert werden darf. Oberverwaltungsgerichte dürfen ein „Rechtsmittel daher nicht ineffektiv machen und für den Beschwerdeführer

,leerlaufen' lassen".³⁹³ Das ist starker Tobak. Zu Recht. In einer Vielzahl von Fällen haben einige Oberverwaltungsgerichte die Zulassungsvoraussetzungen zur Arbeitsvermeidung so restriktiv ausgelegt, dass eine effektive Qualitätskontrolle der ersten Instanz nicht mehr stattfindet und das Gebot der Rechtsschutzgleichheit verletzt wird.³⁹⁴ Hier missbrauchen einige Oberverwaltungsgerichte ein vom Gesetzgeber geschaffenes Entlastungsinstrument.

Zusammenfassung: Die Belastung der Verwaltungsgerichte ist in unterschiedlichem Maße geringer als die bei ordentlichen Gerichten und der Staatsanwaltschaft. Trotz einiger Fortschritte schaden die langen Verfahrenslaufzeiten weiterhin der Akzeptanz der Verwaltungsgerichtsbarkeit. Die Wahrheitssuche leidet erheblich durch den fast vollständigen Verzicht auf Beweisaufnahmen und Abstriche bei der Amtsermittlung. Dass 2014 nur noch 26 Prozent der Verfahren streitig entschieden wurden, zeigt, dass sich die veränderte Streitkultur auch auf die Rechtsprechungskultur der Verwaltungsgerichte ausgewirkt hat: **Urteile werden zunehmend durch konsensuale Konfliktlösungen abgelöst.**

Sozialgerichtsbarkeit

Stefan Schifferdecker, Vorsitzender einer Kammer beim Sozialgericht Berlin, begann die Verhandlung wie immer: Er stellte sich vor und erklärte den Parteien zunächst, was an diesem Morgen passieren wird, eine Einführung, um die Parteien „mitzunehmen". Es ging an diesem Morgen um die Frage, ob ein Mann und eine Frau, die gemeinsam in einer Wohnung leben, ein Paar sind und eine Bedarfsgemeinschaft bilden oder nur eine Wohngemeinschaft ohne intime Beziehung. Wäre letzteres der Fall, hätten beide Ansprüche auf den vollen Hartz IV-Satz und Wohngeld. Als Bedarfsgemeinschaft hätte einer der beiden nur einen Anspruch auf 90 Prozent des Hartz IV-Satzes und die Hälfte des Wohngeldes. In der Anhörung erzählten beide allerlei Geschichten, um den Charakter einer Wohngemeinschaft hervorzuheben, dass sie zum Beispiel das Wasserbett im Schlafzimmer nicht gemeinsam nutzen und nie zusammen kochen. Weil es keine Protokollführerin gab, musste Schifferdecker die beiden Aussagen selbst zusammenfassen und in ein Diktiergerät sprechen, was ihm nicht immer hundertprozentig gelang. Kein Wunder, denn das Vernehmen einer Partei und das Memorieren des Gesagten fürs Protokoll spaltet die Aufmerksamkeit. Schifferdecker kümmert das nicht. Er hat sich daran gewöhnt und nimmt Erschwernisse in Kauf, weil er „Richter zu sein von ganzem Herzen liebt". Vor seinem Eintritt in die Justiz hatte er als Anwalt in einer Großkanzlei fast das Doppelte verdient, bis er merkte, dass er seine Frau und seine Kinder kaum noch sah. Schifferdecker ist ein typischer Vertreter einer jungen Richtergeneration: juristisch sehr gut, engagiert, ehrgeizig, und in der Sozialgerichtsbarkeit mit sozialer Verantwortung.[395]

Im Klima und in der Rechtsprechungskultur sind Sozialgerichte und Verwaltungsgerichte zwei Welten. „Sozialrichter denken sozialer und sind nicht so staatstragend wie Verwaltungsrichter", meint die Vizepräsidentin des Sozialgerichts Nürnberg Heike Herold-Tews. Für ihren Kollegen Mark Seeger sind Sozialgerichte ein „Stück Reparaturbetrieb der Sozialpolitik". Ein Anliegen ist den meisten, Parteien die Sach- und Rechtslage zu erklären und manchmal auch zu helfen, wenn diese anwaltlich nicht vertreten sind. Seegers Ziel ist, zwischen ihnen und den Fachverwaltungen „Waffengleichheit herzustellen". Alle Richter betonen die Kollegialität, den starken Zusammenhalt und das gute Betriebsklima in Sozialgerichten. Dieses angenehme Binnenklima vermittelt sich den Anwälten. Der Umgang miteinander sei „freundlich" (Rechtsanwalt Thomas Staudacher, Berlin), der Verlauf der Erörterungs- und Verhandlungstermine „gemächlich" (Rechtsanwalt Robert Weber, Berlin). Die Sozialrichter sind „nette Menschen", findet der Cottbuser Rechtsanwalt Jens-Torsten Lehmann. Die Hamburger Sozialgerichtspräsidentin Schulze kennt zumindest eine Ursache: „Die Karrieristen bewerben sich nicht bei uns. Wir arbeiten nah am Menschen."

„Schornsteine müssen rauchen": „inoffizielle Erledigungsvorgaben"

Die Sozialgerichtsbarkeit ist der einzige Gerichtszweig, bei dem die Zahl neuer Verfahren jahrelang gestiegen ist. Bundesweit sind die Neuzugänge zwischen 2005 und 2010 um 27 Prozent gewachsen, die Bestände im selben Zeitraum um 36 Prozent.[396] Seit 2012 gehen die Neuzugänge erstmals wieder zurück, vor allem im Hartz IV-Bereich. Ende 2014 lag bei den Sozialgerichten eine Halde von 479.776 nicht erledigten Akten – gefährlich nahe an der Halbe-Million-Grenze.[397] Geradezu explodiert sind die Verfahren im einstweiligen Rechtsschutz. Zwischen 2005 und 2010 schnellten sie um 83 Prozent hoch.[398] Seitdem gehen sie langsam zurück. Der Zuwachs und die folgende Abnahme werden in erster Linie von Hartz IV-Verfahren bestimmt, die trotz sinkender Zahl in den letzten Jahren immer noch 40 bis 50 Prozent aller Neuzugänge ausmachen. In diesem Segment setzen Anwälte in jüngster Zeit vermehrt auf Eilverfahren, weil ihre Mandanten Geld für Strom- oder Mietrechnungen sofort brauchen. Beim Hamburger Sozialgericht wird in 40 Prozent aller Hartz IV-Verfahren einstweiliger Rechtsschutz beantragt. Das ist auch eine Reaktion auf die extrem lange Dauer von Sozialgerichtsverfahren.

Die Kapazitäten, die durch die schrumpfende Zahl von Hartz IV-Verfahren frei geworden sind, werden bei einigen Gerichten durch einen Boom von Vergütungsstreitigkeiten zwischen Krankenhäusern und Krankenkassen gefüllt. Ein Brennpunkt ist das Sozialgericht Hamburg, wo in diesem neuen Kampffeld rund 1.500 Verfahren jährlich neu eingehen. Hier ringen Krankenhäuser und Krankenkassen teilweise erbittert um 3,75 Euro, weil die verhandelte Rechtsfrage angeblich grundsätzliche Bedeutung hat. Um die Sozialgerichte von dieser Verfahrensflut zu entlasten, hatte der Gesetzgeber zunächst bestimmt, dass sich die Parteien bei Streitwerten unter 2.000 Euro zuerst an Schlichtungsstellen wenden müssen, bevor sie klagen können. Erst wenn sie sich dort nicht einigen konnten, sollten Klagen zulässig sein. Ein weiteres Beispiel für den gesellschaftlichen und politischen Trend, Richten durch Schlichten zu ersetzen.

Diese zweistufige Kombination von außergerichtlicher und gerichtlicher Konfliktlösung hat in der Praxis nicht funktioniert, weil zahlreiche Länder die geforderten Schlichtungsstellen nicht errichtet hatten. Aufgrund des Drucks von Krankenhäusern und Krankenkassen hat der Gesetzgeber die verpflichtende Vorschaltung einer Schlichtungsstelle zum 1. Januar 2016 in eine freiwillige umgewandelt und damit auch auf die erstrebten Entlastungseffekte für die Justiz verzichtet.

Bundesweit ist die Zahl der Sozialrichter zwischen 2007 und 2014 um 49 Prozent gestiegen und liegt damit über der Zunahme der Hauptsacheverfahren.[399]

Diese Schere könnte zu dem Schluss verleiten, dass es bei den Sozialgerichten keinen Personalbedarf gibt. Unberücksichtigt blieben dabei jedoch die stärkeren Zuwachsraten bei Eilverfahren und die wachsenden Bestände, die Mehrarbeit verursachen. Um die abzubauen, haben die Sozialgerichte in den ausgewählten Ländern in jüngerer Zeit zusätzlich zwei bis sieben neue Stellen bekommen. Trotzdem klagt die Mehrzahl der befragten Sozialrichter, freilich in unterschiedlichem Maße, über eine hohe Belastung.

Eine generelle Aussage über die Arbeitslast bei den ausgewählten Sozialgerichten ist nicht möglich, weil die Geschäftsentwicklungen auseinanderstreben. An den Sozialgerichten in Nürnberg und Düsseldorf empfanden Richter ihre Arbeitslast überwiegend als „normal", in Hamburg „stark bis sehr stark an der Grenze zur Überlastung", in Schwerin „sehr stark bis überlastet". Das bedeutet nach Angaben der Sozialrichter an der Elbe eine Arbeitszeit zwischen 45 und 48 Stunden, in der mecklenburgischen Landeshauptstadt zwischen 40 und 50 Stunden. Beim Sozialgericht Berlin kommen nach Schätzungen von Richtern 90 Prozent mit 40 Stunden aus. Wenn sich trotzdem einige stark belastet fühlen, liegt das an dem Erledigungsdruck, den sie subjektiv erfahren, wenn sie ihr Pensum in der Regelarbeitszeit schaffen wollen. Und der scheint im Vergleich zu Landrichtern in der ordentlichen Gerichtsbarkeit und zu Staatsanwälten geringer zu sein. Zum Beispiel hat kein Sozialrichter angegeben, in nennenswertem Umfang am Wochenende oder abends Akten zu studieren. Und bei keinem der befragten Richter gab es Anzeichen dafür, dass sie auf die angeblich höhere Komplexität der Verfahren mit zeitlichem Mehraufwand reagiert hätten. „Die Mehrheit der Sozialrichter macht ihren Stiefel weiter", wie es ein Präsident ausdrückte, der nicht genannt werden wollte.

Die Ursachen für die differierende Belastung der Gerichte sind vielfältig. Die drei wichtigsten sind die unterschiedlich hohen Eingangszahlen je Richter, die Führungsstile in den Häusern und die bereits dargestellte Verjüngung der Richterschaft in einige Sozialgerichten.[400]

In Nordrhein-Westfalen mussten die Richter 2014 nach der Sachsen Tabelle 73 Verfahren pro Jahr mehr bearbeiten als in Bayern (395 gegenüber 322). In Hamburg (378) und Berlin (352) lagen die Verfahren je Richter erheblich über dem Bundesdurchschnitt von 340 Verfahren. In Bayern und in Mecklenburg-Vorpommern mussten die Richter mit 322 bzw. 331 Verfahren weniger als im Schnitt bewältigen.

Neben diesem Arbeitsethos spielt der Führungsstil der jeweiligen Präsidenten eine Schlüsselrolle für die Belastung und die Erledigungseffektivität. In Berlin führt die Präsidentin Sabine Schudoma nach dem Eindruck der Richter ein relativ strenges Regiment.[401] „Die Hausspitze will, dass die Schornsteine rauchen", meldet der Flurfunk. Zu diesem Zweck werden inoffiziell Erledigungsvorgaben verbreitet, um Produktionsdruck zu schaffen und hochzuhalten. Zwischen 38 und 40 Hartz IV-Verfahren und 24 bis 28 Krankenversicherungsverfahren sollen im Monat abgeschlossen werden. Für Proberichter und jüngere Richter mit Beförderungsehrgeiz entsteht dadurch ein erheblicher Erledigungsdruck, den etliche ältere Richter an sich abprallen lassen. Auch beim Sozialgericht Nürnberg wird nach der Vizepräsidentin Herold-Tews die Dauer der Verfahren kontrolliert. Jeden Monat wird die Erledigungsstatistik aller Richter intern veröffentlicht, so dass jeder weiß, wo er mit seiner Bilanz steht. In den Augen des Nürnberger Sozialrichters Ernst Krug ist die Statistik ein „informelles Führungsinstrument" mit Gewicht im Gerichtsalltag. Auch im Sozialgericht Düsseldorf schickt die Präsidialverwaltung monatlich die Erledigungsstatistik herum und erzeugt dadurch Erledigungsdruck vor allem bei jüngeren Kollegen, während sie „ältere Kollegen oftmals weniger belastet", wie Richterin Nina Pütter beobachtet hat. Unter ihnen ist die Einstellung ihres Kollegen Norbert Schröder gegenüber dieser „Sozialkontrolle" verbreitet: „Ich will nicht auf dem ersten Platz sein, aber auch nicht Schlusslicht."

Eine besondere Hypothek lastet auf den Sozialgerichten durch die hohen Bestände – objektiv wie subjektiv. Sie sind nach der Sachsen Tabelle 2014 in Bayern mit 289 Verfahren pro Richter am niedrigsten und in Mecklenburg-Vorpommern mit 557 Verfahren pro Richter am höchsten.

Dem Schweriner Sozialrichter Klaus Hampel drückt die „Last der unerledigten Fälle", nämlich 600 Verfahren aufs Gemüt. Seine Kollegin Corinna Otto schafft bei dem „Massengeschäft nicht das, was ich möchte". Bei ebenfalls einem Bestand von 600 nicht erledigten Verfahren hat sie „eigentlich keine Zeit, zehn Minuten über die Gewährung einer Prozesskostenhilfe nachzudenken" und gewährt sie dann im Zweifel.

Einen ausgeprägten Ehrgeiz, diese Aktenalpen abzubauen, gab es beim Sozialgericht Berlin und, mit Abstrichen, beim Sozialgericht Düsseldorf. Bei den drei anderen Gerichten waren die Ziele in der Regel bescheidener: die eigenen Bestände nicht anwachsen zu lassen – um der Selbstachtung willen und weil, ganz pragmatisch, jede Akte im Bestand durch den Umlauf Mehrarbeit verursacht. Das ist die Kehrseite des freundlich-menschlich-netten Sozialrichtertypus. Als Reparateure des Sozialstaates ist ihnen das Denken einer ökonomisierten Leistungsgesellschaft eher fremd. Sie wollen nicht auf die Segnungen des Sozialstaates verzichten – auf die 40- bis 42-Stunden-Woche zum Wohl der Familie und für das eigene Wohlbefinden. Rechtsanwalt Sven Bender, der bundesweit mit Sozialgerichten zu tun hat, über die Arbeitshaltung von Sozialrichtern: „Die Einstellung hat sich nicht verändert. Ab mittags kann man sie nicht mehr erreichen." Die Dauer der Verfahren verstehen Sozialrichter in der Regel nicht als ihr Problem. Der Staat soll mehr Stellen schaffen. Warum soll ich zwölf Stunden für 5.000 Euro arbeiten? Das sagen die Richter ganz offen." Sozialgerichte sind Inseln der Zufriedenheit mit wenigen Bewohnern, die die Ärmel aufkrempeln und etwas erreichen wollen.

Fazit: Die Sozialgerichtsbarkeit ist wegen der Bestände objektiv überlastet, hingegen nicht subjektiv. Die Sozialrichter arbeiten in der Regel, was die Gesetze von ihnen verlangen: 40 bis 42 Stunden oder ein bisschen mehr im Rahmen des Zumutbaren. An die Masse der unerledigten Verfahren haben sie sich schicksalhaft gewöhnt – mit schlechtem Gewissen, bei vielen aber ohne erkennbaren Impuls, das Schicksal zu wenden.

Korpsgeist: Bundessozialgericht duldet überlange Verfahren

Besonders schlechte Erfahrungen mit der Dauer von Sozialgerichtsverfahren hat der Berliner Anwalt Weber beim Sozialgericht Cottbus gesammelt. Klassiker sind jene Verfahren, in denen Kassenpatienten mit Krankenversicherungen um die Höhe der Erstattungskosten für Hörgeräte streiten, die zwischen 2.000 und 5.000 Euro kosten. Bis in einem solchen 08/15-Verfahren beim Sozialgericht Cottbus zum ersten Mal etwas geschieht, etwa ein Erörterungstermin oder ein rechtlicher Hinweis, vergeht in der Regel ein Jahr. Anwalt Weber hatte jüngst einen Mandanten vertreten, der sich bei ihm in längeren Intervallen nach dem Stand seines Verfahrens erkundigt hat. Am 5. Oktober 2012 erhielt er von ihm eine E-Mail mit der Frage: „Besteht aus Ihrer Sicht noch eine Chance, oder wird das Verfahren so lange verzögert, bis man das Interesse verliert?" Ein dreiviertel Jahr später, am 22. Juli 2013, meldet er sich wieder: „Da jetzt bereits wieder einige Zeit verstrichen ist, wollte ich fragen, was aus dem Rechtsstreit geworden ist? Habe ich noch die Chance, hier Geld zu bekommen?" Als sich Anwalt Weber in dieser Sache nach dem Stand des Verfahrens erkundigte, antwortete der zuständige Richter ihm im Juli 2013. Er weise ihn auf die „katastrophale Überlastungssituation" beim Sozialgericht Cottbus hin: „Hier sind noch Verfahren aus 2008 und älter zu bearbeiten, weswegen nicht absehbar ist, wann ein Verfahren aus dem Jahr 2012 abschließend verhandelt werden kann." Zum Schluss bat er Weber aus Gründen der Arbeitsersparnis, „in Verfahren aus 2012 und jünger von Sachstandsanfragen" abzusehen. Die würden nur zusätzlichen Aufwand verursachen.

Dieser Antwortbrief ist ein Offenbarungseid des Sozialgerichts Cottbus, zugleich aber nur die Spitze des Eisberges. Die Dauer von Sozialgerichtsverfahren ist nicht nur in Brandenburg, sondern bundesweit eine Misere. Trotz der „heute stärkeren Beobachtung der Verfahrensdauer" (Peter Becker, Richter am Bundessozialgericht) hat die Zahl der besonders langen Verfahren – länger als zwei Jahre – in den letzten Jahren zugenommen: von 16,1 Prozent im Jahr 2005 über 19 Prozent im Jahr 2012 bis zu 21 Prozent im Jahr 2014.[402] Wenn die Sozialgerichtsverfahren mit einem Urteil abgeschlossen wurden, zogen sie sich bundesweit im Schnitt über zwei Jahre hin.[403]

Obwohl Bayern das einzige unter den ausgewählten Ländern ist, in dem die durchschnittlichen Verfahrenslaufzeiten mit 11,9 Monaten kürzer geworden sind, hält die Vizepräsidentin des Sozialgerichtes Nürnberg Herold-Tews die Dauer der Verfahren für „nicht akzeptabel". Damit gibt sie eine verbreitete Stimmung in der Richterschaft wieder. Die Schweriner Sozialrichterin Otto findet die „Dauer nicht gut", Richter Schifferdecker „schämt sich" zuweilen und entschuldigt sich hin und wieder bei Parteien.

Die Ursachen für die lange Dauer sind vielfältig – aus Sicht der Richter wie der Rechtsanwälte. Hauptgrund ist für alle der Personalmangel. Weitere Gründe sind, dass Anwälte ihre Fristen nicht einhalten und medizinische Gutachten ihre Zeit brauchen. Einer zügigen Erledigung stehen wie in der Zivilgerichtsbarkeit häufige Richterwechsel im Wege. Richter Schifferdecker war bei einem „vertrackten Fall" bereits der sechste Richter, der sich an ihm versuchte. Nach sechs Wochen hatte er die harte Nuss geknackt. Dass seine Vorgänger das nicht geschafft hatten, weist auf ein anderes Phänomen hin, dass die Dauer insbesondere von schwierigen Verfahren verlängert: die menschlich verständliche und erledigungstaktisch motivierte vorrangige Behandlung von einfachen vor haarigen Fällen.

Noch gravierender sind allerdings die Auswirkungen auf die Laufzeiten von Hauptsacheverfahren, die durch die prioritäre Erledigung von Eilverfahren entstehen. Weil letztere unverzüglich entschieden werden müssen, kommen die Hauptsacheverfahren zu kurz. Alle drei Tage landet beim Hamburger Sozialrichter Gunnar Rietz eine Eilsache auf dem Tisch. Während solche Verfahren früher eher Ausnahmen waren, beantragen die Kläger in seinem Dezernat heute in 50 Prozent der Verfahren einstweiligen Rechtsschutz. „Wir kämpfen uns durch Eilverfahren und leiden darunter, dass die normalen Verfahren liegen bleiben", fasst die Präsidentin des Hamburger Sozialgerichts Schulze die neue Lage zusammen.

Diese Verlagerung des Rechtsschutzes hat noch einen zweiten Effekt: Er verlängert auch die Eilverfahren. Während sie sich nach der Sachsen Tabelle 2014 im Bundesdurchschnitt über 1,1 Monate erstreckten, ziehen sie sich in Einzelfällen wesentlich länger hin. „Wenn es gut läuft, zwei Wochen, wenn es schlecht geht Monate", sagt die Hamburger Anwältin Michaela Vetter. Für den Senftenberger Rechtsanwalt Mirko Schubert verdienen „Eilverfahren in einigen Fällen den Namen nicht mehr, weil sie sich teilweise ein halbes bis dreiviertel Jahr hinziehen". Der Hamburger Rechtsanwalt Friedemann Schleicher hat einmal ein Eilverfahren erlebt, das sich über zwei Jahre erstreckte. Ein Übergewichtiger hatte seine Krankenkasse auf Übernahme der Kosten für eine Magenverkleinerung verklagt. „Unzumutbar" findet Schleicher das zweijährige Eilverfahren.

Ein von allen Anwälten kritisierter Missstand ist, dass in den Regalen vieler Richterzimmer oder Geschäftsstellen 60 bis 70 entscheidungsreife Akten stehen. Die warten da manchmal Monate, ja bis zu einem Jahr auf eine Terminierung. Für das Bundessozialgericht ist die „nicht unverzügliche Terminierung" die häufigste Ursache für eine lange Verfahrensdauer.[404] Volle Sitzungsfächer sind ein bundesweit bekanntes Phänomen in der Sozialgerichtsbarkeit. Nach der Rechtsprechung des Bundessozialgerichts dürfen Richter die Akten dort bis zu sechs Monaten liegen lassen, ohne gegen das Gebot unverzüglicher Terminierung zu verstoßen.[405] Bis zu einem halben Jahr soll unverzüglich sein? Ein besonderes, wahrscheinlich einzigartiges Zeitverständnis. Die Ursache? In Sozialgerichten ist es Brauch, dass Richter nur an zwei Tagen im Monat verhandeln, manchmal nur zwei oder drei Fälle am Tag, teilweise vier bis sechs, am Sozialgericht Nürnberg zwischen zehn und zwölf Verfahren. Diese monatliche Schlagzahl schaffen Zivilrichter häufig in einer Woche. Deshalb fordert der Norderstedter Anwalt Bernd Lübbers auch, dass „bei Entscheidungsreife terminiert" wird. Häufigere Verhandlungen lässt die Arbeitslast bei Sozialgerichten angeblich nicht zu. Die Richter verteidigen ihr Schneckentempo mit der Pflicht, Eilsachen vorrangig zu bearbeiten, Fristen für das Schreiben von Urteilen einzuhalten und bei der Qualität keine Kompromisse einzugehen. Bedeutsamer erscheinen indes zwei weitere Ursachen: der trotz hohen Erledigungsdrucks betuliche Arbeitsstil und die mangelnde Effizienz der Sozialgerichte.

Fast alle Anwälte sind der Ansicht, dass Sozialrichter effektiver arbeiten könnten, vor allem im Vergleich zu Zivilgerichten, die nach Ansicht von Rechtsanwalt Bender „besser organisiert" sind. Sein Kollege Schleicher moniert den „laxen Umgang mit Fristen", Advokat Staudacher das Ritual des „sinnlosen Austausches von Schriftsätzen ohne Aktenkenntnis". Am pointiertesten der Frankfurter Anwalt Hermann Plagemann: „Auf die schiere Menge der Verfahren reagieren die Gerichte mit ihrer eigenen Bürokratie. Sie verlassen sich allzu lang auf Formblätter, allgemeine Floskeln, Schiebebriefe. Man schiebt Monat für Monat, oftmals Jahr für Jahr Aktenberge vor sich her, ohne das wirklich etwas Substantielles geschieht."[406] Alle Rechtsvertreter regen an, häufiger Erörterungstermine und rechtliche Hinweise zu nutzen, um gegebenenfalls Hauptverhandlungen überflüssig zu machen. Und alle finden es unerträglich, dass Sozialgerichte teilweise Monate für Kostenfestsetzungsbeschlüsse brauchen.

Kaum Spuren hat das Gesetz gegen überlange Gerichtsverfahren in der Sozialgerichtsbarkeit hinterlassen. Angesichts der langen Verfahrensdauer verwundert es nicht, dass die Sozialgerichtsbarkeit nach dem Evaluationsbericht der Bundesregierung in den beiden Anfangsjahren mindestens 3.743 Verzögerungsrügen provoziert hat, die mit Abstand höchste Zahl aller Gerichtszweige.[407] Das Sozialgericht Nürnberg bekam relativ selten die gelbe Karte gezeigt, zwischen 2012 und 2014 im Schnitt zehn Mal mit fallender Tendenz. Das Hamburger Sozialgericht registrierte durchschnittlich 52 Rügen pro Jahr. Ein Problem mit langen Verfahren hat offensichtlich das Berliner Sozialgericht mit durchschnittlich 253 Rügen pro Jahr.

Bei Anwälten, die im Sozialrecht tätig sind, ist die Verzögerungsrüge als Instrument zur Beschleunigung genauso umstritten wie in anderen Gerichtsbarkeiten. Einige Sozialgerichte nehmen sie ernster als andere Gerichtsbarkeiten und verstehen sie als Mahnung. Beim Berliner Sozialgericht zum Beispiel kleben die Geschäftsstellen ‚gelbe Punkte' auf Akten mit Verzögerungsrügen. Das heißt für die Richter: Achtung. Der Hintergrund: In Berlin hat es schon eine Reihe erfolgreicher Entschädigungsklagen gegen das Gericht gegeben, die es künftig zu vermeiden gilt.

Geblieben ist bei Richtern eine gewisse Unsicherheit im Umgang mit den Rügen. Die Mehrheit zieht Verfahren mit Verzögerungsrügen vor, wenn sie diese als berechtigt erachten.

Wie bei den anderen Gerichtsbarkeiten hat nach dem Evaluationsbericht der Bundesregierung nur eine kleine Minderheit von Parteien (13 Prozent) nach Verzögerungsrügen Entschädigungen eingeklagt.[408] Von den 325 beendeten Klagen waren gleichfalls nur 13 Prozent erfolgreich. Das lag einmal an den Anwälten, die dieses relativ neue Instrument noch nicht beherrschen. Die Hauptverantwortung für die geringe Erfolgsquote liegt jedoch beim Bundessozialgericht, das mit seiner Rechtsprechung einen Schutzzaun um die Untergerichte mit nur wenigen Lücken gebaut hat. Die Ausgangsverfahren, die entschädigt worden sind, dauerten nach dem Evaluationsbericht der Bundesregierung im Durchschnitt sechs Jahre.[409] Der „unangemessen lange" Anteil währte in fünf Verfahren bis zu 13 Monate, in zwölf Verfahren durchschnittlich knapp 23 Monate und im Rest über zwei Jahre. Was hat das Bundessozialgericht getan, um zu dem Ergebnis zu kommen, Rechtsuchende in Hauptsacheverfahren in der Praxis erst dann zu entschädigen, wenn ihre Verfahren im Durchschnitt plus-minus sechs Jahre währen?

Zunächst verlangt das Bundessozialgericht, dass der Anspruch auf Entschädigung erst dann entsteht, wenn der Beteiligte „durch die Länge des Verfahrens in seinem Grund- und Menschenrecht beeinträchtigt" worden ist.[410] Wie der Bundesgerichtshof und das Bundesverwaltungsgericht berücksichtigt auch das Bundessozialgericht bei der Bestimmung der Überlänge eines Verfahrens seine Bedeutung für den Kläger, dessen mögliche Mitverantwortung für die Länge, seine formell- wie materiell-rechtliche Schwierigkeit sowie die Umstände des Einzelfalls.[411] Dann geht das Bundessozialgericht aber einen Sonderweg. Es erklärt die durchschnittliche Dauer der jeweiligen Verfahrensart zu einem „hilfreichen Maßstab", um die Dauer eines Verfahrens als angemessen oder unangemessen zu qualifizieren.[412] Weil ein Richter viele Sachen, unter Umständen auch ältere, zu bearbeiten habe, sei jedem Kläger eine „gewisse Wartezeit zuzumuten". In der Sozialgerichtsbarkeit heißt das: Weil hier alle Kläger lange warten müssen, ist der Durchschnitt der Wartezeit nicht unangemessen lang. Das führt zu der nicht akzeptablen Feststellung des Gerichts, dass ein „Stillstand eines Verfahren von zwölf Monaten" nicht unangemessen sei und keine Entschädigung rechtfertige.[413]

Wie der Bundesgerichtshof und das Bundesverwaltungsgericht hat auch das Bundessozialgericht den **status quo** bei den Verfahrenslaufzeiten festgeschrieben und dem Gesetz gegen überlange Verfahren jeden Beschleunigungsimpuls genommen.[414] Es hat damit den Wunsch von Sozialrichtern erfüllt, die Entschädigungsfälle auf „Ausreißerverfahren" zu beschränken.[415] Kein Wunder, dass die Hamburger Rechtsanwältin Vetter zu dem Ergebnis kommt, dass das Gesetz gegen überlange Verfahren in der Sozialgerichtsbarkeit durch die Rechtsprechung des Bundessozialgerichts zu einem „stumpfen Schwert" geworden ist.

Eine Nebenrolle bei der Erklärung der geringen Klagequote spielen vermutlich die niedrigen Entschädigungssummen, die in den Augen vieler Kläger die Anwaltshonorare kaum aufwiegen. Schriftsätze in solchen Verfahren zu verfassen, ist aufwendig und kompliziert. In den ersten beiden Jahren musste der Staat nach dem Evaluationsbericht der Bundesregierung insgesamt nur 24.860 Euro für Entschädigungen ausschütten.[416] Was das im Einzelfall bedeutet, zeigen zwei Entschädigungssummen in Verfahren beim Landessozialgericht Berlin-Brandenburg.[417] In einem Verfahren, das sich über vier Jahre und neun Monate hinzog, erhielt der Betroffene 1.300 Euro; in einem anderen Fall, in dem der Kläger acht Jahre auf eine Entscheidung warten musste, erhielt er als Schmerzensgeld 3.600 Euro.

Überlebensversicherung und Konfliktlösung: Vergleiche und Rücknahmen

Bei vielen Sozialrichtern herrscht nach Beobachtung der Hamburger Präsidentin Schulze angesichts der vielen Verfahren ein „richtiger Leidensdruck". Nach einem Sitzungstag mit fünf oder sechs Fällen kommen Kollegen „erleichtert aus der Sitzung, wenn sie kein Urteil schreiben müssen, keine Nacharbeit". Wie bei allen anderen Gerichtsbarkeiten ist der Antrieb, Vergleiche zu schließen, Arbeitsvermeidung. Hinter diesem Motiv steht bei der Mehrheit aber auch die Überzeugung, dass der Rechtsfrieden im Vordergrund von sozialgerichtlichen Verfahren steht – aus denselben Gründen wie bei den Zivil- und Verwaltungsrichtern.[418] Diese Auffassung vertreten 62 Prozent der befragten Richter. 30 Prozent meinen, dass die richterlichen Grundwerte gleichrangig nebeneinander stehen, acht Prozent streben soziale Gerechtigkeit an.

Neben formellen Vergleichen spielen übereinstimmende Erledigungserklärungen, Anerkenntnisse oder Klagerücknahmen in der Sozialgerichtsbarkeit zentrale Rollen. Es gibt Richter, die spielen auf dieser Klaviatur so virtuos bzw. fragwürdig, dass sie in einem Jahr kein einziges Urteil schreiben müssen – gedeckt von der richterlichen Unabhängigkeit. 2014 sind nach der Sachsen Tabelle bundesweit nur noch 17 Prozent aller Verfahren streitig entschieden worden. Dabei scheinen einige Richter ethisch fragwürdig vorzugehen. Der Berliner Anwalt Immanuel Schulz ärgert sich, wenn sie auch bei „klarer Rechtslage sofort Vergleichsangebote unterbreiten und sich dabei mehr von prozesstaktischen Überlegungen als von rechtlichen Auffassungen leiten lassen". Problematisch finden die Anwälte Weber und Lehmann, wenn Richter „mit der Terminierung Druck auf die Parteien ausüben": Wenn sie einem Vergleich oder einer Rücknahme nicht zustimmen, heißt es dann, gibt es den nächsten Termin in einem halben oder einem Jahr.

„Ich liebe Amtsermittlung": „Erledigungsdruck verschlechtert Qualität der Rechtsprechung"

Auf der Notenskala der Anwälte für die Sozialgerichtsbarkeit dominiert die Zensur „befriedigend" – in erster Linie wegen der Dauer der Verfahren. Für Rechtsanwalt Lübbers gibt es aber auch noch andere Schwachstellen: „Die Sozialgerichtsbarkeit funktioniert nicht so wie es wünschenswert wäre. Jungen Richtern fehlen die Erfahrung und manchmal auch die nötige Gesetzeskenntnis. Je nach Stellenwert des Faktors Dauer fällt die Note mal besser, mal schlechter aus: „gut" bei Rechtsanwältin Vetter, „ausreichend" bei Rechtsanwalt Bender.

Die Frage, ob es durch die hohe Belastung zu Qualitätsverlusten gekommen ist, verneint die Mehrheit der Sozialrichter. Die Präsidentin des Sozialgerichts Hamburg Schulze sieht keine „gravierenden Qualitätseinbußen durch die Belastung", gibt aber zu, dass die „erstrebenswerte Sorgfalt beim Schreiben von Urteilen nicht mehr zu erreichen" ist. Verbreitet ist unter den Richtern die Einstellung, bei der Qualität keine Kompromisse zu machen, auch, wenn sich die Verfahren dadurch hinziehen. Typisch die Schweriner Richterin Otto: „Ich versuche, die Qualität zu halten, dafür sind die Verfahren länger; richterliche Ethik ist mir ein wichtiger Gesichtspunkt." Nur eine Minderheit von Richtern räumt wie der Hamburger Sozialrichter Rietz ein, dass der „Erledigungsdruck Auswirkungen auf Qualität haben kann, ja, man hat nicht genug Zeit". Auch sein Cottbuser Kollege Clausnitzer gesteht: „Erledigungsdruck beeinträchtigt die Qualität der Rechtsprechung."

Schatten fallen auf den Amtsermittlungsgrundsatz, also der Pflicht der Sozialrichter, von Amts wegen alle relevanten Sach- und Rechtsfragen aufzuklären. Im Amtsermittlungsgrundsatz schlägt das Herz des sozialgerichtlichen Verfahrens. Er dient vor allem dem Schutz der zahlreichen Kläger, die anwaltlich nicht vertreten sind. Fast alle Sozialrichter erklären, dass der Amtsermittlungsgrundsatz durch die Belastung nicht beeinträchtigt sei. Nach der Vizepräsidentin des Nürnberger Sozialgerichts Herold-Tews und dem Präsidenten des Düsseldorfer Sozialgerichts Brückner wird er weiterhin „ernst genommen". Für Brückner reicht das „Räuspern eines Schwerbeschädigten" schon aus, um tiefer zu graben. Diese Feststellung kommt der Hamburger Sozialrichterin Schwarz zu nüchtern daher: „Wir lieben Amtsermittlung", schwärmt sie.

Neben diesen Bekenntnissen vermitteln Zwischentöne allerdings eine Botschaft mit anderen Akzenten. Der Hamburger Sozialrichter Rietz räumt ein: „Es ist nicht meine Pflicht, über die von den Parteien vorgetragenen Streitpunkte vom Amts wegen weitere Streitpunkte zu suchen, die nicht zum Verfahren gehören." Also wie in der Verwaltungsgerichtsbarkeit: keine ungefragte Fehlersuche mehr. Noch deutlicher wird sein Nürnberger Kollege Seeger: „Es gibt qualitative Einbußen bei der Sachverhaltsaufklärung. Wenn der Kläger trotz mehrfacher Aufforderung nichts vorgebracht hat, dann wird ein Wegfall des Rechtsschutzinteresses angenommen und die Rücknahme der Klage fingiert. Eine weitere Sachaufklärung erfolgt dann nicht."

Etwas kritischer fällt das Urteil der Anwälte über den Amtsermittlungsgrundsatz in der Praxis aus. „Wenn man den ernst nehmen würde, würden die Verfahren noch länger dauern", meint der Senftenberger Anwalt Schubert. „Der hohe Zeitdruck hat negative Auswirkungen auf den Amtsermittlungsgrundsatz", stellt der Berliner Anwalt Staudacher fest: „Die Einholung von Gutachten wird restriktiv gehandhabt." Außerdem gibt es nach Rechtsanwalt Staudacher eine „Tendenz, die Hilfe einzuschränken, wegen der Masse der Verfahren und einem teilweise anderen Vorverständnis in der neuen Richtergeneration".

Fazit: Die Sozialgerichtsbarkeit ist objektiv überlastet und viele Verfahren dauern unangemessen lang, teilweise am Rande oder jenseits des rechtsstaatlich Erträglichen. Aufgrund einer besonderen Rechtsprechungskultur führt diese Lage jedoch nur bei wenigen Richtern zu einer subjektiven Überlastung der Richter, weil sie auf die Herausforderung hoher Bestände nicht mit besonderen Anstrengungen reagieren.

Arbeitsgerichtsbarkeit

Am Arbeitsgericht Kassel herrscht ein lockerer Umgangston: Alle Richter duzen sich, auch die Direktorin. Einige Richter verwenden das Du auch gegenüber Geschäftsstellenangestellten, was dazu führt, dass ein Richter schon mal mit „Ecki" begrüßt wird. So viel Nähe mögen nicht alle Richter, sie siezen die Mitarbeiter der Geschäftsstelle. Gemeinsames Essen von Richtern und Mitarbeitern der Geschäftsstelle gehört allerdings zum guten Ton.

Die Arbeitsgerichtsbarkeit ist eine „eigene Welt". Diesen Begriff nutzt fast jeder Arbeitsrichter, um sein Umfeld zu beschreiben. Und viele Anwälte tun es auch. Was ist das Besondere, das Andere? Im Selbstbild der Wuppertaler Arbeitsrichterin Doris Budde-Haldenwang tauchen etliche Charakteristika auf: „Wir fühlen uns auf einer Ebene, keine Hierarchie, sehr kollegial. Wir sind nette Leute mit einer relativ hohen sozialen Kompetenz." Ihre Nürnberger Kollegin Silja Steindl meint, dass es bei den Arbeitsgerichten „entspannter und lockerer zugeht als in anderen Gerichtszweigen". Begünstigt wird das angenehme Klima durch die Größe der Arbeitsgerichte. Sie sind im Vergleich zu anderen Gerichtsbarkeiten klein, die Richter kennen sich meist untereinander, und der Karrieredruck ist wegen der geringen Beförderungschancen eher schwach. Auf dem Stimmungs- und Zufriedenheitsbarometer der Gerichtszweige stehen die Arbeitsrichter nach eigener Einschätzung weit vorn. Die meisten sind „glücklich", „zufrieden" oder „überaus zufrieden". Auch, weil sie es nach dem Berliner Arbeitsrichter Michael Korinth mit dem „prallen Leben" zu tun haben, mit Menschen statt mit Fällen wie im Zivilrecht.

Die Seele der „eigenen Welt Arbeitsgericht" ist das besondere Rollenverständnis der Arbeitsrichter: Sie sehen ihre Aufgabe nicht primär im Entscheiden von Streitfällen, sondern im **Vermitteln und Ausgleichen** zwischen Arbeitnehmern und Arbeitgebern, zwischen Gewerkschaften und Arbeitgeberverbänden. Richterin Budde-Haldenwang: „Wir lösen Konflikte und leisten Lebenshilfe." Die Mehrheit der Arbeitsrichter versteht sich daher als Dienstleister. Diese Einstellung spiegelt sich manchmal in kleinen Aufmerksamkeiten wider: Wenn die Arbeitsrichterin Steindl eine Mediation durchführt, bietet sie auf eigene Kosten Kekse und Bananen an, um ein „angenehmes Klima" zu schaffen. Darum geht es auch dem Präsidenten des Landesarbeitsgerichtes Baden-Württemberg Eberhard Natter. Er lädt Anwälte zur Einführung und Verabschiedung von Richtern ein. Im persönlichen Kontakt sollen sich Richter als normale Menschen präsentieren und Anwälte auch diese Seite kennenlernen. Bei solchen Gelegenheiten verteilt Natter Listen mit den Telefonnummern der Geschäftsstellen und die Durchwahlnummern der Richter. Eine rare Ausnahme.

Zurzeit normal: Belastung der Arbeitsgerichte ist konjunkturabhängig

Fast alle Arbeitsrichter geben an, „normal" belastet zu sein und in der Regel nicht mehr als 40 Stunden in der Woche zu arbeiten. „Stark belastet" fühlen sich nur Richterinnen mit halbem Deputat, die mit 20 Stunden regelmäßig nicht auskommen.

Von einer normalen Belastung der Arbeitsgerichte geht auch die Mehrzahl der Anwälte aus. „Im Verhältnis zu anderen Gerichtsbarkeiten ist die Arbeitsgerichtsbarkeit privilegiert, personell besser ausgestattet", ist der Eindruck des Berliner Anwalts Christian Willert. Nach Meinung seines Berliner Kollegen Peter Splettstößer-Heise gibt es bei einigen Arbeitsrichtern „viel Luft, einige sind unterbeschäftigt". Der Grund für die bessere personelle Ausstattung: Gewerkschaften und Arbeitgeber verbindet das gemeinsame Interesse, dass Arbeitsgerichte gut funktionieren, vor allem schnell arbeiten. Kein anderer Gerichtszweig hat so einflussreiche Lobbyisten hinter sich wie die Arbeitsgerichtsbarkeit.

Die überwiegend normale Belastung ist statistisch zu erklären. Es gibt keinen Gerichtszweig, wo die Schere zwischen sinkenden Eingängen und personeller Ausstattung im Schnitt soweit auseinanderklafft wie in der Arbeitsgerichtsbarkeit. Während Urteilsverfahren zwischen 2007 und 2014 um 13 Prozent abgenommen haben, ist die Zahl der Richter im selben Zeitraum nur um fünf Prozent geschrumpft.[419] Nordrhein-Westfalen, Berlin und Mecklenburg-Vorpommern haben die Personalbestände im selben Zeitraum zum Teil erheblich reduziert – zwischen sechs und 26 Prozent. In Hamburg ist die Zahl der Richter dagegen konstant geblieben, in Bayern sogar um drei Prozent gestiegen, obwohl die Zahl der neuen Verfahren in beiden Ländern zurückgegangen ist.

Die relativ komfortable Arbeitsbelastung an den Arbeitsgerichten ist auch das Ergebnis von Konjunkturzyklen. Während der Finanzkrise 2008 und 2009 ist die Zahl der Neuzugänge hochgeschnellt und die Arbeitsgerichtsbarkeit personell aufgerüstet worden. Seitdem schrumpft die Zahl der neuen Verfahren, während ein Teil der Stellen überlebt hat. Die personelle Aufstockung in den Krisenjahren ist bis heute die Hauptursache für die vergleichsweise geringe Arbeitsbelastung der Arbeitsgerichte.

Eine zweite Ursache für den Rückgang der Verfahren und die geringe Arbeitslast ist die Akzeptanzschwäche der Arbeitsgerichte bei Arbeitnehmern, vor allem aber bei Arbeitgebern. Aus Angst vor Nachteilen während eines Arbeitsverhältnisses tragen viele Arbeitnehmer ihre Konflikte mit dem Arbeitgeber nicht vor Arbeitsgerichten aus. Mittlerweile herumgesprochen hat sich, dass Kündigungsschutzklagen nur selten helfen, den Arbeitsplatz zu retten. Außerdem wollen Arbeitnehmer nicht in den Ruf geraten, Prozesshanseln zu sein und dadurch ihre Chancen bei der Suche nach einem neuen Arbeitsplatz zu mindern. 80 Prozent aller gewerkschaftlich organisierten Arbeitnehmer klagen daher erst nach Beendigung eines Arbeitsverhältnisses.[420] Trotzdem sind es in erster Linie Arbeitnehmer, die sich an die Arbeitsgerichte wenden. 99,7 Prozent aller in Urteils- und Beschlussverfahren eingereichten Klagen stammten 2014 von Arbeitnehmern oder Gewerkschaften, nur 0,3 Prozent von Arbeitgebern oder Arbeitgeberverbänden.[421] Letztere tun alles, um Klagen zu vermeiden, weil es für sie bei Arbeitsgerichten nicht viel zu gewinnen gibt. Diese Meinung hält sich hartnäckig, auch wenn sich ihre Chancen durch die neue Richtergeneration an einigen Gerichten ein wenig verbessert haben.

Ein Indikator für die moderate Belastung von Arbeitsrichtern ist sicher auch der Umfang ihrer Nebentätigkeiten. In den meisten Bundesländern sind Informationen darüber vertraulich. Eine Ausnahme macht Hessen, nachdem Ende der neunziger Jahre Berichte über hohe Zuverdienste von Arbeitsrichtern öffentliche Empörung ausgelöst hatten. Seitdem berichtet das Justizministerium jährlich über die nebenberuflichen Aktivitäten von Richtern. 2015 waren es in Hessen wiederum die Arbeitsrichter, die im Vergleich zu Richtern anderer Gerichtszweige am häufigsten ihre Gehälter mit Nebenjobs aufgebessert haben. 2015 haben 60 Prozent aller hessischen Arbeitsrichter anzeige- oder genehmigungspflichtige Nebentätigkeiten ausgeübt. In der Praxis heißt das wissenschaftliche Aufsätze schreiben, Vorträge halten, Betriebsräte schulen und Einigungsstellen leiten. Insbesondere die Schlichtung von betriebsverfassungsrechtlichen Streitigkeiten zwischen Arbeitgebern und Betriebsräten bzw. Personalräten ist ein lukrativer Job, den Arbeitsrichter überall in der Republik gern übernehmen. Als Leiter von Schlichtungsstellen können Richter zwischen 200 bis 500 Euro pro Stunde verdienen, eine Tätigkeit, die allerdings auch besonderes Geschick erfordert. 2015 haben in Hessen zehn Arbeitsrichter auf diese Weise zwischen 30.500 und 49.360 Euro dazu verdient.

Der Umfang der Nebentätigkeiten in der Arbeitsgerichtsbarkeit ist nur möglich, weil ihre Arbeitslast relativ gering ist – und es eine Nachfrage gibt. Einen guten zweiten Platz im Nebenberufsranking belegten in Hessen die Finanzrichter, von denen 2015 knapp 46 Prozent nebenberuflich aktiv waren. Ins Bild passt, dass sich Richter in der stark belasteten ordentlichen Gerichtsbarkeit mit Abstand am wenigsten nebenberuflich verdingt hatten: gut 14 Prozent. Zurückgegangen ist der Umfang der Nebentätigkeiten in den letzten Jahren in der Verwaltungsgerichtsbarkeit – um fünf bis sechs Prozent – und in der Sozialgerichtsbarkeit – um vier Prozent. Als Hauptursache für die Abnahme der Nebentätigkeiten gilt in beiden Gerichtszweigen die Verdichtung der Arbeitsprozesse.

Durchschnittlich drei Monate: Arbeitsgerichte arbeiten zügig

Die Arbeitsgerichtsbarkeit arbeitet zügig. Nach der Sachsen Tabelle 2014 dauerten Verfahren 2014 bundesweit im Schnitt drei Monate, mit Urteilen knapp sieben Monate. Nur gut drei Prozent der Verfahren dauerten länger als ein Jahr. Die

Ausschläge bei der Dauer sind in den Bundesländern minimal. Die Arbeitsgerichtsbarkeit hat von allen Gerichtsbarkeiten seit Jahren die mit Abstand kürzesten Verfahrenslaufzeiten.

Auf einen ersten Gütetermin warten Parteien in der Regel zwei bis vier Wochen. Schließt sich der Kammertermin erst in vier bis fünf Wochen an, findet er Bielefelder Anwalt Joachim Wagner „das schon lang". „Eine Art Verweigerung der Rechtsstaatlichkeit", nennt Rechtsanwalt Homburg die zum Teil viel zu langen Wartezeiten bei den Arbeitsgerichten bei schwierigen Fällen. So ist zum Beispiel eine Wartezeit von eineinhalb Jahren bei einem Streit über die Zuständigkeit des Betriebsrates bei einem Sozialplan für ihn „inakzeptabel".

Entsprechend wenig hat auch der Evaluationsbericht der Bundesregierung über das Gesetz gegen überlange Verfahrensdauer bei den Arbeitsgerichten zu berichten. In den ersten beiden Jahren seiner Geltung haben Anwälte bundesweit lediglich 60 Verzögerungsrügen erhoben und vier Mal Entschädigung eingeklagt.[422] Das ist ein verschwindend geringer Anteil an Kompensationsforderungen. Über die Gründe lässt sich wiederum nur spekulieren. Entweder gab es nach den Verzögerungsrügen keinen Anlass mehr für Beanstandungen – so der Bericht der Bundesregierung – oder die schmalen Entschädigungssummen haben die Klagelust gebremst.[423]

Auf dem Basar: seriöse und unseriöse Vergleiche

Die Hamburger Arbeitsrichterin Oda Harms bekommt im Monat durchschnittlich 50 neue Akten auf den Tisch. Nur in zehn bis zwölf Prozent der Verfahren muss sie am Ende streitige Urteile schreiben. Eine unverzichtbare Hilfe sind dabei Vergleiche. Wie in den anderen Gerichtsbarkeiten haben sie eine Doppelfunktion: Entlastung und Rechtsfrieden schaffen. Begünstigt durch das arbeitsgerichtliche Verfahren, haben es Arbeitsrichter beim Vergleichen zu wahrer Meisterschaft gebracht. In durchschnittlich gut 63 Prozent aller Prozesse gelang ihnen nach der Sachsen Tabelle 2014 eine Verständigung zwischen den Parteien – die mit Abstand höchste Vergleichsquote aller Gerichtszweige.

In der ersten Instanz wird das Vergleichsgeschäft durch die Regelung und Verteilung der Kosten gefördert. Bei einem Vergleich entfallen die Gerichtskosten, und für die Anwaltskosten muss jede Partei selbst aufkommen. „Wir reden nicht über Kosten, das erleichtert das Geschäft", erklärt der Nürnberger Vizepräsident Vetter.

Für die hohen Vergleichsquoten müssen die Arbeitsrichter hohe rechtsstaatliche Kosten in Kauf nehmen: Ansehensverlust, die zeitweise Verwandlung von Gerichten in Basare, ethisch fragwürdige Einigungen und Defizite bei der Ermittlung der Wahrheit.

Fatal für den Ruf und die Glaubwürdigkeit der Arbeitsgerichte ist, wenn bei Anwälten wie Parteien der Eindruck entsteht, dass sich Richter primär um Vergleiche bemühen, um Arbeit zu sparen. Rechtsanwalt Homburg hat „manchmal das Gefühl, man wird zum Vergleich getrieben, weil der Richter kein Interesse hat, ein Urteil zu schreiben". Diesen Eindruck hat auch der Personalreferent der „Lebenshilfe-Leer" Holger Weyrauch, einer Einrichtung der Behindertenhilfe in Leer (Ostfriesland): „Richter vermitteln den Eindruck, überlastet zu sein und zu viel Arbeit zu haben. Sie drängen zum Vergleich, um nicht ein Urteil schreiben zu müssen."

Unter Anwälten wie Richtern ist umstritten, ob das Aushandeln von Abfindungssummen eher einem „Basar" (Rechtsanwalt Rolf Stahmer, Hamburg) oder eher einer „Börse" (Arbeitsrichter Henning Goetze, Hamburg) gleicht. Dass es dieses Phänomen gibt, bestreiten Arbeitsrichter nicht. „Manchmal geht es zu wie auf einen Basar", gibt die Nürnberger Arbeitsrichterin Steindl zu. Für den Berliner Arbeitsrichter Korinth ist „nachvollziehbar, dass der Eindruck eines Basars entsteht, der manchmal sogar skurrile Züge annimmt". Korinth erinnert zugleich daran, dass Vergleiche nicht vom Himmel fallen: „Manchmal kosten mich Vergleiche mehr Arbeit als ein Urteil." Auch sein Hamburger Kollege Goetze legt Wert auf die Feststellung, dass die „Rechtslage" bei Vergleichsbemühungen eine „massive Rolle spielt". Das ändert aber nichts an der Tatsache, dass das Feilschen um Abfindungssummen dem Grundwert der Gerechtigkeit im Kern widerspricht. Und es fällt auf, dass dieses Dealen kaum auf Kritik stößt – anders als im Strafprozess. Bemängelt werden nur Auswüchse und Fehlentwicklungen.

Fast alle Arbeitsrichter betonen, dass sie bei Vergleichsbemühungen fair und seriös vorgehen. Martin Dreßler, Kammervorsitzender am Landesarbeitsgericht Berlin-Brandenburg, beteuert, „keinen Vergleichsdruck auszuüben". Corinna Knappe, Arbeitsrichterin Hamburg: „Ich zwinge niemanden zu einem Vergleich."

Das Meinungsbild der Anwaltschaft von der arbeitsgerichtlichen Vergleichspraxis ist gespalten. Der Landshuter Rechtsanwalt Friedrich Schindele hat bisher „keinen massiven Vergleichsdruck" gespürt, ebenso seine Rastätter Kollegin Daniela Range-Ditz: „Keine Tricksereien, kein unseriöser Druck." Die Mehrheit der Advokaten hat indes negative Erfahrungen bei Vergleichsgesprächen gesammelt – bis hin zu „erpresserischen Auswüchsen", denen die Frankfurter Rechtsanwältin und ehemalige Arbeitsrichterin Barbara Reinhard hin und wieder beggnet.

Unter den Arbeitsrichtern gibt es eine Reihe von Vergleichskünstlern, die bestimmte Techniken und Tricks entwickelt haben, um die Interessen der Parteien zusammenzuführen, natürlich auch immer im Eigeninteresse. Eine Taktik ist, bei den Vergleichsgesprächen klare rechtliche Hinweise zu vermeiden. Der Düsseldorfer Anwalt Heinz Josef Willemsen trifft manchmal auf Richter, die „wie eine Sphinx, wie ein Orakel" agieren. Sie lassen sich nicht in die Karten schauen, um die Parteien zu verunsichern. Eine solche Rolle passt zwar nicht zum Richterbild, ist aber noch nicht ethisch fragwürdig. „Andere Richter machen Stimmung durch Hinweise auf das eine oder andere Risiko, aber ohne Manipulationen oder Lügen", findet der Berliner Rechtsvertreter Willert. Verbreitet ist die Masche, dass Richter bei einem sich andeutenden Nein zu einer Verständigung darauf verweisen, dass der nächste Termin erst in sechs oder neun Monaten stattfinden könne oder der Prozess ohne Vergleich in zwei oder drei Jahren mehrere tausend Euro gekostet haben wird. Sanfter Druck mit ein wenig Beigeschmack.

Es gibt jedoch auch die sogenannten „Vergleichsquetschen", bei denen berufsethische Grenzen überschritten werden. Manche Arbeitsrichter stehen in dem Ruf, mit besonders harten Bandagen bei Vergleichsgesprächen vorzugehen. Einem Kasseler Arbeitsrichter hat der Präsident, diplomatisch verbrämt, ins Zeugnis geschrieben: „Die Vergleichsbemühungen sollten weniger nachdrücklich sein." Rechtsanwalt Wagner kennt Richter, die „versuchen, einen weichzukochen. Sie fragen drei bis viermal nach und wollen einen erst aus dem Gerichtssaal lassen, wenn man sich verglichen hat". Der Höhepunkt dieses teilweise unmoralischen Taktierens ist nach Wagner der Satz: „Wer nicht bereit, ist sich zu vergleichen, wird dafür nachher mit dem Urteil bestraft." Unseriös auch die Drohung: „Machen Sie einen Vergleich, denn Sie wissen nicht, wie ich entscheide." Dem Arbeitsrechtsprofessor Rieble, der hin und wieder als Anwalt tätig ist, ist aufgefallen, dass „Richter bei Vergleichsgesprächen manchmal eine Rechtsauffassung zugrunde legen, die im Widerspruch zur Rechtsauffassung des Bundesarbeitsgerichts steht".

Kopfschütteln löst eine Vergleichsquetsche aus, mit der sich das Bundesarbeitsgericht 2010 zu befassen hatte. Sie lehrt, wohin unethisches Verhalten führen kann. Vor dem Landesarbeitsgericht Niedersachen operierte ein Richter mit ungeheuerlichen Drohungen wie: „Seien Sie vernünftig, sonst müssen wir sie zum Vergleich prügeln"; „Ich reiße Ihnen sonst den Kopf ab"; „Sie werden sonst an die Wand gestellt und erschossen". Und: „Stimmen Sie dem jetzt endlich zu. Ich will zum Mittagessen gehen."[424] „Das ist eines Rechtsstaates unwürdig", findet Arbeitsrechtsprofessor Rieble und wird damit auf wenig Protest stoßen.

Ein anderes Beispiel aus Riebles Erfahrungsschatz unethischen Richterverhaltens: Ein Arbeitnehmer hat Warengutscheine unterschlagen und wird daraufhin fristlos entlassen. Um einen Vergleich zu erreichen, denkt sich der Arbeitsrichter folgenden Deal aus: aus der fristlosen Kündigung wird eine betriebsbedingte, der entlassene Arbeitnehmer erhält ein gutes Zeugnis, und ihm wird eine Sperrfrist für den Bezug von Arbeitslosengeld erspart. Für alle Beteiligten war es eine ‚win-win-Situation': Das Gericht hatte das Verfahren ohne Urteil beendet; der Arbeitgeber ist seinen Langfinger los; und der geschasste Arbeitnehmer kann sich, finanziell abgesichert, in Ruhe einen neuen Arbeitsplatz suchen. Auf der Strecke geblieben sind die Wahrheit durch einen verdrehten Sachverhalt, eine betrogene Arbeitslosenversicherung und ein über die Integrität des Mitarbeiters getäuschter neuer Arbeitgeber.[425] Aufgrund solcher und ähnlich negativer Erfahrungen ist die „Vergleichsbereitschaft" nach Beobachtungen von Martin Fenski, Vizepräsident beim Landesarbeitsgericht Berlin, in jüngster Zeit gesunken: Die Anwälte sind „konfliktfreudiger geworden". Den Eindruck hat auch die Wuppertaler Arbeitsrichterin Budde-Haldenwang: „Den Parteien geht es mehr um das Prinzip." Weil sich Ralf Schulz, Geschäftsführer der „Lebenshilfe-Leer", nach „fast jedem Vergleich geärgert" hat, ist seine „Neigung Vergleiche einzugehen, erheblich gesunken".

Das Bemühen, Interessen der Parteien auszugleichen und zusammenzuführen, entspringt dem besonderen Selbstverständnis von Arbeitsrichtern. Bei 67 Prozent der befragten Richter dominierte der Grundwert „Rechtsfrieden" den Berufsalltag. Der „Einigungsgedanke" bestimmt das Handeln der Arbeitsrichter Goetze, Knappe und Eichler. Goetze versteht sich als „Katalysator", sein Kollege Leydecker als „Mediator". Ihre Wuppertaler Mitstreiterin Budde-Haldenwang will „Konflikte lösen". Acht Prozent der Arbeitsrichter orientieren sich an der „Gerechtigkeit", und bei 25 Prozent stehen die drei Grundwerte „Wahrheit", „Gerechtigkeit" und „Rechtsfrieden" ohne Rangfolge nebeneinander.

Die hohen Vergleichsquote hat ein Opfer: die Wahrheit. Sie wird bei einer Verständigung nicht ermittelt. „Durch die Einigung schaffen die Parteien Rechtsfrieden. Die Erforschung der Wahrheit darf dann zurücktreten", sagt der Kasseler Arbeitsrichter Eichler. **Bei mindestens zwei Drittel aller Arbeitsgerichtsverfahren tritt die Wahrheitssuche in den Hintergrund**. Richter sparen bei Vergleichen also nicht nur das Verfassen von Urteilen, sondern auch die vollständige Aufklärung des Sachverhalts. Das tun die Arbeitsrichter auch, weil bei ihnen Skepsis gegenüber der Feststellung der Wahrheit verbreitet ist. Für den Nürnberger Arbeitsrichter Joachim Vetter ist die Wahrheit „extrem schwer herauszufinden. Es gibt mehrere subjektive Wahrheiten". „Als Richter weiß man nie, was die Wahrheit ist, schon wegen des Beibringungsgrundsatzes haben die Parteien die primäre Verantwortung für die Klärung des Sachverhalts", ergänzt Bettina Dahlmann, Direktorin des Wuppertaler Arbeitsgerichts.

Vergleiche machen auch Beweisaufnahmen überflüssig, nach Ansicht mehrerer Anwälte ein weiterer wunder Punkt in der Arbeitsgerichtsbarkeit. Für den Berliner Rechtsanwalt Willert ist das Vermeiden von Beweisaufnahmen ein drittes Motiv für Arbeitsrichter, sich intensiv um Einigungen zu bemühen. Der Hamburger Anwalt Manfred Wulff erkennt bei Arbeitsrichtern keine Verantwortung gegenüber der Wahrheit. „Wann wird ein Sachverhalt durch Beweisaufnahmen ermittelt?", fragt Wulff rhetorisch. In seinem Berufsleben als Fachanwalt für Arbeitsrecht hat er erst zwei, drei Beweisaufnahmen erlebt, die letzte vor acht Jahren.

Ein Beispiel für diese abwehrende Haltung ist die Klage von zwei entlassenen Bauleitern, die im Gegenzug Geld für Überstunden eingeklagt haben. Auf 91 Seiten hatte Wulff mit Hilfe von Baubüchern die täglichen Überstunden aufgelistet und Zeugen benannt. Diese Klage nebst Beweisanträgen lehnte der Richter als unsubstanziiert ab. Obwohl im Schriftsatz dargelegt war, wann an jedem Arbeitstag die normale Arbeitszeit zu Ende war, bis wann die Überstunden gedauert hatten, was der Arbeitnehmer in der Zeit gemacht hatte, ob der Arbeitgeber die Überstunden angeordnet oder ob er sie mit Kenntnis geduldet hatte, hat das Gericht eine Beweisaufnahme durch Vernehmung der Zeugen abgelehnt.

Anwalt Wulff ist überzeugt, dass sich Arbeitsrichter häufig um „Beweisaufnahmen drücken", auch um Arbeit zu sparen, denn eine Beweisaufnahme bedeutet immer einen zusätzlichen Termin und eine zusätzliche Beweiswürdigung. Zu diesem Zweck erfinden sie Hilfskonstruktionen, um sie abzulehnen: Entweder ist die Klage nicht schlüssig, oder bestimmte Tatsachen sind nicht beweiserheblich. Nach seiner Beobachtung stellen die Landesarbeitsgerichte und das Bundesarbeitsgericht häufiger fest, dass die Vorinstanzen nicht genügend aufgeklärt haben. Dieselbe Beobachtung hat ein Hamburger Fachanwalt für Arbeitsrecht gemacht: „Beweisaufnahmen gibt es praktisch nicht. Richter in der ersten Instanz haben keinen Bock auf Beweisaufnahmen."

Neben Vergleichen nutzen Arbeitsrichter weitere Instrumente, um Verfahren einvernehmlich zu beenden: Anerkenntnisse, Erledigungserklärungen und Rücknahme von Klagen. Am Ende steht nach der Berliner Tabelle 2014 bei den Arbeitsgerichten die mit Abstand geringste Urteilsquote aller Gerichtszweige: 7,7 Prozent in den Urteilsverfahren einschließlich Eilverfahren.[426] Für Anwalt Wulff heißt das: In nur 7,7 Prozent der arbeitsgerichtlichen Urteilsverfahren wird noch „eine Antwort darauf gegeben, was Recht ist". So wurden 2014 von 392.061 Klagen nur 28.762 durch streitiges Urteil entschieden. Durch den Druck zu schnellen Erledigungen und durch eine veränderte Streitkultur haben sich Arbeitsgerichte in der Praxis in weiten Bereichen von **Rechtsprechungsorganen in Schlichtungsstellen** verwandelt.

„Akzeptanz gleich Null": das gestörte Verhältnis zwischen Wirtschaft und Arbeitsgerichten

„Arbeitsrecht ist Arbeitnehmerschutzrecht" entgegnet der Berliner Kammervorsitzende Dreßler jenen, die den Arbeitsgerichten vorwerfen, parteiisch zu sein. Und fügt hinzu: „Wenn das materielle Recht eine Seite tendenziell stärker schützt, dann ist es auch nicht verwunderlich, dass Prozesse zugunsten von Arbeitnehmern ausgehen." Diese Standortbeschreibung der Arbeitsgerichtsbarkeit hat eine Kehrseite: eine Akzeptanzschwäche auf der Seite von Arbeitgebern und Wirtschaft. „Die Akzeptanz der Arbeitsgerichte ist bei Arbeitgebern gleich Null", weiß Anwalt Stahmer aus langjähriger Praxis. Die Dollpunkte sind unter anderem:

- Unberechenbarkeit der Rechtsprechung
- Fehlende Praxisnähe und Kenntnis von wirtschaftlichen Abläufen
- Überzogener Kündigungsschutz bei verhaltensbedingten Kündigungen

- Übertriebene Darlegungs- und Beweislast bei betriebsbedingten Kündigungen und Umstrukturierungen
- Umwandlung des Kündigungsschutzrechtes in ein Abfindungsrecht
- Überspannte Anforderungen bei der Anhörung des Betriebsrates
- Ungerechte Kostenrisiken zulasten der Arbeitgeber bei Kündigungsschutzklagen

Ob diese Kritikpunkte als Qualitätsmängel zu qualifizieren sind, ist eine Frage der Perspektive. Da sie nicht neu sind, sondern seit Jahren immer wieder thematisiert werden, soll die Frage an dieser Stelle nicht vertieft werden. Hier soll nur ergründet werden, ob die Belastung der Arbeitsgerichte negative Auswirkungen auf die Qualität der arbeitsgerichtlichen Rechtsprechung hat. Das verneinen die Wuppertaler Arbeitsrichterin Budde-Hadelwang und ihre Hamburger Kollegin Knappe. Auch die Mehrheit der Anwälte meint, dass das Niveau der Prozessführung und der Urteile in den letzten Jahren nicht gesunken sei. Wie gut oder wie schlecht es ist, darüber gehen allerdings die Meinungen der Rechtsvertreter auseinander. Der Berliner Anwalt Willert hat den Eindruck, dass „viele Urteile mit der heißen Nadel gestrickt sind": „Baukastenurteile, man liest nur noch zwei oder drei Sätze zum eigentlichen Sachverhalt." Für den Bielefelder Anwalt Wagner ist die „inhaltliche Qualität der Urteile sehr unterschiedlich, insbesondere in der ersten Instanz". Bessere Noten verteilen die Anwälte Willemsen und Stahmer aufgrund der jüngeren Richter.[427] Willemsen denkt, dass sich die „juristische Qualität in der unteren Instanz durch sie verbessert hat". Stahmer erkennt bei jungen Arbeitsrichtern ein „neues Qualitätsbewusstsein".

Diese Befunde verwundern nicht. Die Belastung der Arbeitsrichter ist derzeit überwiegend normal und sollte daher, von Einzelfällen abgesehen, keine negativen Effekte produzieren. Gleichwohl gibt es eine Fehlentwicklung, die vor Jahren eingesetzt hat und bis heute das Bild der Arbeitsgerichtsbarkeit verdunkelt. „Es gibt eine Tendenz", diagnostiziert der Frankfurter Anwalt Homburg, „sich erst in zweiter Linie mit der Sache zu beschäftigen". Indizien für diese These sind für ihn Vergleiche in Verfahren, in denen man Entscheidungen erwartet hätte, und die Neigung, Klagen und Beweisanträge als unschlüssig bzw. rechtlich unerheblich abzuweisen. Dieser gravierende Qualitätsmangel ist Folge eine seit Jahren gepflegten Arbeitsentlastungsstrategie der Arbeitsrichter, unterfüttert von dem Selbstverständnis, dass gerade in der Arbeitswelt die einvernehmliche Konfliktlösung dem streitigen Urteil überlegen ist.

Finanzgerichtsbarkeit

In Bayern haben alle Finanzrichter ihr steuerrechtliches Handwerk in der Finanzverwaltung gelernt. Beim Nürnberger Finanzgericht haben sogar 30 bis 40 Prozent der Robenträger ihre Kenntnisse im Finanzministerium verbessert. Diese personelle Kontinuität hat das Odium begründet, dass Finanzgerichte eine „Hausgerichtsbarkeit der Finanzverwaltung" sind. Um diesem Eindruck vorzubeugen, hat der Hamburger Senat 1957 die Ressortzuständigkeit vom Finanzsenator auf den Justizsenator übertragen. Rund 20 Jahre später hat der damalige Justizsenator Frank Dahrendorf entschieden, Finanzrichter nicht mehr ausschließlich aus der Finanzverwaltung zu rekrutieren, sondern auch aus anderen Gerichtsbarkeiten. Steuerberater hatten sich zuvor beschwert, dass die Gerichte zu fiskusfreundlich judizieren. Ziel der Personalpolitik war danach eine ausgewogene Mischung aus Finanzbeamten und Richtern aus anderen Gerichtsbarkeiten. Heute hat nur noch das Finanzgericht Hessen mit 75 Prozent einen hohen Anteil von Richtern, die sich ihre Sporen in der Finanzverwaltung verdient haben. Beim Finanzgericht in Hamburg waren nur 31 Prozent der Richter vorher in der Finanzverwaltung, beim Finanzgericht Berlin-Brandenburg 43 Prozent und beim Düsseldorfer Finanzgericht geschätzt um die 40 Prozent. Die jüngste personalpolitische Wende: Anwälte aus Großkanzleien anzuheuern, mit Steuerberaterexamen oder mit einer Qualifikation als Fachanwalt für Steuerrecht.

Da Senate für bestimmte Finanzämter zuständig sind, kann es vorkommen, dass Richter Steuerverfahren auf den Tisch bekommen, die sie vor ihrem Wechsel auf die Richterbank als Sachgebietsleiter bearbeitet haben. In solchen Fällen sind Richter nach § 51 Abs. 2 FGO automatisch von der Mitwirkung an dem Verfahren ausgeschlossen. Damit ist das Problem aber nicht aus der Welt. Es tauchen immer wieder Grenzfälle auf, in denen sich der Verdacht der Befangenheit regt.[428] Etwa, wenn sich Richter in Verhandlungspausen mit früheren Kollegen aus der Finanzverwaltung vertrauensvoll unterhalten, Kollegen, die sie zum Teil sogar duzen, oder wenn sich Richter und Finanzbeamte nach der Verhandlung zu einem kleinen Plausch im Richterzimmer treffen. Die Berliner Anwältin Beate Bahnweg hat erlebt, dass ein Berichterstatter nach der Verhandlung der Vertreterin des Finanzamtes Grüße an ihren Mann ausrichten ließ. Diese Vertraulichkeit „stört" sie, auch wenn sie „keine Auswirkungen auf das Ergebnis haben muss". Dem Präsidenten des Bundesfinanzhofes Rudolf Mellinghoff missfällt solche Nähe: „Persönliche Kontakte zwischen Richtern und ehemaligen Kollegen aus der Finanzverwaltung haben im Gerichtssaal nichts zu suchen."

Doch wie sollen Finanzrichter mit ihrer Vergangenheit in der Finanzverwaltung umgehen, wenn sie ihr plötzlich wieder begegnen? Sich für befangen erklären?

Eine heikle berufsethische Frage. Der Hamburger Präsident Christoph Schoenfeld plädiert dafür, dass Richter ihre frühere Tätigkeit in der Finanzverwaltung gegenüber den Parteien nicht verschweigen. Die Gefahr: Anwälte könnten auf diese Information mit Befangenheitsanträgen reagieren. Präsident Schoenfeld sieht diese Gefahr nicht und hält an seiner Auffassung fest: „Wenn man das offen anspricht, zeigt man dadurch, dass man nicht befangen ist." Beim Finanzgericht Hamburg folgen einige Kollegen seiner Meinung, andere nicht.

Das Finanzgericht Berlin-Brandenburg ist für seinen Präsidenten Claus Lambrecht ein „kleiner, feiner Laden". Auch Finanzrichter denken, dass sie unter den Gerichtsbarkeiten eine Sonderstellung einnehmen. Der Düsseldorfer Finanzrichter Christian Graw sieht in Finanzrichtern „Exoten": „Die Steuerwelt ist klein, eine Welt für sich." Exoten sicher nicht im Sinne von schrägen oder bunten Typen, sondern eher von nüchternen Zahlenakrobaten und Rechtstüftlern. Sie mögen etwas, was andere schreckt: den Umgang mit dem hochkomplexen und unübersichtlichen Steuerrecht. Die Arbeit eines Finanzrichters ist „intellektuell anspruchsvoll, aber dennoch nicht emotional belastend", weiß Professor Dieter Birk aus seiner jahrelangen Tätigkeit als ehrenamtlicher Richter an einem Finanzgericht.[429]

Der Gesetzgeber hat Finanzrichter, historisch gewachsen, mit einem besonderen Privileg ausgestattet. Sie werden schon in der Eingangsstufe nach R 2 bezahlt, eine Gehaltsstufe höher als Richter in allen anderen Gerichtsbarkeiten. Damit soll honoriert werden, dass Finanzgerichte als erste und letzte Tatsacheninstanz eine besondere Verantwortung tragen und Richter über eine mehrjährige Berufserfahrung verfügen müssen, bevor sie in den Kreis der Auserwählten aufgenommen werden. Deshalb sind Berufsanfänger bei Finanzgerichten auch relativ alt, überwiegend in der zweiten Hälfte dreißig, in Bayern sogar um die vierzig.

„Widerstandskultur": Qualität ist wichtiger als Erledigungen

„Die Autos der Amtsrichter stehen in der Tiefgarage häufig länger als die der Finanzrichter", stellt der Präsident des Hamburger Finanzgerichts Schoenfeld fest, wenn er das Haus verlässt, um in sein Auto zu steigen. Daraus schließt er, dass die Zivil- und Strafrichter „stärker belastet sein dürften" als Finanzrichter. Dieser Befund ist justizintern anerkannt und gilt für alle ausgesuchten Standorte. An den Finanzgerichten in Hamburg, Düsseldorf und Nürnberg bezeichneten fast alle Richter ihre Belastung als „normal". Nur am Finanzgericht Berlin-Brandenburg und beim Hessischen Finanzgericht fühlten sich zwei Richter „stark" bzw. „sehr stark" belastet. Diese Belastungsbilanz verwundert angesichts der Geschäftsentwicklung nicht, überrascht aber unter einem zweiten Aspekt.

Zwischen 2007 und 2014 ist die Zahl der finanzgerichtlichen Klageverfahren bundesweit um 24 Prozent zurückgegangen, die der Eilverfahren sogar um 27 Prozent.[430] Bei den ausgewählten Gerichten verliefen die Kurven der Eingänge ähnlich – von kleinen Abweichungen abgesehen. Demgegenüber ist die personelle Ausstattung der Finanzgerichte im selben Zeitraum bundesweit nur um fünf Prozent geschrumpft, allerdings mit sehr unterschiedlichen Trends bei den ausgewählten Gerichten.[431] In Hamburg wurden die Stellen in der fraglichen Zeitspanne um elf Prozent reduziert, beim Finanzgericht Düsseldorf um 21 Prozent. Gestiegen ist die Zahl der Finanzrichter dagegen in Berlin-Brandenburg um sieben Prozent, in Bayern um acht Prozent.

Trotz dieser Unwucht zwischen sinkenden Neuzugängen und Personalausstattung ist die Leistungsbilanz unter dem Strich negativ geblieben: bei den hohen Beständen und der Dauer der Verfahren. Zwar ist es Finanzgerichten gelungen, die Zahl der unerledigten Verfahren zwischen 2007 und 2014 bundesweit um 36 Prozent abzubauen. Das haben auch die ausgewählten Gerichte geschafft. Trotzdem bleibt die Bilanz der Bestände unbefriedigend: Ende 2014 lagen bei den 16 Finanzgerichten noch 41.180 Verfahren auf Halde. Auch bei der Dauer sind bei vielen Gerichten nur geringe Fortschritte erzielt worden.[432] Woran liegt das?

Bei den Finanzgerichten hat trotz erheblicher Effektivitätsgewinne eine „Widerstandskultur gegen den Erledigungsdruck" überlebt, wie der Berliner Fachanwalt für Steuerrecht Martin Wulf diagnostiziert: „Finanzrichter lassen sich nicht treiben." Typisch die Einstellung Claus Lambrechts, Präsident des Finanzgerichts Berlin-Brandenburg: „Qualität ist wichtiger als Erledigung. Wir sind ein Obergericht. Wir haben Breitenwirkung." Von diesem Selbstverständnis haben sich alle befragten Finanzrichter leiten lassen. Für den Düsseldorfer Richter Graw „steht die sachgerechte Lösung im Vordergrund und zwar, wie die sinkenden Verfahrenslaufzeiten zeigen, in angemessener Zeit". Es ist deshalb auch kein Wunder, wenn der Geschäftsbericht der Finanzgerichte für die Jahre 2009 und 2010 feststellt, dass die „Erledigungen pro Richterarbeitskraft annähernd konstant" sind. In den Folgejahren 2011 und 2012 waren die Erledigungen sogar „etwas rückläufig".[433] Es gibt daher auch eine weniger freundliche Lesart für die Widerstandkultur: Die Finanzrichter verteidigen, unberührt von äußeren Erwartungshaltungen, ihren gemütlichen Arbeitsstil. Weil kein Druck da ist, wird halt weniger geschafft.

Diese Arbeitshaltung ist dem Bayerischen Obersten Rechnungshof aufgestoßen.[434] Im März 2015 hat er gerügt, dass die bayerischen Finanzgerichte bei der Zahl der Eingänge und der Erledigungen in den letzten Jahren „entweder Letzter oder zumindest in der ‚Abstiegszone' beim länderübergreifenden Vergleich" waren. Eine Klatsche für die an Spitzenplätze im Länderranking gewöhnte Justiz des Freistaates. Erschwerend kommt nach Ansicht der Rechnungsprüfer hinzu, dass die Eingänge bei den Finanzgerichten München und Nürnberg seit 2000 um 36 Prozent, die der Erledigungszahlen um 32 Prozent zurückgegangen sind, das Personal aber bei weitem nicht im selben Umfang reduziert wurde, nämlich nur um fünf Prozent. Die Empfehlung des Rechnungshofes: Weil die „Personalausstattung der bayerischen Finanzgerichte höher als erforderlich" ist, sollten frei werdende Stellen erstmal nicht mehr besetzt werden.

Solche Rügen sind beim Finanzgericht Hamburg nicht mehr notwendig. Dank straffer Führung und moderner Konzepte ist es hier gelungen, die Leistungsbilanz erheblich zu verbessern.[435] Nach der Sachsen Tabelle 2014 hat das Gericht die niedrigsten Bestände und die zweitkürzesten Verfahrenslaufzeiten. Hier haben die Präsidenten seit Jahren viel Wert auf gute Erledigungszahlen gelegt. Die Messlatte von Präsident Schoenfeld: „Das Dezernat muss aufgeräumt sein, keine Altverfahren von mehreren Jahren Dauer." Auch andere Finanzgerichte steuern inzwischen mit monatlichen, für alle Richter transparenten Erledigungsstatistiken den Arbeitsfluss. „Wer befördert werden will, muss zusehen, dass er zur Spitzengruppe gehört", weiß der Düsseldorfer Finanzrichter Thomas Zimmermann. Der Haken: Der Motivationshebel ‚hohe Erledigungszahlen' für die Karriere entfaltet bei einem erheblichen Teil der Finanzrichter wenig Schub, weil sie bereits nach der ersten Beförderungsstufe bezahlt werden.

Weil Finanzgerichte mit den vorhandenen Akten genug zu tun haben, machen sich Finanzrichter wenig Gedanken über die Gründe, warum sich Steuerbürger immer seltener an sie wenden. Aus dem Bündel möglicher Ursachen wollen wir uns auf drei naheliegende beschränken. Einmal sind die einfachen steuerrechtlichen Fragen geklärt. Zum Beispiel die Frage, ob eine Servierin eine weiße Schürze als Betriebsausgabe absetzen kann oder nicht. Eine veränderte Arbeitsweise der Finanzämter bringt zweitens weniger Konfliktstoff. Beamte prüfen nicht mehr die ganze Steuererklärung, sondern nur noch einige Posten schwerpunktmäßig. Für die Kontrolle geringer Streitwerte fehlen Personalressourcen. Bei Betriebsprüfungen wird versucht, über tatsächliche Verständigungen alle Streitpunkte auszuräumen. Und da ist drittens die für Steuerbürger abschreckend lange Dauer finanzgerichtlicher Verfahren.

Aufgrund von Unterschieden in der Personalausstattung, in der Arbeitshaltung und im Führungsstil divergieren die Belastungsindikatoren Bestände und Verfahrenslaufzeiten inzwischen so stark, dass generalisierende Aussagen über die objektive Belastung der Finanzgerichte nicht mehr zu machen sind. Während in Hamburg jeder Richter nach der Sachsen Tabelle Ende 2014 durchschnittlich nur noch 50 Verfahren im Bestand hatte, stapelten sich bei jedem Richter im Finanzgericht Düsseldorf noch 101 Verfahren, im Finanzgericht Berlin-Brandenburg 114 und beim Finanzgericht Greifswald gar 135. An allen drei Standorten würden die Richter rund ein Jahr benötigen, um ihre Bestände abzubauen, wenn sie zugleich von der Bearbeitung neuer Fälle befreit würden.

Nachsicht mit Schneckengerichten: Bundesfinanzhof billigt zwei Jahre Untätigkeit

„35 Monate Warten auf einen Termin", titelte der „Tagesspiegel" im März 2014 einen Bericht über die Dauer von Verfahren beim Finanzgericht Berlin-Brandenburg.[436] Eine Überschrift, die weh tut und die Malaise des Finanzgerichts an einem Beispiel schlaglichtartig beleuchtet. Der Fall: Der Eigentümer eines Kfz-Reparaturbetriebes in Berlin-Marzahn schleppte mit einem VW-Bus vom Typ T5 Autos ab und reparierte sie in seiner Werkstatt. Obwohl der Kleinunternehmer den Bus ausschließlich beruflich nutzte und dies auch gegenüber dem Finanzamt versicherte, verlangte es für jedes Jahr 6.000 Euro Steuern für eine fiktive private Nutzung des Busses. Nachdem das Finanzamt den Einspruch des Kfz-Reparateurs abgelehnt hatte, klagte er Anfang 2010 gegen das Finanzamt. Dann passierte lange nichts – auch nach zwei Verzögerungsrügen seines Anwalts Andreas Ruhnke nicht. Im Februar 2013, also 35 Monate nach Klageerhebung, setzte der 12. Senat endlich einen Verhandlungstermin an und entschied zugunsten des Autoreparators.

Nach der Sachsen Tabelle 2014 gehört das Finanzgericht Berlin-Brandenburg mit den Finanzgerichten Greifswald und Dessau zu den drei langsamsten der Republik: Hauptverfahren ziehen sich dort durchschnittlich über 19,7 Monate hin, werden sie mit einem Urteil beendet sogar über 28,5 Monate. Verzögerungsrügen wegen langer Verfahrensdauer sind beim Cottbuser Gericht nicht alltäglich, aber auch keine Seltenheit: zwischen 2012 und 2014 25 Rügen jährlich mit fallender Tendenz. Selbst der Präsident des Gerichts Claus Lambrecht findet die Dauer der Verfahren „unerträglich lang", weist aber darauf hin, dass das Gericht mit der Fusion der Finanzgerichte Berlin und Brandenburg 2007 eine zusätzliche Bürde zu schultern hatte.

Die Verfahrenslaufzeiten in Cottbus sind aber nur die Spitze des Eisbergs. Finanzgerichte tragen zusammen mit den Sozialgerichten die rote Laterne bei der Verfahrensdauer unter den Gerichtszweigen. 2014 dauerten sie bundesweit im Schnitt 15,4 Monate – und damit sogar noch länger als die sozialgerichtlichen Verfahren. Bei den Verfahren, die mit Urteil oder Gerichtsbescheid abschlossen, zogen sich die Verfahren nach der Sachsen Tabelle bundesweit über 22,6 Monate hin, knapp unter dem Negativrekord der Sozialgerichte. Wenn man etwas tiefer gräbt, tut sich ein Abgrund auf: 61 Prozent der Verfahren erstrecken sich über zwei Jahre, 17 Prozent über drei Jahre.[437]

Von den ausgewählten Standorten erreicht nur das Hamburger Finanzgericht eine akzeptable Verfahrenslaufzeit: im Schnitt 9,2 Monate. Werden Verfahren mit Urteil oder Gerichtsbescheid abgeschlossen, dauern sie 14,7 Monate. Deutlich unter dem Bundesdurchschnitt von 15,4 Monaten liegt auch das Finanzgericht Düsseldorf mit 12,4 Monaten. Bei den anderen Gerichten sind die Verfahrenslaufzeiten rechtsstaatlich nicht tragbar. Sie bewegen sich im Schnitt zwischen 15,1 und 19,7 Monaten, mit Urteil oder Gerichtsbescheid zwischen 22,3 Monaten und 28,5 Monaten. Finanzrichter wissen um dieses Defizit. Der Kasseler Finanzrichter Michael Knab: „Zwei Jahre für einen einfachen Fall ist zu lang, für komplexe Fälle noch angemessen – wegen des Amtsermittlungsgrundsatzes, der zunehmenden Schwierigkeit der Verfahren und der manchmal zögerlichen Mitwirkung der Rechtsuchenden." Allen ausgesuchten Finanzgerichten ist zugute zu halten, dass es ihnen in den letzten Jahren gelungen ist, die Verfahrenslaufzeiten um ein, zwei oder drei Monate zu verkürzen. Dadurch ist der Missstand nicht beseitigt, sondern nur gemildert.

Deutlichere Worte finden Anwälte. Für den Nürnberger Rechtsvertreter Klaus Otto ist die Dauer „unmöglich, eine Katastrophe": „Zwei, drei Jahre hört man nichts von dem Verfahren, vier bis acht Wochen vor der Sitzung beschäftigt sich der Berichterstatter mit der Akte, zwei, drei Tage vorher der Vorsitzende, ein Unding." Sein Wiesbadener Kollege Ulrich Baur hält eine „Dauer von zwei Jahren, von Einzelfällen abgesehen, für rechtsstaatlich nicht vertretbar". Die Mandanten von Anwalt Ruhnke sind „genervt von der ewig langen Dauer".

Nach dem Evaluationsbericht der Bundesregierung zum Gesetz gegen überlange Gerichtsverfahren wurde die Länge der finanzgerichtlichen Verfahren in den ersten beiden Jahren 287 Mal gerügt. Das sind angesichts des Schneckentempos der Finanzgerichte nicht viele. Diese Zurückhaltung hat dieselben Ursachen wie in den anderen Gerichtszweigen: schicksalsergebene Gewohnheit und Angst vor negativen Entscheidungen. Dieses Risiko scheut der Berliner Anwalt Ruhnke nicht. Er versteht sich als eine Art Konfliktverteidiger im Steuerrecht. Er fühlt sich gegenüber seinen Mandanten verpflichtet, alle gesetzlichen Möglichkeiten zur Beschleunigung der Verfahren zu nutzen. Rund zwei Drittel aller beim Bundesfinanzhof eingegangenen Entschädigungsklagen wegen überlanger Verfahrensdauer stammen von Runke. Er ist von der beschleunigenden Wirkung von Verzögerungsrügen überzeugt, auch wenn er manchmal gegen die Wand läuft. Ein Formbrief aus dem Jahr 2014, in dem ein Senatsvorsitzender die Belastungssituation beim Finanzgericht Berlin-Brandenburg ausführlich darlegte, schloss mit dem wenig verheißungsvollen Satz: „Eine Senatsentscheidung in Ihrem Verfahren, das im Jahr 2010 anhängig geworden ist, ist … in absehbarer Zeit nicht zu erwarten." Ruhnke zieht ins Kalkül, dass sich „einige Richter durch Verzögerungsrügen auf den Schlips getreten und sich persönlich angegriffen fühlen". Eine Mehrheit von Richtern findet es nach seiner Auffassung dagegen gut, weil „Druck von außen kommt. Von innen können wir nichts bewirken." Unter anderem mit dem Argument einer relativ großen Zahl von Verzögerungsrügen und Entschädigungsklagen ist es Präsident Lambrecht gelungen, Mittel für drei zusätzliche Richterstellen bei den zuständigen Regierungen in Berlin und Brandenburg loszueisen.

In der Anwaltschaft ist bekannt, dass Klagen mit Verzögerungsrügen beim Finanzgericht Berlin-Brandenburg bevorzugt behandelt werden. Auch beim Hessischen Finanzgericht versucht die Mehrzahl Richter, das betroffene Verfahren innerhalb eines halben Jahres abzuschließen. Der Kasseler Finanzrichter Knab: „Es ist eine Frage des Berufsethos, sich bei berechtigen Rügen dahinter zu klemmen."

Von den bisher entschiedenen 15 Entschädigungsklagen wegen überlanger Verfahrensdauer beim Bundesfinanzhof waren nur eine ganz und sechs teilweise erfolgreich. Eine magere Quote! Sie ist das Ergebnis einer Rechtsprechung, die selbst der Düsseldorfer Finanzrichter Graw als „tendenziell eher großzügig" bezeichnet. Der Bundesfinanzhof stellt sich schützend vor die Untergerichte.

Zunächst stellt der Bundesfinanzhof wie alle anderen obersten Gerichte fest, dass die „Angemessenheit der Verfahrensdauer" nach den „Umständen des Einzelfalls" zu beurteilen ist. Dies tun die Bundesfinanzrichter aber erst, nachdem sie die Besonderheiten finanzgerichtlicher Verfahren in Rechnung gestellt haben.[438] Aufgrund homogener Fallstrukturen und relativ einheitlicher Bearbeitungsweisen geht der Bundesfinanzhof davon aus, dass die Dauer des Verfahrens noch angemessen ist, wenn das Gericht gut zwei Jahre nach dem Eingang der Klage „mit der Verfahrensförderung beginnt".[439] Aus der Perspektive eines Klägers: Ihm sei „zumutbar, bis zu zwei Jahren" zu warten, bevor ein Richter beginnt, das Verfahren gezielt zu fördern, wenn nicht Gründe für eine besondere Eilbedürftigkeit vorliegen. Wie kommen die Bundesrichter auf eine Schonfrist von zwei Jahren für untätige Finanzrichter? Sie entspricht der „tatsächlichen durchschnittlichen Dauer zulässiger Klageverfahren, die von den Finanzgerichten in den Jahren 2007 bis 2010 durch Urteil entschieden worden sind".[440] Da sich diese Durchschnittswerte auf die gesamte Verfahrenslaufzeit beziehen, kann man ruhigen Gewissens noch einmal ein Jahr aktiver Verfahrensförderung bis zur Entscheidung hinzuaddieren, bevor die Gefahrenzone überlanger Verfahren beginnt – also insgesamt drei Jahre. Im Rahmen dieser Nachsicht hält der 10. Senat es für eine „vertretbare Verfahrensgestaltung", wenn sich ein Finanzrichter in einem Jahr darauf beschränkt, den Parteien einmal Gelegenheit zur Stellungnahme zu geben.[441] Diese Feststellung wird außerhalb der Justiz nur Kopfschütteln auslösen, wenn die Öffentlichkeit denn von ihr wüsste. Es überrascht daher nicht, dass die Entschädigungsklagen wegen überlanger Verfahrensdauer rückläufig sind. Während in den ersten drei Jahren noch durchschnittlich zwölf Klagen beim Bundesfinanzhof eingegangen sind, waren es 2015 nur noch sechs. In fast aussichtslose Klagen investieren weder Parteien noch Anwälte gern Geld oder Arbeit.

Mit dieser freien Rechtsschöpfung aufgrund statistischer Durchschnittswerte hat der Bundesfinanzhof nach Ansicht des Hamburger Anwalts Klaus Landry den „status quo der finanzgerichtlichen Verfahren festgeschrieben. Es wird der Politik bequem gemacht." Noch bequemer allerdings für Finanzrichter. Das stößt selbst bei Kollegen auf Unverständnis. Dem Vorsitzenden Richter am Bundessozialgericht Ulrich Wenner „erscheint die Vorstellung eigenartig, ein Gericht könne ein Verfahren von durchschnittlicher Schwierigkeit und Bedeutung für den Steuerpflichtigen zunächst einmal zwei Jahre im Schrank liegen lassen, um dann erst mit Maßnahmen zu beginnen, das Verfahren einer Erledigung zuzuführen".[442] Der Berliner Steuerrechtsexperte Wulf erklärt: „Alle Richter am Bundesfinanzhof waren einmal Finanzrichter. Sie werden einen Teufel tun, ihre Zunft mehr unter Druck zu setzen als es sein muss. Wenn die Verfahren schneller werden sollen, dann nur mit mehr Personal."

Die Rechtsprechung des höchsten Finanzgerichts zur Entschädigung bei überlanger Verfahrensdauer ist fatal. Aus falsch verstandener richterlicher Solidarität billigt der Bundesfinanzhof eine zweijährige Schonfrist für untätige Finanzrichter und verzichtet damit darauf, jeglichen Druck auf Finanzrichter auszuüben, ihre Verfahren schneller zu erledigen. Gegen die Rechtsprechung zur Zwei-Jahres-Frist sind zwei Verfassungsbeschwerden eingelegt worden.

Auch bei der Finanzgerichtsbarkeit gibt es ungenutzte Effizienzreserven, um Verfahrenslaufzeiten zu verkürzen. Für den Wiesbadener Anwalt Baur haben lange Verfahrenslaufzeiten mit vielen „Richterwechseln zu tun": durch Schwangerschaft, Elternzeit und Halbtagsstellen. Als Richter beim Bundesfinanzhof im Rahmen eines Entschädigungsverfahrens die Ursachen für die lange Dauer analysierten, stellten sie fest, dass während des Prozesses der Senatsvorsitzende in den Ruhestand gegangen war und der Berichterstatter vier Mal gewechselt hatte.[443]

Fast alle Anwälte beklagen, dass die Finanzrichter zu wenige Erörterungstermine ansetzen, um die Effizienz der Verfahren zu erhöhen. „Mit früheren Erörterungsterminen könnten sie einen Haufen Urteile sparen", meint der Nürnberger Anwalt Otto. Nach Ansicht seines Hamburger Kollegen Landry ließe sich „manch Verfahren beschleunigen, wenn Richter früher in die Akten schauen und Erörterungstermine anberaumen" würden. Das Hamburger Finanzgericht hatte diesen Weg bereits eingeschlagen. Sein Präsident Schoenfeld ist überzeugt, dass die Spitzenstellung seines Gerichts bei den Verfahrenslaufzeiten auf die „intensive" Nutzung von Erörterungsterminen zurückzuführen ist. Sie leisten nach seiner Auffassung einen „wesentlichen Beitrag zur Konfliktbeilegung und damit zur Herstellung des Rechtsfriedens".[444] Auf diese Weise hat das Gericht 2015 über 75 Prozent der Klageverfahren innerhalb eines Jahres erledigt, davon über die Hälfte sogar in sechs Monaten.

Grauzonen: Verständigungen und Vergleiche

Für den Hamburger Präsidenten Schoenfeld ist „Rechtsfrieden in der Regel der oberste Wert im Vergleich zur Wahrheit und Gerechtigkeit". Seine Begründung: „Mit einem Urteil ist immer nur eine Seite zufrieden." Das schade dem „Steuerverhältnis als Dauerschuldverhältnis". Finanzamt und Steuerbürger sehen sich ja immer wieder. So oder ähnlich denkt die Hälfte der befragten Finanzrichter. Für ein Viertel von ihnen steht, im Unterschied zu allen anderen Gerichtszweigen, die Wahrheitssuche im Vordergrund, weil die Finanzgerichte die einzige Tatsacheninstanz sind. Daneben gibt es für 38 Prozent der Finanzrichter noch ein viertes Verfahrensziel, dominant oder gleichrangig neben dem Rechtsfrieden: die juristisch richtige Entscheidung. Das Betonen der rechtlich sauberen Entscheidung bei der Kontrolle der Finanzverwaltung deutet an, dass die Rechtsdogmatik im Selbstverständnis der Finanzrichter eine zentrale Rolle spielt.

Vergleiche, die dem Rechtsfrieden am besten dienen, sind in der Finanzgerichtsbarkeit verboten. „Das Wort Vergleich ist tabu", sagt der Nürnberger Finanzrichter Helmut Naczinsky. Vergleiche gibt es nicht, weil man sich über Steuern nicht einigen kann. Unklare Rechtspositionen sind nicht verhandelbar. Erlaubt sind dagegen „tatsächliche Verständigungen" über den Sachverhalt. Und die haben eine wichtige Funktion, weil in den meisten Prozessen über Tatsachen gestritten wird. Aber: Sind Sach- und Rechtsfragen immer klar zu trennen?

Es gibt „Grauzonen", räumt Richter Graw ein. Auch die Hamburger Finanzrichterin Neblung ist bereit, „wenn für beide Parteien keine Rechtsfragen von grundsätzlicher Bedeutung zu klären" sind, nach Lage des Falles bei einer Einigung „ungeklärte Rechtsfragen quasi einzupreisen": „Streiten sich Parteien über mehrere Punkte, entscheidet man, je nach Fallgestaltung, pro steuerpflichtigen Bürger oder pro Finanzverwaltung". Nach der äußeren Form bleiben das Verständigungen, tatsächlich sind es Vergleiche.

Finanzrichter streben Einigungen ebenso intensiv an wie Richter in anderen Gerichtszweigen – wegen der „Entlastungseffekte", vor allem aber, weil es für die Parteien nach Ansicht von Richter Zimmermann die „beste Lösung" ist. Aufgrund dieses Selbstverständnisses ist die Urteilsquote in den letzten Jahren kontinuierlich gesunken, die Verständigungsquote umgekehrt stetig gewachsen. Bundesweit endeten nach der Sachsen Tabelle 2014 nur noch 22,6 Prozent aller finanzgerichtlichen Verfahren streitig. Der Rest wurde einvernehmlich gelöst: durch Verständigungen, Rücknahmen, Anerkenntnisse und einvernehmliche Erledigungserklärungen.

Auch bei den Finanzgerichten wird anscheinend in Einzelfällen die Grenze zu unethischem Vorgehen bei Vergleichsbemühungen überschritten. Von einem Finanzgericht wird kolportiert, dass ein Richter in einem Fall sogar die Tür abgeschlossen hat, damit sich die Parteien einigen. Bei einem anderen Gericht haben sich Vertreter von Finanzämtern über einige Richter beschwert, bei denen sie sich zur Verständigung gedrängt fühlten. Wie bei den Arbeitsgerichten gibt es auch bei Finanzgerichten Robenträger, die es schaffen, nur zwei bis drei Urteile pro anno zu schreiben – und das seit Jahren. Wegen der richterlichen Unabhängigkeit kann sie niemand an dieser fragwürdigen Erledigungspraxis hindern.

Obwohl es in Finanzgerichten nur ums Geld geht, hat sich auch die Rolle des Finanzrichters in den letzten Jahren erheblich verändert. Dank der veränderten Arbeitsweise der Finanzverwaltung und einer neuen Rechtsprechungskultur ist auch in der Finanzgerichtsbarkeit der **Richter als Schlichter** ins Zentrum gerückt.

Niedrige Erfolgsquoten: im Zweifel pro Finanzverwaltung

Zu Qualitätsmerkmalen der Justiz gehört auch die Unparteilichkeit der Richter. Und die könnte durch den hohen Anteil der Finanzrichter mit einer Vergangenheit in der Finanzverwaltung infrage gestellt sein. Wie alle anderen Richter behauptet auch Richterin Kreth, dass „Erfahrung in der Finanzverwaltung keine Rolle dabei spielt, ob ein Richter von seinem Grundverständnis her eher pro Fiskus oder pro Steuerpflichtigen eingestellt ist". In der Anwaltschaft ist das Meinungsspektrum gemischt. Zwar bezweifelt kein Rechtsvertreter die Unparteilichkeit der Finanzrichter, eine Hälfte hat jedoch den Eindruck, dass ihre Vergangenheit in Finanzämtern ihr Selbstverständnis so stark geprägt hat, dass sie unbewusst zugunsten der Staatskasse judizieren. Der Berliner Anwalt Runke ist sich sicher, dass die „Mehrheit der Finanzgerichte pro Finanzverwaltung entscheidet". Dafür spricht, dass 2014 bundesweit durchschnittlich nur gut 21 Prozent der Steuerpflichtigen ihre Klagen ganz oder teilweise gewonnen haben.[445] Die niedrigste Erfolgsquote hatten Kläger vor dem Finanzgericht Nürnberg mit 15,4 Prozent, ein Indiz für die These des Nürnberger Rechtsanwalts Otto, dass die Richter in der Frankenmetropole „offene Rechtsfragen zugunsten der Finanzverwaltung entscheiden" und „vorrangig an den Staat und nachrangig an den Steuerbürger denken". Mit am häufigsten gewinnen Kläger vor dem Finanzgericht Düsseldorf: ganz oder teilweise in knapp 30 Prozent der Prozesse.

Fast alle Rechtsanwälte zollen der Qualität der Finanzrichter Lob. „Hoch kompetent, geben sich viel Mühe, hervorragende Juristen", urteilt der Berliner Rechtsvertreter Wulf. Sein Wiesbadener Kollege Baur kann nicht erkennen, dass „Inhalt und Sorgfalt" unter der Belastung „gelitten haben". Da diese im Vergleich zu anderen Gerichtszweigen subjektiv eher gering ist, profitiert das Niveau der Rechtsfindung von ihr. Hinzu kommt, dass Finanzgerichte als erste und letzte Tatsacheninstanz immer Wert darauf gelegt haben, dass Gründlichkeit vor Schnelligkeit geht.

Allein die Hamburger Finanzrichterin Kreth, deren Steckenpferd richterliche Ethik ist, lässt durchblicken, dass der Erledigungsdruck die „Entscheidungsfindung beeinflussen" könne: „Es besteht die Gefahr, dass das Brett an der dünnsten Stelle durchbohrt wird; bei komplexen Verfahren ist die Neigung größer, Klagen an der Zulässigkeit scheitern zu lassen; der gefühlte Druck kann dazu führen, dass nachdrücklich versucht wird, eine Verständigung herbeizuführen."

Auffällig ist, dass es in der Finanzgerichtsbarkeit keine öffentlich wahrnehmbare Diskussion darüber gibt, dass nur noch eine Minderheit der Verfahren von Senaten entschieden wird: 2014 waren es bundesweit 22,4 Prozent. Knapp 80 Prozent der Verfahren entscheiden also Einzelrichter. Dabei ist es für den Vizepräsidenten des Nürnberger Finanzgerichts Naczinsky klar, dass Senatsentscheidungen eine „höhere Qualität" haben als die von Einzelrichtern. Deshalb pflegt das Gericht eine

„traditionelle Arbeitsweise" mit der Folge, dass dort noch 35,4 aller Verfahren von Senaten entschieden werden, der bundesweit höchsten Quote.

Fazit: Bei der Finanzgerichtsbarkeit gibt es dank des beharrlichen Widerstandes gegen Erledigungserwartungen bei der Mehrzahl der Gerichte keine Verluste bei der juristischen Qualität. Die Kehrseite: rechtsstaatlich nicht hinnehmbare Qualitätsdefizite bei der Dauer der Verfahren. **Die Mehrzahl der Finanzgerichte sind Inseln juristischer Kompetenz und Bastionen des Hergebrachten.**

Fazit und Ausblick

Viele Richter und Richterfunktionäre sind überzeugt, dass sich der Protest der Basis und die Briefe der Präsidenten gelohnt haben. Sven Rebehn, der Geschäftsführer des Richterbundes, glaubt auch, dass der Protest „gewirkt" hat. Andreas Helberg, Vorsitzender des Bremischen Richterbundes, nimmt an, dass die Richterschaft durch Demonstrationen ein „Gesicht für die Öffentlichkeit bekommen hat und besser wahrgenommen wird". Beide heben außerdem den „Rückenwind" hervor, den die Entscheidung des Bundesverfassungsgerichts zur Richterbesoldung für das richterliche Aufbegehren gebracht hat. Es reiche nicht mehr, so Rebehn, dass sich die Landesregierungen einfach auf die „Schuldenbremse berufen, um neue Stellen abzulehnen oder Gehälter allenfalls minimal zu erhöhen". Solche Entscheidungen müssen künftig „ausführlich begründet" werden. Diesen Hebel hat das Verwaltungsgericht Bremen genutzt hat, als es im März 2016 die Richterbesoldung im Stadtstaat in den Jahren 2013/2014 für verfassungswidrig erklärt und die Frage erneut dem Bundesverfassungsgericht vorgelegt hat.[446] Roman Poseck, Präsident des OLG Frankfurt, erkennt eine „Trendwende" in der Politik: „Die Justiz bekommt mehr Aufmerksamkeit. Das Bewusstsein ist gestiegen, dass eine funktionierende Justiz auch mit einer entsprechenden Ausstattung zusammenhängt." Indizien für den Einstellungswandel sind nach seiner Beobachtung eine konziliantere Haltung in der Haushalts- und Personalpolitik.

Es scheint aber auch Bundesländer zu geben, in denen die Politik ihre Einstellung gegenüber der Justiz nicht verändert hat. Stefan Kaufmann, Präsident des OLG Thüringen, kann nicht erkennen, dass sich das Urteil des Bundesverfassungsgerichts „ausgewirkt hat, nicht einmal indirekt". Bei seinen Gerichtsbesuchen trifft er immer wieder Kollegen, die „teilweise sehr frustriert und demotiviert sind".

Die Mär von der Überlastung: die ungerechte Verteilung der Arbeit

Die deutsche Justiz ist nicht überlastet – weder objektiv noch subjektiv. Die These von ihrer Überlastung ist eine Mär. Dieser Begriff suggeriert im allgemeinen Sprachgebrauch eine ständige Überforderung, einen Dauerstress am Arbeitsplatz. Oder in der Kategorie Arbeitszeit 10- bis 16-Stunden-Arbeitstage, häufig mit zusätzlichen Stunden am Wochenende. Sicher gibt es auch in der Justiz den einen oder anderen Staatsanwalt oder Richter, der wegen subjektiv empfundener Überbeanspruchung an einem Burnout-Syndrom erkrankt ist und längere Zeit ausfällt. In den Interviews hat jedoch kein einziger Justizjurist angegeben, von einer solchen Arbeitslast erdrückt zu werden. Wenn Richterschaft und Richterbund trotzdem über Überlastung klagen, meinen sie etwas anderes: dass Richter und Staatsanwälte ihre Arbeit nicht innerhalb des gesetzlich vorgegebenen Rahmens von 40 bis 42 Stunden-Wochen schaffen. Das ist der Ausgangspunkt für die Behauptung des Richterbundes, dass in Deutschland 2.000 Richter und Staatsanwälte fehlen. Diese Zahl hat mit der tatsächlichen Belastung der Justizdiener nichts zu tun. Die ist nach den geleisteten Arbeitsstunden im Durchschnitt normal bis stark. Der Celler OLG Präsident Götz von Olenhusen gibt das ehrlich zu: „Eine objektive Überlastung gibt es nicht. 90 Prozent der Richter kommen und gehen zu einer angemessenen Zeit." Auch der ehemalige Verfassungsrichter und frühere Hamburger Justizsenator Wolfgang Hoffmann-Riem meint, dass eine „Vielzahl von Richtern aufgrund ihrer Routine mit acht Stunden täglicher Arbeitszeit auskommt".

Defizite finden sich nur in einzelnen Bereichen. Nach den Belastungsindikatoren Arbeitszeit und Selbsteinschätzung ist die Arbeitslast in der Justiz sehr **ungleich** verteilt. „Die Binnenverteilung der Ressourcen ist ein großes Problem in den Gerichten und den Gerichtszweigen", sagt der Vorsitzende des Hamburger Richtervereins Marc Tully. Bei den Landgerichten und den Staatsanwaltschaften ist die Arbeitslast eindeutig höher als an den Amtsgerichten. Während die Richter ihre Arbeitslast bei den Arbeits- und Finanzgerichten als normal empfinden, fühlte sich gut die Hälfte der Verwaltungsrichter stark belastet. Bei den Sozialgerichten ist das Bild uneinheitlich. An zwei Gerichten stufen Sozialrichter ihre Belastung als normal ein, an drei Gerichten als sehr stark bis überlastet. Bei der Sozialgerichtsbarkeit könnte man sogar von einer objektiven Überlastung sprechen, schieben die Richter doch eine Bugwelle von nahezu einer halben Million unerledigter Verfahren vor sich her. Die Mehrheit der Sozialrichter hat deshalb ein schlechtes Gewissen, ändert aber ihre Schlagzahl nicht. Im Schnitt sind die Fachgerichtsbarkeiten trotzdem weniger belastet als die Zivil- und Strafjustiz.

Eine starke oder sehr starke Belastung einiger Gerichtsbarkeiten müsste es nicht geben, wenn Richter flexibler eingesetzt werden könnten, wenn sie aus überbesetzten in unterbesetzte Bereiche wechseln würden. Dazu sind viele Richter aus beruflichen oder privaten Gründen, besonders in Flächenländern, nicht bereit. Diese Einstellung können sie sich dank ihrer Unabhängigkeit und Unversetzbarkeit leisten, wie Erfahrungen in Rheinland-Pfalz und Mecklenburg-Vorpommern gezeigt haben. Würde man die rechtlichen Voraussetzungen für Versetzungen erleichtern, könnte man nicht alle, aber doch viele Belastungsprobleme entschärfen.

Richter, die angeben, stark belastet zu sein, waren in allen Gerichtsbarkeiten in der Regel nicht mehr als neun Stunden täglich tätig, abends und am Wochenende wenig bis gar nicht. Bis zu zehn Stunden am Tag und manchmal am Abend und am Wochenende arbeiteten die Justizjuristen, die sich als sehr stark bis überlastet fühlen. Das Arbeitsvolumen in der Justiz empfinden leitende Angestellte in Wirtschaft und Industrie, Freiberufler wie Anwälte und Ärzte, Journalisten und Politiker als normal.

Angesichts der vielen Privilegien des Richterberufes und der trotz aller Klagen auskömmlichen Besoldung erscheint es zumutbar, dass Richter und Staatsanwälte in der Praxis im Durchschnitt bis zu 45 Stunden wöchentlich arbeiten. Diese Mehrarbeit sollte auf das **Konto eines freiwilligen akademischen Übersolls** gehen. Nur eine Minderheit von Richtern und Staatsanwälten arbeitet heute regelmäßig mehr als 45 Stunden in der Woche. Wo das der Fall ist, sollten die Justizverwaltungen zum Abbau der Arbeitslast zusätzliche Stellen schaffen. Ein solcher Bedarf besteht nicht in allen Bundesländern und, wenn überhaupt, auch nur in wenigen Bereichen: bei der Staatsanwaltschaft, bei den Landgerichten und bei den Sozialgerichten. Staatsanwälten und Richtern ist nicht auf Dauer zuzumuten, zwischen fünf und zehn Stunden mehr als die gesetzlich geschuldete Zeit zu arbeiten.

Beim Personalbedarf sollte ferner berücksichtigt werden, dass durch die Feminisierung der Justiz zum Teil erhebliche Effizienzverluste eingetreten sind: eingeschränkte Einsetzbarkeit von Teilzeit-Richtern und -Staatsanwälten, erhöhte Fluktuation und Vakanzen durch Schwangerschaften, Mutterschutz und Elternzeiten. Dies sind Folgen eines gesellschaftlichen Fortschritts, die nicht auf die Richterschaft verteilt werden dürfen, sondern durch zusätzliche Stellen kompensiert werden müssen. Das sind Kosten einer staatlich und gesellschaftlich gewünschten und demographisch notwendigen Gleichstellungspolitik. Vorbildlich ist hier die im September 2016 in Hessen beschlossene „Task Force Mutterschutz" mit neun Richterstellen. Mit ihr soll nach Ankündigung der hessischen Justizministerin Eva Kühne-Hörmann ein „personeller Spielraum geschaffen" werden, „mutterschutzbedingte Ausfälle schnell und unkompliziert auszugleichen".

Wie ein Damoklesschwert schwebte in den letzten Jahren über vielen Präsidenten die Schuldenbremse, nach der alle Länder bis 2020 einen ausgeglichenen Haushalt vorlegen müssen. Die Gefahr ist seit der Flüchtlingskrise bis auf weiteres gebannt. In fast allen Bundesländern sind Pläne für einen weiteren Stellenabbau gestoppt. Seit Ende 2014 beobachten wir eine Trendwende in der Personalpolitik für die Judikative, die inzwischen alle Bundesländer erfasst hat, natürlich auch, weil aufgrund der guten wirtschaftlichen Lage die Steuerquellen sprudeln. Bei den Ländern sind drei Reaktionsmuster erkennbar. Einige Länder wie Niedersachen, Thüringen oder Brandenburg beschränken sich darauf, neue Stellen allein zur Bewältigung der Flüchtlingsströme zu schaffen: bei den Verwaltungsgerichten für Asylverfahren, bei den Staatsanwaltschaften für Straftaten von Flüchtlingen und bei den Zivilgerichten für den erhöhten Betreuungsaufwand von unbegleiteten minderjährigen Flüchtlingen. Diese Stellen sind überwiegend befristet und sollen wieder wegfallen, sobald der Druck der Flüchtlingsströme nachlässt. Eine zweite Gruppe von Ländern hat ohne konkreten politischen Anlass „punktuell" nachgesteuert", weil Teile der Justiz objektiv überlastet oder sehr stark belastet waren: Mecklenburg-Vorpommern und Sachsen-Anhalt bei den Sozialgerichten, Berlin bei der Verfolgung der organisierten Kriminalität mit 27 neuen Staatsanwälten, Schleswig-Holstein mit sieben Staatsanwälten und Hessen mit 40 neuen Stellen, insbesondere für die Bekämpfung von Wirtschafts- und Internetkriminalität und des islamistischen Terrorismus. Eine dritte Gruppe von Ländern hat mit personeller Aufrüstung auf äußere Ereignisse reagiert und dabei einmal mehr den Mechanismus bestätigt, dass Politik häufig erst handelt, wenn das Kind in den Brunnen gefallen ist. Als Erkenntnis- und Handlungsbeschleuniger wirkten Entlassungen von Untersuchungsgefangenen, die Terroranschläge in Paris und Brüssel und die Silvestervorfälle in Köln und anderen Städten. Durch diese Ereignisse wurde Politikern in einigen Ländern plötzlich klar, dass sie die innere Sicherheit vernachlässigt und bei Polizei und Justiz zu viel gespart hatten. Im Zusammenhang mit den Entlassungen von Untersuchungsgefangenen wurden in Baden-Württemberg der Stellenabbau vorübergehend gestoppt, in Hamburg 21 neue Stellen bewilligt und in Bayern ein großzügiges Personalausbauprogramm mit insgesamt 159 neuen Stellen für Richter und Staatsanwälte aufgelegt. In Baden-Württemberg hat die Landesregierung Geld für zwei Anti-Terror-Pakete (sechs neue Richter und 14 neue Staatsanwälte) zur Verfügung gestellt – jeweils kurz nach den Anschlägen in Paris und Brüssel. Und in Nordrhein-Westfalen hat die Landesregierung nach den Silvestervorfällen das „größte Programm für die innere Sicherheit und Justiz" aufgelegt, das es in der „Nachkriegsgeschichte in NRW" gegeben hat: 200 neue Planstellen für Richter und Staatsanwälte. Die personellen Aufstockungen hatten zwei Ziele: konkrete Schwachstellen zu beheben und einen Nachholbedarf zu befriedigen, der aus überzogenem Stellenabbau und der Tatsache entstanden ist, dass Verfahren in fast allen Gerichtsbarkeiten umfangreicher und kompliziere geworden sind. Die Bereitschaft, einen Nachholbedarf anzuerkennen, ist in einigen Bundesländern in jüngster Vergangenheit gewachsen: in Bayern, Nordrhein-Westfalen, Hessen, Schleswig-Holstein, Berlin und Hamburg. Der Berliner Senator Thomas Heilmann akzeptiert, dass „Verfahren intensiver und komplexer" geworden sind. Der nordrhein-westfälische Justizminister Thomas Kutschaty erkennt einen personellen **„Nachholbedarf"** an, weil die „Verfahren komplizierter, schwieriger und aufwendiger" geworden sind. Das Ministerium für Justiz in Schleswig-Holstein sieht „geänderte Anforderungen" und eine erhöhe Belastung der Justiz durch „Großverfahren".

Wie lange das kleine Fenster neuer Aufgeschlossenheit für die Justiz in der Politik geöffnet bleibt, wird sich erst zeigen, wenn die Schuldenbremse näher rückt. Ob der Dritten Gewalt dann wieder der Rotstift droht, wird von der Wirtschafts- und der Sicherheitslage abhängen.

Belastungsfolgen I: Qualitätsverluste

„Justice delayed is justice denied." Diese englische Rechtsweisheit beschreibt kurz und prägnant das wichtigste Qualitätsmerkmal eines Gerichtsverfahrens in allen Gerichtsbarkeiten: die Dauer. Die ist Ende 2015 nur in den Amtsgerichten für Strafsachen und bei den Arbeitsgerichten hinnehmbar. In allen anderen Gerichtsbarkeiten haben sich die Verfahrenslaufzeiten trotz sinkender Eingänge mit Ausnahme der Sozialgerichtsbarkeit entweder verlängert oder sie sind kürzer geworden, verharren aber auf einem rechtsstaatlich nicht akzeptablen hohen Niveau. In der ordentlichen Justiz hat sich die Dauer der Verfahren bei den Amtsgerichten und Landgerichten für Zivilsachen, bei Ermittlungsverfahren der mittleren und schweren Kriminalität und Strafverfahren vor den Landgerichten verschlechtert. Bei letzteren haben sich insbesondere die Wirtschaftsstrafkammern und die Kleinen Strafkammern zu Flaschenhälsen verengt.

Trotz aller Fortschritte sind die Verfahrenslaufzeiten bei den Verwaltungsgerichten eine Achillesferse geblieben: Ein gutes Drittel der Verfahren war bundesweit nach einem Jahr nicht abgeschlossen. Den Negativrekord bei Verfahrenslaufzeiten halten Finanz- und Sozialgerichte. 2015 zogen sich die finanzgerichtlichen Hauptsacheverfahren trotz sinkender Eingänge im Schnitt über 15 Monate hin.[447] 34 Prozent der Verfahren dauerten zwischen zwei und drei Jahren, neun Prozent über drei Jahre. Unbefriedigend war 2014 auch die Dauer der sozialgerichtlichen Verfahren mit einer durchschnittlichen Dauer von 15,4 Monaten.[448] Gut 20 Prozent der Verfahren hatten eine Laufzeit von über zwei Jahren.

Das Gesetz gegen die überlange Dauer von Verfahren hat bisher kaum beschleunigende Wirkung entfaltet. Verantwortlich dafür sind drei Ursachen: Das Gesetz wurde nicht durch einen Personalausbau begleitet. Die Hebelkraft der beiden Hauptinstrumente, Verzögerungsrügen und Entschädigungsklagen, ist zu schwach, um Erledigungsdruck aufzubauen. Und die Rechtsprechung hat das Gesetz so restriktiv ausgelegt, dass die Hürden für Entschädigungen nur in krassen Ausnahmefällen zu überspringen sind. Positiv ausgewirkt hat es sich nur in einem kleinen Bereich: Gerichte schenken Altfällen mehr Aufmerksamkeit. **Das Gesetz gegen überlange Gerichtsverfahren erweist sich in der Praxis bisher als ein Alibi-Gesetz, um die Forderungen des Europäischen Gerichtshofes zu erfüllen.**

Es gibt hinreichend viele Indizien für die These, dass die Qualitätseinbußen bei der Dauer der Verfahren zu **breiten Akzeptanzverlusten der Dritten Gewalt** geführt haben. Nach Allensbach-Umfragen ist der Anteil der Bürger, die Gerichtsverfahren für zu lang halten, zwischen 2010 und 2015 von 74 auf 83 Prozent gestiegen.[449] Unter Anwälten ist inzwischen die Meinung verbreitet, dass die Dauer der Verfahren neben den Kosten ein wichtiger Faktor ist, warum sie Klagen vor Zivilgerichten, wenn irgend möglich, vermeiden. Diese abnehmende Klagebereitschaft ist sicher eine Ursache für den Rückgang der Verfahren bei den Landgerichten für Zivilsachen. Während die Präsidenten der Oberlandesgerichte diese Schwachstelle erkannt haben, ist der Verfahrensschwund in anderen Gerichtsbarkeiten bisher kein Thema. Vor allem die Verwaltungs- und Finanzgerichte sollten sich darum kümmern. Denn in ihrem Vorfeld haben sich ähnliche Akzeptanzverluste verbreitet wie vor der Zivilgerichtsbarkeit. Unter Fachanwälten für Verwaltungsrecht und Investoren hat die Klagebereitschaft erheblich abgenommen, weil die Gerichte zu langsam arbeiten. Auch bei Finanzämtern und Steuerbürgern gibt es einen Trend,

Konflikte außergerichtlich zu lösen. „Das Steuerrecht ist so kompliziert geworden, dass Finanzämter und Steuerbürger gerichtliche Auseinandersetzungen scheuen", beobachtet der Präsident des Bundesfinanzhofes Rudolf Mellinghoff.

Die juristische Qualität von Richtern und Staatsanwälten ist nach wie vor hoch. Das erkennen auch Politik und Wirtschaft an. Für den Berliner Justizsenator Thomas Heilmann ist die Richterschaft „qualitativ hochstehend". Der Geschäftsführer der Hamburger Handelskammer Christian Graf schätzt den „guten Zustand der Zivilgerichtsbarkeit im Vergleich zu anderen Ländern". Auch die Zensuren vom Olymp der Rechtsprechung, dem Bundesverfassungsgericht, fallen gut aus. Der frühere Verfassungsrichter Wolfgang Hoffmann-Riem war „überrascht von der Qualität der Gerichtsentscheidungen. Es gibt keine Gerichtszweige, die schlecht arbeiten." Sein ehemaliger Kollege Mellinghoff findet, dass die „Qualität der Urteile mit der Höhe der Instanz deutlich zunimmt". Defizite hat er nur in einem Bereich geortet: Bei der „Anordnung von Durchsuchungen und Beschlagnahmen fehlt der Justiz gelegentlich die Sensibilität für die Schwere der Grundrechtseingriffe".

Unterhalb dieser Schwelle allgemeiner Wertschätzung ist jedoch zu differenzieren. In der Justiz gibt es immer noch Qualitätsunterschiede zwischen Ost und West über die gesamte Brandbreite, zwischen Städten und ländlichen bzw. kleinstädtischen Regionen und zwischen Bayern und Baden-Württemberg und dem Rest der Republik in der Mehrzahl der Gerichtsbarkeiten.

Unter den mit Abstand schwersten Qualitätseinbrüchen durch eine starke bis sehr starke Belastung hat die Strafgerichtsbarkeit zu leiden.[450] Die Staatsanwaltschaft hat die Herrschaft über die Ermittlungsverfahren im Widerspruch zum gesetzlichen Auftrag in weiten Teilen der Kriminalitätsbekämpfung an die Polizei verloren – mit Ausnahme von Kapitalverbrechen, der organisierten Kriminalität und der Wirtschaftskriminalität. Die Bagatell- und mittlere Kriminalität wird nur noch beschränkt oder gar nicht mehr verfolgt. Unter Richtern wie Anwälten besteht ein breiter Konsens darüber, dass sich die Qualität der Anklagen in der Abteilung „Allgemeine Kriminalität" verschlechtert hat. Dort sind Anklagen teilweise nur noch Gerüste, manchmal mit sachlichen Unrichtigkeiten und Rechtschreibfehlern gespickt. Am schwersten wiegt jedoch, dass Anklagen häufig nicht ausermittelt sind, und die Gerichte den Rest der Aufklärung übernehmen müssen.

Bei den Amtsgerichten leidet die Qualität vor allem unter der Masse der Verfahren, zum Beispiel durch sieben bis zehn Verfahren auf der Terminliste eines Verhandlungstages. Da zählen nur noch Ergebnisse und keine ziselierten rechtlichen Überlegungen mehr. Ein wunder Punkt ist, dass Richter jüngst häufig schlecht vorbereitet in Hauptverhandlungen kommen – nach eigenem Eingeständnis wie nach Erfahrungen von Staatsanwälten und Verteidigern.

An der Spitze auf der Mängelliste stehen Entlassungen von Untersuchungsgefangenen wegen überlanger Haftdauer.[451] Das ist kein Massenphänomen, kommt aber trotz aller Anstrengungen von Strafkammern und der Gerichtsverwaltungen immer wieder vor. Jede Entlassung eines Untersuchungsgefangen ist ein Offenbarungseid der Strafjustiz. Er kann auf individuellen Fehlern von Richtern beruhen, wird aber häufig durch die überwiegend sehr starke Belastung von Strafkammern mit verursacht.

Ein struktureller Qualitätsverlust ist mit der Entscheidung des Gesetzgebers verbunden, dass Große Strafkammern Verfahren mittlerer Güte und Komplexität in Zweierbesetzung verhandeln dürfen. Mit dieser Option, die Gerichte zu entlasten, hat der Gesetzgeber Qualitätsverluste in Kauf genommen. Von dieser Entlastungsmöglichkeit haben die Strafgerichte dann aber in einer Weise Gebrauch gemacht, die den Bundesgerichtshof auf den Plan gerufen hat, weil er sich um die Qualität der Rechtsprechung der Großen Strafkammern sorgte. Er rügte den unsensiblen Umgang mit der Besetzungsreduktion, die bei einigen Landgerichten dazu geführt habe, dass einige Kammern nur noch mit zwei Berufsrichtern verhandelt hätten. Nach den strengeren Vorgaben des Bundesgerichtshofes sank 2014 der Anteil der Sparbesetzungen bundesweit auf 53 Prozent. Unter dem Strich heißt das aber weiter: In der Rechtsprechungspraxis sind Gesetzgeber und Große Strafkammern bereit, erhebliche Qualitätsverluste in Kauf zu nehmen, um die Spruchkörper zu entlasten.

Bei den Zivilgerichten ist das Niveau der Rechtsprechung durch die Belastung erheblich weniger beeinträchtigt als bei den Strafgerichten.[452] Den schwerwiegendsten Qualitätsverlust haben Gesetzgeber und Kammern durch die praktische Abschaffung des Kammerprinzips gemeinsam zu verantworten. 2014 sind gut 85 Prozent aller landgerichtlichen Verfahren durch Einzelrichter entschieden worden.

Zu Qualitätseinbrüchen kommt es auch durch die extensiv genutzte Möglichkeit, substanzlose Berufungen nach § 522 Abs. 2 ZPO ohne mündliche Verhandlung durch einstimmigen Beschluss zurückzuweisen. Zwar hat die Reform des Paragraphen im Jahr 2011 bewirkt, dass die Quote der Zurückweisungsbeschlüsse leicht gesunken ist. Sie liegt bei den Oberlandesgerichten aber immer noch bei 50 Prozent, bei den Landgerichten sogar bei 55 Prozent. Aus der Rechtsprechung des Bundesverfassungsgerichts und des Bundesgerichtshofs geht hervor, dass die Richter häufig Rechtsfragen nicht gründlich bearbeitet oder den Sachverhalt nicht hinreichend aufgeklärt hatten – eindeutig Folgen der Belastung.[453]

Bei den Fachgerichtsbarkeiten verteidigen insbesondere die Verwaltungs- und Finanzgerichte die Qualität der Rechtsprechung. Das gilt mit kleinen Abstrichen auch für die Sozialgerichte und mit größeren Vorbehalten für die Arbeitsgerichte. Bei letzteren ist das Meinungsspektrum in der Anwaltschaft sehr gemischt. Während ein Teil der Advokatur meint, dass sich die juristische Qualifikation wegen der jungen Richtergeneration sogar verbessert habe, rügen andere als Folge des Erledigungsdrucks Baukasten-Urteile und hingeschluderte Urteile.

In Mitleidenschaft gezogen ist die Qualität der verwaltungsgerichtlichen Rechtsprechung durch eine exzessive Übertragung der Verfahren auf den Einzelrichter. Wenn 2014 Einzelrichter 80 Prozent aller Verfahren entschieden haben, spricht viel dafür, dass diese Entlastungsmaßnahmen im Widerspruch zum Gesetz auch bei sachlich und rechtlich schwierigen Streitigkeiten geschehen sind. Hinzu kommen erhebliche Verluste bei der Qualitätskontrolle der ersten Instanz durch die geringe Zulassungsquote von Berufungen von im Schnitt 16,8 Prozent im Jahr 2012.[454]

Die größte Gefahr droht der Qualität der Justiz durch wachsende Probleme bei der Rekrutierung von qualifiziertem Nachwuchs. Die angestrebte Qualifikation von Richtern und Staatsanwälten mit zwei Prädikaten „vollbefriedigend" (18 Punkte) kann nur noch an attraktiven Standorten wie Berlin, Hamburg, Düsseldorf oder Köln durchgesetzt werden – und selbst da nicht mehr zu hundert Prozent. Diese dunkle Wolke über der Judikative hat auch das Bundesverfassungsgericht im Besoldungsverfahren umgetrieben, als es eine Antwort auf die Frage suchte, wie hoch die Eingangsbesoldung sein muss, um Prädikatsjuristen anzuziehen. Als der Bevollmächtigte des Landtages von Rheinlad-Pfalz Joachim Wieland in der Verhandlung meinte, dass er keine Fluchtbewegung von Prädikatsjuristen aus der Justiz erkennen könnte, konterte Verfassungsrichter Peter Huber: „Unser Rechtssystem darf nicht eines Tages so marode aussehen wie manche Straßen und Brücken in Deutschland."[455]

Aus Sorge, dass ein niedriges Besoldungsniveau einen Attraktivitätsschwund auslösen könnte, hat das Bundesverfassungsgericht für die Rekrutierung von Justizjuristen zwei Messlatten für die Qualitätssicherung erfunden, die aus verfassungsrechtlichen Gründen nicht unterschritten werden dürfen: Das „Notenniveau" darf nicht „über einen Zeitraum von fünf Jahren sinken und/oder die Voraussetzungen für die Einstellung in den höheren Justizdienst" dürfen nicht „spürbar herabgesetzt" werden.[456] Und die Besoldung muss zudem „so ausgestaltet sein, dass sie für die besten 10 Prozent der Absolventen eines Jahrganges (also mit dem Prädikat „vollbefriedigend") „hinreichend attraktiv" bleibt.[457]

Ende 2015 ist zweifelhaft, ob alle Justizverwaltungen diese Messlatten überspringen. Sie haben zunächst mit dem Phänomen zu kämpfen, dass die Zahl der Bewerberinnen und Bewerber bundesweit zurückgeht. In Baden-Württemberg hat sich ihre Zahl seit 2009 fast halbiert, in Nordrhein-Westfalen ist sie um ein Drittel gesunken. Verantwortlich dafür ist in erster Linie die Demographie und nicht die Höhe der Besoldung. Zwischen 2000 und 2014 ist die Zahl der Absolventen der Ersten Juristischen Staatsprüfung um 31 Prozent geschrumpft, die Zahl der Absolventen der Zweiten Juristischen Staatsprüfung um 27 Prozent.[458] Dieser Abwärtstrend verschärft den Kampf um die Besten erheblich.

Ein realitätsgerechtes Bild von der juristischen Qualität des Nachwuchses für die Justiz ist schwer zu zeichnen. Zum einen ist die Zahl der Absolventen mit Prädikatsexamen zwischen 2010 und 2014 beim Ersten Examen um fünf Prozent, im Zweiten Examen um vier Prozent gestiegen. Experten vermuten, dass die Absolventen nicht besser geworden, sondern die Qualitätsanforderungen in den Examina in einigen Ländern gesenkt worden sind. Dabei fällt auf, dass in den Ländern die Anteile von Prädikaten in beiden Staatsexamina stark differieren. Während in Hamburg knapp 27 Prozent und in Berlin 22 Prozent der Absolventen des Ersten Examens neun Punkte und mehr erreichen, schaffen dies in Schleswig-Holstein nur gut neun und in Bremen nur knapp zehn Prozent. Beim Zweiten Examen ist die Spannbreite ähnlich. Hier spricht viel dafür, dass die Qualitätsmaßstäbe bei den Prüfungen auseinanderdriften. Es kann gut sein, dass Berlin und Hamburg – also die Länder mit den besten Einstellungsnoten im Jahr 2015 – nicht nur vom attraktiven Standort, sondern auch von geringeren Anforderungen in den Examina in ihren Ländern profitieren.[459] In dieses Erklärungsmuster passt auch, dass der Anteil der Proberichter mit zwei Prädikaten 2015 in Nordrhein-Westfalen höher war als in Bayern, nämlich 71 Prozent gegenüber 65 Prozent. Und letztlich ist das von den Ländern zur Verfügung gestellte Zahlenmaterial nur sehr bedingt vergleichbar. Mit diesen Vorbehalten lassen sich gleichwohl einige Trends erkennen.

Alle Bundesländer haben in den letzten Jahren das Niveau der Einstiegsnoten gesenkt, manche für beide Examina auf 17 Punkte (Hessen, Hamburg, Sachsen) oder auf 16 Punkte (Baden-Württemberg, Thüringen). Die meisten Bundesländer behaupten, dass sie keine Probleme beim Nachwuchs haben, verschweigen allerdings, welche Kompromisse sie bei der Auswahl der Bewerber eingehen. Selbst in Bayern, dem Land mit der höchsten Besoldung, hatten nur noch zwei Drittel der Proberichter im Zweiten Examen neun Punkte und mehr. Bundesweit bekannt wurden die Rekrutierungssorgen im Oberlandesgerichtsbezirk Hamm, dem größten Gerichtsbezirk Deutschlands, größer als einige Bundesländer. Im Februar und Mai 2015 verschickte OLG Präsident Johannes Keders in seiner Not Hilferufe an alle Richter und Staatsanwälte in seinem Bezirk mit der Bitte, ihn bei der Suche nach geeigneten Kandidaten zu unterstützen. Und er schaltete bundesweit Stellenanzeigen. Zu jener Zeit hatte er 55 freie Stellen zu besetzen, auf die sich nur 70 Juristen beworben hatten, von denen nur acht Prädikatsexamina vorweisen konnten. Im Oberlandesgerichtsbezirk Hamm ist der Anteil der Richter und Staatsanwälte, die mit einem Prädikat im Zweiten Examen 2015 eingestellt wurden, auf 60 Prozent gesunken. Im OLG Bezirk Hamm wurde deshalb die Einstiegsnote auf 7.75 Punkte gesenkt. „Die Justiz hat für gute Leute ihre Attraktivität verloren", folgert der Hammer Generalstaatsanwalt Manfred Poyer.

Diese These stimmt nur bedingt. Nachwuchssorgen haben bisher nur einige Flächenländer. Gerichte an attraktiven Standorten ziehen nach wie vor genügend Prädikatsjuristen an. An der Spree und an der Elbe hatten die 2015 eingestellten Richter in beiden Examen einen Notendurchschnitt von 10,7 Punkten, an der Weser von 9,85 Punkten. Im OLG Bezirk Köln konnten 92 Prozent, im OLG Bezirk Düsseldorf 80 Prozent und in Hamburg 89 Prozent der neuen Staatsanwälte und Richter zwei Prädikatsexamen vorweisen. Dass der OLG Bezirk Hamm trotz gleich hoher Gehälter so viel größere Rekrutierungsprobleme hat als seine städtischen Nachbarbezirke, zeigt, wo die Probleme in erster Linie liegen: in der Fläche.

Einigen Flächenländern wie Hessen, Niedersachen und Rheinland-Pfalz gelingt es noch relativ gut, qualifizierten Nachwuchs zu gewinnen. Dort hatten die 2015 neu Eingestellten im Schnitt 9,9, 9,6 bzw. 9,5 Punkte. Niedersachen profitiert dabei vor allem von den Einzugsgebieten der Großstädte Hamburg, Hannover und Bremen, Hessen von Frankfurt. Kritisch ist die Lage in Baden-Württemberg, wo der Notendurchschnitt im Zweiten Examen nur 9,35 Punkte betrug, im Saarland (9,03) und in Schleswig-Holstein, wo der Anteil der Proberichter mit zwei Prädikaten auf 73 Prozent geschmolzen ist.

Die neuen Bundesländer kämpfen mit sehr unterschiedlichem Erfolg um qualifizierten Nachwuchs. In Sachsen-Anhalt haben die neuen Justizjuristen im Schnitt 10 Punkte, in Sachsen 9,8 Punkte und in Brandenburg 9,6 Punkte. Eine bemerkenswert gute Bilanz. Erhebliche Qualitätsverluste drohen der Dritten Gewalt hingegen in Mecklenburg-Vorpommern mit einem Notendurchschnitt von 9,15 Punkten und in Thüringen mit im Schnitt katastrophalen 7,7 Punkten. Im Ostseeland schaffen nur noch 40 Prozent der Justizjuristen das doppelte Prädikat, in Thüringen wohl keiner.

Erhebliche Probleme beim Rekrutieren von gutem Nachwuchs haben in allen Bundesländern die Staatsanwaltschaften. Bei den Generalstaatsanwaltschaften Düsseldorf, Hamm und Köln bewegte sich der Anteil der mit doppeltem Prädikat eingestellten Verfolger 2015 zwischen 55 und 65 Prozent, in Bremen betrug er 60 Prozent, in Hamburg 54 Prozent. Offenbar gibt es in der Justiz ein starkes Attraktivitätsgefälle. Auf der obersten Stufe stehen nach einer Bremer Statistik die Verwaltungsgerichte, auf den unteren Stufen Staatsanwaltschaft, Arbeits- und Sozialgerichte.

Bei der Entscheidung für die Justiz ist der Standort wichtiger als die Höhe des Gehalts. Deshalb haben Großkanzleien beim Wettbewerb um Prädikatsjuristen in einem urbanen Umfeld Vorteile gegenüber der Justiz in Flächenländern. Im OLG Bezirk Hamm kann es passieren, dass ein Spitzenjurist, der in Dortmund wohnt, in Bielefeld arbeiten muss. Hinzu kommt nach den Erfahrungen von Jens Gnisa, Direktor des Amtsgericht Bielefeld, ein Wertewandel: „Geld ist wieder wichtiger geworden, insbesondere für Männer." „Die klassische Rollenverteilung gibt es immer noch", beobachtet Stefan Coners vom OLG Düsseldorf, „die guten Männer sind fürs Geld zuständig". Und hier liegt das zweite Problem. Weil die niedrige Besoldung in der Judikative Männer abschreckt und die Besoldung nach Meinung vieler angesichts der gestiegenen Belastung nicht mehr angemessen ist, zieht es in jüngster Zeit vor allem Frauen in die Justiz. Die haben in der Regel auch bessere Noten als die Männer. Von den Justizjuristen, die 2015 in Schleswig-Holstein mit zwei Prädikatsexamen eingestellt wurden, waren 63 Prozent weiblich und nur 37 Prozent männlich. Männer mit Spitzennoten melden sich in den letzten Jahren seltener auf Stellenausschreibungen in der Justiz. Nach Meinung von Matthias Grewe, Vorsitzender des Richterbundes in Baden-Württemberg, entwickelt sich der Richterberuf zu einem „Zuverdienstberuf" für Frauen. „Der Justiz gehen die Männer aus", titelte die Neue Westfälische nach einer Pressekonferenz zu den Rekrutierungssorgen im OLG Bezirk Hamm.[460] Um ein ausgewogenes Verhältnis zwischen Männern und Frauen zu erreichen, wurde das Niveau der Einstellungsnoten auf ein gutes Befriedigend gesenkt, damit sich die Chancen der Männer für einen Job in der Justiz verbessern.

In der Verhandlung des Bundesverfassungsgerichts hatten einige Mitglieder des Senats deutlich gemacht, dass sie wegen sinkender Noten der Bewerber bereits einen Handlungsbedarf bei Neueinstellungen sehen.[461] Der besteht in der Tat bei der Staatsanwaltschaft und in einigen Bundesländern wie Thüringen und Mecklenburg-Vorpommern bei den Richtern. Bundesländer mit Rekrutierungsproblemen sollten die Eingangsbesoldung anheben, um die juristische Qualität von Staatsanwälten und Richtern zu sichern und nicht, wie in Baden-Württemberg, die Eingangsbesoldung um acht Prozent senken: eine völlig verfehlte Personalpolitik. Wie sagt der Direktor des Amtsgerichts Siegen Paul Springer so treffend: „Der Klügste soll in der Mitte sitzen."

Belastungsfolgen II: Wahrheits- und Gerechtigkeitsverluste

Wenn Verwaltungsgerichte 2014 in nur 1,6 Prozent der Verfahren Beweisaufnahmen geführt haben, ist das ein Indiz dafür, dass das wichtigste Instrument der Wahrheitssuche in dieser Gerichtsbarkeit faktisch keine Rolle mehr spielt.[462] Fast alle Rechtsanwälte berichten davon, dass Serien von Beweisanträgen abgelehnt und nur in Ausnahmen stattgegeben werden. In Ihren Augen drücken sich Verwaltungsrichter vor Beweisaufnahmen, um Arbeit und Zeit zu sparen – eine direkte Folge der Arbeitslast.

Eingeschränkt erscheint die Wahrheitssuche nach Meinung von Anwälten auch bei Zivil- und Arbeitsgerichten.[463] Unter den Zivilrichtern geben einige offen zu, dass sie neben Urteilen auch Beweisaufnahmen vermeiden müssen, um über die Runden zu kommen. In den Oberlandesgerichten in Hamburg und Bremen beobachten Richter eine steigende Tendenz in der ersten Instanz, einen Bogen um Beweisaufnahmen zu machen und damit einen Verlust an Wahrheit in Kauf nehmen. Eine ähnlich fatale Entwicklung stellen Anwälte bei den Arbeitsgerichten fest.[464]

Eingeschränkt ist die Wahrheitssuche auch in allen Gerichtsbarkeiten, in denen der Amtsermittlungsgrundsatz gilt. Ins Auge fällt ein deutlicher Trend, Umfang und Intensität amtlicher Ermittlungen stärker als früher am Vorbringen der Prozessbeteiligten zu orientieren. Diese Tendenz leugnen selbst einige Richter nicht.

Aufgrund gesetzlicher Vorgaben oder wegen des Erledigungsdrucks bearbeiten Richter einige Arten von Verfahren vorrangig. Diese Priorisierung benachteiligt die Parteien anderer Verfahren und verletzt den Grundsatz der gleichmäßigen Rechtsanwendung sowie den Grundwert der Gerechtigkeit.

Weil Strafrichter Haftsachen aufgrund des Beschleunigungsgebots vorrangig erledigen müssen, verlängern sich die Laufzeiten von Nicht-Haftsachen um Monate, in Ausnahmefällen um Jahre. Die Verlagerung des Rechtsschutzes bei den Sozial- und Verwaltungsgerichten von Klagen zu Eilanträgen, die zum Teil epochale Dimensionen angenommen hat, ist auch eine Reaktion auf lange Hauptsacheverfahren. Fatal ist, dass das Ausweichen auf den einstweiligen Rechtsschutz die Laufzeiten der ohnehin bereits langen Hauptverfahren weiter verzögert. Setzt sich der Trend zur Verlagerung fort, ist die sachgerechte Rechtsschutzbalance zwischen Hauptsache- und Eilverfahren gefährdet.

Schließlich bewirkt der Druck von Erledigungsstatistiken, dass Richter in allen Gerichtsbarkeiten, menschlich verständlich, einfache vor komplizierten Verfahren bearbeiten, um besser dazustehen – zum Nachteil aller Parteien mit sachlich und/ oder rechtlich schwierigen Anliegen.

Unterschiedlich hohe Einzelrichterquoten führen zu Gerechtigkeitsverlusten bei Landgerichten für Zivilsachen und bei Verwaltungsgerichten.[465] Sie haben ihre Wurzeln im Bestreben, die Gerichtsbarkeiten zu entlasten. Alle Parteien, deren Klagen vor Einzelrichtern verhandelt werden, sind unter Qualitätsaspekten strukturell benachteiligt. Das gilt auch für alle Angeklagten, deren Prozesse vor Großen Strafkammern mit zwei statt mit drei Richtern verhandelt werden.

Ungerecht verteilt sind auch die Zugangschancen zur Berufung bei Zivil- und den Verwaltungsgerichten.[466] Bei der Anwendung des § 522 Abs. 2 ZPO beträgt die Spannbreite der uneinheitlichen Anwendung bis zu 20 Prozent, bei den Berufungszulassungen der Oberverwaltungsgerichte beträgt sie sogar 30 Prozent. Ein zentrales Motiv hinter dieser Rechtsprechungspraxis ist das in den Bundesländern unterschiedlich ausgeprägte Bestreben der Richter, sich selbst zu entlasten.

Am stärksten sind Wahrheits- und Gerechtigkeitseinbrüche in der Strafjustiz – teilweise über die Grenzen des rechtsstaatlich Erträglichen hinaus. Das liegt an zwei Faktoren. Staatsanwälte und Strafrichter sind neben den Landrichtern für Zivilsachen und den Sozialrichtern am meisten belastet. Und kein anderer Gerichtszweig wird so nachhaltig von den Verfahrenszielen Wahrheit und Gerechtigkeit geprägt wie die Strafjustiz.

Zahlreiche Strafrichter empfinden es selbst als defizitär, wenn sie wegen des Erledigungsdrucks Sachverhalte manchmal nicht mehr voll aufklären können. Die Analyse einiger Fehlurteile zeigt, dass Richter und Staatsanwälte Ermittlungsakten nicht sorgfältig studiert sowie Beweisaufnahmen entweder sachwidrig unterlassen bzw. Beweisanträge falsch abgelehnt hatten.[467] Staatsanwälte und Richter leiden unter Strafrabatten, die sie Verurteilten wegen überlanger Verfahrensdauer zusprechen müssen. Diese Strafmilderungen haben in einigen Kriminalitätsbereichen unerträgliche Dimensionen erreicht.[468] Bei der Sanktionierung von Wirtschaftsstraftätern gehören Strafrabatte mittlerweile zum Alltag. Jeder Strafrabatt ist ein Verzicht auf eine gerechte Strafe, die sich aus der starken Belastung der Strafgerichte ergibt. Wären Strafgerichte personell besser ausgestattet, würden die Straftäter die Strafen bekommen, die sie verdienen.

Wesentlich gravierender sind die Wahrheits- und Gerechtigkeitsverluste, die mit der Ausweitung des Opportunitätsprinzips und der Legalisierung der Verständigungen einhergehen.[469] Weil die Strafjustiz bereits seit Jahren am Rande der Belastbarkeit arbeitet, hat der Gesetzgeber in mehreren Schritten die Einstellungsmöglichkeiten nach den §§ 153, 153a und 154 StPO so erweitert, dass bei ihrer Anwendung Unrecht und Schuld nicht mehr festgestellt werden müssen. Da bereits 2012 die Einstellungsquote um 15 Prozent höher war als die Urteilsquote, hat die summarische Feststellung von Unrecht und Schuld im Vergleich zu ihrer konkreten Bestimmung im Alltag die Oberhand gewonnen. Hinzu kommt, dass die erweiterten Einstellungsmöglichkeiten nach dem Opportunitätsprinzip und § 154 StPO als Ventile für Arbeitsentlastung missbraucht werden. In der Praxis haben die am stärksten belasteten Abteilungen in der Staatsanwaltschaft auch die höchsten Einstellungsquoten.

Einstellungen gegen Auflagen taugen einerseits dazu, Straftaten der kleinen- und mittleren Kriminalität zu entkriminalisieren und konsensual zu erledigen. Die Vorschrift ist aber auch missbrauchsanfällig. Vor allem bei der Bekämpfung von Wirtschaftskriminalität und von Steuerflucht ist es zu Auswüchsen gekommen. Einstellungen gegen Auflagen stehen in dem Ruf, dass sich Reiche mit hohen Summen vom Strafanspruch freikaufen können. Bei der partiell missbräuchlichen, nahezu unkontrollierten Anwendung des § 153a StPO verschmelzen drei Motive: Arbeitsentlastung, Geld für die Staatskasse einzutreiben und den Schein von Niederlagen bei unsicheren Beweislagen und ungeklärten Rechtsfragen zu vermeiden – dies alles zulasten der Suche nach Wahrheit und Gerechtigkeit.

Bei der Verständigung nach § 257c StPO gehören Wahrheits- und Gerechtigkeitsverluste für den Strafanspruch des Staates zur Geschäftsgrundlage. Nach den Interviews hat sich die Verständigungspraxis durch das Urteil des Bundesverfassungsgerichts in der strengen Auslegung des Bundesgerichtshofes nur unwesentlich verändert.[470] Die Bereitschaft zum Dealen ist geringfügig zurückgegangen, eine kleine Minderheit von Richtern hat ganz aufgehört, weil die Aufhebungsrisiken zu hoch geworden sind. Eine große Gruppe von Richtern achtet streng darauf, dass die Anforderungen des Gesetzes und des Bundesverfassungsgerichts eingehalten werden. Eine Minderheit frönt dagegen weiter dem „informellen Deal", für den sie eine „neue Sprache" entwickelt hat.

Die starke bis sehr starke Belastung der Strafjustiz hat zur Folge, dass bei der Strafverfolgung häufig der Zufall Regie führt.[471] Dabei wird der Grundsatz der gleichmäßig gerechten Rechtsanwendung verletzt. Die Ressourcen entscheiden heute weitgehend darüber, ob und wie intensiv ermittelt wird, ob eingestellt oder angeklagt wird, ob sich Staatsanwalt, Gericht und Angeklagter/Verteidiger verständigen oder bis zu einem Urteil durchverhandeln. Die **Strafverfolgung ist zu einer Lotterie** verkommen – mit Ausnahme der Verfolgung von Kapitalverbrechen.

Vergleicht man die Erledigungsstrategien von Richtern im Umgang mit der Belastung, so stößt man in allen Gerichtszweigen auf eine Gemeinsamkeit: die Tendenz, bei der Sachverhaltsaufklärung Kompromisse einzugehen oder sie, wenn möglich, ganz zu vermeiden. Diese **eingeschränkte Wahrheitssuche** äußert sich in der Neigung, Klagen und Beweisanträge als unschlüssig bzw. rechtlich unerheblich zurückzuweisen, sich beim Amtsermittlungsgrundsatz im Wesentlichen auf das Vorbringen der Parteien zu beschränken und hohe Vergleichsquoten anzustreben.

Eine fatale Mischung: Eliteanspruch und Beamtenmentalität

„In den Köpfen der Richter ist die Justiz etwas Besonderes und Wertvolles", weiß die Kammergerichtspräsidentin Monika Nöhre aus langjährigem Umgang mit Kollegen. Dieses Denken spiegelt sich in ihrem Rollenverständnis und ihren Ansprüchen an Staat und Gesellschaft wider. „Wir sind nicht irgendwelche Beamte. Wir sind Vertreter der Dritten Gewalt", erklärt der Wuppertaler Zivilkammervorsitzende Helmut Leithäuser. „Wir sind nicht irgendwer", meint kurz und knapp eine Schweriner Amtsrichterin. Dieses Selbstverständnis brach sich Bahn in einem öffentlich erhobenen Eliteanspruch einiger Bremer Richter bei einer hoch emotionalen Diskussion mit Bürgermeister Börnsen: „Wir haben die besten Noten".[472]

Für den Eliteanspruch lassen sich gute Argumente ins Feld führen. Richter repräsentieren ein Verfassungsorgan, die Dritte Gewalt. 90 Prozent der Justizjuristen haben zwei Prädikatsexamina und gehören damit zu den besten 10 bis 20 Prozent aller Juristen. Es lassen sich aber auch gute Argumente dagegen anführen. Und die liegen in den Persönlichkeiten der Richter, ihren Motiven für die Berufswahl, ihrer Mentalität und in der verfassungsrechtlichen Konstruktion des Richteramts.

Die von den Vätern des Grundgesetzes verfassungspolitisch gewollte Trennung von Richtern und Beamten ist nie konsequent vollzogen worden. Der Richter ist rechtlich ein Zwitter: halb unabhängiges Organ der Rechtspflege, halb Beamter. In bewusster Distanz zum „richterlichen Beamten" der Weimarer Zeit hat das Grundgesetz ein besonderes Richterverhältnis geschaffen. Rechtsstellung und Aufgabe des Richters sollen sich prinzipiell von der des Beamten unterscheiden. Der Richter ist unabhängiger Träger der Rechtsprechung, der Beamte ein weisungsgebundenes Mitglied der Exekutive. Diesen Unterschied hat der Bundesgesetzgeber 1975 dadurch honoriert, dass er Richter im Durchschnitt besser besoldet als Beamte im höheren Dienst – als Ausgleich für die im Vergleich zu Beamten geringeren Beförderungschancen. Außerdem sollten die Kontrolleure etwas mehr verdienen als die Kontrollierten. Andererseits gelten die durch Art. 33 Abs. 5 GG „geschützten

Grundsätze des Berufsbeamtentums" … „auch für das neu geschaffene Richterverhältnis, soweit sie … dem vom Grundgesetz vorgezeichneten Leitbild des Richters nicht widersprechen".[473] Dieser Spagat zwischen Distanz und Anlehnung an das Berufsbeamtentum hat nach der Rechtsprechung des Bundesgerichtshofes einmal dazu geführt, dass sich Richter ihre Arbeitszeit im Unterschied zu Beamten mit Einschränkungen frei einteilen und ihren Arbeitsort frei wählen können. Auf der anderen Seite hat das Bundesverfassungsgericht auch entschieden, dass sich das Arbeitspensum eines Richters – die 40 bis 42 Stunden-Woche – an der „wöchentlichen Arbeitszeit" von Beamten orientieren soll.[474] Außerdem sollen Richter wie Beamte nach demselben Alimentationsprinzip besoldet werden.

Es ist daher kein Wunder, wenn Richter bei der Suche nach ihrem Standort zwischen unabhängigem Organ der Rechtspflege und Berufsbeamtentum changieren. Charakteristisch ist, dass Richter sich gern von Beamten absetzen, weil sie etwas Besseres sind, zugleich aber deren Privilegien schätzen und sie gern in Anspruch nehmen.

Bei dem Motivbündel, das Top-Juristen in die Judikative lockt, spielen Beamtenprivilegien eine Schlüsselrolle. Anwälte wollen die 60-Stunden-Woche gegen die 40- bis 42-Stunden-Woche eintauschen, bei vielen eine bewusste Entscheidung gegen Terminstress, Verantwortung und Fristen. Ängstliche Persönlichkeiten, in der Richterschaft verbreitet, schätzen Unkündbarkeit und finanzielle Sicherheit. Väter und Mütter finden in keinem anderen Beruf so gute Möglichkeiten, Beruf und Familie zu vereinbaren. 70 Prozent der interviewten Staatsanwälte und Richter haben sich aus pragmatischen Gründen für die Judikative entschieden und damit für einen Schonraum, in dem neben richterlichen Privilegien die Strukturen und Regeln des Beamtentums dominieren.[475] Das schlägt sich bei vielen auch im täglichen Arbeitsablauf nieder. Natürlich gibt es etliche, die erst um 10 oder 11 Uhr ins Gericht schlendern. Die Mehrzahl fängt jedoch wie Beamte früh an, zwischen acht und neun, um das Gericht dann auch wieder früh verlassen zu können – für die Familie oder Freizeit. Gegen zehn folgt die traditionelle Kaffeerunde und um 12 Uhr das frühe Mittagessen, wie in jeder Behörde. „Die Justiz ist ein Behördenapparat", stellt der Hamburger Anwalt Jürgen Schmidt fest. Nicht weit davon entfernt liegt das Urteil des Vorsitzenden Richters am Bundesgerichtshof Thomas Fischer: „In Deutschland herrscht ein Rest des Geistes der Beamten-Richterschaft." [476]

Wie ist der Anspruch der Richter und Staatsanwälte, etwas Besonderes zu sein, mit der familienfreundlichen 40- bis 42-Stunden-Woche zu vereinbaren? Wie ist der Eliteanspruch der Richterschaft mit dem Alimentationsprinzip in Einklang zu bringen, das nur einen „angemessenen" Lebensunterhalt, aber keinen leistungsbezogenen Lohn garantiert?

Ein Teil der Richter erfüllt sicher den Eliteanspruch des Verfassungsorgans Dritte Gewalt durch außergewöhnliche Kompetenz und überdurchschnittliche Leistungsbereitschaft, im Richter- und Beamtenjargon „überobligatorisch" genannt. Zu diesem Kreis gehören alle Richter in den oberen Instanzen, zunächst und vor allem beim Bundesverfassungsgericht und den obersten Bundesgerichten. Dazu zählen auch Kammervorsitzende bei den Zivil- und Strafgerichten, die höchst anspruchsvolle intellektuelle Herausforderungen zu meistern haben. Hoher Respekt gebührt vor allem Vorsitzenden von Großen Strafkammern, wenn sie lange und konfliktreiche Strafprozesse durch Untiefen und Stromschnellen steuern. Beim größeren Teil der Richterschaft ist das Arbeitsethos jedoch vom Beamtengeist geprägt – fernab von der Leistungsbereitschaft von Eliten: Orientierung an der 40- bis 42-Stunden-Woche; Klagen, wenn „überobligatorisch" viel Arbeit anfällt und Erwartung arbeitsfreier Abende und Wochenenden.

Hier liegt die tiefere Wurzel für den Konflikt um die angemessene Besoldung. Obwohl Richter und Staatsanwälte mit ihren Noten in der Wirtschaft oder in Anwaltskanzleien das Doppelte und mehr verdienen könnten, haben sie sich gegen den Stress in der Leistungsgesellschaft und für die extrem privilegierte Arbeitswelt der Justiz entschieden. Und damit hadern sie. Plötzlich finden sie sich an einem Schreibtisch wieder, an dem die Arbeit wie in der gesamten Gesellschaft verdichtet worden ist. Sie müssen mehr „malochen" als erwartet. Dafür wollen sie einen finanziellen Ausgleich, den ihnen die Politik in einigen Bundesländern bisher verwehrt hat. In den letzten Jahren musste ein Teil der Richterschaft schmerzhaft erfahren, dass sich ihre Rolle als Verfassungsorgan, ihr Anspruch, etwas Besonderes zu sein, und die verbreitete Beamtenmentalität nicht miteinander vertragen.

Neue Rechtsprechungskultur: der Siegeszug der einvernehmlichen Konfliktlösung

In einem Rechtsstaat sind „einvernehmliche Lösungen" … „grundsätzlich einer richterlichen Streitentscheidung" vorzuziehen.[477] Mit diesem Satz hat das Bundesverfassungsgericht 2007 das Modell der einvernehmlichen Konfliktlösung in der Justiz geadelt. Er markiert eine Wegmarke im Wandel der Streitkultur in unserer Gesellschaft, in deren Kielwasser sich auch die Kultur der Rechtsprechung verändert hat. Nicht das richtige Urteil, sondern die Eignung der richterlichen Entscheidung zur Konfliktlösung ist zum zentralen Qualitätsmaßstab geworden.[478]

In den letzten dreißig Jahren hat sich das Rollen- und Selbstverständnis der Richter in allen Gerichtsbarkeiten gewandelt.[479] Angestoßen hat die Entwicklung der Gesetzgeber, um die Justiz zu entlasten. Zahlreiche Änderungen der Verfahrensordnungen hatten das Ziel, die Kommunikation zwischen Richtern und Parteien **gerichtsintern** zu fördern und durch einvernehmliche Lösungen die Verfahrenslaufzeiten zu verkürzen. Diesem Ziel sollen Gütetermine, Erörterungstermine, gerichtliche Mediation und die Aufforderung, den Stand der Verfahren jederzeit zu besprechen, dienen. **Gerichtsextern** hat der Gesetzgeber die außergerichtliche Streitschlichtung durch Schlichtungsstellen, Schiedsgerichte, Mediatoren und

Ombudsmänner gestärkt. Diese Einrichtungen agieren im Rahmen der Gesetze als direkte Konkurrenten zur Justiz.

Dass bei konsensualen Erledigungen das Verhältnis der Parteien weniger beschädigt wird als bei Urteilen, war ein zentrales Argument, um die Hierarchie in der richterlichen Werteskala zu verändern. In der Wahrnehmung des Hamburger Amtsgerichtspräsidenten Hans-Dietrich Rzadtki ist aus **pragmatischen wie gesellschaftlichen Gründen** der „Wert des Rechtsfriedens stärker ins Zentrum richterlichen Handelns gerückt". Seine Hamburger Kollegin, die Familienrichterin Silvia Wolter-Welge, beobachtet eine „rechts- und justizpolitische Tendenz zur Aufwertung der Verständigung. Vergleiche haben heute einen höheren Stellenwert als früher. Ombudsmänner, Schiedsgerichte, Mediationen und Clearingstellen sind in einer Weise in die Gesellschaft eingedrungen, die es vor 30 Jahren nicht gab."

Dieser Einstellungswandel spiegelt sich in den Interviews mit den Justizjuristen wider. Mit Ausnahme der Strafjustiz bestimmt heute bei mindestens der Hälfte der Richter in allen Gerichtszweigen der Grundwert des Rechtsfriedens das Denken und Handeln. Bei den Zivilrichtern waren es 90 Prozent, bei den Arbeitsrichtern 67 Prozent, bei den Sozialrichtern 62 Prozent, bei den Verwaltungsrichtern 53 Prozent und bei den Finanzrichtern 50 Prozent. Richter, die sich dem Grundwert Rechtsfrieden verpflichtet fühlen, streben vorrangig einvernehmliche Konfliktlösungen an, weil sie gegenüber Urteilen eine Reihe von Vorteilen bieten: schnelle Verfahrenserledigung, eine höhere Akzeptanz bei den Parteien, insbesondere im Hinblick auf ihr künftiges Verhältnis, sparsamer Umgang mit den Ressourcen und Steigerung der Effektivität in der Rechtsfindung.

Richter folgen mit der Präferenz für einvernehmliche Lösungen aber auch einem Wandel gesellschaftlicher Vorstellungen. Familienrichterin Wolter-Welge erkennt eine „positive Veränderung der Streitkultur" in der Gesellschaft. Diese Einschätzung bestätigt eine Umfrage der Allensbacher Meinungsforscher. Nach ihr halten 58 Prozent der Bürger den Güterichter für ein „gutes Modell", 68 Prozent befürworten die „außergerichtliche Mediation".[480] Hinter diesen Meinungsbildern stehen veränderte Wertvorstellungen in unserer Gesellschaft. Zu Beginn der neunziger Jahre war die Mehrheit der Bevölkerung nach Allensbach-Umfragen der Auffassung, dass für Politiker politische Grundüberzeugungen und Prinzipien wichtiger sind als die pragmatische Suche nach Lösungen.[481] Heute diagnostizieren Meinungsforscher einen „Abschied vom Prinzipiellen" in einer „pragmatischen Gesellschaft". Für die Bürger hat der „Pragmatismus" mittlerweile einen höheren Stellenwert als „Prinzipien" – für die Politik wie für sie persönlich. Lediglich 21 Prozent der Bürger verstehen sich heute noch als prinzipentreue Idealisten. Es ist kein Argument erkennbar, warum sich dieser Wertewandel nicht auch in den Köpfen von Staatsanwälten und Richtern vollzogen haben sollte: dass die pragmatische Lösung von Konflikten zugunsten des Rechtsfriedens Vorrang hat vor den Prinzipien Wahrheit und Gerechtigkeit.

Das heißt aber nicht, dass Richter etwa bei Vergleichsgesprächen Wahrheit und Gerechtigkeit aus dem Blick verlieren dürfen. Als unverzichtbare Komponenten des Rechtsfriedens bleiben sie von Belang – im Rahmen des geltenden Rechts. Jeder „gute Vergleich" beruht nach Amtsgerichtspräsident Rzadtki auch auf der „Wahrnehmbarkeit dieser Werte für beide Parteien".

Die Strafjustiz ist bei der Orientierung an richterlichen Grundwerten ein Sonderfall. In den Interviews mit Staatsanwälten und Richtern war eine Präferenz in der Grundwertehierarchie nicht erkennbar. Stattdessen hat sich bei ihnen eine Meinungsvielfalt aufgefächert, die mindestens zwei Ursachen hat. In keiner anderen Gerichtsbarkeit ist der Konflikt zwischen den Verfahrenszielen Wahrheit und Gerechtigkeit und den Zwängen des Alltags so scharf wie bei den Strafgerichten. Und der Gesetzgeber hat mit der Ausweitung des Opportunitätsprinzips in den §§ 153, 153a und dem 154 StPO das Prinzip der materiellen Wahrheit durchbrochen und sich von der Wahrheitssuche verabschiedet – entweder durch Strafverzicht oder durch Konsens mit dem Beschuldigten. In der Wissenschaft gibt es Stimmen, die in der Einstellung gegen Auflagen einen „im Kern neuen Verfahrenstyp" sehen, bei dem die Wahrheitssuche durch einen Konsens mit dem Beschuldigten ersetzt wird.[482] Durch seine Zustimmung zur Verfahrenserledigung wird unterstellt, dass der Tatvorwurf der Wahrheit entspricht – wie beim Strafbefehl, gegen den kein Einspruch eingelegt wird. Beulke ist der Auffassung, dass durch die Einstellung gegen Auflage neben dem „herkömmlichen kontradiktorischen Verfahren" eine „zweite Spur" entstanden ist, nämlich ein „verstärkt konsensual ausgerichtetes Strafverfahren".[483]

Die Form der konsensualen Verfahrenserledigung prägt den Strafverfolgungsalltag inzwischen stärker als die streitige. Die Anklagequote der Staatsanwaltschaft sinkt seit Jahren kontinuierlich und ist 2014 bei 9,4 Prozent angekommen. Zwischen 2011 und 2014 ist der Anteil der Anklagen und Anträge auf Strafbefehl um zwei Prozent auf knapp 21 Prozent gesunken, während der Anteil der Einstellungen nach dem Opportunitätsprinzip um gut 1 Prozent auf 29 Prozent gestiegen ist.

Auf der Ebene der Strafgerichte setzten sich die Schwerpunktverlagerungen von der streitigen zur konsensualen Erledigung im Verständigungsgesetz (§ 257c StPO) fort. Die Möglichkeit, ein Strafverfahren durch Absprachen zwischen den Verfahrensbeteiligten abzuschließen, ist ein Kompromiss zwischen der klassischen Strafjustiz und einer einvernehmlichen Konfliktlösung, in dem die Suche nach Wahrheit und Gerechtigkeit durch die Einigung aller Verfahrensbeteiligten teilweise ersetzt wird. Der Deal basiert auf einer verkürzten und damit eingeschränkten Ermittlung der Wahrheit und einem Verzicht auf eine gerechte Strafe, die wegen des Geständnisses des Angeklagten um ein Drittel bis ein Viertel reduziert wird.

Mit Verständigungen enden heute rund ein Fünftel aller Strafverfahren bei Amts- und Landgerichten.[484] In Verfahren der organisierten Kriminalität und in Wirtschaftsstrafverfahren pendelt der Anteil der Absprachen mittlerweile zwischen 30 und 60 Prozent.[485] Trotz des stetigen Anstiegs einvernehmlicher Lösungen enden die Verfahren vor den Strafgerichten mit der im Vergleich zu anderen Gerichtszweigen höchsten Urteilsquote: nach der Sachsen Tabelle 2014 gut 41 Prozent bei den Amtsgerichten, 68 Prozent bei den Landgerichten. Bei allen anderen Gerichtsbarkeiten dominieren inzwischen einvernehmliche Konfliktlösungen. Bei den Arbeitsgerichten enden nach der Sachsen Tabelle nur noch knapp acht Prozent der Verfahren mit einem Urteil, bei den Sozialgerichten 17 Prozent, bei den Finanzgerichten knapp 23 Prozent, bei den Verwaltungsgerichten 24 Prozent und bei den Amts- und Langerichten in Zivilsachen rund 26 Prozent. Um diese niedrigen Urteilsquoten zu erreichen, müssen Gerichte viele Vergleiche schließen. Meister in dieser Disziplin sind die Arbeitsrichter, die bundesweit 68 Prozent aller Verfahren mit Vergleichen beenden. Mindestens ebenso wichtig für niedrige Urteilsquoten sind in anderen Gerichtszweigen aber Rücknahmen von Klagen, Anerkenntnisse oder übereinstimmende Erledigungserklärungen.

Die Erledigungsbilanzen in allen Gerichtsbarkeiten zeigen dreierlei: **Die Rechtsfindung nutzt heute zwei Schienen nebeneinander: eine streitige und eine konsensuale. In der Rechtspraxis dominiert inzwischen die einvernehmliche Konfliktlösung vor der streitigen Entscheidung. Nur in einer Minderheit von Verfahren – zwischen knapp acht und 26 Prozent – wird eine formelle Wahrheit noch festgestellt. In allen anderen Verfahren spielt die Wahrheitssuche nur noch eine Nebenrolle.** In Verfahren, die einvernehmlich enden, ist die Suche nach Wahrheit und Gerechtigkeit durch die Einigung der Beteiligten weitgehend ersetzt.

Um dem neuen Selbstverständnis bei der Mehrheit der Richter gerecht zu werden, hat der Rechtsanwalt am Bundesgerichtshof Wendt Nasall die Rollen der Instanzen in einem dreistufigen Modell neu verteilt.[486] Danach soll die erste Instanz „nach Möglichkeit die Konfliktregelung" übernehmen. Die Berufungsinstanz soll sich auf die „Fehlerkontrolle und -beseitigung beschränken". Für die dritte Instanz bleibt dann die „Klärung grundsätzlicher Rechtsfragen", die „Rechtsfortbildung und die Wahrung der Rechtseinheit".

Präsidenten als Vorbilder: Führen statt Verwalten

Jan Grotheer war von 1997 bis 2010 Präsident des Finanzgerichts Hamburg. Als er das Amt übernahm, dauerten die Verfahren im Schnitt 16,8 Monate. Im Ländervergleich war das der vorletzte Platz. Als er in den Ruhestand trat, währten die Verfahren nur noch gut 10 Monate, eine Reduzierung um 40 Prozent. In den letzten fünf Jahren seiner Präsidentschaft war die Halde unerledigter Verfahren um 44 Prozent geschrumpft. Sein Nachfolger Christoph Schoenfeld hat diesen Kurs der Effizienzsteigerung konsequent fortgesetzt. Nach der Sachsen Tabelle 2014 lag das Finanzgericht Hamburg bei wichtigen Leistungsindikatoren auf Spitzenplätzen: Es hat die bundesweit niedrigste Zahl unerledigter Verfahren und rangiert bei den Verfahrenslaufzeiten hinter dem Finanzgericht Niedersachsen auf Platz zwei.

Seit 2006 ist Erna Xalter Präsidentin des Verwaltungsgerichts Berlin. Unter ihrer Ägide ist es dem Gericht gelungen, die durchschnittlichen Verfahrenslaufzeiten von 23,7 Monaten 2006 auf 9,6 Monate Ende 2015 zu verkürzen, bei Eilverfahren von durchschnittlich 2,6 Monaten auf 1,9 Monat. Die Bestände konnten in der Zeitspanne um 46 Prozent abgebaut werden – bei gleichzeitiger Verringerung der Richterstellen.

Der Präsident des Bremer Verwaltungsgerichts Peter Sperlich hat es in den fünf Jahren seiner Amtszeit geschafft, die Verfahrenslaufzeiten von durchschnittlich gut 21 Monaten 2011 auf gut 12 Monate 2015 zu senken. Damit, so Sperlich, ist das „angestrebte Ziel, den durchschnittlichen Verfahrensprozess innerhalb eines Jahres zum Abschluss zu bringen, nahezu erreicht". Zwei neue Richter haben die Aufgabe erleichtert.

Mit der Leitung des größten Sozialgerichts Deutschlands in Berlin hat Präsidentin Sabine Schudoma eine Herkulesaufgabe zu stemmen. Die Lawine der Hartz IV-Verfahren, die 2012 mit 44.000 neuen Eingängen einen Höhepunkt erreichte, drohte das Gericht zeitweise zu überrollen. Auch dank eines großzügigen Stellenausbaus erreichen die Berliner Sozialrichter seit Jahren Top-Platzierungen bei den Erledigungszahlen pro Richter. 2014 landete das Gericht nach der Sachsen Tabelle auf Platz vier mit im Schnitt 360 erledigten Verfahren. In den Jahren 2014 und 2015 ist es dem Gericht erstmals gelungen, Bestände abzubauen.

Die Erfolgsbilanzen dieser Gerichte verraten, dass dort erhebliche **Effizienzreserven** geschlummert haben. Sie sind durch Präsidentinnen und Präsidenten mobilisiert worden, die ihre Gerichte nicht nur **verwaltet**, sondern **geführt** haben, oder, wie der ehemalige Präsident Grotheer lieber formuliert, „geleitet" haben.

Ein Gericht im traditionellen Verständnis zu führen, ist wegen der Unabhängigkeit der Richter fast unmöglich. Es trotzdem zu tun, ist eine Kunst, die Geschick, Engagement und ein Konzept erfordert. Diesen Anspruch hat nach den Erfahrungen des Verfassers bisher nur eine Minderheit von Präsidentinnen und Präsidenten für sich formuliert. Bei der Mehrheit der ausgewählten Gerichte hatten zwar alle Gerichtsspitzen verinnerlicht, dass die Erledigungsstatistiken stimmen müssen, um dem Justizgewährungsanspruch zu genügen und in der Politik ein Standing zu bekommen. Aber sie haben auch nicht mehr getan. Alle Reform-Präsidentinnen und -präsidenten haben dagegen besondere Ziele, Ideen oder Konzepte für die Führung ihrer Häuser entwickelt. In ihrer Antrittsrede hat Präsidentin Xalter dem Gericht zum Beispiel ein Ziel gesetzt, das bis heute gilt: Verwaltungsgerichtsverfahren dürfen im Schnitt nicht länger als ein Jahr dauern: „Das mag aus Sicht der Verwaltungsrichter nicht lang sein, aus Sicht der Bürger ist es sehr lange." Demselben Ziel hat sich ihr Bremer Kollege Sperlich verschrieben. Gedanken, wie es zu erreichen ist, hat er in dem Konzept „Lösungsorientierte Gestaltung des verwaltungsgerichtlichen Verfahrens" gebündelt, für ihn die „Leitlinie", das „Credo" des Gerichts. Ein Vergleich der Ideen und Methoden der fünf Reform-Präsidentinnen und -Präsidenten offenbart ein erstaunliches Maß an Gemeinsamkeiten:

- Vorbildfunktion
- Verbesserung der internen Kommunikation und Mitwirkung der Richter
- Rechtsprechung als Dienstleistung und Konfliktlösung
- Modernisierung von Arbeitsabläufen und Ausstattung
- Aktive Teilnahme an der Geschäftsverteilung
- Kommunikation mit den Parteien: Erörterungstermine und Telefonate
- Kontrolle der Arbeitsleistung

Alle Reform-Präsidentinnen und -Präsidenten betonen ihre „Vorbildfunktion". „Jeder Präsident muss ein Vorbild sein", fordert Jan Grotheer. Dazu gehört vor allem Präsenz im Gericht und Mitwirkung bei der Rechtsprechung. Präsidentin Xalter will „ansprechbar sein und möglichst viel mit den Richtern reden". Ihre Berliner Kollegin Schudoma will „Zuversicht ausstrahlen" und à la Merkel signalisieren: „Zusammen schaffen wir das." „Engagement und Leidenschaft" müssen nach ihrer Meinung „sichtbar" sein, zum Beispiel beim Kampf für mehr Personal und für bessere Arbeitsbedingungen. Weil der Bremer Verwaltungsgerichtspräsident Sperlich keine Weisungen erteilen oder Vorgaben machen kann, müsse er „vorleben, wie er mit Verfahren" umgehe. Dabei hofft er, dass sich die Richter seine Arbeitsweise zu eigen machen.

Präsidentin Xalter kämpft gegen die in Verwaltungsgerichten anscheinend unausrottbare Unsitte langer, akademischer und schwer verständlicher Urteile. Sie plädiert offen für kürzere Urteile und unterscheidet dabei zwischen „Alltagsurteilen" und „Sonntagsurteilen".[487] Sie erkennt an, dass es Urteile gibt, auf die Richter besonders viel Mühe verwenden müssen. Sie weist aber zugleich darauf hin, dass Urteile in der Regel nicht für die nächste Instanz oder die Befriedigung eines wissenschaftlichen Ehrgeizes geschrieben werden, sondern für die beteiligten Parteien. Und dafür sollte man nach Xalters Auffassung in der ersten Instanz im Allgemeinen nicht mehr „als zehn bis 15 Seiten brauchen".

Ein Mittel, auf das sich alle Reform-Präsidentinnen und -Präsidenten einigen können, ist Kommunikation. Jan Grotheer hat Wert auf einen „offenen Zugang zum Präsidenten" gelegt. In den zahllosen Einzelgesprächen mit Richtern hat er eine „deutliche Ansprache gepflegt": wie man seine Beförderungschancen verbessern kann und warum eine Beurteilung seiner Auffassung nach gerecht war, die ein Richter als ungerecht empfunden hatte. Auf „regelmäßigen Richterversammlungen" hat Grotheer vermittelt, „was er will und was er nicht will". „Transparenz" war ihm wichtig. Auch sein Nachfolger Schoenfeld formuliert gegenüber der Richterschaft klar seine Erwartungen. Er fördert aber auch gemeinsame Mittagessen, Gespräche beim Jour Fixe und führt einmal im Jahr Gespräche mit allen Senaten in der Hoffnung, dass sie aus seinen Einsichten und Verhandlungsmethoden Anregungen für ihre Arbeit gewinnen. Jeden Mittwoch um 10.30 Uhr lädt Präsident

Sperlich zu einer festen Gesprächsrunde ein, bei der nicht nur Richter, sondern auch Rechtspfleger und Mitarbeiter der Geschäftsstellen willkommen sind. Die „Kommunikationskultur positiv zu verändern", war vom ersten Tag an sein Ziel: durch gemeinsame Mittagessen, offene Türen der Richterzimmer und Erfahrungsaustausch unter den Kollegen, um die Entscheidungsfreude zu steigern. Zu Beginn seiner Amtszeit hat er zusammen mit einer Hamburger Psychologin ein zweitägiges Fortbildungsseminar zu den Themen Zusammenarbeit, Kommunikation und Zielvorstellungen veranstaltet. Die Teilnahme der Richter war „verpflichtend". Auch seine Berliner Kollegin Schudoma hat die Hilfe von Psychologen in Anspruch genommen, als die Funktionsfähigkeit des Sozialgerichts durch die Flut von Hartz-IV Verfahren infrage gestellt war. Das Gericht hat Coaching für Kommunikation, Stress- und Angstbewältigung und Inhouse-Schulungen angeboten, um die fachliche Kompetenz vor allem von Proberichtern zu verbessern. Jeder Berufsanfänger erhält in den ersten Monaten einen erfahrenen Kollegen als Mentor. „Wir mussten schneller modernisieren, weil wir sonst untergegangen wären", analysiert Präsidentin Schudoma rückblickend. Am Herzen lag ihr von Anfang an ein gutes Betriebsklima. Um „Identität" und „Teamgeist" aufzubauen, veranstaltet das Gericht regelmäßig Betriebsausflüge, Weihnachtsfeste und alle zwei Jahre eine Auslandsreise mit fachlichen Bezügen, die die Richter allerdings selbst bezahlen müssen. Und das Gericht gibt eine „SG-Zeitung" für die 360 Mitarbeiter heraus. Diese Inhouse-Nachrichten stellen Proberichter mit Bild und Lebenslauf vor, berichten über Familienzuwachs, porträtieren Abteilungen des Gerichts und informieren über Yoga oder gemeinsames Paddeln. In den Reformgerichten haben also moderne Managementmethoden Einzug gehalten.

In diese Kategorie gehören sicher auch die „Qualitätszirkel" beim Finanzgericht Hamburg, die Jan Grotheer angeregt hat. Um Schwachpunkte der Gerichtsorganisation zu erkennen, hatte er zu Beginn seiner Amtszeit im Gericht und bei Steuerberatern, Finanzämtern und Rechtsanwälten Umfragen durchführen lassen. Die Qualitätszirkel, an denen Grotheer absichtlich nicht teilnahm, hatten die Aufgabe, Verbesserungsvorschläge zu unterbreiten. Im Gegenzug versprach er, alle umzusetzen – es sei denn, er hielt sie nicht für sinnvoll oder für undurchführbar. Für diese Fälle versprach er, seine Haltung schriftlich oder mündlich zu erklären. Das musste er nur zweimal tun, alle anderen Vorschläge zur Qualitätssteigerung wurden realisiert.

In die Rubrik Mitwirkung fällt auch der „Budgetrat", den er ins Leben gerufen hat: Richter, Servicemitarbeiter und der Präsident entschieden hier gemeinsam, wie das Geld für Computer, Möbel oder Bücher auszugeben war. Mitarbeiter von Geschäftsstellen einzubeziehen und Teams aus richterlichem und nicht-richterlichem Personal zu bilden, sind typisch für alle Reform-Präsidentinnen und -Präsidenten.

In den meisten Gerichten ist es üblich, dass Präsidialrichter oder der Vizepräsident die jährliche Geschäftsverteilung vorbereiten. Beim Verwaltungsgericht

Berlin macht die Chefin es selbst. Erna Xalter spricht mit den Vorsitzenden, erfährt dabei deren Sorgen und gewinnt Einblicke in Kammern. Auch Peter Sperlich schaltet sich aktiv in die Geschäftsverteilung ein, um im Blick zu behalten, dass die Arbeit gerecht und effektiv verteilt wird. Wichtig ist für alle, auf Veränderungen im Geschäftsanfall flexibel zu reagieren und die Arbeit neu zu verteilen, wenn Bestände wachsen oder einige Verfahren Patina ansetzen.

Die Leistungsbilanz eines Gerichts zu verbessern, gelingt nach Auffassung der engagierten Chefs nur mit einem **Mentalitätswechsel** in der Richterschaft. Der wird leichter, wenn er mit einem Generationswechsel einhergehen kann wie im Sozialgericht Berlin und im Verwaltungsgericht Bremen. Im Zentrum steht die Vermittlung eines neuen Selbstverständnisses, das sich am Justizgewähranspruch orientiert: Sabine Schudoma betont den „Dienstleistungsgedanken", Peter Sperlich die „Konfliktlösung für den Rechtsfrieden" und Christoph Schoenfeld den „zügigen Rechtsschutz". Jan Grotheer hat den Richtern klar gemacht, wie bedeutsam ihre Arbeit „für Staat und Bürger" ist. Was bedeuten diese neuen Akzente im Selbstverständnis in der Praxis?

Alle Reformer kritisieren die „Überbetonung der Schriftlichkeit" und versuchen, den Schriftverkehr, soweit wie möglich, durch mündliche Kommunikation zu ersetzen. Zudem wollen sie die meisten schriftlichen Entscheidungen auf ein Minimum begrenzen und möglichst hohe Vergleichsquoten erzielen – nicht nur aus Effizienzgründen, sondern auch, weil, wie Sperlich formuliert, eine „lösungsorientierte Verfahrensgestaltung" dem „Rechtsfrieden in der Regel mehr dient als ein gut begründetes Urteil". Mit zwei Instrumenten hat die Mehrzahl der Reformer besonders positive Erfahrungen gesammelt: mit frühen Erörterungsterminen und mit Telefongesprächen. Für Präsident Schoenfeld sind „zeitnahe Erörterungstermine" … „wichtige Instrumente zur Beschleunigung", die überdies einen „wesentlichen Beitrag zur Konfliktbewältigung und damit zur Herstellung von Rechtsfrieden leisten" können. Auch Sperlich empfiehlt Erörterungstermine, insbesondere in einfachen Verfahren und in komplizierten Eilverfahren.

Schoenfeld und Sperlich sind auch Anhänger des Griffs zum Telefonhörer. Nach ihren Erfahrungen ist „telefonieren effektiv". Mündlicher Austausch kann nach Sperlich bei der „Aufklärung des Sachverhalts" helfen, beim „vorläufigen Einschätzen der Erfolgsaussichten", bei der „offenen Erörterung der Rechtsprobleme", beim Erkennen der „Interessenlage hinter dem Rechtsstreit" und dem „Fördern der Vergleichsbereitschaft". Alle Richter, die häufiger telefonieren, haben gute Erfahrungen gesammelt. Im Finanzgericht Berlin-Brandenburg ist aufgefallen, dass Richter mit Berliner Wurzeln, die regelmäßig telefonieren, bessere Erledigungszahlen erzielen als Richter mit Brandenburger Hintergrund, die lieber schriftlich mit den Parteien kommunizieren.

Die Erledigungsstatistik hat im Selbstverständnis der Reform-Präsidentinnen und -Präsidenten eine dreifache Funktion: Leistungsbild eines Richters, Erfolgsbilanz des Gerichts und Rechtfertigung gegenüber dem Justizgewähranspruch der Rechtsgemeinschaft. Auch wenn alle Chefs betonen, dass die Qualität weiter Vorrang hat vor der Quantität, entsteht der Eindruck, dass sie im Stillen beide Leistungsfaktoren mindestens gleichrangig bewerten. Im Vergleich zu anderen Gerichten scheinen die Erledigungszahlen bei den Reformgerichten einen höheren Stellenwert für Beurteilung und Beförderung zu haben. Das kommunizieren Reform-Präsidentinnen und -Präsidenten in Einzelgesprächen und Reden offen. Wegen der Unabhängigkeit der Richter kann das immer nur indirekt geschehen – durch das Äußern von Erwartungen oder Kennziffern. Auf ein beliebtes indirektes Führungsinstrument muss Präsidentin Schudoma allerdings nach Protesten des Richterrates aus datenschutzrechtlichen Gründen verzichten: die gerichtsinterne Veröffentlichung der Monatsstatistik. „Ich bedaure das", bekennt sie freimütig.

Alle Gerichtsspitzen haben ein vergleichsweise strenges **Kontrollregime** aufgebaut. Präsidentin Xalter lässt sich bei Altfällen schriftlich berichten, welche Gründe einer Erledigung entgegenstehen. In besonders krassen Fällen – Verfahren mit Laufzeiten von rund fünf Jahren – lässt sie sich Akten ziehen und schaut sie selbst an. Die Serviceeinheit teilt das den betroffenen Richtern aus Gründen der Transparenz mit.

In der Sozialgerichtsbarkeit sollen Urteile einen Monat nach ihrer Verkündung abgesetzt sein. Schafft ein Richter das nicht, muss er das im Sozialgericht Berlin der Präsidialverwaltung melden. Trotz aller Anstrengungen hat das Berliner Sozialgericht immer noch ein Problem mit Altfällen. Das Sozialgericht hat der Justizbehörde jedes Jahr über Verfahren zu berichten, die länger als fünf Jahre dauern. Ende 2015 waren das nur noch 163 Klagen, nur 0,4 Prozent aller am Gericht anhängigen Verfahren. Um über möglichst wenige peinliche Zahlen zu berichten, hat Präsidentin Schudoma eine interne Kontrolle für Verfahren mit Laufzeiten von über vier Jahren vorgeschaltet. Dafür ist eigens eine Richterin abgestellt, die die Akten studiert und entscheidet, wie die Verfahren beendet werden können. Zwei Möglichkeiten stehen ihr offen. Entweder sie werden besonderen Altfallkammern, unter anderem für Verfahren aus dem Renten- und Unfallversicherungsrecht übertragen. Oder ihre Bearbeitung wird auf dem gerichtsinternen Altfallbasar angeboten: Jeder Richter, der freiwillig einen Altfall übernimmt, bekommt drei neue Verfahren weniger.

Ein dichtes Kontrollsystem hat auch Peter Sperlich installiert. Am 30. September jeden Jahres müssen alle Kammervorsitzenden über alle allgemeinen Verfahren berichten, die älter als zwei Jahre sind, über Asylverfahren, die älter als ein Jahr währen und Verfahren des einstweiligen Rechtsschutzes, die länger als sechs Monate dauern. Um nicht schlecht abzuschneiden, terminieren viele Richter im September häufiger. Im Gericht grassiert dann das „Septemberfieber", wie Sperlich es nennt. Denn was folgt, ist unangenehm: Jeder Kammervorsitzende muss über die Verfahren mit Fristüberschreitung berichten. Diese Rapporte werden anschließend unter den Kammervorsitzenden ausgetauscht und in der Runde der Vorsitzenden durchgesprochen. Es ist klar, dass dieses Procedere erheblichen Erledigungsdruck erzeugt.

Im Hamburger Finanzgericht müssen die Richter berichten, wenn die Verfahren älter als zwei bzw. vier Jahre sind.

Alle Reform-Präsidentinnen und -Präsidenten sind von „sportlichem Denken" (Schudoma) infiziert. Der Ehrgeiz, dass ihr Gericht im bundesweiten Ranking auf einen Spitzenplatz klettert, motiviert alle. Im Geschäftsbericht 2015 notiert Präsidentin Schudoma: „Eilverfahren erledigt das Sozialgericht Berlin im Schnitt in weniger als einem Monat". Damit nimmt das Gericht „bundesweit einen Spitzenplatz" ein. Im Geschäftsbericht 2015 lässt Peter Sperlich wissen, dass die Anzahl der durchschnittlichen Erledigungen pro Richter auf 177 gesteigert werden konnte: „Damit dürfte das Verwaltungsgericht Bremen bereits zum vierten Mal in Folge im Bundesvergleich einen der vorderen Plätze belegen." Stolz ist er auch darauf, dass unter seiner Ägide die Bestände pro Richter vom „vorletzten Platz" zum zweitbesten Platz abgebaut worden sind. Ein gutes Abschneiden im Länderranking hat einen doppelt positiven Effekt: Es befeuert gerichtsintern die Motivation der Richterschaft und verbessert die Position eines Gerichts beim Werben um Geld für Ausstattung und Personal.

Diese Erfolgsgeschichten von zwei Präsidentinnen und drei Präsidenten sollen exemplarisch zeigen, wie die Effizienz von Gerichten gesteigert werden kann, wenn sie nicht nur verwaltet, sondern geführt werden. Es wird bundesweit etliche Gerichte geben, die ähnlich eindrucksvolle Ergebnisse erzielen. In Nordrhein-Westfalen zum Beispiel erledigten Sozialrichter nach der Sachsen Tabelle 2014 im Schnitt deutlich mehr Fälle als in Berlin. Andere Sozialgerichte wie in Hamburg dümpeln dagegen im Ländervergleich im unteren Mittelfeld (Platz 12) vor sich hin – ohne erkennbaren Ehrgeiz, den Justizgewähranspruch besser zu erfüllen.

Die Erfolgsbilanzen der Reformer bestätigen den früheren Bundesverfassungsrichter und Hamburger Justizsenator Wolfgang Hoffmann-Riem. Er geht davon aus, dass Gerichte über ungenutzte „Binnenreserven" verfügen, und „weit davon entfernt" sind, „eine moderne Verwaltung zu sein, die das Leistungspotential voll aktiviert, die Arbeitsabläufe durchgehend effizient gestaltet und in den verschiedenen Leistungsebenen … durch professionelle Kompetenz im Administrativen überzeugt".[488] Auch der Präsident des Bundesfinanzhofs Rudolf Mellinghoff erkennt an, dass es „Effektivierungspotentiale" in der Judikative gibt.

Die Recherchen in fünf Bundesländern haben ergeben, dass es in der Justiz zahlreiche Möglichkeiten gibt, um die Effizienz der Rechtsfindung zu steigern, ohne die Qualität zu mindern. Für einige tragen die Präsidenten eine Mitverantwortung:

- Kürzere Urteile
- Weniger Richterwechsel

- Mehr mündliche Kommunikation
- Mehr Erörterungstermine und rechtliche Hinweise für eine frühe Konfliktlösung
- Flexiblere Geschäftsverteilung
- Höhere Konfliktbereitschaft gegenüber Wenigleistern
- Wirksame Kontrollen
- Vermehrung der Beförderungsstellen
- Verbesserte Beförderungschancen für über 50-jährige Richter
- Sorgsamerer Umgang mit der Ressource Personal bei der Staatsanwaltschaft

Die Forderung nach kürzeren Urteilen ist seit zehn Jahren ein Dauerbrenner in der justizpolitischen Diskussion, hat ihre Legitimität aber bis heute nicht verloren, insbesondere nicht in der Verwaltungsgerichtsbarkeit.[489]

Zu einem Haupthindernis für eine schnelle und effektive Erledigung von Verfahren haben sich in allen Gerichtszweigen häufige Richterwechsel entwickelt. Jeder Austausch bringt Zusatzarbeit und Effektivitätsverluste.[490] Nach einer empirischen Untersuchung von langen Zivilverfahren verzögert jeder Wechsel von Justizjuristen die Erledigung eines Verfahrens um 3,8 Monate.[491] Die Ursachen sind identifiziert. Um die Motivation zu fördern, genehmigen Präsidenten großzügig Abordnungen, Fortbildungen, Hospitanzen und Sabbaticals. Bedeutsamer aber für die Häufung von Richterwechseln sind gesellschaftliche Ursachen: die Verweiblichung der Justiz und die moderne Gleichstellungspolitik. Schwangerschaft, Mutterschutz und Elternzeit für Richterinnen und Richter zwingen verstärkt dazu, die Geschäftsverteilung oft zu ändern. Die Forderung, die Zahl der Richterwechsel zu verringern, ist also leicht erhoben, aber schwer durchzusetzen. Trotzdem sollte das Problem „Richterwechsel" im Hinterkopf aller Präsidenten und Präsidiumsmitglieder präsent sein, um die Effizienzverluste durch den Austausch von Justizjuristen zu minimieren.

Durch eine flexiblere Geschäftsverteilung könnte die Arbeit effizienter, sachgemäßer und gerechter zugewiesen werden. Heute kann es passieren, dass das umfangreichste und schwierigste Verfahren dem jüngsten und unerfahrensten Richter zugewiesen wird. Ein Unding! 2014 hat der 70. Deutsche Juristentag mit großer Mehrheit dem Gesetzgeber empfohlen, dem Präsidium bzw. Spruchkörpergremium unter Wahrung des Gebots des gesetzlichen Richters die „Befugnis zu geben, Verfahren anhand überprüfbarer sachlicher Kriterien durch einen zu begründenden Beschluss auch abweichend von der Jahresgeschäftsverteilung zuzuweisen". Im Juni 2015 haben die Präsidenten der Oberlandesgerichte und des Bundesgerichtshofs einstimmig eine größere „Flexibilität in der Geschäftsverteilung" gefordert. Unter Ausnutzung der vom Bundesverfassungsgericht eingeräumten Spielräume sollte der Gesetzgeber die Möglichkeiten des Präsidiums erleichtern, die Geschäftsverteilung während des Jahres zu ändern und dabei die Befugnis erhalten, die Schwierigkeit der Verfahren, die Kapazitäten der Spruchkörper und die Kompetenz der Richter, insbesondere ihre Spezialkenntnisse in besonderen Rechtsgebieten, zu berücksichtigen.[492] Bei der Bestimmung der Schwierigkeit könnten Punktesysteme helfen, die sich an die Kategorien „leicht", „mittel" und „schwer" orientieren.[493] Mit Hilfe einer flexibleren Geschäftsverteilung kann es gelingen, die Arbeit effizienter, gerechter und sachgerechter zu verteilen und dadurch einen Teil der Richter zu entlasten.

In etlichen Gerichten ist das Binnenklima vergiftet, weil sich Präsidenten scheuen, auf Geringleister Druck auszuüben und notfalls dienstrechtliche Maßnahmen zu ergreifen.[494] Die Folge dieser Untätigkeit ist, dass das von Geringleistern nicht geleistete Arbeitspensum von Kollegen mit erledigt werden muss. Dass Sanktionen angesichts der Rechtsprechung der Richterdienstgerichte schwer durchzusetzen sind, ist nur ein Teil der Wahrheit. Der andere ist, dass fast alle Chefs die Konflikte und den Aufwand scheuen, sich mit Geringleistern in rechtliche Händel zu verstricken. Mit Recht moniert daher die ehemalige Arbeitsrichterin und Ombudsfrau der Bahn Birgit Gantz-Rathmann die „geringe Bereitschaft der Präsidentinnen/Präsidenten gegen schwarze Schafe vorzugehen". Deshalb ist die Intervention der Karlsruher OLG Präsidentin Christine Hügel gegen den Freiburger OLG Richter Thomas Schulte-Kellinghaus auch vorbildlich.[495]

Außerdem sollte versucht werden, in geeigneten Fällen juristische Konflikte anzustreben oder in Kauf zu nehmen, um durch neue Urteile die Selbstfesselung der Justiz zu lockern, die durch die rigide Rechtsprechung zur Unabhängigkeit, zum gesetzlichen Richter und zu Konkurrentenklagen entstanden ist. Die Rechtsprechung ist in allen drei Bereichen praxisfern und schränkt den Handlungsraum von Gerichtsverwaltungen über Gebühr ein. Sie bedarf der Korrektur. Durch diverse Urteile ist der Aktionsradius der Gerichtsverwaltungen in einer Weise beschränkt worden, die an die „Beweglichkeit des Tankers" erinnert, ein Bild, das Peter Glotz 1982 für die SPD erfunden hat.

„Das Arbeitsleben eines Richters ist ein Marathon", sagt die Präsidentin des Berliner Sozialgerichts Schudoma. Eine treffende Erkenntnis mit weitreichenden Folgen. Für Friedrich-Joachim Mehmel, Präsident des Oberverwaltungsgerichts Hamburg, ist deshalb die „größte Herausforderung, die intrinsische Motivation von Richtern ein Leben lang ohne größere Beförderungschancen und finanzielle Anreize zu erhalten". Um die Aufstiegschancen zu verbessern, sollten die Beförderungsstellen vermehrt werden, zum Beispiel durch zusätzliche R 2-Stellen als „weitere Aufsicht führende Richter". Bei der Gruppe von Richtern über 50 gibt es zwei Wege, ihr Arbeitsmotivation zu stärken: besondere Maßnahmen zur Integration und bewusste Beförderung von über 50-Jährigen. Sabine Schudoma hat das Thema schon vor Jahren erkannt. Sie vermittelt Richtern, die mit der Eingangsstufe R 1 in den Ruhestand gehen werden, dass sie nicht „gescheitert" sind. Bei Bedarf bietet das Sozialgericht Berlin Supervisionsgruppen mit professionellen Psychologen an. Für wirksamer hält sie den Weg, diesen Richtern zusätzliche Aufgaben anzutragen, um ihnen zu zeigen, dass sie weiter gebraucht werden. Sie können zum Beispiel Mentoren für junge Richter oder Vertrauensrichter für Mitarbeiter von Serviceeinheiten werden. Am wichtigsten ist aber, Richter auch noch jenseits der 50-Jahre-Grenze zu befördern. Da diese Altersgruppe noch mindestens 15 Jahre lang aktiv sein muss, ist ihre Motivation und Leistungskraft für die Effizienz der Rechtsfindung unverzichtbar. Für die Motivationsprobleme dieser Altersgruppe fehlt vielen Gerichtsverwaltungen bisher die notwendige Sensibilität. Ein Landgericht entdeckte erst auf Nachfrage, dass es in den letzten Jahren keine Frau und keinen Mann über 50 Jahre befördert hatte, während andere Gerichte bewusst Richter bis zum Alter von 60 Jahren und darüber höhergestuft haben. Die Botschaft dieser späten Ehren: Auch ältere Richter haben beim Wettbewerb um höhere Weihen noch gute Chancen.

„Ich bin im Zweifel immer dafür, eine Sache, auch eine Wirtschaftsstrafsache, erst einmal vor Gericht zu bringen, um zu sehen, was das Gericht dazu sagt", erklärt Oberstaatsanwalt Manfred Nötzel, Leiter der Oberstaatsanwaltschaft München I, die Strafverfolgungsphilosophie seiner Behörde.[496] Würde man ihn beim Wort nehmen, schimmert da ein fragwürdiges, wenn nicht gar rechtswidriges Strafverfolgungsverständnis durch. Es untergräbt die Unschuldsvermutung und ignoriert praktisch die Schwelle eines „hinreichenden Tatverdachts" für die Anklage (§ 170 Abs. 1 StPO) bzw. ihre Zulassung zur Hauptverhandlung (§ 203 StPO). Die zahlreichen gescheiterten Anklagen bei der Aufarbeitung der Bankenkrise, gegen die Ex-Porsche-Bosse Wiedeking und Härter, gegen fünf Vorstände der Deutschen Bank in der Causa Kirch und gegen den früheren Bundespräsidenten Wulff wirken im Rückblick wie juristische Testläufe ohne Rücksicht auf die Angeklagten, die jahrelang auf den Prozess warten und monatelang auf der Anklagebank sitzen mussten, bevor sich herausstellte, dass strafrechtlich so gut wie nichts gegen sie vorlag.[497] Außerdem wurden diese Anklagen ohne Rücksicht auf einen verantwortungsvollen Umgang mit den personellen Ressourcen der Staatsanwaltschaft erhoben. Das eine oder andere Ermittlungsverfahren mag ex ante legitim gewesen sein, auch die eine oder andere Anklage. Aber in allen genannten Verfahren gab es Punkte, an denen die Verfolger die weiße Fahne hätten hissen müssen, um die Angeklagten und den eigenen Apparat zu schonen. Der Maßstab des Stuttgarter Oberstaatsanwalts Hans Richter, bei „großen Namen dieselben angemessenen Urteile zu bekommen wie bei unbekannten Kriminellen", hat in der Wirtschaftskriminalität in einigen Fällen zu überzogenem Verfolgungseifer und falschen Prioritäten in der Strafverfolgung geführt.[498] Die sehr starke Belastung der Abteilungen für Wirtschaftskriminalität ist zum Teil selbst verschuldet und geht auf Kosten einer intensiveren Verfolgung der stark angestiegenen Zahl von Wohnungseinbrüchen, Kraftfahrzeug- und Fahrraddiebstählen, für die angeblich das Personal fehlt.

Der Deutsche Richterbund und die Neue Richtervereinigung haben sich bisher nicht um das Thema der ungenutzten Binnenreserven in der Justiz gekümmert und sich stattdessen auf das litaneiartige Wiederholen ihrer Forderung nach mehr

Personal beschränkt. Dieses Versäumnis entzieht ihrem Werben um mehr Selbstverwaltung in der Justiz den Boden.[499]

Verhängnisvoll: Richter in eigener Sache

Seit 2004 eröffnet das Deutsche Richtergesetz den Landesjustizverwaltungen die Möglichkeit, Anwälte als ehrenamtliche Beisitzer in Richterdienstgerichten mitwirken zu lassen (§ 77 Abs. 2 DRiG). Motiv für die Gesetzesinitiative des Landes Baden-Württemberg war, bei Richterdienstgerichten dem „eventuell entstehenden Eindruck der ‚Kameraderie'" vorzubeugen und dem „Anschein der Berufskumpanei" entgegenzutreten.[500] Dieses Bild entsteht leicht, weil in den Dienstgerichten ausschließlich Richter über Richter befinden.

Allein Baden-Württemberg hat bisher von dieser Option Gebrauch gemacht. Das ist bedauerlich. Denn die Tatsache, dass über dienstliche Belange von Richtern allein Richter zu Gericht sitzen, ist ein Ärgernis, das sich allerdings nicht auf die Dienstgerichtsbarkeit beschränkt. Überall, wo Richter in der Vergangenheit über Richterinteressen zu entscheiden hatten, besteht der verhängnisvolle Eindruck, dass sie ihre Macht teilweise missbraucht haben – zum Schutz der Eigeninteressen und zulasten des Gemeinwohls. Die Liste von Rechtsgebieten, in denen bei der Rechtsfindung Rücksicht auf Standesbelange durchschimmert oder dominiert, ist lang. Eine Auswahl: Verhängnisvoll ist die überzogene Rechtsprechung zur Unabhängigkeit, die Richter gegenüber der Gerichtsverwaltung nahezu unantastbar gemacht und ihnen ein Bündel von Privilegien beschert hat, die es in keinem anderen Beruf gibt. In ihrem Kielwasser ist die Dienstaufsicht zu einem stumpfen Schwert verkümmert, was sich vor allem gegenüber Geringleistern negativ auswirkt. Die Zugriffsmöglichkeiten der Gerichtsverwaltung sind beschränkt, die Sanktionen zu milde. Die Zahl der dienstrechtlichen Verfahren tendiert inzwischen gegen Null.

Verhängnisvoll ist die Rechtsprechung zum Recht auf fast freie Wahl der Arbeitszeit und des Arbeitsplatzes. Sie untergräbt die Glaubwürdigkeit der Behauptung, dass Richter hart arbeiten, und schadet der Akzeptanz der Arbeitswelt Justiz in Politik und Rechtsgemeinschaft. Mit der Rechtsprechung verteidigen die Bundesrichter zugleich ihre eigenen Interessen. Mit Ausnahme der Vorsitzenden, die am Gerichtsort präsent sein müssen, verbringt ein großer Teil der Bundesrichter nur zwei bis drei Tage in der Woche in Karlsruhe, Kassel, Erfurt, Leipzig oder München.

Verhängnisvoll ist die restriktive Rechtsprechung des Bundesgerichtshofs zur Strafbarkeit von Staatsanwälten und Richtern wegen Rechtsbeugung (§ 339 StGB). Fast alle Verfahren sind wie das Hornberger Schießen ausgegangen, entweder mit der Weigerung zu ermitteln, Nichteröffnung von Hauptverhandlungen oder mit Freisprüchen.[501] Nach der Rechtsprechung soll ein Beugen des Rechts nur vorliegen, wenn sich ein Richter „bewusst und in schwerwiegender Weise von

Recht und Gesetz entfernt", oder er sich „in elementarer und völlig unvertretbarer Weise über Rechteregeln hinwegsetzt".[502] Diese Voraussetzungen nachzuweisen, ist praktisch nur in krassen Ausnahmefällen möglich. Durch die „Hochstufung des Tatbestandes in einen bewussten Angriff auf das Recht als Ganzes" und den Zusatz einer „völligen" Unvertretbarkeit wird erkennbar, dass die Rechtsprechung vor allem das Ziel hat, Staatsanwälte und Richter vor Ermittlungsverfahren wegen Rechtsbeugung zu schützen. Nach Ansicht des Bundesrichters Thomas Fischer „wirken die formelhaften Einschränkungen" bei der Auslegung des objektiven und subjektiven Tatbestandes „an den Haaren herbeigezogen und letztlich willkürlich täterfreundlich".[503] Für Bemman/Seebode/Spendel ist dem § 339 StGB seine „zentrale rechtsstaatliche Stellung genommen", weil die „Einschränkung des Tatbestandes erheblich ... und zugleich unberechenbar" ist.[504]

Wozu diese Rechtsprechung führen kann, zeigt die gescheiterte strafrechtliche Aufarbeitung der Affäre Mollath. In ihrem Antrag kommt die Staatsanwaltschaft Regensburg zu dem Ergebnis, dass die Rechtsverstöße, die die Mitglieder der Kammer im Verfahren Mollath begangen haben, objektiv den „Tatbestand der Rechtsbeugung" erfüllen, weil unter anderem das „schriftliche Urteil" an mehreren Stellen vom „Ergebnis der Hauptverhandlung" abweicht. Dieses Verdikt blieb jedoch folgenlos. Auch das von Rechtsanwalt Strate angestrengte Klageerzwingungsverfahren gegen den Amtsrichter Armin Eberl wegen Rechtsbeugung und schwerer Freiheitsberaubung verpuffte. Strates Hauptargument: Eberl habe Mollath im Widerspruch zur Rechtsprechung des Bundesverfassungsgerichts zur Exploration in ein psychiatrisches Krankenhaus eingewiesen. Das Oberlandesgericht München ließ den Amtsrichter nicht im Regen stehen: Die einschlägige Entscheidung des Bundesverfassungsgerichts möge vielfach veröffentlicht und kommentiert worden sein. Das beweise aber nicht, dass der Amtsrichter sie auch gekannt habe.[505] Anwalt Strate spitz: „Kenntnis" der Rechtsprechung des Bundesverfassungsgerichts „ist bei einem Richter in Bayern nicht vorauszusetzen": „Jede Beugung des Rechts ist damit frei von Vorsatz", bestenfalls ein „Versehen".[506]

Verhängnisvoll ist, dass auch Verfahren gegen Staatsanwälte oder Richter wegen Strafvereitelung im Amt meist scheitern, weil der § 339 StGB nach der herrschenden Meinung eine Sperrwirkung in der Weise entfaltet, dass ein Staatsanwalt oder ein Richter wegen anderer, im Zusammenhang mit seinem Verhalten verwirklichter Delikte nur dann belangt werden kann, wenn er zugleich eine Rechtsbeugung begangen hat.[507]

Verhängnisvoll ist weiter, dass Amtshaftungsklagen zum Schutz der richterlichen Unabhängigkeit bei einer langen Verfahrensdauer erst greifen sollen, wenn bei „Würdigung der Belange einer funktionstüchtigen Zivilrechtspflege das richterliche Verhalten nicht mehr verständlich ist".[508] 2006 hat der Europäische Gerichtshof festgestellt, dass die Schadensersatzklage nach § 839 BGB kein wirksamer Rechtsbehelf gegen unangemessen lange Zivilverfahren sei. In der Praxis laufe er offensichtlich leer, weil die Bundesregierung nur auf ein erstinstanzliches

Urteil über eine erfolgreiche Schadensersatzklage nach dieser Vorschrift verweisen konnte.[509]

Verhängnisvoll ist letztlich die Rechtsprechung der obersten Bundesgerichte zur Auslegung des Gesetzes gegen überlange Gerichtsverfahren. Sie ist die Hauptursache dafür, dass dem Gesetz jede beschleunigende Wirkung genommen wurde, und Betroffene nur in krassen Ausnahmefällen eine Entschädigung erhalten. In allen Gerichtszweigen haben die Bundesgerichte bei der Dauer der Verfahren den **status quo** mit der „Grundtendenz" festgeschrieben, „potentielle Entschädigungsansprüche zu begrenzen".[510] Zivilrichter werden so lange geschützt, wie ihr Verhalten „bei voller Würdigung ... einer funktionstüchtigen Rechtsprechung nicht mehr verständlich ist".[511] Bei Strafverfahren hat der Bundesgerichtshof Amtsrichtern einen „Beurteilungsspielraum" zugebilligt, der es ihnen erlaubt, ein Verfahren erstaunliche sechs Monate nicht zu bearbeiten.[512] Für das Bundesverwaltungsgericht beginnt die unangemessene Dauer, ähnlich wie beim Bundesgerichtshof, erst dann, wenn sie „sachlich nicht mehr zu rechtfertigen" ist.[513] Das Bundessozialgericht ist zu dem unakzeptablen Schluss gekommen, dass der „Stillstand eines Verfahrens von 12 Monaten" nicht zu entschädigen sei.[514] Diese unvertretbare Rechtsprechung hat der Bundesfinanzhof noch getoppt.[515] Er billige Finanzgerichten eine zweijährige Schonfrist zu, in der sie untätig bleiben dürfen. Klägern sei „zumutbar, bis zu zwei Jahren zu warten", bevor ein Richter beginnt, das Verfahren gezielt zu fördern.

Hinter dieser schlimmen Rechtsprechung zum Gesetz gegen überlange Verfahrensdauer stecken zwei Motive: Alle Richter beim Bundesgerichtshof oder beim Bundesfinanzhof waren einmal Zivil- oder Strafrichter bzw. Finanzrichter. Aufgrund ihrer eigenen Erfahrungen wollen sie ihre Kollegen nicht stärker unter Druck setzen als erforderlich. Und sie wollen ihren Kollegen die Verantwortung für lange Verfahrenslaufzeiten abnehmen, die sie in einem anderen Bereich verorten: in der Politik und der unzureichenden Personalausstattung der Gerichte. Die Rechtsprechung zur überlangen Verfahrensdauer ist nach Meinung des Berliner Fachanwalts für Steuerrecht Martin Wulf auch ein Protest gegen den Gesetzgeber, der sich seine Sache zu leicht gemacht habe: „Wir ordnen per Gesetz an, dass es schneller gehen soll, ohne das Personal aufzustocken."

Der Europäische Gerichtshof für Menschenrechte hat sich vorbehalten, anlässlich neuer Klagen zu prüfen, ob das Gesetz gegen überlange Gerichtsverfahren ausreichenden Schutz gegen sich unangemessen hinziehende Verfahrenszeiten bietet. Ein erstes Warnzeichen hat er aufgestellt. In einem mehrere Jahre währenden Umgangsverfahren hat der Gerichtshof kritisiert, dass es im deutschen Recht keinen wirksamen Rechtsbehelf für einen Elternteil gibt, ein Umgangsrecht mit seinem Kind wirksam durchzusetzen.[516] Es fehle eine Rechtsgrundlage für eine Untätigkeitsbeschwerde und eine Sanktion, wenn Umgangsverfahren zu lange dauern. Nach Ansicht der Straßburger Richter „spricht nichts dafür", dass die „Möglichkeit" einer Entschädigungsklage „eine ausreichend beschleunigende Wirkung" auf Umgangsverfahren mit Kindern habe.[517] Diese Feststellung ist ein

Indiz dafür, dass das letzte Wort über einen ausreichenden Schutz vor überlangen Verfahren noch nicht gesprochen ist – trotz des neuen Gesetzes.

Entscheidungen, die Richter in eigener Sache gefällt haben, dienen fast ausschließlich dem Selbstschutz, der Selbstentlastung und der Sicherung eigener Privilegien. Im Verdacht falsch verstandener Solidarität stehen insbesondere die Richterdienstgerichte. Um den Anschein der Kameraderie zu mindern, sollten alle Landesjustizverwaltungen von der Möglichkeit Gebrauch machen, Anwälte als ehrenamtliche Beisitzer bei Richterdienstgerichten mitwirken zu lassen. Durch ‚Anwaltsöffentlichkeit' kann die Transparenz und damit auch die Akzeptanz der Dienstgerichtsbarkeit gesteigert und ein weiterer Bedeutungsverlust gebremst werden.[518]

Gerichte: Inseln in der Gesellschaft

Bevor Nicole Geffers zur Vorsitzenden Richterin am Hamburger Landgericht befördert wurde, war sie zur Justizbehörde abgeordnet und dort Leiterin der Personalabteilung. In dieser Funktion erhielt sie von Amts wegen eine Visitenkarte. Als sie zum Gericht zurückkehrte, hat sie diese weggeworfen und sich keine neue besorgt. Auf die Frage warum, fragte sie zurück, wozu? Diese kleine Anekdote erhellt blitzlichtartig einen Teil der richterlichen Arbeitswelt. Darin brauchen Richter keinen Kontakt zum Rest der Gesellschaft, um ihren Beruf auszuüben. Sie müssen nicht für sich werben oder sich um Kunden bemühen. Sie bekommen ihre Arbeit jeden Morgen auf den Aktenbock gelegt. Ihre Kommunikation mit der Außenwelt beschränkt sich auf Gespräche mit Parteien, Anwälten, Gutachtern und, bei der Staatsanwaltschaft, mit der Polizei. „Wir müssen nach außen nicht flexibel sein", sagt der Hamburger Landrichter Martin Tonner.

Die Arbeitswelt Justiz ist ohne Parallele in der Gesellschaft. Es ist ein eigener Kosmos, mal „Elfenbeinturm" genannt (so die ehemalige Arbeitsrichterin Birgit Gantz-Rathmann), mal als „Sonderraum" charakterisiert (so der Ex-Präsident des Hamburger Amtsgerichts Heiko Raabe). Selbstkritische Richter wie Tonner finden, dass einige aus seiner Zunft „im eigenen Saft schmoren": „Richter sind Menschen, die Sicherheit suchen. Sie haben deshalb keine Not, sich anderweitig zu orientieren."

Für die ehemalige Bundesverfassungsrichterin Renate Jaeger sind Staatsanwälte und Richter eine „homogene Gruppe bürgerlicher Herkunft mit zu wenig Bodenhaftung, die deshalb auch nicht mehr die ganze Lebenswirklichkeit erfassen". Der ehemalige Bremer OLG Präsident Wolfgang Arenhövel spricht von einer „abgeschotteten Gemeinschaft mit ständischem Bewusstsein, die sich gegen Kritik von außen immunisiert".

Der Grundriss für die besonderen Arbeitsstrukturen in der Justiz ist durch die Unabhängigkeitsgarantie vorgegeben. Richter haben keine Vorgesetzten, die sie anweisen und notfalls entlassen können. Sie können aufgrund eingeschränkter Präsenzpflichten weitgehend selbst bestimmen, wann und wo sie arbeiten. Selbst Freiberufler wie Architekten, Anwälte oder Ärzte arbeiten überwiegend in Büros, Kanzleien oder Praxen. Sie sind im Regelfall telefonisch oder per E-Mail gut zu kontaktieren. Kein anderer Berufsstand kann sich den Luxus erlauben, über viele Stunden am Tage nicht oder nur schwer erreichbar zu sein. An diesem Punkt zeigt sich für Renate Jaeger, dass weite Teile der Richterschaft den „Servicegedanken nicht verinnerlicht haben" – mit Ausnahme der Verwaltungsrichter und ihrer Tradition der Anwesenheit.

In der Arbeitswelt außerhalb der Justiz gilt die Regel, dass besondere Leistungen besonders belohnt werden, meist durch finanzielle Anreize wie Zulagen, Prämien, Boni oder Gehaltserhöhungen. Diesen zentralen Motivationshebel gibt es in der Justiz nicht, weil finanzielle Anreize angeblich nicht mit der richterlichen Unabhängigkeit zu vereinbaren sind. Alle Vorschläge oder Initiativen, wenigstens für gute Leistungen Gratifikationen auszuloben – zum Beispiel Leistungsprämien für Sonderprojekte – sind an der Unabhängigkeitsgarantie zerschellt.[519]

Eine hypertrophe Folge der überzogenen Rechtsprechung zur richterlichen Unabhängigkeit ist, dass die Qualität richterlicher Arbeit nicht direkt bewertet werden darf. Deshalb findet eine Qualitätskontrolle richterlicher Arbeit im Unterschied zu anderen Berufen außerhalb des Rechtsmittelzugs in der Justiz nicht statt. Das mögen viele Justizdiener schätzen, nicht aber ihre Kehrseite: Selbst positive Reaktionen auf ihre Leistungen sind tabu. Das empfinden viele Richter, unter denen etliche unter der Einsamkeit ihres Berufs leiden, als Manko. Die Augsburger Verwaltungsrichterin Katrin Oppelt vermisst „konstruktive Kritik ebenso wie Lob". Die Kasseler Amtsrichterin Astrid Berkenhopf empfindet es als „großes Problem in der Richterschaft, dass es kein feed-back gibt, weder Lob noch Anerkennung".

Neben diesen negativen Binneneffekten produziert die richterliche Unabhängigkeit auch einige fragwürdige Außeneffekte. Nach der Analyse eines ehemaligen Verfassungsrichters „verschütten die hohe Selbständigkeit von Richtern wie in keinem anderen Beruf und ihre Macht die Sensibilität für Zwänge und Abhängigkeiten anderer". Die Fähigkeit, die wirkliche Welt außerhalb der Justiz wahrzunehmen, schrumpft.

Das gilt sicher nicht für die zahllosen Richter, die sich außerhalb ihres Berufes in Sportvereinen oder NGO'S, in Parteien oder in der Kommunalpolitik engagieren. Es gilt aber für eine andere Gruppe von Richtern, die durch ängstliche Persönlichkeitsstrukturen auffallen. Die stehen sich manchmal selbst im Wege, wenn sie meinen, eine Einladung zum Polizeifest oder zur Ombudsfrau der Bahn nicht annehmen zu können, weil die rechtlich gebotene Distanz zu den Parteien ihnen diese Kontakte zur Gesellschaft angeblich verbietet. Eine „berufsideologisch verzerrte Problemperzeption im Sinne einer übertriebenen Sensibilität", diagnostiziert Schulze-Fielitz hier.[520]

Die macht sich in einer anderen unterentwickelten Eigenschaft der Richterschaft bemerkbar: der **mangelnden Fähigkeit zur Selbstkritik**. Oder ihre Kehrseite: eine übertriebene Selbstgerechtigkeit.[521] Einige Beispiele: Jahre nach dem Fehlurteil in der Justizaffäre Mollath gab der Vorsitzende Richter Otto Brixner zu Protokoll: „Die ganze journalistische Aufregung geht vollkommen an der Sache vorbei. Nichts hat das Gericht zurückzunehmen."[522] Erschreckend auch der Mangel an Einsicht beim Memminger Richter Hans-Jörg Straßer, dessen Kammer Dieter Gill unschuldig zu sieben Jahren wegen Vergewaltigung seiner Tochter verurteilt hatte. Nach Jahren hatte diese gestanden, den Vergewaltigungsvorwurf erfunden zu haben. Am Morgen nach dem Freispruch durch eine andere Kammer des Landgerichts Memmingen rief Straßer das Justizopfer Gill an und bat um ein Treffen, weil sie ein „gemeinsames Schicksal" verbinde.[523] Nicht etwa, um sein Urteil zu bedauern oder sich gar zu entschuldigen, sondern, wie sich später herausstellte, um sein Fehlurteil „in der „Maske der Anteilnahme" (Verteidiger Johann Schwenn) zu rechtfertigen. In einem Interview mit dem Allgäuer Anzeigenblatt behauptete der Richter kurz darauf, dass der Bundesgerichtshof ihm im Revisionsverfahren eine rechtsfehlerfreie Arbeit attestiert habe. Die Hauptursache des Fehlurteils – die falsche Bewertung der belastenden Aussage der Tochter – und die menschliche Tragödie Gills erwähnte er mit keinem Wort.

In Hamburg machte monatelang der Tod des Pflegekindes Yagmur Schlagzeilen. Nur wenige Monate, nachdem die zuständige Staatsanwältin das Verfahren gegen die Kindeseltern und die Pflegeeltern wegen Kindesmisshandlung eingestellt hatte, wurde das dreieinhalbjährige Mädchen getötet. Auf die Frage im Untersuchungsausschusses, was sie rückblickend anders machen würde, antwortete die Staatsanwältin: „Mir würde nichts einfallen".[524]

In der Richterschaft gibt es, so Wolfgang Hoffmann-Riem, eine „hohe Empfindlichkeit gegenüber dem Ansehen des Standes", die dazu führt, dass „manche Richter Kritik schwer vertragen können". Der Strafverteidiger Johann Schwenn: „Es gibt keine Bereitschaft, über die eigenen Schlechtleistungen oder auch nur die der Kollegen zu reden."[525] „Die Justiz muss die richtigen Wege und Worte finden, um mit eigenen Fehlern umzugehen", moniert der Redakteur der Frankfurter Allgemeinen Zeitung Reinhard Müller.[526] Die Hauptursachen: Richter meinen, dass ihre Autorität und ihr Unfehlbarkeitsanspruch durch das Eingestehen von Fehlern leiden könnten. Sie haben sich außerdem noch nicht an den rauen Wind gesellschaftlicher Auseinandersetzung gewöhnt. Die meisten sind der Auffassung, dass sie nur durch ihre Urteile sprechen dürfen und deshalb nicht am gesellschaftlichen Diskurs teilnehmen müssen. Öffentliche Kritik kränkt sie leicht und verletzt nach verbreiteter Meinung ihre Unabhängigkeit: Richterschelte gehört sich nicht.

Dieser Charakter der Justiz als einer **Insel in der Gesellschaft**, in der andere Regeln und Abläufe gelten als auf dem Festland, hat sich in den letzten Jahren durch einen **Prozess der Selbstisolierung** verstärkt. Durch die zum Teil erbitterte Debatte über zu niedrige Besoldung und zu hohe Belastung hat sich die Kluft zwischen

Justiz und Politik in einigen Bundesländern vertieft. Staatsanwälte und Richter igeln sich in einer Gesellschaft ein, in der sie sich nicht hinreichend wertgeschätzt und häufig missverstanden fühlen. Bei einer Diskussion des NRW-Richterbundes im April 2016 zum Thema „Dritte Staatsgewalt oder fünftes Rad am Wagen?" schimmerte unter den 230 Staatsanwälten und Richtern eine zum Teil feindselige Haltung gegenüber Medien und Politik durch. Eine Woche vor der Jahreshauptversammlung hatte das Landgericht Duisburg es abgelehnt, das Hauptverfahren gegen Verantwortliche der Stadt Duisburg im Zusammenhang mit der Loveparade-Katastrophe zu eröffnen. Die Entscheidung war in Medien und Politik, bei Opferanwälten und der Polizei auf zum Teil harsche Kritik gestoßen. Wer in der Diskussion die Reaktionen der Presse als „unterirdisch" oder „überzogen" bezeichnete, erntete starken richterlichen Beifall. Unmut richtet sich auch gegen Ministerpräsidentin Hannelore Kraft. Die hatte sich nach dem Beschluss des Landgerichts Duisburg zu Wort gemeldet: Sie achte „selbstverständlich die Unabhängigkeit der Justiz", „als Mensch" falle es ihr aber „außerordentlich schwer, diesen Beschluss zu begreifen". Das war für einen Teil der Richterschaft schon zu viel der Kritik, ungeachtet der Tatsache, dass die massivste Breitseite gegen die Nichteröffnung aus der Justiz selbst kam, nämlich von der Duisburger Staatsanwaltschaft. Sie hatte den Beschluss des Landgerichts in einer Presseerklärung als „nicht nachvollziehbar und rechtsfehlerhaft" bezeichnet. Aber das kümmerte die anwesenden Staatsanwälte und Richter von Rhein und Ruhr nicht. Näher liegt es, auf Politik und Medien einzuprügeln, die bei einem Teil der Richterschaft zu Feindbildern geworden sind. Ein Hauch von Bunkermentalität gedeiht da: wir hier drinnen, ihr da draußen. Eine unheilvolle Entfremdung zwischen Justiz und Gesellschaft.

Die Richterschaft muss begreifen, dass Politik und Medien ihre Arbeit kritisieren dürfen, und ihre Unabhängigkeit sie davor nicht schützt. Sie sollte sich offener und dialogbereiter zeigen. Und sie sollte auf Angriffe gelassener reagieren, sich ein dickeres Fell zulegen und sich öffentlich wehren, wo sie es als angezeigt erachtet.

Die Justiz ist auch als Verfassungsorgan eine Einrichtung, die sich in der Mediengesellschaft um Ansehen und Akzeptanz bemühen muss. Das geht nur durch **aktive Kommunikation**. Hier gibt es noch Nachholbedarf – trotz einer in den letzten Jahren verbesserten Arbeit der Pressestellen. Die Justiz hat noch nicht verinnerlicht, dass auch sie im Wettbewerb mit anderen Institutionen steht. Am deutlichsten spüren das die Zivilgerichte durch die Konkurrenz von Schlichtungsstellen, Schiedsgerichten und Ombudsmännern. Sich darauf auszuruhen, dass die Justiz einen Verfassungsauftrag hat, reicht nicht mehr.

Justiz: ein Verfassungsorgan am Rande der Gesellschaft

„Justiz im Zentrum der Gesellschaft", lautete das Thema eines Festvortrages, den Wolfgang Ewer, Präsident des Deutschen Anwaltvereins, beim Festakt zum 50-jährigen Jubiläum des Schleswig-Holsteinischen Richterbundes gehalten hat. Seine

These: Zwar komme der Judikative „objektiv eine uneingeschränkt zentrale Rolle für unsere Staats- und Gesellschaftsordnung" zu, die werde aber von „Teilen der Öffentlichkeit und der Politik ... nicht hinreichend zur Kenntnis genommen". Die Folgen hat er mit einem Satz des Schweizer Kapuziners Erwin Benz beschrieben: „Wer nicht im Zentrum steht, ist Randfigur oder Eckstein." Als solche Randfiguren empfinden sich mittlerweile etliche Staatsanwälte und Richter. Zu ihnen gehört der Wuppertaler Landrichter Karsten Bremer: „Die Justiz fühlt sich von der Politik an den Rand der Gesellschaft gedrängt. Es fehlt an Wertschätzung. Sie wird als eine Art notwendiges Übel betrachtet. Sie soll nicht mächtiger sein als unbedingt notwendig." Sein Wuppertaler Kollege Helmut Leithäuser hat den Eindruck, dass Richter als „lästig und störend wahrgenommen werden". Der Hamburger Amtsgerichtspräsident Hans-Dietrich Rzadtki kommt zu dem Ergebnis, dass der „besondere Wert der Dritten Gewalt für unsere Gesellschaft zu oft aus den Augen verloren wird". Das gilt nach seiner Empfindung nicht nur für die Politik, sondern für die gesamte Öffentlichkeit. Dort werde die Justiz „durch verkürzende Berichterstattung oft nicht richtig wahrgenommen". Sprechen hier Personen mit einem verletzen Selbstbewusstsein oder sind ihre Klagen berechtigt? Und: Geben sie die Stimmung in allen Bundesländern wieder oder nur in einigen?

In Bayern, Hessen, Rheinland-Pfalz, Niedersachsen und Schleswig-Holstein scheint das Klima zwischen Politik und Justiz relativ entspannt zu sein, mal weniger, mal mehr. Gestört bis zerstört ist es hingegen in Berlin, Bremen, Baden-Württemberg, Hamburg, Mecklenburg-Vorpommern und Nordrhein-Westfalen. Hier ist das Verhältnis mit einer schweren Hypothek belastet: einer „ausgeprägten Kultur des gegenseitigen Misstrauens", wie Wolfgang Hoffmann-Riem in seiner Zeit als Hamburger Justizsenator festgestellt hat.[527] Er führt es auf eine Kette von „wechselseitigen Enttäuschungen und Schuldzuschreibungen" zurück. Die Politik ärgert, dass von der Justiz kaum Impulse für ihre Modernisierung gekommen sind, und sie von „Ministern zur Reform getragen, manchmal auch getrieben werden musste".[528] Und die Justizministerien verdrießt, dass die Richterschaft und ihre Lobbyverbände bis heute die Auffassung vertreten, alle Probleme ließen sich nur durch mehr Stellen bewältigen. Richter wie der Hamburger Landrichter Jan Becker werfen umgekehrt der „Politik vor, dass sie vielfach keine Ahnung hat von dem, was wir machen". Und die Justizdiener können auf eine Reihe von Indizien für einen Ansehens- und Bedeutungsverlust in Politik und Gesellschaft verweisen.

Da ist zunächst die niedrige Besoldung in einigen Bundesländern, die nach Ansicht von Staatsanwälten und Richtern im Widerspruch zu ihrer verfassungsrechtlichen Stellung, ihren guten Noten und den hohen Anforderungen an ihre Arbeit steht. Einen Beleg für Geringschätzung sehen sie in der zeitversetzten Übernahme von Tarifverträgen des öffentlichen Dienstes in einigen Bundesländern, für Justizjuristen eine Benachteiligung gegenüber Krankenschwestern und Müllmännern. „Wertschätzung sieht anders aus", lautet der Standardkommentar aller Richterlobbyisten zu dieser Ungleichbehandlung.

In der ersten Hälfte des 20. Jahrhunderts hatten Gerichtsgebäude eine gewisse Macht und Repräsentativität auszustrahlen. Und sie lagen früher in oder in der Nähe der Innenstädte. Wenn Gerichte in Gebäuden untergebracht sind, die wie Banken oder Versicherungen aussehen, und an der Peripherie liegen, sagt das für den Präsidenten des Bundesfinanzhofs Rudolf Mellinghoff etwas über den „Stellenwert einer Institution" aus. Trotz aller Fortschritte in den letzten Jahren – Neubauten, Renovierungen, bessere Büroeinrichtung – sind zahlreiche Sünden der Vergangenheit noch heute zu besichtigen. Das Verwaltungsgericht Berlin hat seinen Sitz in Moabit in einem Bürogebäude mit dem Charme eines Ortsamtes. Das Amtsgericht Hamburg Wandsbek verhandelt in einer umgebauten Arrestanstalt. Die Amtsrichter in Schwerin haben einen Container aus der Wendezeit noch nicht verlassen, bei dem es hin und wieder durchregnet. In Schwerin teilen sich das Sozial- und Verwaltungsgericht am Rande der Stadt ein Bürogebäude mit einem „Facharzt für Allgemeinmedizin" und einem „Systemhaus für Netzwerke und Systemlösung". Den Eingang zur Staatsanwaltschaft Rostock findet man eingeklemmt zwischen dem Fitnessclub „Miss Sporty" und einer Filiale der HUK-Coburg Versicherung. Solche Behausungen werden dem Stellenwert der Justiz nicht gerecht. Deutlich repräsentativer residiert die Justiz in Bayern, neben der bundesweit höchsten Besoldung ein weiteres Zeichen für die Wertschätzung, die die Justiz im Freistaat genießt.

Als Zumutung empfinden vor allem ältere Staatsanwälte und Richter, dass sie in den letzten Jahren in erheblichem Umfang Aufgaben von Geschäftsstellen und Wachtmeistern übernehmen mussten. Dass hochqualifizierte Rechtsanwender ihre Vermerke und Urteile selbst schreiben, in einigen Gerichtszweigen Protokoll führen oder Akten transportieren müssen, erzürnt eine Zunft mit dem Anspruch, einen besonderen Auftrag in Staat und Gesellschaft auszuführen. Dass die Justiz damit nur einen allgemeinen Trend in Wirtschaft und Verwaltung nachvollzieht, bei der Zuarbeit und im Unterbau zu sparen, kümmert die Justizjuristen nicht.

Als Missachtung empfinden Richterverbände, wenn sie Briefe an Erste Bürgermeister oder Ministerpräsidenten mit der Bitte um Gespräche schreiben, von denen aber kühl auf die Zuständigkeiten von Justizsenatoren bzw. -ministern verwiesen werden. Diese Zurückweisungen könnten die Lobbyisten vermeiden, wenn sie ihre Bedeutung nicht überschätzen und die politische Kleiderordnung besser kennen würden. Ansprechpartner für Verbände sind immer zunächst die Fachminister. Dass sich Ministerpräsident Seehofer einmal mit ein paar Richtern und Staatsanwälten getroffen hat, ist eine absolute Ausnahme und ging auf seine Initiative zurück. Nachdenklicher muss einen da schon stimmen, dass beim 21. Deutschen Richtertag 2014 in Weimar nur fünf Landesjustizverwaltungen mit Staatssekretären vertreten waren, elf hingen nicht. Das ist auch eine Botschaft an den Richterbund: Er ist als Gesprächspartner zwar unverzichtbar, aber nicht sehr geschätzt.

Die Justiz, darüber besteht Einvernehmen, hat keine Lobby. Richter und Staatsanwälte sind keine wahlentscheidende Gruppe und deshalb kein politischer Machtfaktor, dessen Gunst zu erhalten sich lohnt. In vielen Landeskabinetten sind, da ist Richterbundchef Christoph Frank beizupflichten, „Justizminister Randfiguren ohne politischen Einfluss". Während einer Podiumsdiskussion des Bremischen Richterbundes hat der Staatsrat der Justizbehörde Matthias Stauch offen davon gesprochen, dass er einen „Randbereich" vertrete. Bei Kabinettsbildungen gehören die Posten von Justizministern zur Verteilungsmasse für Geschlechterproporz und kleine Koalitionspartner. Deshalb finden sich unter den Justizverantwortlichen relativ viele Frauen, Grüne und Liberale, in der Regel politische Leichtgewichte, die sich zwar für die Justiz einsetzen, sich aber im Kabinett selten durchsetzen.

Um politisches Gewicht und Gestaltungsmöglichkeiten zu vergrößern, gibt es in den Bundesländern einen Trend, das Ressort Justiz um andere Zuständigkeiten zu erweitern und damit seinen Rang als klassisches Ressort zu relativieren. Beliebt sind Ergänzungen um Zuständigkeiten für Verbraucherschutz und Gleichstellung. In einigen Ländern ist die Justiz nur noch Teil eines „Ministeriums für Allerlei".[529] In Baden-Württemberg hat die grün-schwarze Koalition ein Bauchladen-Ressort für „Justiz, Europa und Tourismus" geschaffen. In Schleswig-Holstein gibt es ein Ministerium für „Justiz, Kultur und Europa", in Thüringen eines für „Migration, Justiz und Verbraucherschutz". In Bremen kümmert sich Senator Martin Günthner in einer Doppelzuständigkeit mehr um „Wirtschaft, Arbeit und Häfen" als um „Justiz und Verfassung". Immerhin: In neun Bundesländern hat Justizministerien als klassische Ressort überlebt.

Alarmierend ist der Befund, dass alle Richter, deren Gerichtszweige noch beim Arbeits- und Sozialministerium, Innenministerium und Finanzministerium ressortieren, auf keinen Fall dem Justizressort unterstellt werden wollen. Dort wähnen die Richter weniger Geld und Einfluss. Das geringe politische Gewicht der Dritten Gewalt spiegelt sich ferner in den Sparplänen der einen oder anderen Landesregierung wider: wenn sie in Baden-Württemberg die Polizei von Personaleinsparungen ausnimmt, nicht aber die Justiz; wenn der Hamburger Senat beim Ansetzen des Rotstifts Bildung, Polizei und Feuerwehr zum Schonraum erklärt, nicht aber die Justiz. Diese Zurücksetzung will nicht in die Köpfe von Staatsanwälten und Richtern. „Die Aburteilung schwer krimineller oder psychisch kranker Straftäter zum Schutz der Bevölkerung ist mindestens ebenso wichtig wie ein funktionierendes Schul- und Gesundheitssystem", schrieben 69 Strafrichter im April 2015 an den Hamburger Justizsenator Till Steffen.

Neues Gewicht hat die Justiz ironischerweise erst wieder durch die Flüchtlingskreise bekommen. Sie wird wieder gebraucht – bei der Betreuung unbegleiteter Minderjähriger, bei der Bekämpfung der Flüchtlingskriminalität und bei der Bearbeitung der neuen Flut von Asylverfahren.

Dass die meisten dieser Proteste in den vergangenen Jahren ohne Echo verhallt sind, liegt auch an den Vorbehalten, die viele Politiker gegenüber der Judikative hegen. Aus Gesprächen mit Abgeordneten und Ministerialbeamten weiß Axel Peters, Vorsitzender des Richterbundes in Mecklenburg-Vorpommern, dass die „Politik keine gute Meinung von Richtern hat". Die Gründe: Die Richter sollen mehr arbeiten, die Arbeit gerechter verteilen und sich besser organisieren. Politiker bezweifeln, ob Staatsanwälte und Richter wirklich hart arbeiten. „Die Arbeitswelt der Justiz provoziert draußen Neid, Missgunst und Missverständnisse", weiß die Augsburger Verwaltungsrichterin Oppelt.

Ein weiterer Faktor des Verdrusses ist die nach Meinung der Politiker die überzogene richterliche Unabhängigkeit.[530] Sie hat zur Folge, dass die Politik die Justiz nicht beeinflussen kann. Auch wegen dieser Ohnmacht werden Richter von Politikern „nicht gemocht", mutmaßt die Hamburger Familienrichterin Inka Bluhm. Ein Indiz für diese These ist, dass Thomas de Maizière als Kanzleramtschef sein Unbehagen über Fehlentwicklungen bei der richterlichen Unabhängigkeit sogar bei einem Festakt des Deutschen Richterbundes anlässlich seines 100. Geburtstages öffentlich zum Ausdruck gebracht hat. Er kritisierte, dass die „Berufung auf richterliche Unabhängigkeit manchmal übertrieben" wird: „Dazu gehört nicht die Selbstbestimmung über den richterlichen Bleistift oder Computer. Und der Präsident eines Gerichts darf einen Richter auch zu mehr Fleiß mahnen, ohne dass dessen Unabhängigkeit in Gefahr ist."[531] Der Berliner Justizsenator Thomas Heilmann ärgert sich, dass die „Dienstaufsicht ein untaugliches Mittel ist, Dinge zu verändern". Und Unmut erregt in der Politik die mangelnde Bereitschaft von Richtern, in andere Gerichtsbarkeiten zu wechseln, wenn Gerichte durch sinkende bzw. steigende Eingangszahlen über- bzw. unterbesetzt sind.

Auch in der Bevölkerung und in den Medien vermisst die Justiz ausreichende Unterstützung. Wilhelm Tappert, Vorsitzender Richter am Landessozialgericht Mainz, meint, dass „zunehmend respektlos über Gerichte berichtet wird", zum Beispiel mit „wenig Verständnis" und „meist mit Kopfschütteln" über Besoldungsforderungen der Richter.[532] Und Friedrich-Joachim Mehmel, Präsident des Oberverwaltungsgerichts Hamburg, stellt fest, dass „sich die Gesellschaft allzu häufig nicht bewusst ist, welch hervorragende Bedeutung die Justiz für das Funktionieren und den Zusammenhalt der Gesellschaft hat".

Für die These, dass Medien negativer über die Dritte Gewalt berichten als noch vor Jahren, gibt es keine empirischen Belege. Aber: Es sprechen etliche Indizien für die Meinung des Frankfurter Strafrechtsprofessors Matthias Jahn, dass die „Justiz im Bewusstsein der Bevölkerung nicht allgegenwärtig und auch nicht populär" ist. Es engagieren sich zum Beispiel keine Bürgerinitiativen für die Judikative. Und die sinkenden Eingangszahlen in allen Gerichtszweigen, mit Ausnahme der Sozialgerichtsbarkeit, sind Fingerzeige dafür, dass die Akzeptanz der Gerichte als Konfliktlöser unter den Bürgern gesunken ist. Der Gang zum Gericht wird, wenn irgend möglich, vermieden.

Fazit: Das Bundesverfassungsgericht und die obersten Bundesgerichte gehören zum Zentrum unserer Gesellschaft, wie Umfragen und kontinuierliche Berichterstattung in den Medien zeigen. Die unteren Instanzen sind an den **Rand der Gesellschaft** gerückt. Die partiell erbärmliche Unterbringung der Justiz, die teilweise Verlagerung der Geschäftsstellenaufgaben auf Staatsanwälte und Richter, die relativ niedrige Besoldung in einigen Bundesländern, das Fehlen einer politischen Lobby, der geringe Rang der Justizminister am Kabinettstisch und die Benachteiligung der Dritten Gewalt bei der Verteilung von Haushaltsmitteln gegenüber anderen Bereichen des öffentlichen Dienstes in einigen Bundesländern sprechen dafür, dass die Dritte Gewalt keine **Sonderrolle**, sondern nur noch eine **Nebenrolle** in Politik und Gesellschaft spielt.

Da dieser Befund im Widerspruch zur verfassungsrechtlichen Stellung der Dritten Gewalt steht, muss das gestörte bis zerstörte Verhältnis zwischen Justiz und Politik in einigen Bundesländern repariert werden. Dafür müssen beide Seiten aufeinander zugehen. In der Richterschaft gehört dazu die Einsicht, dass das larmoyante Wiederholen von Forderungen nach höherer Besoldung und niedrigerer Belastung wenig bewirken wird, wenn nicht gleichzeitig die Bereitschaft wächst, Privilegien am Arbeitsplatz infrage zu stellen und sich für die Gesellschaft zu öffnen: durch mehr Präsenz im Gericht, bessere Erreichbarkeit, effizienteres Arbeiten und stärkere Kommunikation mit der Gesellschaft. Und die Politik muss erkennen, dass sie die Justiz über Jahre stiefmütterlich behandelt hat. Sie hat die Besoldung marktkonform an Angebot und Nachfrage ausgerichtet, statt an der Amtsangemessenheit. Und sie hat überwiegend nicht anerkannt, dass die Verfahren in Teilbereichen der Justiz umfangreicher und komplexer geworden sind. Der Schlüssel für die Wiederannäherung von beiden Seiten: Selbstkritik.

Anmerkungen

[1] Monika Nöhre ist im August 2015 als Kammergerichtspräsidentin ausgeschieden. Das kommt in der Darstellung nicht zum Ausdruck. Wegen der Entstehungszeit des Buches von Herbst 2013 bis Frühsommer 2016 hat sich der Verfasser aus Gründen der Übersichtlichkeit entschieden, Interviewpartner durchgängig mit der Funktion zu bezeichnen, die sie zurzeit der Interviews hatten (bundesweit bekannte Personen ausgenommen).

[2] Journalistischer Praxis entsprechend werden Vornamen in einem Kapitel immer nur einmal genannt und dann aus Gründen der besseren Lesbarkeit weggelassen. Es kann also dadurch vorkommen, dass Personen mal mit, mal ohne Vornamen genannt werden.

[3] Aus Gründen der Lesbarkeit wird in diesem Buch nur die männliche Form von Richter oder Staatsanwalt verwendet, Richterinnen und Staatsanwältinnen sind selbstverständlich mitgemeint.

[4] Vgl. S. 11 f., 14.

[5] Widersprüche eingelegt und Klagen erhoben wurden vor allem in den Bundesländern Berlin, Hamburg, Bremen, Nordrhein-Westfalen, Schleswig-Holstein und Rheinland-Pfalz. Am 1. Januar 2012 waren in Berlin 445 Richter und Staatsanwälte rechtlich gegen ihre Besoldung vorgegangen, 25 Prozent aller Justizjuristen der Stadt.

[6] Roland Rechtsreport 2014, S. 6, 7, 11.

[7] Roland Rechtsreport 2015, S. 12 (63 Prozent der Bundesbürger haben sehr viel oder ziemlich viel Vertrauen).

[8] BRV-Nachrichten Januar 2014, S. 6.

[9] Süddeutsche Zeitung vom 24. Augst 2016, S. 5.

[10] Dem Verfasser ist bekannt, dass die Vergleiche des Justizbarometers mit großer Vorsicht zu genießen sind, da die Datenerhebung nicht europaweit standardisiert ist und die Datenbasis unvollständig und unzuverlässig ist. Solange keine besseren Daten zur Verfügung stehen, bleibt das EU-Justizbarometer ein wichtiges Informationswerkzeug. Vgl. hierzu Reding und Thein, ZRP 1/2014, S. 30 sowie Calliess, Gutachten zum 70. Deutschen Juristentag, A 33.

[11] Bundesverfassungsgericht vom 5. Mai 2015, 2 BvL 17/09.

[12] Presseerklärung des Deutschen Richterbundes vom 5. Mai 2015.

[13] Presseerklärung des Deutschen Richterbundes vom 5. Mai 2015.

[14] Vgl. S. 14 ff.

[15] Betrifft JUSTIZ 2009, 80.

[16] Festvortrag anlässlich des 50jährigen Jubiläums des Schleswig-Holsteinischen Richterbundes.

[17] ZRP 2014, 92.

[18] Roland Rechtsreport 2014, S. 30.

[19] Roland Rechtsreport 2012, S. 21.

[20] http://solinger-tagesbaltt.de/printstory?p_p_id=DetailedStory_WAE_sortalsuite.;hppt://wz.newsline.de/lokales/wuppertal/besoldungsstreit-zornige-richter-und-ei.

[21] Kölner Stadt-Anzeiger vom 14. Mai 2013.

[22] Spiegel 50/2013, S. 47.

[23] VerfGH NRW, Urteil vom 1.Juli 2014- VerfGH 21/13, Rn. 80.

[24] Weitere Einzelheiten bei Marin W. Huff http://www.lto.de/recht/hintergruende/h/geplante-justizreform-in-rheinland-pfalz-prot…(gelesen am 12. November 2015).

[25] Weser Kurier vom 31. August 2011, S. 1.

[26] http://www.zeit.de/gesellschaft/zeitgeschehen/2015-06/justiz-karriere-strafrechtsperso…(gelesen am 12. November 2015)

[27] Vgl. zu dieser Kontroverse die Protokolle der Bremischen Bürgerschaft, 18. Wahlperiode in der 39.,42. und 43. Sitzung, S. 2707, 2913 und 3017.

[28] Zur neuen Richtergeneration vgl. S. 39 ff.
[29] Vgl. S. 116, 128.
[30] Die Zahlen der Verwaltungsgerichte in Niedersachsen sind nicht berücksichtigt, weil hier durch Massenklagen in zwei Bereichen Sondereffekte ausgelöst wurden, die die Statistik im Vergleich zu den anderen Bundesländern verzerrt.
[31] Dieser Abschnitt beruht auf Gesprächen mit 80 Richtern und 18 Staatsanwälten über ihre Berufswahl.
[32] http://www.nw-news.de/owl/10288912_Der_Justiz_gehen_die_Maenner_aus.html(gelesen am 12. November 2015).
[33] Erfragt wurden vom Verfasser die Anteile von Frauen und Männern in den Gerichten und die Zahl der männlichen und weiblichen Köpfe, die Teilzeit arbeiten an fünf Amtsgerichten (Berlin, Hamburg, Nürnberg-Fürth, Schwerin, Wuppertal), an fünf Landgerichten (Berlin, Hamburg, Nürnberg-Fürth, Schwerin, Wuppertal) an vier Verwaltungsgerichten (Berlin, Hamburg, Schwerin, Augsburg), an sechs Sozialgerichten (Berlin, Hamburg, Nürnberg, Düsseldorf, Schwerin, Cottbus), vier Arbeitsgerichten (Berlin, Hamburg, Wuppertal, Nürnberg) und an sechs Staatsanwaltschaften (Berlin, Hamburg, Nürnberg, Wuppertal, Schwerin, Rostock).
[34] Der Spiegel, 44/2014, S. 45.
[35] Allensbach, Wertvorstellungen der Deutschen 2010, S. 13.
[36] Infratest-Studie 2014, zitiert nach http://www.spiegel.de/unispiegel/studium/studie-studenten-sind-unpo… vom 26. Oktober 2014 (gelesen am 6. Mai 2016).
[37] Spiegel 44/2014, S. 45; Bundesministerium für Bildung und Forschung, Studierendensurvey 2013, AG Hochschulforschung, Universität Konstanz, S. 59.
[38] Tappert, Richterbilder im Wandel der Deutschen Richterzeitung, in: Festgabe 100 Jahre Deutscher Richterbund, S. 395 (416).
[39] Kauffmann, DRiZ 2008, 194 spricht von einer „Pluralität der Richterleitbilder".
[40] Lambrecht, Justiz in den neuen Bundesländern – am Beispiel des Finanzgerichts Berlin-Brandenburg, in: Steuerrecht im Rechtsstaat, Festschrift für Spindler, S. 473 (480).
[41] Hoffmann-Riem, Referat auf dem 64. Deutschen Juristentag, B II/1, S. Q 12 (Q17).
[42] Geiger, DRiZ 1979, 66.
[43] Vgl. hierzu Schmidt-Räntsch, Deutsches Richtergesetz, Kommentar, § 26 Rn. 32 mit weiteren Nachweisen.
[44] BGH NJW 88, 421 ; BGH NJW 1995, 731 (732).
[45] Schilken, JZ 2006, 860 (863).
[46] BGH NJW 731, 731 (732).
[47] BGHZ 113, 36 (40 f.) und das Bundesverwaltungsgericht mit einer etwas anderen Begründung: „Die Nichtanwendung arbeitszeitrechtlicher Vorschriften auf den Richter ist kein subjektives Recht und kein Privileg des Richters, … sondern eine sachlich gebotene institutionelle Vorkehrung gegen vermeidbare Einflussnahme der Verwaltung…auf die Rechtsprechung, BVerwG NVwZ 2006, 1074 (1075). Kritisch zu dieser Rechtsprechung Schilken, JZ 2006, 860 (867)mit weiteren Nachweisen, Wittreck, NJW 2004,3011 (3014 f.) und Schulze-Fielitz, in Grundgesetz, Kommentar, Art. 97 Rn. 35. Die Rechtsprechung des BGH verteidigt Schmidt-Räntsch, Deutsches Richtergesetz, Kommentar, § 26 Rn. 29.
[48] Schulze-Fielitz, in: Grundgesetz, Kommentar, Art. 97 Rn. 30 mit weiteren Nachweisen.
[49] BGH NJW 1988, 421.
[50] Paulsen, Richterliche Unabhängigkeit und neue Steuerungsmodelle, in: Festgabe 100 Jahre deutscher Richterbund, S. 110 f.
[51] BGH NJW 1988, 419 (420).
[52] BGH NJW 1988, 419 (420); Schmidt-Räntsch, Deutsches Richtergesetz, Kommentar, § 26 Rndr. 39.
[53] Schulze-Fielitz warnt vor einer „berufsideologischen verzerrten Problemperzeption i.S. einer übertriebenen Sensibilität", in: Grundgesetz, Kommentar, Art. 97 Rn. 35. Wittreck erkennt „unvermeidliche Akzeptanzprobleme", NJW 2004, 3011 (3015). Auf die Folgen für die Rechtsprechung wird in einem gesonderten Kapitel eingegangen S. 64 ff.

54 Götz von Olenhusen, AnwBl 7/2014, 568 (570); vgl. hierzu auch Calliess, Gutachten zu 70. Deutschen Juristentag, A 93.
55 Antwort des Senats auf eine Kleine Schriftliche Anfrage des Abgeordneten Richard Seelmaecker, Bürgerschaftsdrucksache 21/1343, S. 3.
56 Kritisch zu dieser Rechtsprechung auch Calliess, Gutachten A zum 70. Deutschen Juristentag, A 64 ff.
57 Vgl. hierzu die Seiten und die verhängnisvolle Rolle, die dabei Konkurrentenklagen spielten S. 60 ff.
58 Vgl. zu den rechtlichen Schwierigkeiten der Dienstaufsicht im Umgang mit Geringleistern S. 56 ff. und 67 ff.
59 In diesem Zeitraum gab es in Sachsen 27 Konkurrentenklagen, knapp die Hälfte davon allerdings von Staatsanwälten, die nicht aufsteigen, sondern nur auf die Richterbank wechseln wollten.
60 VG Frankfurt vom 3. Dezember 1999, Az.: 9 G2355/99, in: Betrifft JUSTIZ 61/2000, 216 f.
61 Hien, DVBL 2004, 909 (911).
62 BVerwG vom 22. November 2012, Az. 2 VR 5/12, S. 1 und S. 5 Rn. 19.
63 Ursula Knapp, Hausgemachte Schwierigkeiten, in:http://www.lto.de/recht/hintergruende/h/bundesgerichte-konkurrente.vom 9. Oktober 2015 (gelesen am 26. Oktober 2015).
64 Interview mit Bundesjustizminister Maas, DRiZ 1/2015, 20 (21).
65 Das soll nach einem Urteil des OLG Hamm sogar gelten, wenn eine Terminierung dazu führen kann, dass ein Untersuchungsgefangener aus der Haft entlassen werden muss, OLG Hamm vom 14. Juli 2000 Az.: 1 DGH 2/99, iuris. Einen Verweis hält das OLG Hamm dagegen für berechtigt, wenn durch eine bestimmte Terminierung schuldhaft die Entlassung eines Untersuchungsgefangen verursacht worden ist, OLG Hamm vom 13. November 2012, Az.: 1DGJ 1/10, iuris.
66 Vgl. S. 64 ff.
67 Wittreck, Die Verwaltung der Dritten Gewalt, S. 149. Zum Besitz pornographischer Schriften eines Staatsanwalts BVerfG NVuZ 2008, 669. Entfernung aus dem Dienst wegen Überschuldung und spekulativer Geschäfte eines Richters BVerfG vom 8. Dezember 2004 Az.: BvR 52/02.
68 Wittreck, Die Verwaltung der Dritten Gewalt, S. 146 und 149 mit Hinweisen zur Rechtsprechung des Bundesgerichtshofes.
69 Reinhard Müller, Kämpfer gegen Windmühlen, in: http://www.faz.net/aktuell/politik/staat-und-recht/rechtspersonen/juergen-kipp-kaempf... (gelesen am 27. September 2013).
70 OLG Dresden BDVR-Rundschreiben 1/2008, 42, BGHZ 102, 369 ff. zum Widerruf eines Urlaubs.
71 OLG Hamm vom 6. Dezember 2006 Az.: 1 DHG 1/2006, iuris.
72 LG Brandenburg vom 20. April 2012 Az.: DGH Bbg 2.12, 2/12. iuris; Dienstgericht Saarbrücken vom 4. Juni 2008 Az.: DG 1/07, iuris.
73 LG Mannheim vom 17. April 2003 Az.: 5KLs Js249557/00, DRiZ 2004, 261 (262).
74 Betrifft Justiz 2005,43.
75 Andreas Müller, Ein Rüffel beunruhigt die Richter, in: http://www.stuttgarter-zeitung.de/inhalt. praezedenzfall-in-der-justiz-ein-rueffel-beunruh... vom 13. Oktober 2013 (gelesen am 15. Oktober 2013).
76 Wolfgang Janisch, Rüffel für langsamen Richter, in: http://www.sueddeutsche.de/panorama/justiz-rueffel-fuer-langsamen-richter-1.1524775 vom 16. November 2011 (gelesen am 10. Oktober 2014).
77 Phillip-Marc Schmid, Ist dieser Richter faul oder nur gründlich? in: http://www.bild.de/regional/stuttgart/richter/ist-er-faul-oder-nur-gruendlich-34687036... vom 15. Februar 2014 (gelesen am 10. Oktober 2014).
78 In Wirklichkeit handelt es sich um drei Verfahren, in denen Schulte-Kellinghaus eine Sonderprüfung, einen Vermerk und Vorhalt und Ermahnung angegriffen hat. Die Urteile sind alle am 17. April 2015 gefallen. Kritisch zu dieser Rechtsprechung Fabian Wittreck, DRiZ 2013, 60.
79 Pressemitteilung der Neuen Richtervereinigung vom 15. April 2013, http://www.neuerichter.de/print/details/article/suspendierung-der-olg-praeside... (gelesen am 10. Oktober 2014).
80 Deutscher Richterbund, Newsletter vom 28. Januar 2013.

81 Dienstgerichtshof beim OLG Stuttgart vom 17. April 2015 Az.: DGH 2/13 RDG 6/12, S. 4-6; Forkel DRiZ 4/2013,132.
82 Dienstgerichtshof beim OLG Stuttgart vom 17. April 2015 Az.: DGH 2/13 RDG 6/12, S. 20-26.
83 Forkel, DRiZ 4/2013, 132 (133).
84 In krassen Fällen verzögerter Bearbeitung von Verfahren werden manchmal Ermittlungsverfahren gegen Richter und Staatsanwälte wegen Strafvereitelung und Rechtsbeugung eingeleitet. Sie gehen meist aus wie das Hornberger Schießen mit Einstellungen oder Freisprüchen, sogar im Falle des Hamburger Amtsrichters Roland Schill. Hauptverantwortlich ist auch hier der Bundesgerichtshof durch eine weite Auslegung des Richterprivilegs und hohe Anforderungen an den Nachweis der subjektiven Tatseite, die Verurteilungen fast unmöglich macht. Vgl. hierzu auch Darnstädt, Der Richter und sein Opfer, S. 331 f.
85 BVerwG vom 4.11.2010 Az.: 2 C 16/09, iuris Rn. 55.
86 http://www.lto.de/recht/hintergruende/h/bverfg-urteil-2bvl1709-besoldung-massstab-r... vom 5. Mai 2015 (gelesen am 18. August 2015).
87 BVerfG vom 5.Mai 2015 BvL 17/9 Rn. 100 f.,104 und 107.
88 BVerfG vom 5.Mai 2015 BvL 17/09 Rn. 112 ,113, 114 und 116.
89 Rebehn, DRiZ 2015, 198 (199).
90 Rebehn, DRiZ 2015, 198 (199).
91 Gesetz zur Anpassung der Besoldungs- und Beamtenversorgungsbezüge 2015/2016, Bremische Bürgerschaft Drucksache 19/48. In der Begründung kommt die Bürgerschaft zu dem Schluss, dass eine „Vermutung der evidenten Unangemessenheit" der Besoldung „bereits im ersten Prüfungsschritt nicht festzustellen" sei. Zum selben Ergebnis gelangt das Justizministerium Baden-Württemberg in einer Antwort auf eine Kleine Anfrage des Abgeordneten Ulrich Goll: Bereits auf der „ersten Prüfungsstufe" ergibt sich, dass die Besoldung im Jahr 2015 „als verfassungskonform anzusehen ist". Mitteilungen 3/2015, 8.
92 Brief von Andreas Helberg an den Bürgermeister, die Finanzsenatorin und die Fraktionen der Bürgerschaft vom 23. November 2015.
93 Presseerklärung des Verwaltungsgerichts Bremen vom 6. April 2016.
94 Übernommen aus Rebehn, DRiZ 2015, 6 (9).
95 Roland Rechtsreport 2014, S. 17.
96 Götz von Olenhusen, DRiZ 9/2014, 296.
97 Limperg, Editorial Heft 15/2015.
98 Teichmann, AnwBl 2/2015, 155.
99 Freudenberg, NJW-Editorial 23/2015.
100 Vorschläge des Deutschen Anwaltvereins zur Reform des Vorbereitungsdienstes vom 21. September 2004, S. 23.
101 Graf-Schlicker, AnwBl 7/2014, 573 (576).
102 Die Frage, ob die Privatisierung der Justiz durch alternative Streitbeilegung zum Prozessschwund geführt hat, ist hoch umstritten, vgl. Hirtz, NJW 35/2014, 2529.
103 Calliess, Gutachten für den 70. Deutschen Juristentag, A 28.
104 Süddeutsche Zeitung vom 21. Januar 2014, S. 19.
105 Hamburger Abendblatt vom 17. März 2012, S. 26 und http://www.juve.de/nachrichten/deals/2014/media-saturn-machtkampf-noerr-und-c... vom 11.9.2014 (gelesen am 23. September 2014).
106 SchiedsamtsZeitung 2015, S. 270 und 272.
107 Jahresbericht 2014 des Ombudsmannes für Versicherungen.
108 Der Tätigkeitsbericht der privaten Banken 2014 nennt die Zahl von 108.500 Beschwerden, von denen aber 102.000 Eingaben auf einen Sondereffekt zurückzuführen sind, der durch ein BGH-Urteil zum laufzeitunabhängigen Bearbeitungsentgelt im Dezember 2014 ausgelöst wurde. Diese Beschwerden wurden nicht berücksichtigt.
109 Tätigkeitsbericht 2014, S. 46. Die anderen Beschwerden wurden vom Kunden nicht weiter verfolgt, waren unzulässig (ungeeignet) oder die Verfahren waren am Jahresende noch nicht beendet.
110 Jahresbericht 2014 der Schlichtungsstelle für den öffentlichen Personenverkehr, S. 10.

Anmerkungen

[111] Presseerklärung des Justizministeriums vom 30. März 2016.
[112] Das ist eine konservative Schätzung. Die hier genannten Einrichtungen kommen zusammen auf über 53.000 Verfahren im Jahr 2014. Nicht berücksichtigt sind dabei die Zahlen der Ombudsmänner der Öffentlichen Banken, der genossenschaftlichen Bankengruppe, der Privaten Bausparkassen und der Deutschen Bundesbank. Bei den Schlichtungsstellen der Ärztekammern für Behandlungsfehler fehlen die Zahlen für die Schlichtungsstellen von sieben Bundesländern. Und einige kleinere Schlichtungsstellen wie die der Anwaltschaft sind ebenfalls nicht einbezogen.
[113] Bundesamt für Statistik, Fachserie 10 Reihe 2.1 2014, S. 12 f. und 42 f.
[114] Graf-Schlicker. AnwBl 7/2014, 573 (575).
[115] Roland Rechtsreport 2015, S. 12 Gegenüber dem Vorjahr ist der Anteil um acht Prozent gesunken.
[116] Roland Rechtsreport 2010, S. 29.
[117] Roland Rechtsreport 2015, S. 23, Roland Rechtsreport 2014, 33 f.
[118] Roland Rechtsreport 2014, S. 36.
[119] Roland Rechtsreport 2014, S. 35.
[120] Standortvorteil recht, Deregulierung wagen, DHIK-Umfrage 2006, S. 11.
[121] BT-Drucksache 14/4722, S. 58 f.
[122] Rottleuthner, Gerechtigkeit in der Rechtsprechung, in: Festgabe 100 Jahre Deutscher Richterbund, S. 113 (120).
[123] Ähnlich Greger, AnwBl 7/2015, 541: „Im Mittelpunkt der Zivilrechtspflege steht nicht das Urteil, sondern die Streitbeilegung durch Unterwerfung (Klagerücknahme, Verzicht, Anerkenntnis, Versäumnisurteil) oder Vergleich.".
[124] Roland Rechtsreport 2014, S. 20.
[125] Goette, AnwBl 2012, 33 (34) und Einladung zum 38. Strafverteidigertag, http://www.strafverteidigervereinigungen.org/Strafverteidigertage/Stafverteidigertag2.23.03.2014.
[126] Statistisches Bundesamt, Justiz auf einen Blick, 2015, S. 36.
[127] Spiegel Nr. 50/2013.
[128] Hien, DVBl 2004, 909 (912).
[129] Calliess, Gutachten A zum 70. Deutschen Juristentag, A 24.
[130] Eine Belastungsquote von 1,0 heißt, dass die Zahl der Stellen und der durchschnittlich berechnete Personalbestand nach Pebb§y übereinstimmen.
[131] Besonderen Unmut erregt unter Richtern das in zehn Bundesländern angewandte Programm Forum Star. In ihm sind 2000 Formulare programmiert. Das Programm gilt als kompliziert, bevormundend, nicht stabil, nicht fehlertolerant und zeitfressend.
[132] Presseerklärung des Richterbundes Hessen vom 23. Dezember 2014.
[133] Dem Verfasser ist bewusst, dass der hier gezogene Vergleich der Rückgänge in Zivilverfahren mit der Stellenentwicklung in der gesamten ordentlichen Gerichtsbarkeit schief ist, weil die Entwicklung der Strafverfahren nicht mit einbezogen ist. Aus zwei Gründen erschien der Vergleich trotzdem legitim. Auch die Zahl der Strafverfahren ist zurückgegangen(Vgl. hierzu S. 112, 115) Und es gibt keine getrennten Zahlen über die Stellenentwicklung in Straf- und Ziviljustiz.
[134] Kirchhoff, Betrifft JUSTIZ Nr. 117 März 2014, 12 (13).
[135] Stellungnahmen des Amtsgerichtspräsidenten Hans-Dietrich Rzadtki vom 3. September 2015 und von Landgerichtspräsidentin Sibylle Umlauf vom 20. August 2015 und 9. Oktober 2015.
[136] Vgl. hierzu auch Götz von Olenhusen, AnwBl 7/2014, 568.
[137] Informationen der Justizbehörde für den Ausschuss für Justiz und Datenschutz vom 4. November 2015 Stellungnahme des Präsidenten des Hamburger Amtsgerichts Hans-Dietrich Rzadtki vom 3. September 2015 S. 14 f.
[138] BVerfG vom 23. Mai 2015 2 Az.: BvR 610/12, Rn. 17.
[139] Brief Harmut Plicht vom 8. September 2015 an den Ersten Bürgermeister Olaf Scholz, den Justizsenator Till Steffen und den Finanzsenator Peter Tschentscher.
[140] Kirchhoff, Betrifft JUSTIZ Nr. 117 März 2014, 12 (13).
[141] Keders/Walter, NJW 2013,1697 (1702).
[142] OLG München 3 U 2068/12, S. 3.

[143] Statistisches Bundesamt ‚Fachserie 10, Reihe 2.1 2013, S. 60.
[144] Der Gesetzgeber soll durch die Neufassung des § 348 ZPO einen bundesweiten Einspareffekt von 225 Richtern veranschlagt haben. Bekannt geworden sind solche Effekte nicht. Calliess, Gutachten A zum 70. Deutschen Juristentag, A 11.
[145] Greger, BRAK-Mitteilungen 2015, 22 (23).
[146] Greger, BRAK-Mitteilungen 2015, 22 (24).
[147] Hinweise auf die entsprechenden Urteile bei Greger, BRAK-Mitteilungen 2015, 22 (25).
[148] Hinweise auf die entsprechenden Urteile bei Greger, BRAK-Mitteilungen 2015, 22 (25).
[149] Greger, BRAK-Mitteilungen 2015, 22 (26).
[150] Die in Berlin, Hamburg und den Oberlandesgerichtsbezirken Hamm und Jena durchgeführte Untersuchung dürfte eine bundesweite Aussagekraft haben. Vgl. die Kurzzusammenfassung bei Keders/Walter, NJW 2013, 1697 (1699).
[151] Calliess, Gutachten A zum 70. Deutschen Juristentag, A 51 f.
[152] EGMR Urteil vom 2. September 2010, Rechtssache Rumpf gegen Deutschland (Individualbeschwerde Nr. 46344/06), Rn. 64 ff., 69.
[153] BT-Drucksache 17/3802, S. 43 zu Nummer 17 und 19: Es wird erwartet, dass die „Zahl der überlangen Verfahren" … „verringert wird". Vgl. hierzu außerdem den Evaluierungsbericht der Bundesregierung zum ÜGRG Bundestagsdrucksache 18/2950, S. 8.
[154] BT-Drucksache 18/2950, S. 8.
[155] Bundesamt für Statistik, Fachserie 10, Reihe 2.1 2013, S. 26 und die Vorjahre an derselben Stelle.
[156] Bundesamt für Statistik, Fachserie 10, Reihe 2.1 2013, S. 56 und die Vorjahre an derselben Stelle.
[157] Greger, AnwBl 7/2015, 536 (538).
[158] BT-Drucksache 18/2950, S. 32, Stellungnahme des Deutschen Richterbundes zur Evaluation des ÜGRG aus dem März 2014, akutell Nr. 4/14, S. 1 „befürchtete Ansturm".
[159] BT-Drucksache 18/2950, S. 32.
[160] BT-Drucksache 18/2950, S. 32.
[161] Vgl. zu dieser Perspektive auch Calliess, Gutachten zum 70. Deutschen Juristentag, A 53.
[162] Stellungnahme des Deutschen Richterbundes für den Evaluationsbericht der Bundesregierung aus dem März 2014, aktuell 4/14: Dem Gesetz kann kein „unmittelbarer Beschleunigungseffekt beigemessen werden". Die „Ursachen für die Verzögerungen" liegen insbesondere in der „Personalausstattung der Gerichte, aber auch im Prozessrecht".
[163] Das Bayerische Staatsministerium der Justiz hat gegenüber dem Verfasser eingeräumt, dass die an die Bundesregierung für den Erfahrungsbericht übermittelte Zahl 154 Verzögerungsrügen nur eine „Schätzung ohne ausreichend verlässliche Grundlage" ist.
[164] Vgl. hierzu der erfolgreiche Protest der Richter gegen eine Statistik über Verzögerungsrügen am Oberverwaltungsgericht Lüneburg, S. 49 f.
[165] BT-Drucksache 18/2950, S. 11.
[166] Greger, AnwBl 2015, 536 (539).
[167] BGH NJW 2014, 1816 (1818).
[168] BT-Drucksache 18/2950, S. 11.
[169] Bub, DRiZ 2014, 94 (97).
[170] Ebenso Greger, AnwBl 2014, 536 (538). Er nennt die festgesetzten Entschädigungen „verschwindend gering".
[171] BT-Drucksache 18/2950, S. 12.
[172] LG Potsdam vom 12. Dezember 2012 Az. 27 Ns 664/11, abgedruckt in DRiZ 2013, 298.
[173] Meyer-Goßner, Strafprozessordnung, Kommentar, Einleitung, Rn. 4.
[174] Roxin/Schünemann, Strafverfahrensrecht, § 1 Rn. 3.
[175] BGHSt 50, 40 (48).
[176] Arenhövel, DRiZ 2012, 370.
[177] Salditt, Möglichkeiten des Konsensualprozesses nach deutschem Strafprozessrecht, S. 570 (581 f.).
[178] Köhler, Deutscher Richterbund, Mitteilungen des Landesverbandes Hessen; Fischer, Die Zeit vom 27. Februar 2014, S. 4, Rauentenberg, DRiZ 2014, 216.

179 Schünemann, Reflexionen über die Zukunft des deutschen Strafverfahrens, in: Festschrift für Pfeiffer, S. 461 (475).
180 Murmann, Über den Zweck des Strafprozesses, GA 151 (2004), 65 (81).
181 Murmann, Über den Zweck des Strafprozesses, GA 151 (2004), 65 (81).
182 Vgl. hierzu Weßlau, Das Konsensprinzip im Strafverfahren, S. 6 ff., 144; Friedrichsen, StV 10 (2012), 631 (634): „Es geht nicht mehr um die Wahrheit – nicht einmal um die prozessuale – , nicht um Aufklärung, nicht um eine gerechte Bestrafung, sondern um ein aus den verschiedensten Gründen möglichst rasch und problemlos zu erzielendes Ergebnis.".
183 Zum Funktionswandel des Strafverfahrens Weßlau, Das Konsensprinzp im Strafverfahren, S. 106 ff., Fezer, ZStW 106 (1994), 1 (5): „Nicht mehr die Wahrheit der zu schützenden Formen des Verfahrens, sondern der informelle Konsens zwischen Gericht, Staatsanwaltschaft und Verteidigung gilt als Garant dafür, dass das Prozessziel erreicht wird.".
184 Zu konsensualen Erledigungsstrategien und dem Gerechtigkeitsbedürfnis der Bevölkerung Weßlau, Das Konsensprinz im Strafverfahren S. 116 f.
185 Statistisches Bundesamt, Fachserie 10 Reihe 2.6, S. 13.
186 In Hamburg versucht die Staatsanwaltschaft, die Bedeutung der sinkenden Ermittlungsverfahren als Indikator für abnehmende Belastung dadurch zu relativieren, dass die amtlichen Statistiken nur die Verfahren mit bekannten Straftätern registrieren, nicht hingegen die Verfahren gegen unbekannte Straftäter, die seit Jahren steigen. Bei ihnen wird jedoch nur ein kleiner Teil verfolgt, und zwar da, wo eine gewisse Aussicht auf Ermittlungserfolge besteht. Der „größte Teil der Verfahren treibt den Staat nicht um", sagt der Leitende Oberstaatsanwalt Brandt. Werden Täter ermittelt, werden sie in die Statistik der Verfahren gegen bekannte Straftäter übernommen.
187 Hamburger Bürgerschaft, Drucksache 20/9612, S. 5.
188 Hamburger Bürgerschaft, Drucksache 20/9612, S. 5.
189 Die folgenden Ausführungen stützen sich im Wesentlichen auf den Bericht des Hamburger Generalstaatsanwaltes Lutz von Selle zur „Anzahl, Umfang und Komplexität der Verfahrensbearbeitung" an die Justizbehörde vom 21. Juli 2015.
190 Bundesinnenministerium auf eine schriftliche Anfrage des Abgeordneten Jan Korte vom 5. März 2014.
191 http://www.spiegel.e/print/d-91675495.html(gelesen am 30. Mai 2016).
192 Auf diesem Markt tummeln sich Firmen wie Fast Detect, Alste Technologies, Michael Hartz Pocure und SKK Treuhand.
193 Die Hamburger Justizbehörde hat einen eindrucksvollen „Bericht über den Aufwand des Hamburger Taipan-Piratenverfahrens" (16. April 2013) verfasst. Danach hat das Verfahren 3,42 Millionen Euro gekostet. Der Bericht sollte einen Anstoß für Änderungen der Strafprozessordnung, insbesondere bei Großverfahren geben.
194 Diese Erledigungsstrategie spiegelt sich in steigenden Zahlen in der sog. Reste-Liste wider.
195 Abschlussbericht der Projektgruppe „Reorganisation und Modernisierung der Staatsanwaltschaften, S. 10 f.
196 In Berlin wird in der Wirtschaftsabteilung zusätzlich noch eine Liste mit nicht geförderten Verfahren geführt. Anfang 2016 waren in der Liste 66 Verfahren eingetragen. Das heißt: Diese Verfahren werden nicht mehr gefördert und werden eines Tages verjähren.
197 Vgl. hierzu unter anderem BVerfG NJW 2003, 2225.
198 Statistisches Bundesamt, Fachserie 10 Reihe 3.2 2014, S. 96.
199 BGH NJW 2014, 220 (223 f.).
200 Heinisch, Urteilsanmerkung NJW 2014, 224 (225).
201 Evaluationsbericht der Bundesregierung, BT-Drucksache 18/2950, S. 15.
202 Evaluationsbericht der Bundesregierung, BT-Drucksache 18/2950, S. 16.
203 Statistisches Bundesamt, Fachserie 10 Reihe 2.3 2014, S. 38 und 76.
204 Evaluationsbericht der Bundesregierung, BT-Drucksache 18/2950, S. 16.

[205] Die hohe Zahl von 120 Verfahren in Bayern erklärt sich aus der Tatsache, dass die Staatsanwälte dort auch alle Verfahren abwickeln, die in anderen Ländern Amtsanwälte bearbeiten. Die gibt es in Bayern nicht.
[206] Fischer, Die ZEIT vom 27. Februar 2014, S. 4.
[207] Hamburger Abendblatt vom 7. Juni 2016, S. 11.
[208] http://www.spiegel.de/panorama/justiz/kampf-gegen-kinderpornographie-ein-starermittl… vom 3.September 2009 (gelesen am 23. März 2014).
[209] Ein Beispiel aus dieser Praxis die Entscheidung des OLG Nürnberg StV 2011, 39 (40).
[210] Friedrich H.Humke, Seminarskript „Der Antrag auf Nichtverlesung der Anklageschrift – ein völlig unterschätztes Instrument der Strafverteidigung, Berlin, 2014.
[211] Eschelbach, Handbuch des Fachanwalts für Strafrecht, 8. Teil 4.Kapitel, S. 1313.
[212] Gußen, Praxiswissen Steuerstrafrecht, S. 231.
[213] Frankfurter Allgemeine Zeitung vom 31. Mai 2014, S. 22.
[214] Frankfurter Allgemeine Zeitung vom 31. Mai 2014, S. 22.
[215] Vgl. hierzu Thomas Darnstädt, Der Richter und sein Opfer; Gerhard Strate, Der Fall Mollath; Jan Schmitt, Unschuldig in Haft.
[216] Es gibt eine Menge Fehlerquellen im Strafprozess: Voreingenommenheit, Vorurteile, Gedankenlosigkeit, fehlende Sensibilität, mangelnde Sorgfalt, Routine, tendenziöse Ermittlungen der Polizei, falsche Anklagen, Druck von Politik und Medien, unzureichende Verteidigung, Abhängigkeit von Sachverständigen, unkritischer Umgang mit Gutachten, Glaubwürdigkeitsbeurteilungen von Zeugen, falsche Geständnisse, aber eben auch ein Erledigungsdruck durch starke Belastung.
[217] Darnstädt, Der Richter und sein Opfer, S. 94 f., 96, 115.
[218] Strate, Der Fall Mollath, S. 68.
[219] Strate, Der Fall Mollath, S. 96.
[220] BGH vom 23. August 2013, Az.: 1 StR 135/13.
[221] Landgericht Kempten vom 7. März 2014, Az.: 2 KLs 2011 1388/12(2).S. 31,46.
[222] http://www.derwesten.de/region/westfalen/im-zweifel-fuer-den-aktenberg-gerichte-sin… vom 12.12.2011 (gelesen am 5. Oktober 2014).
[223] Vgl. hierzu Darnstädt, Der Richter und sein Opfer, S. 82 ff.
[224] Der Tagesspiegel vom 27. November 2012, S. 3; Strate, Der Fall Mollath, S. 29 ff.
[225] vgl. hierzu auch die Süddeutsche Zeitung vom 24./25. Dezember 2012, S. 41.
[226] Przybilla, Olaf/Ritzer Uwe, Süddeutsche Zeitung vom 13. Februar 2013, S. 30; zu diesen Fehlern auch Frankfurter Allgemeine Zeitung vom 9. Dezember 2012, S. 5, Strate, Der Fall Mollath, S. 236.
[227] Strate, Der Fall Mollath, S. 11.
[228] Strate, Der Fall Mollath, S. 220 f.
[229] Strate, Der Fall Mollath, S. 236.
[230] Arenhövel/Otte, DRiZ 2010, 227 (230). Die erste Untersuchung wurde 2010 an 16 Landgerichten durchgeführt, die zweite zwischen 2009 und 2013 an 22 Landgerichten, Götz von Olenhusen, Personaleinsatz in den Strafkammern – Erkenntnisse aus der Datenerhebung zur Situation der Strafkammern der Landgerichte für den Bezirk des Oberlandesgerichtes Celle (unveröffentlichtes Manuskript), S. 20.
[231] Arenhövel/Otte, DRiZ 2010, 227 (230).
[232] Bundestagsdrucksache 14/3831, S. 5, Bundestagsdrucksache 15/2777, S. 3.
[233] BGH vom 7. Juli 2010 Az.: 5 StR 555/09, Rn. 18.
[234] Bundesamt für Statistik, Fachserie 10 Reihe 2.3 2014, S. 62 und die vorausgegangenen Jahre. Denselben Trend stellt auch die von den OLG Präsidenten in Auftrag gegebene empirische Untersuchung von 22 Großen Strafkammern fest: Der Anteil der Zweierbesetzungen ist von 2009 bis 2013 von 77 Prozent auf 58 Prozent geschrumpft, Götz von Olenhusen, Personaleinsatz in den Strafkammern, S. 14 (unveröffentlichtes Manuskript).
[235] Dölling/Feltes/Hartmann/Hermann/Laue/Pruin, Die Besetzungsreduktion bei den Großen Straf- und Jugendkammern, S. 189. Die Untersuchung wurde vor dem Grundsatzurteil des Bundesgerichtshofes abgeschlossen und erfasst daher nicht mehr die jüngste Entwicklung.

[236] a.a.O. S. 191.
[237] a.a.O. S. 188.
[238] a.a.O. S. 192.
[239] Süddeutsche Zeitung vom 9./10. August 2014, S. 38, Darmstädter Echo vom 24. September 2014; Hamburger Abendblatt vom 17. August 2014, S. 1.
[240] Unter anderem der Geschäftsführer des Deutschen Richterbundes Sven Rebehn:" Wenn kurzfristige Sparziele eine effektive Strafverfolgung behindern, kann dafür niemand Verständnis haben." „Entlassung von Untersuchungsgefangenen vorhersehbar", Presseerklärung des Landesverbandes Rheinland-Pfalz im DRB vom 10. Oktober 2015.
[241] Deutscher Richterbund aktuell 31/2014 vom 18. November 2014.
[242] dpa-Umfrage http://www.lto.de/recht/nachrichten/n/strafverfahren-dauer-untersuch….
[243] Vgl. hierzu auch die dpa-Umfrage http://www.lto.de/recht/nachrichten/n/strafverfahren-dauer-untersuch….
[244] BVerfGE 36, 264 (274).
[245] OLG Karlsruhe vom 12. Juni 2014, Az.: 1HEs 9/14 Rn. 36 http://www.juris.de/jportal/portal/t/1o5/page/jurisw.psml?doc.hl=1&doc.id=KORE5…(gelesen 12. November 2015).
[246] BVerfG vom 30. Juli 2014, Akz.: 2 BvR 1457/14, S. 10 und 12.
[247] Bundesverfassungsgericht vom 30. Juli 2014, Az.: 2 BvR 1457/14, Rn. 27.
[248] Hien DVBl 2004, 909 (912); OLG Hamburg vom 10. Februar 2015, Az.: 1 Ws 14/15; OLG Hamburg vom 7. Mai 2015, Az.: 2 Ws 108/14; OLG Hamburg vom 9. Oktober 2015, Az.: 3 Ws 91/15.
[249] OLG Hamburg vom 10. Februar 2015, Az.: 1 Ws 14/15, S. 10 f.
[250] BGH NJW 1999, 181.
[251] Beulke, in: Löwe-Rosenberg, StPO, § 153 a, Rn. 34.
[252] Deutscher Bundestag, Drucksache 18/2950, S. 13.
[253] http://www.rundschau-online.de/koeln/-vergewaltigungsprozess-sofort-eingestellt,151… vom 17. September 2014 (gelesen am 5. Oktober 2014).
[254] LG Bremen StV 6/2014, 334.
[255] http://www.weser-kurier.de/bremen/vermischtes2_artikel,-Nur-ein-Richter-kennt-sich… vom 6.August 2014 (gelesen am 7. August 2014); http://www.strafakte.de/rechtsprechung/anklageschrift-bremen-bleibt-14-jahre-unbear. vom 28. Juli 2014,(gelesen am 1. August 2014) http://www.bild.de/regional/bremen/mord/justizpanne-beim-bremer-bunkermord-3699… vom 27. Juli 2014 (gelesen am 1. August 2014).
[256] BGHSt 52, 124 (128).
[257] Arenhövel/Otte, DRiZ 2010, 227 (230).
[258] Hamburger Bürgerschaft, Drucksache 21/2690, S. 9 f.
[259] BGH 1 StR 525/11 vom 7. Februar 2012, Rn. 37, 50.
[260] Hamburger Bürgerschaft, Drucksache 21/2690, S. 9 f.
[261] BGHSt 50, 40 (49).
[262] Süddeutsche Zeitung vom 2./3. August 2014, S. 17.
[263] Süddeutsche Zeitung vom 6. August 2014, S. 4. „Kassenjustiz"; Süddeutsche Zeitung vom 2./3. August 2014, S. 17. „Im Namen des Geldes: Sie kauften sich frei". Bild vom 6. August 2014, S. 1 „Wieder kauft sich ein Reicher frei". Eine „Frechheit" nannte die frühere Bundesjustizministerin Sabine Leutheusser-Schnarrenberger den Abschluss: „Das Gerechtigkeitsgefühl vieler Bürger wird durch solche Absprachen massiv verletzt. Das ist genau das, was man von der Justiz nicht erwartet", zitiert nach Süddeutscher Zeitung vom 24. April 2015, S. 18.
[264] Beschluss des Landgerichts I vom 5. August 2014, Az.: 5 Kls 405 Js 161741/11.
[265] Interview im Handelsblatt vom 14. August 2014, S. 8.
[266] Gesetzentwurf des Bundesrates, Deutscher Bundestag Drucksache 12/1217, S. 1 und S. 34.
[267] Schmitt, in: Meyer-Goßner/Schmitt, Strafprozessordnung, § 153 Rn. 3.
[268] Beulke, in : Löwe-Rosenberg, § 153 Rn. 1.
[269] Schmitt, in: Meyer-Goßner/Schmitt, § 153 a, Rdrn. 7.
[270] Schmitt, in: Meyer-Goßner/Schmitt, § 153 a, Rn. 2 mit Hinweisen zum Streitstand.

[271] Beulke, in: Löwe-Rosenberg, § 153 a, Rn. 2; Fezer, ZStW 106 (1994), 1 (5).
[272] Heinz, Das strafrechtliche Sanktionensystem und die Sanktionierungspraxis in Deutschland 1882–2012, S. 60.
[273] Statistisches Bundesamt, Fachserie 10, Reihe 2.6 2014, S. 26 und die vorausgegangenen Jahre.
[274] Statistisches Bundesamt, Fachserie 10, Reihe 2.6 2014, S. 26 und die vorausgegangenen Jahre. Ähnlich Heinz, Das strafrechtliche Sanktionensystem und die Sanktionspraxis in Deutschland 1882–2012, S. 66: „Die Zunahme der Opportunitätsentscheidungen beruht weitestgehend auf den Einstellungen ohne Auflage gem. §§ 153, 153 b StPO.".
[275] Bericht des Amtsgerichtspräsidenten Rzadtki an den Hamburger Justizsenator Till Steffen vom 3. September 2015, S. 27.
[276] Vgl. zu dieser Problematik auch Beulke, in: Löwe-Rosenberg, § 153 StPO, Rn. 7.
[277] Statistisches Bundesamt, Fachserie 10 Reihe 2.6 (2014), S. 26.
[278] Mail vom 29. Juni 2011, S. 3.
[279] Beulke, NStZ 426 (427).
[280] LG Bonn NStZ 2001, 375 (377).
[281] Hamm, NJW 2001, 1694 (1695).
[282] Beulke, NJW NStZ 2001, 426 (428).
[283] Süddeutsche Zeitung vom 3. März 2015, S. 2.
[284] Frankfurter Allgemeine Zeitung vom 31. Mai 2014, S. 22.
[285] Frankfurter Allgemeine Zeitung vom 14. August 2014, S. 20.
[286] Süddeutsche Zeitung vom 5./6. Januar 2012, S. 30.
[287] http://welt.de/newsticker/dpa_nt/infoline_nt/wirtschaft_nt/artic… vom 9. Juli 2014 (gelesen am 6. Februar 2016). Das Urteil wurde allerdings im Oktober 2016 vom Bundesgerichtshof aufgehoben.
[288] Auch ein weiteres Verfahren ohne unmittelbaren Bezug zur Finanzkrise gegen zwei weitere ehemalige Vorstände der Sachsen LB endeten mit Einstellungen nach § 153 a StPO gegen Bußen von 30.000 bzw. 25.000 Euro.
[289] http://www.manager-magazin.de/unternehmen/banken/a-884039.html vom 18. März 2013 (gelesen am 6. Februar 2016).
[290] http://www.juve.de/nachrichten/verfahren/2014/04/lbbw-strafprozess… vom 25. April 2014 (gelesen am 6. Februar 2016).
[291] http://www.sueddeutsche.de/wirtschaft/bayernlb-prozess-bewaehrun… vom 27. Oktober 2014 (gelesen am 6. Februar 2016.
[292] http://www.sueddeutsche.de/wirtschaft/bayernlb-prozess-bewaehrun… vom 27. Oktober 2014 (gelesen am 6. Februar 2014).
[293] Vorher hatte die Kammer bereits das Verfahren gegen das Vorstandsmitglied Dieter Burgmer abgetrennt und gegen eine fünfstellige Summe eingestellt: weil das Gericht „erhebliche Zweifel an seiner Pflichtverletzung" hatte, Süddeutsche Zeitung vom 3. Februar 2012, S. 19.
[294] http://www.sueddeutsche.de/wirtschaft/bayernlb-prozess-bewaehrun… vom 27. Oktober 2014 (gelesen am 6. Februar 2014).
[295] Statistisches Bundesamt, Fachserie 10 Reihe 2.6 2014, S. 26.
[296] Beulke, in: Löwe-Rosenberg, § 153 a StPO, § 153 a, Rn. 15: „Der Paragraph hat sich in der Praxis bewährt.".
[297] Fezer, ZStW 106 (1994), 1 (27); Kaiser/Meinberg, NJW 1984, 343 ff.
[298] Süddeutsche Zeitung vom 2./3. August 2014, S. 17; Bild vom 6. August 2014, S. 13; Süddeutsche Zeitung vom 26. März 2015, S. 18.
[299] Handelsblatt vom 14. August 2014, S. 1.
[300] Pressemitteilung der Bremer Staatsanwaltschaft vom 11. Dezember 2014.
[301] Süddeutsche Zeitung vom 26. März 2015, S. 18.
[302] http://www.handelsblatt.com/unternehmen/handel-konsumgueter/dis… Und http://www.handelsblatt.com/unternehmen/handel-konsumgueter/mil…
[303] http://www.sueddeutsche.de/wirtschaft/sponsoring-des-vfl-wolfsbur… (gelesen am 12. November 2015).

[304] Interview mit der Süddeutschen Zeitung vom 30./31. August 2014, S. 6. Genannt werden unter anderem Siemens 600 Millionen, MAN 150 Millionen, Ferrostahl 149 Millionen und Linde 35 Millionen Euro.
[305] Steuerfahndungsstatistik, Bundesfinanzministerium.
[306] BVerfGE 90, 145 (191). In Bremen musste die Rheinmetall Defence Electronics GmbH gut 37 Millionen als Gewinnabschöpfung und Sanktion bezahlen (Pressemitteilung der Staatsanwaltschaft Bremen vom 11. Dezember 2014).
[307] Heinz, Das strafrechtliche Sanktionensystem und die Sanktionierungspraxis in Deutschland 1882–2012, S. 67 f.
[308] Heinz, a.a.O., S. 212.
[309] Brandt, Ist die deutsche Strafjustiz von Wirtschaftsstrafverfahren überfordert?, WisteV – wistra – Neujahrstagung 2015, 16./17. Januar 2015, Powerpoint-Präsentation.
[310] Zitiert nach Süddeutsche Zeitung vom 30./31. August 2014, S. 6.
[311] Darnstädt, Der Richter und sein Opfer, S. 276.
[312] BVerfGE 126, 170 (210 f.) und BGHSt 50, 331 (336).
[313] BVerfGE 126, 170 (201 f.); Fischer, Strafgesetzbuch, § 266 Rn. 61.
[314] Zitiert nach Wilke, DRiZ 2014, S. 118 (121).
[315] Jahn, DRiZ 2014, 212.
[316] Süddeutsche Zeitung vom 27. Januar 2015, S. 21.
[317] Süddeutsche Zeitung vom 19./20. März 2016, S. 25.
[318] Süddeutsche Zeitung vom 26. April 2016, S. 17.
[319] http://www.spiegel.de/spiegel/print/d-91675495.html (gelesen am 30. Mai 2016).
[320] Süddeutsche Zeitung vom 19. Dezember 2013, S. 4.
[321] Süddeutsche Zeitung vom 13. November 2013, S. 4.
[322] Zitiert nach Süddeutsche Zeitung vom 20. April 2016, S. 21.
[323] Süddeutsche Zeitung vom 30. Oktober 2014, S. 6.
[324] BGH vom 7. Februar 2015 Az.: 1 StR 525/11, Rn. 35.
[325] Bei der Bestimmung des „großen Ausmaßes" in § 370 Abs. 3 S. 2 Nr. 1 AO ist der BGH zunächst von einer Differenzierung der Hinterziehungssummen von 50.000 bzw. 100.000 Euro ausgegangen (BGH vom 2. Dezember 2008, Az.: 1 StR 416/8, Rn. 34 ff.). Diese Rechtsprechung hat er im Urteil vom 27. Oktober 2015, Az.: 1 StR 373/15, Rn. 38 ff. korrigiert. Das „große Ausmaß" soll nun für alle Steuerhinterziehungsarten bei 50.000 Euro beginnen. Zur Beihilfe von Bankmitarbeitern BGH vom 1. August 2000, Az.: 5 StR 624/99. Zur Zusammenarbeit zwischen Finanzbeamten und Staatsanwaltschaft BGH vom 30. April 2009 1 StR 90/09.
[326] BGH vom 2. Dezember 2008, Az.: 1 StR 416/08, Rn. 31.
[327] Süddeutsche Zeitung vom 15. Oktober 2015, S. 18.
[328] http://www.manager-magazin.de/finanzen/artikel/a-14645.html vom 24. März 1999 (gelesen am 11. Februar 2016).
[329] Süddeutsche Zeitung vom 5. Februar 2010, S. 6.
[330] Vgl. hierzu auch Süddeutsche Zeitung vom 15. Oktober 2015, S. 18.
[331] Süddeutsche Zeitung vom 19. August 2015, S. 18.
[332] http://www.n-tv.de/wirtschaft/Hypovereinsbank-gesteht-Steuerdelikt... (gelesen am 11. Februar 2016).
[333] NJW 15/2013,1058 (1068 Rdrn.105).
[334] Altenhain/Dietmeyer/May, Die Praxis der Absprachen in Strafverfahren, S. 31.
[335] a.a.O. S. 45.
[336] Altenhain/Hagemeier/Haimerl/Stammen, Die Praxis der Absprachen in Wirtschaftsstrafverfahren, S. 79.
[337] a.a.O. S. 59.
[338] Gemeinsames Lagebild der Justiz und der Polizei zur Organisierten Kriminalität in Niedersachsen 2013 und 2014.

[339] Altenhain/Hagemeier/Haimerl/Stammen, Die Praxis der Absprachen in Wirtschaftsstrafverfahren, S. 116.
[340] A.a.O. S. 164f.
[341] A.a.O. S. 169.
[342] A.a.O. S. 166.
[343] Allensbach-Umfrage, Roland Rechtsreport 2014, S. 28.
[344] BVerfG NJW 15/2013, 1058 (1068).
[345] Altenhain/Hagemeier/Haimerl/Stammen, Die Praxis der Absprachen in Wirtschaftsstrafverfahren, S. 201.
[346] Ähnlich Christian Friehoff, Vorsitzender des Deutschen Richterbundes NRW. „Die Entscheidung des Bundesverfassungsgerichts hat wahrscheinlich auf die tatsächliche Rechtspraxis keinen großen Einfluss. Es gibt eine große Gruppe Richter, die auch vor dem Urteil keine Absprachen getroffen hat. Eine andere große Gruppe findet sich in der gutachterlichen Tatsachenbeschreibung nicht wieder. Auch sie wird sich in der Entscheidung, ob Absprachen getroffen werden, nicht beeinflusst sehen." Auch der Münchener Strafverteidiger Christoph Knauer hat schon früh vorausgesagt, dass die „Praxis nach kurzem Innehalten weiter machen wird wie bisher, weil sie sich – auch wegen der massiven Ressourcenprobleme – nicht anders zu helfen vermag".; NStZ 2013, 433 (436).
[347] Zitiert nach Darnstädt, Der Richter und sein Opfer, S. 314.
[348] a.a.O., S. 152.
[349] BVerfG NJW 15/2013,1058 (1062 Rn. 65).
[350] Zitiert nach Süddeutsche Zeitung vom 8. November 2012, S. 13.
[351] Föhrig, Kleines Strafrichter-Brevier, S. 35.
[352] Vgl. S. 127.
[353] Altenhain/Hagemeier/Haimerl/Stammen, Die Praxis der Absprachen in Wirtschaftsstrafverfahren, S. 59, 63.
[354] Altenhain/Dietmeier/May, Die Praxis der Absprachen im Strafprozess, S. 169.
[355] Weßlau, Das Konsensprinzip im Strafrecht, S. 6.
[356] Statistisches Bundesamt, Fachserie 10, Reihe 2.6 (2014), S. 26.
[357] Ähnlich Beulke, in: Löwe- Rosenberg, § 153 a StPO, Rn. 15.
[358] Heinz, Das strafrechtliche Sanktionensystem und die Sanktionspraxis in Deutschland 1882–2012, S. 212.
[359] Süddeutsche Zeitung vom 27. August 2014, S. 4.
[360] Die Welt vom 19. August 2015, http://www.welt.de/print/welt_kompakt/hamburg/article145363139/… (gelesen am 12. November 2015).
[361] Statistisches Bundesamt, Fachserie 10, Reihe 2.4 2014, S. 13.
[362] Statistik des Bundesamtes für Justiz, Referat III.
[363] So etwa Millgram, Die Wahrung des Verwaltungsrechtsschutzes aus gerichtlicher Sicht, in: Verwaltungsrechtsschutz in der Krise, S. 59 (60).
[364] Deutlich stärker scheint die Belastung bei den Oberverwaltungsgerichten zu sein, zumindest in Hamburg. Hier gaben alle Richter an, „sehr stark" belastet zu sein und über neun Stunden täglich zu arbeiten.
[365] Qualitätsdiskussion in der Verwaltungsgerichtsbarkeit: Anforderungen an Verwaltungsrichter – eine moderne Gerichtsbarkeit vom 25. Februar 2009, S. 4.
[366] Statistisches Bundesamt, Fachserie 10, Reihe 2.4 2014, S. 23.
[367] Statistisches Bundesamt, Fachserie 10, Reihe 2.4 2014, S. 25.
[368] Tatsächlich dürfte die Zahl noch höher sein, weil in den Ländern Rheinland-Pfalz, Saarland und Thüringen die Verzögerungsrügen nicht erfasst werden, BT-Drucksache 18/2950, S. 18.
[369] BT-Drucksache 18/2950, S. 18.
[370] BVerwG vom 11. Juli 2013, 5 C 23/12 D und 5 C 27/12 http://www.iuris.de/jportal/portal/t/page/jurisw.psml?pid=Dokumentanzeige&sh… (gelesen am 12. November 2015).
[371] Statistisches Bundesamt, Fachserie 10, Reihe 2.4 2014, S. 37 und die vorausgegangenen Jahre.
[372] Troidl, DVBl 2014, 628.

Anmerkungen

373 Bundesamt für Statistik, Fachserie 10, Reihe 2.4 2014, S. 29.
374 Vierhaus, DVBl 2009, 629.
375 BVwerG vom 26. Juni 2014, Az.: BVerwG 4 C 3.13 OVG 11 A 3.13 Rn. 34 bis 36.
376 Zitiert nach Vierhaus, DVBl 2009, 629.
377 Vgl. zum Erfolg dieses Konzeptes S. 255.
378 „Standards verwaltungsgerichtlicher Arbeit" vom 7. März 2005, Betrifft JUSTIZ Nr. 83, 2005, 123, Präsidenten des Bundesverwaltungsgerichts und der Oberverwaltungsgerichte „Zur Qualitätsdiskussion in der Verwaltungsgerichtsbarkeit" vom 8. Mai 2006; Arbeitspapier der Verwaltungsrichter in Nordrhein-Westfalen vom 12. Februar 2012 auf Anregung des Präsidenten des OVG Münster und ein Papier einer autonomen Arbeitsgruppe von Verwaltungsrichtern vom 25. Februar 2009.
379 Verwaltungsrechtsschutz in der Krise: vom Rechtsschutz zum Schutz der Verwaltung?, hrsg. von Wilfried Erbguth, Baden-Baden, 2010.
380 Weidemann, Entwicklungen des Verwaltungsrechtsschutzes aus anwaltlicher Sicht, in: Verwaltungsrechtsschutz in der der Krise, hrsg. von Wilfried Erbguth, S. 45 (48).
381 Vgl. hierzu die Artikel von Erbguth, Einengungen des Verwaltungsrechtsschutzes: ein Überblick, S. 15 ; Weidemann, Entwicklungen des Verwaltungsrechtsschutzes aus anwaltlicher Sicht, S. 45 ; Millgram, Die Wahrung des Verwaltungsrechtsschutzes aus gerichtlicher Sicht, S. 59 ff.; Ramsauer, Die Wahrung des Verwaltungsrechtsschutzes aus gerichtlicher Sicht, S. 71.
382 BVerwG vom 17. April 2002 Az.: 9 CN 1/01 Rn. 43 mit weiteren Nachweisen.
383 Vortrag auf dem 66. Deutschen Anwaltstag 2015 in Hamburg, Manuskript S. 8.
384 Millgramm, Die Wahrung des Verwaltungsrechtsschutzes aus gerichtlicher Sicht, in: Verwaltungsrechtschutz in der Krise, S. 59 (65).
385 Statistisches Bundesamt, Fachserie 10, Reihe 2.4 2014 S. 29.
386 Statistisches Bundesamt, Fachserie 10, Reihe 2.4, 2014, S. 19.
387 Statistisches Bundesamt, Fachserie 10, Riehe 2.4, 2014, S. 19 f.
388 Zahlen nach einem Vortrag von Ulrich Ramsauer „Berufungszulassungsrecht auf dem Prüfstand".
389 Ramsauer, AnwBl 2015, 739 (743).
390 Ramsauer, AnwBl 2015, 739 (743).
391 Vgl. hierzu Rudisile, NVwZ 2012, 1425 ff.
392 Ramsauer, Prozessuale Rechtsschutzeinbußen durch weniger Rechtsmittel, Vortrag auf dem 66. Deutschen Anwaltstag, S. 11 f(unveröffentlichtes Manuskript).
393 BVerfG 2005, 1176 (1177) mit weiteren Nachweisen.
394 Nach Rudisile haben Oberverwaltungsgerichte die „Anforderungen" an die Zulassung von Berufungen „zu restriktiv verstanden und damit verfassungsrechtlich unzulässig" überspannt, NVwZ 2012, 1425 (1431).
395 Vgl. S. 39 ff.
396 Statistisches Bundesamt, Fachserie 10, Reihe 2.7 2014, S. 14 f.
397 Statistisches Bundesamt, Fachserie 10, Reihe 2.7 2014, S. 15.
398 Statistisches Bundesamt, Fachserie 10, Reihe 2.7 2014, S. 14 f.
399 Bundesamt für Justiz, Referat III 3.
400 Vgl. S. 43 f.
401 Vgl. hierzu auch S. 249 f.
402 Becker, SGb 2014, S. 1 (5); Statistisches Bundesamt, Fachserie 10, Reihe 2.7 2014, S. 24.
403 Statistisches Bundesamt, Fachserie 10, Reihe 2.7 2014, S. 24.
404 Bundessozialgericht Az.: L 12 SF 47/13, https://www.iuris.de/jportal/portal/t/saf/page/jurisw.psml?doc.hl=1&/doc.id=JURE140..., Rn. 40.
405 Bundessozialgericht Az.: L 12 SF 47/13, https://www.iuris.de/jportal/porta/t/saf/page/jurisw.psml?doc.hl=1&doc.id=JURE140... Rn. 40.
406 Plagemann, AnwBl 2012, 25.
407 Tatsächlich ist die Zahl der Verzögerungsrügen wesentlich höher, weil sie in Nordrhein-Westfalen und Thüringen nicht und in Baden-Württemberg nur 2012 erfasst wurden, BT-Drucksache 18/2950, S. 25.

[408] Bundestagsdrucksache 18/2950, S. 25.
[409] Bundestagsdrucksache 18/2950, S. 27.
[410] BSG NJW 2014, 248 (250).
[411] Wenner, Soziale Sicherheit 2014, 118 (119).
[412] BSG NJW 2014, 248 (250).
[413] Bundessozialgericht Az.: L 11 SF 48, https://www.juris.de/jportal/portal/t/rv2/page/jurisw.psml?doc.hl=1&doc.id=JURE140....
[414] Bundessozialgericht L 12 SF 47/13 https//www.juiris.de/jportal/portal/t/saf/page/jurisw.psml?doc.hl=1&doc.id=JURE140.
[415] So zum Beispiel Roller DRiZ 9/2014, S. 306 (307).
[416] Bundestagsdrucksache 18/2950, S. 27.
[417] Presseerklärung des Landessozialgerichts vom 5. Februar 2015.
[418] Vgl. S. 83, 166 f.
[419] Statistisches Bundesamt, Fachserie 10, Reihe 2.8 2014, S. 14 ; Bundesamt für Justiz Referat III 3.
[420] Kittner, Arbeits- und Sozialordnung, S. 159.
[421] Statistisches Bundesamt, Fachserie 10, Reihe 2.8 2014, S. 22.
[422] BT-Drucksache 18/2950, S. 23.
[423] So vom Stein/Brand, NZA 2014, 113 (120).
[424] BAG NZA 2010, 1250; Bauer, Recht kurios, S. 55.
[425] Der Sachverhalt ist einem Bericht über eine Veranstaltung des 20. Deutschen Richter- und Staatsanwaltstages entnommen, Böttcher-Grewe, DRiZ 2011, 203.
[426] Bei den Beschlussverfahren – in der Praxis vor allem Streitigkeiten zwischen Betriebsrat und Arbeitgeber – lag die Urteilsquote bei 24,6 Prozent. Die Vergleichsquote betrug dort knapp 20 Prozent.
[427] Vgl. S. 42 ff.
[428] BFH vom 12. Juni 2012 Az.: I B 148/11.
[429] Birk, DStR 2014, 65.
[430] Statistisches Bundesamt, Fachserie 10, Reihe 2.5 2014, S. 12.
[431] Bundesamt für Justiz Referat III 3.
[432] Vgl. hierzu S. 198 ff.
[433] EFG 2011 Nr. 18, S. 1578 und EFG 2013 Nr. 20, S. 1626.
[434] Jahresbericht 2015, Kapitel „Personalausstattung und Aufbau der Finanzgerichte(TNr. 34) vom 24. März 2015, PK – 1125 – 2 – 4 – 2.
[435] Vgl. S. 224 ff.
[436] http://www.tagesspiegel.de/wirtschaft/endlose-gerichtsverfahren-...vom 15. März 2014 (gelesen am 17. März 2014).
[437] Statistisches Bundesamt, Fachserie 10, Reihe 2.5 2014, S. 18.
[438] Bundesfinanzhof vom 7. November 2013, Az.: X K 13/12 http./iuris.bundesfinanzhof.de/cgi-bin/rechtsprechung/documnet.py?Gericht=bfh&Art... Rn. 49.
[439] a.a.O. Rn. 69.
[440] a.a.O. Rn. 72.
[441] Bundesfinanzhof vom 4. Juni 2014, Az.: X K 5/13, Rn. 50.
[442] Wenner, Soziale Sicherheit 2014, S. 118 (119).
[443] Bundesfinanzhof vom 7. November 2013, Az.: X K 13/12, http://juris.bundesfinanzhof.de/cgi-bin/rechtsprechung/documnet.py?Gericht=bfh&Art…, Rn. 6.
[444] Geschäftsbericht des Finanzgerichts Hamburg, S. 6.
[445] Statistisches Bundesamt, Fachserie 10, Reihe 2.5 2014, S. 16.
[446] VG Bremen vom 17. März 2016, AZ.: 6 K 83/14, S. 8 ff.
[447] Vgl. Bundesamt für Statistik 2015, Fachserie 10, Reihe 2.5, S. 18.
[448] Vgl. hierzu S. 179 ff.
[449] Roland Rechtsreport 2016, S. 19.
[450] Vgl. hierzu die S. 117, 122, 126, 132.

[451] Vgl. S. 132.
[452] Einzelheiten auf den Seiten S. 100.
[453] Vgl. S. 100.
[454] Aus unerfindlichen und unverständlichen Gründen halten die Oberverwaltungsgerichte jüngere Zahlen der Zulassungsquoten unter Verschluss.
[455] Rebehn, DRiZ 2015, 6 (9).
[456] http://www.bundesverfassungsgericht.de/SharedDocs/Entscheidungen/DE/2015/05/1s... Rn. 117.
[457] http://www.bundesverfassungsgericht.de/SharedDocs/Entscheidungen/DE/2015/05/1s... Rn. 152.
[458] Ausbildungsstatistik 2014, Bundesamt für Justiz Referat III 3 (Stand 9. März 2016).
[459] Nach Angaben des Bundesamts für Justiz hatten Hamburg und Berlin 2014 die mit Abstand besten Noten im Zweiten Staatsexamen. An der Elbe betrug der Anteil der Absolventen, die mehr als neun Punkte hatten, knapp 41 Prozent, an der Spree immerhin noch 27 Prozent. In Bayern konnte die Justizverwaltung nur aus einem kleinen Teil von Prädikatsjuristen auswählen: knapp 13 Prozent der Absolventen der Zweiten Staatsprüfung hatten mehr als neun Punkte. Nordrhein-Westfalen lag mit einem Anteil von 19,8 Prozent Prädikaten im Mittelfeld.
[460] Neue Westfälische vom 29. Januar 2014, S. 4.
[461] Rind, BDVR-Rundschreiben 2015, S. 19 (20).
[462] Vgl. S. 166 ff.
[463] Vgl. S. 97 ff. und 192 ff.
[464] Vgl. S. 192 f.
[465] Vgl. S. 98, 171 f.
[466] Vgl. S. 99 ff., 173 f.
[467] Vgl. S. 126 ff.
[468] Vgl. S. 134 ff.
[469] Vgl. S. 137 ff.
[470] Vgl. S. 152 ff.
[471] Vgl. S. 158 f.
[472] Vgl. hierzu im Einzelnen die S. 25.
[473] Schmidt-Räntsch, Deutsches Richtergesetz, Einleitung, Rn. 32a.
[474] BVerfG NJW 2012, 2334 (2336).
[475] Vgl. S. 26 ff.
[476] ZRP 2014, 58 (61).
[477] BVerfG NJW-RR 2007, 127.
[478] Hoffmann-Riem, Richterliche Unabhängigkeit in Zeiten struktureller Veränderungen der Justiz, in: Festschrift für Scholz, S. 499, 507:"Nicht die Subsumtionsrichtigkeit, sondern die Tauglichkeit zur Konfliktbewältigung wird hier zum zentralen Qualitätsmaßstab…".
[479] Die Wissenschaft erörtert diese Veränderungen bisher nur in Bezug auf einzelne Gerichtszweige. Calliess spricht von einem „Wandel des Selbstverständnisses der Zivilrechtspflege", Gutachten A zum 70. Deutschen Juristentag, S. A 39. Nach Weßlau hat ein „Wandel im Rollenverständnis" bei Staatsanwaltschaft und Gericht stattgefunden, Das Konsensprinzip im Strafverfahren, S. 12.
[480] Roland Rechtsreport 2014, S. 32.
[481] Institut für Demoskopie Allensbach, Pragmatismus und Wertorientierung 2012, S. 26. Zwei Jahre später betrug der Anteil der Pragmatiker sogar 69 Prozent, Wertvorstellungen der Deutschen 2014, S. 29 f.
[482] Weßlau, Der Konsens im Strafverfahren, S. 8.
[483] Beulke, in Löwe-Rosenberg, Kommentar, § 153 a StPO, Rn. 15.
[484] Vgl. S. 152.
[485] Vgl. S. 153.
[486] Nasall, NJW 2012, 113.
[487] BVDR-Rundschreiben 4/2011, S. 174.
[488] Hoffmann-Riem, Referat auf dem 64. Deutschen Juristentag, Bd. II/1, Q 12 (22).
[489] Vgl. S. 169 ff.

[490] Vgl. S. 36 ff., 101, 103.
[491] Calliess, Gutachten A zum 70. Deutschen Juristentag, A 57.
[492] Götz von Olenhusen hat hierfür einen Formulierungsvorschlag unterbreitet. Ein reformierter § 21 e GVG könnte lauten: „Das Präsidium …. verteilt die Geschäfte nach fachlicher und personeller Verfügbarkeit der Spruchkörper und trägt unter Berücksichtigung der gleichmäßigen Auslastung dafür Sorge, dass die Verfahren von spezialisierten Spruchkörpern in angemessener Zeit bearbeitet werden." AnwBl 7/2014, 568 (570).
[493] Vgl. hierzu Arenhövel, Die voraussichtliche Dauer des Strafverfahrens – ein Kriterium für eine flexible Geschäftsverteilung?, unveröffentlichtes Manuskript, S. 10.
[494] Vgl. hierzu S. 56 ff.
[495] Vgl. S. 67 ff.
[496] Interview mit der Süddeutschen Zeitung vom 30./31. August 2014, S. 6.
[497] Vgl. hierzu die S. 141 ff., 146 f.
[498] Zitiert nach Süddeutsche Zeitung vom 19./20. März 2016, S. 25.
[499] Hoffman-Riem, Gutachten auf dem 64. Deutschen Juristentag, Band II/1, Q 12 (22): „Die administrative Binnenreform ist die Vorbedingung für mehr Selbständigkeit nach außen.".
[500] BR-Drucksache 186/03, Anlage S. 2 und S. 5.
[501] Darnstädt, Der Richter und seine Opfer, S. 331: „Die Strafvorschrift über Rechtsbeugung ist die einzige Waffe gegen Richterwillkür. Doch sie ist stumpf". Bei ihm finden sich Hinweise auf verweigerte und gescheiterte Verfolgung von Richtern wegen Rechtsbeugung. Weiter zum Komplex Schulte-Kellinghaus, Betrifft JUSTIZ, 106/2011, 65 und Schütz Betrifft JUSTIZ Nr. 108/2011, 162 und Interview mit Thomas Kittel Betrifft JUSTIZ 89/207, 2. In krassen Fällen kommt es auch zu Verurteilungen wie zum Beispiel die eines Staatsanwalts durch das Landgericht Freiburg wegen Rechtsbeugung und Strafvereitelung im Amt am 25. Februar 2016. Der Staatsanwalt wurde zu einer Gesamtstrafe von einem Jahr und vier Monaten verurteilt, weil er in sechs Fällen Ermittlungsverfahren nicht in sachgerechter Weise erledigt und sein Vorgehen zugleich verschleiert hatte. Im Juni 2015 ist ein Amtsrichter in Erfurt wegen Rechtsbeugung zu einem Jahr und drei Monaten Gefängnis verurteilt worden, weil er aus Wut über schlecht geführte Akten der Straßenverkehrsbehörde grundlos Bußgeldbescheide aufgehoben hatte, http://www.lto.de/recht/nachrichten/n/bgh-Beschluss-2str53315-nach… vom 7. März 2016 (gelesen am 1. Mai 2016).
[502] Vgl. die Rechtsprechungsnachweise bei Fischer, StGB-Kommentar, § 339 Rn. 27; aA. Heine/Hecker, in: Schönke-Schröder, § 339, Rn. 11.
[503] Fischer, StGB-Kommentar, § 339 Rn. 32.
[504] Bemman/Seebode/Spendel, ZRP 1997, 306 (307).
[505] OLG München StaFo 2014, 422 (423).
[506] Strate, Der Fall Gustl Mollath, S. 16.
[507] Heine/Hecker, in: Schönke-Schröder, StGB-Kommentar, § 339, Rn. 17. Typisch die Entscheidung des Landgerichts Oldenburg, eine Klage wegen Rechtsbeugung und Strafvereitelung im Amt gegen einen Oldenburger Oberstaatsanwalt nicht zuzulassen, dem vorgeworfen wurde, jahrelang Ermittlungen gegen einen Krankenpfleger verschlampt zu haben, http://www.ndr.de/nachrichten/niedersachsen/oldenburg_ostfrieslan…
[508] BGHZ 199, 190 (202).
[509] EGMR, Urteil vom 8. Juni 2006, Rechtssache Stürmeli gegen Deutschland(Individualbeschwerde Nr. 75529/01), Rn. 113.
[510] So die Wertung der Rechtsprechung bis 2013 von Calliess, Gutachten A zum 70. Deutschen Juristentag, A 21.
[511] Vgl. S. 105.
[512] Vgl. S. 112 f.
[513] Vgl. S. 165 ff.
[514] Vgl. S. 182.
[515] Vgl. S. 201.
[516] EGMR, Urteil vom 15. Januar 2015 – Az.:62198/11, BeckRS 2015, 02392.

[517] EGMR, Urteil vom 15. Januar 2015 – Az.:62198/11, BeckRS 2015, 02392 Rn. 140.
[518] So schon Wittreck, NJW 2004, 3011 (3012).
[519] So hat sich zum Beispiel einmal der sachsen-anhaltinische Staatssekretär Burkard Lischka für Leistungsprämien und -zulagen ausgesprochen, wenn Richter die Arbeit von kranken Kollegen mit erledigen oder Leistungsprämien für Sonderprojekte, BDVR-Rundschreiben 4-5/2007, 125. Dass auch andere Modelle möglich sind, zeigt die Entlohnung der Richter in Schweden und Finnland. Dort werden Richtergehälter in Tarifverhandlungen der Richtergewerkschaft mit den Gerichtsverwaltungen ausgehandelt. Dort haben Richter auch das Recht zu streiken. In Schweden sind einheitliche Richtergehälter für einen Teil der Richter abgeschafft, BDVR-Rundschreiben 4-5/2007, 120.
[520] Schulze-Fielitz, in: Dreier, GG, Bd. III, 2000, Art. 97, Rn. 33.
[521] Hoffmann-Riem spricht von einer „strukturellen Selbstgerechtigkeit", Referat auf dem 64. Deutschen Juristentag, B II/1, Q 12 (22). Der Stuttgarter OLG Präsident Richard Schmid in seiner Abschiedsrede: „Es gibt keinen größeren Feind der Gerechtigkeit als die Selbstgerechtigkeit.", zitiert nach Steffen Luik 98/2009, S. 74 (78).
[522] Zitiert nach Süddeutsche Zeitung vom 24./25. November 2012, S. 41.
[523] http://www.zeit.de/2013/46/wiederaufnahmeverfahren-interview-schwenn (gelesen am 10. November 2014).
[524] Zitiert nach Hamburger Abendblatt vom 19. Dezember 1914, S. 8.
[525] Zitiert nach Darnstädt, Der Richter und sein Opfer, S. 175.
[526] FAZ vom 15. August 2014, S. 1.
[527] Hoffmann-Riem, Referat auf dem 64. Deutschen Juristentag, Bd. II/1, Q 12 (32).
[528] Hoffmann-Riem, Referat auf dem 64. Deutschen Juristentag, Bd. II/1, Q 12 (21).
[529] Süddeutsche Zeitung vom 11. Mai 2016, S. 5.
[530] Vgl. die S. 47 ff.
[531] De Maizière, Justiz als Standortfaktor für Deutschland, in: Festgabe 100 Jahre Deutscher Richterbund, S. 3 (4).
[532] Tappert, DRiZ 2013, 248.

Literaturverzeichnis

Altenhain, Karsten/Hagemeier, Ina/Haimerl, Michael/Stammen, Karl-Heinz, Die Praxis der Absprachen in Wirtschaftsstrafverfahren, Baden-Baden 2007
Altenhain, Karsten/Dietmeyer, Frank/May, Markus, Die Praxis der Absprachen in Strafverfahren, Baden-Baden 2013
Arenhövel, Wolfgang, Dealer in schwarzen Roben?, DRiZ 2012, 370
Arenhövel, Wolfgang/Otte, Stefanie, Situation der Strafkammern der Landgerichte, Vergleichende Untersuchung an sechzehn Landgerichten in sechs OLG-Bezirken DRiZ 2010, 228 (Teil 1) und 2010, 270 (Teil 2)

Bargen, Malte von, Rechtsstellung der Richterinnen und Richter, Teil 1, DRiZ 2010, 100
Becker, Peter, 60 Jahre Sozialgerichtsbarkeit, SGb 1/2014, 1
Bemmann, Günther/Seebode, Manfred/Spendel, Günter, Rechtsbeugung – Vorschlag einer notwendigen Gesetzesreform, ZRP 1997, 306
Beulke, Werner, Untreue zum Nachteil der CDU durch Dr. Kohl, NStZ 2001, 426
Birk, Dieter, Die Finanzgerichtsbarkeit – Erwartungen, Bedeutung, Einfluss, DStR 3/2014, 65
Bockemühl, Jan, Handbuch des Fachanwalts für Strafrecht (Hrsg.), 5. Aufl., Köln 2012
Böttcher-Grewe, Gera, Richter tricksen, Anwälte pokern – Wo bleibt die Ethik im Prozess?, DRiZ 2011, 203
Bülles, Egbert, Deutschland Verbrecherland?, Mein Einsatz gegen die organisierte Kriminalität, Berlin 2013

Calliess, Gralf-Peter, Gutachten A zum 70. Deutschen Juristentag, Der Richter im Zivilprozess – Sind ZPO und GVG noch zeitgemäß?, München 2014

Darnstädt, Thomas, Der Richter und sein Opfer, Wenn die Justiz sich irrt, München 2013
Dölling, Dieter/Feltes, Thomas/Hartmann, Katrin/Hermann, Dieter/Laue, Christian,/Pruin, Ineke, Die Besetzungsreduktion bei den großen Straf- und Jugendkammern – Evaluierung der §§ 76 Abs. 2 GVG und 33b Abs. 2 JGG, Rechtstatsachenforschung, Bundesjustizministerium (Hrsg.), Köln 2011
Dreier, Horst (Hrsg.), Grundgesetz, Kommentar, Band III, 2. Auflage, Tübingen 2008

Engel, Martin, Außergerichtliche Streitbeilegung in Verbraucherangelegenheiten – Mehr Zugang zu weniger Recht, NJW 2015, 1633

Erbguth, Wilfried, Einengungen des Verwaltungsrechtsschutzes: ein Überblick, in: Verwaltungsgerichtsschutz in der Krise: vom Rechtsschutz zum Schutz der Verwaltung?, S. 15, hrsg. von Wilfried Erbguth, Baden-Baden 2010
Eschelbach, Ralf, Beck-Online Kommentar Strafprozessordnung 24. Edition

Fezer, Gerhard, Vereinfachte Verfahren im Strafprozess, ZStW 106 (1994), 4
Fischer, Thomas, Strafgesetzbuch, Kommentar, 63. Aufl., München 2016
Fischer, Thomas, Rechtsprechung ist im weiteren Sinne auch Rechtspolitik, ZRP 2014, 58
Föhrig, Klaus, Kleines Strafrichter-Brevier: Der überlastete Richter? Wegweiser zur zügigen Urteilsfindung, mit Vorworten von Monika Harms, Clemens Basdorf und Andreas Mosbacher, 2. Auflage, München 2013
Forkel, Heike, Erledigungszahlen unter (Dienst-)Aufsicht, DRiZ 2013, 132
Freudenberg, Tobias, Streitkultur im Wandel – weniger Recht?, NJW-Editorial 23/2015
Friedrichsen, Gisela, Strafverteidigung im Wandel, StV 10 (2012), 631

Geiger, Willi, Die Unabhängigkeit des Richters, DRiZ 1979, 65
Gerhardt, Rudolf, „Auf Urteile haben die Medien keinen Einfluss", ZRP 2014, 92
Goette, Wulf, Gesellschaftsrechtliche Schiedsverfahren: Erfolg zu Lasten der Gerichte?, AnwBl 2012, 33
Götz von Olenhusen, Peter, Der Richter im Zivilprozess – sind ZPO und GVG noch zeitgemäß?, AnwBl 2014, 568
Götz von Olenhusen, Peter, Spezialisierung im Zivilprozess – Gedanken zur Zukunftssicherung der Justiz, DRiZ 2014, 296
Graf-Schlicker, Marie Luise, Der Zivilprozess vor dem Aus? Rückgang der Fallzahlen im Zivilprozess, AnwBl 2015, 564
Greger, Reinhard, Reparatur missglückt – § 522 Abs. 2 ZPO muss erneut auf den Prüfstand, BRAK-Mitteilungen 2015, 22
Greger, Reinhard, Überlange Gerichtsverfahren – Handlungsoptionen und Anwaltspflichten, Fast fünf Jahre Verzögerungsrüge und Entschädigungsklage – eine Bilanz, AnwBl 2015, 536
Greger, Reinhard, Überlange Verfahren, Vorbeugen ist besser als heilen, AnwBl 2015, 541
Gußen, Peter, Praxiswissen Steuerstrafrecht, Düsseldorf 2009

Haferanke, Wolfgang, Horror Vacui – unbesetzte Ämter im Konkurrentenstreit, DRiZ 2014, 24
Hamm, Rainer, Wie man in richterlicher Unabhängigkeit vor unklaren Gesetzeslagen kapituliert, NJW 2001, 1694
Heinz, Wolfgang, Das strafrechtliche Sanktionensystem und die Sanktionierungspraxis in Deutschland 1882–2012, Konstanzer Inventar Sanktionsforschung 2014, http://www.ki.uni-konstanz.de/kis/

Heinisch, Julius, Urteilsanmerkung zu BGH – III ZR 376/12, NJW 2014, 224
Hien, Eckart, Verwaltungsrichter: Selbstverständnis – Qualität – Legitimation, DVBl 2004, 909
Hirsch, Günter, Außergerichtliche Beilegung von Verbraucherstreitigkeiten – ein alternativer Zugang zum Recht entsteht, NJW 2013, 2088
Hirtz, Bernd, Die Zukunft des Zivilprozesses, NJW 2014, 2529
Hoffmann-Riem, Wolfgang, Mehr Selbständigkeit für die Dritte Gewalt?, in: Referat auf dem 64. Deutschen Juristentag, Band II/1, Q 12 ff.
Hoffmann-Riem, Wolfgang, Richterliche Unabhängigkeit in Zeiten struktureller Veränderungen der Justiz, in: Festschrift für Rupert Scholz zum 70. Geburtstag, hrsg. von Rainer Pitschas, Arnd Uhle, Josef Aulehner, S. 499, Berlin 2007

Jaeger, Renate, Die Stärkung des Rechts durch eine gewandelte Streitkultur, AnwBl 2015, 573
Jahn, Joachim, Berufsverbot und Knast schon vor dem Urteil, DRiZ 2014, 212

Kaiser, Günther/Meinberg, Volker, „Tuschelverfahren" und „Millionärsschutzparagraph"?, Empirische Erkenntnisse nach § 153a StPO am Beispiel Wirtschaftskriminalität, NJW 1984, 343
Kauffman, Peter, Richterbilder heute – Eine rechtssoziologische Untersuchung, DRiZ 2008, 194
Kaufmann, Stefan, „Hyperbolic Discounting" und die Altersstruktur, DRiZ 2015, 530
Keders, Johannes/Walter, Frank, Langdauernde Zivilverfahren – Ursachen überlanger Verfahren und Abhilfemöglichkeiten, NJW 2013, 1697
Kirchhoff, Guido, Sechs-Monats-Frist und Rechtsbeugung, Betrifft JUSTIZ 89/2007, 2
Kissel, Rudolf /Mayer, Herbert, Gerichtsverfassungsgesetz, Kommentar, 7. Aufl., München 2013
Kittner, Michael, Arbeits- und Sozialordnung, 39. Aufl., Frankfurt am Main 2014
Knauer, Christoph, Die Entscheidung des Bundesverfassungsgerichts zur strafprozessualen Verständigung – Paukenschlag oder Papiertiger?, NStZ 2013, 433
Kreth, Elisabeth, Art. 92: Die rechtsprechende Gewalt, in: Finanzgericht Hamburg, Hamburg 2009

Lambrecht, Claus, Justiz in den neuen Bundesländern – am Beispiel des Finanzgerichts Berlin-Brandenburg, in: Steuerrecht im Rechtsstaat, Festschrift für Wolfgang Spindler zum 65. Geburtstag, S. 473, hrsg. von Rudolf Mellinghoff, Wolfgang Schön, Hermann-Ulrich Viskorf, Köln 2011
Limperg, Bettina, Kann den Schlichten Sünde sein?, NJW-Editorial 15/2015
Löwe-Rosenberg, Die Strafprozessordnung und das Gerichtsverfassungsgesetz, hrsg. von Volker Erb, Robert Esser, Ulrich Franke, Kirsten Graalmann-Scheerer, Hans Hilger, Alexander Ignor, 26. Aufl., Berlin 2008

Luik, Steffen, Betrifft uns selbst: das ethische Programm des Richtereids, Betrifft JUSTIZ 98/2009, 74

Maizière, Thomas de, Justiz als Standortfaktor für Deutschland, in: Justiz und Recht im Wandel, S. 3, Festgabe 100 Jahre Deutscher Richterbund, hrsg. vom Deutschen Richterbund, Neuwied 2009

Meyer-Goßner, Lutz/Schmitt, Bertram, Strafprozessordnung mit Gerichtsverfassungsgesetz und Nebengesetzen, 58. Aufl., München 2015

Millgramm, Karl-Heinz, Die Wahrung des Verwaltungsrechtsschutzes aus gerichtlicher Sicht, in: Verwaltungsrechtsschutz in der Krise: vom Rechtsschutz zum Schutz der Verwaltung? S. 59, hrsg. von Wilfried Ergbuth, Baden-Baden 2010

Murmann, Uwe, Über den Zweck des Strafprozess, GA 151 (2004), 65

Nasall, Wendt, Zehn Jahre ZPO-Reform vor dem BGH, NJW 2012, 113

Paulsen, Anne-Josè, Richterliche Unabhängigkeit und neue Steuerungsmodelle, in: Justiz und Recht im Wandel, Festgabe 100 Jahre Deutscher Richterbund, hrsg. vom Deutschen Richterdbund, Neuwied 2009

Plagemann, Hermann, Bedeutung der Sozialgerichte wächst – und damit die Verantwortung der Anwälte, AnwBl 2012, 25

Ramsauer, Ulrich, Die Wahrung des Verwaltungsrechtsschutzes aus gerichtlicher Sicht, in: Verwaltungsrechtsschutz in der Krise: vom Rechtsschutz zum Schutz der der Verwaltung?, S. 71, hrsg. von Wilfried Erbguth, Baden-Baden 2010

Ramsauer, Ulrich, Prozessuale Einbußen beim Rechtsschutz durch weniger Rechtsmittel, AnwBl 2015, 739

Reding, Viviane/Thein, Alexandra, EU-Justizbarometer sinnvoll und wirksam?, ZRP 2014, 30

Rebehn, Sven, Karlsruhe will rote Linie bei der Besoldung ziehen, DRiZ 2015, 6

Rebehn, Sven, Das große Rechnen, DRiZ 2015, 198

Rind, Justus, Amtsangemessenheit in der Besoldung?, BDVR-Rundschreiben 1/2015, 19

Roland Rechtsreport 2010, 2012, 2013, 2015 und 2016, Köln 2010, 2012, 2013, 2015, 2016

Roland Rechtsreport 2014, Sonderbericht des deutschen Justiz- und Rechtssystems aus Sicht von Richtern und Staatsanwälten vom Institut für Demoskopie Allensbach, Deutscher Richterbund, Roland Rechtsschutzversicherung, Köln 2014

Roller, Steffen, Herausforderungen für die deutsche Sozialgerichtsbarkeit, DRiZ 2014, 306

Rottleuthner, Hubert, Gerechtigkeit in der Rechtsprechung, in: Justiz und Recht im Wandel, S. 113, Festgabe 100 Jahre Deutscher Richterbund, hrsg. vom Deutschen Richterbund, Neuwied 2009

Roxin, Claus/Schünemann, Bernd, Strafverfahrensrecht, 28. Aufl., München 2014

Rudisile, Richard, Rechtsprechungsentwicklung – Die Judikatur des BVerfG zum Berufungszulassungsrecht der VwGO, NVwZ 2012, 1425

Salditt, Franz, Möglichkeiten des Konsensualprozeßes nach deutschem Strafrecht, ZStW 115 (2003), 570

Schilken, Eberhard, Die Sicherung der Unabhängigkeit der Dritten Gewalt, JZ 2006, 860

Schmidt, Eike Ingwer, Rückblick nach 34 Jahren, BDVR-Rundschreiben 2/2009, S. 52

Schönke-Schröder, Strafgesetzbuch, Kommentar, 29. Aufl., München 2014

Schütz, Carsten, Freigesprochen und doch verurteilt, Betrifft JUSTIZ, 108/2011, 162

Schwenn, Johann, Fehlurteile und ihre Ursachen – Wiederaufnahme im Verfahren wegen sexuellen Missbrauchs, StV 2010, 705

Schmidt-Räntsch, Jürgen, Deutsches Richtergesetz, Kommentar, 6. Aufl., 2009

Schünemann, Bernd, Reflexionen über die Zukunft des Strafprozesses, in: Festschrift für Gerd Pfeiffer zum Abschied aus dem Amt des Präsidenten des Bundesgerichtshofes, S. 461, hrsg. von Otto Freiherr von Gamm, Peter Raisch und Klaus Tiedemann, Köln, Berlin, Bonn, München, 1988

Schulte-Kellinghaus, Thomas, Richterverfolgung in Hessen, Betrifft JUSTIZ 106/2011, 65

Stein, Jürgen vom/Brand, Frederike, Rechtsschutz gegen überlange Gerichtsverfahren in der Arbeitsgerichtsbarkeit, NZA 2014, 113

Steinbeiß-Winkelmann, Christine/Sporrer Tim, Rechtsschutz gegen überlange Gerichtsverfahren, Eine Zwischenbilanz anhand der Rechtsprechung, NJW 2014, 177

Strate, Gerhard, Der Fall Mollath, Zürich 2014

Tappert, Wilhelm, Richterbilder im Wandel der Deutschen Richterzeitung, in: Justiz und Recht im Wandel, S. 395, Festgabe 100 Jahre Deutscher Richterbund, hrsg. vom Deutschen Richterbund, Neuwied 2009

Tappert, Wilhelm, Justiz 2013 – Wie steht es heute um die Dritte Gewalt?, DRiZ 2013, 248

Teichmann, Eghard, „Ich bin doch nicht blöd!", Der Aufbruch in die Alternative Streitbeilegung, AnwBl 2015, 155

Troidl, Thomas, Beweisantragsrecht auf dem Prüfstand – ein Plädoyer für Fakten statt Akten, DVBl 2014, 628

Vierhaus, Hans-Peter, Beweisantragsrecht im Verwaltungsprozess, DVBl 2009, 629

Weidemann, Clemens, Entwicklung des Verwaltungsrechtsschutzes aus anwaltlicher Sicht, in: Verwaltungsrechtsschutz in der Krise. Vom Rechtsschutz zum Schutz der Verwaltung, S. 45, hrsg. von Wilfried Erguth, Baden-Baden 2010

Wenner, Ulrich, Rechtsschutz bei überlangen Gerichtsverfahren, Zwischenbilanz nach zwei Jahren und offene Fragen, Soziale Sicherheit 2014, 118

Weßlau, Edda, Das Konsensprinzip im Strafverfahren, Baden-Baden 2002

Wilke, Katja, „Die Situation ist dramatisch", DRiZ 2014, 118

Wittreck, Fabian, Die Verwaltung der Dritten Gewalt, Tübingen 2006

Wittreck, Fabian, Anwälte als Richter über Richter?, NJW 2004, 3011

Wittreck, Fabian, Erledigungszahlen unter (Dienst-)Aufsicht, DRiZ 2013, 60